明代的變遷

趙軼峰 著

開明書店

再版自序

本書匯輯我自 1984 年至 2006 年間所寫明史方面的論文而成，2008 年由上海三聯書店初版。從撰寫階段性角度再加細分的話，書中內容可分為 3 部分。一部分在 1980 年代中後期撰寫，主要關注明代政治經濟制度情狀與變化；一部分由在加拿大埃爾伯塔大學（University of Alberta）完成的博士學位論文部分內容中譯並改寫，考察的是明中後期華北地方社會風氣變遷；另一部分是 1999 年底回國之後的新作，聚焦於明代社會的結構性轉變。當時，我剛剛形成用「帝制農商社會」來概括明清社會結構形態的認識，並將之作為此書結論的核心。這種認識成為我在 2008 年以後迄今明清史研究的主導框架，其間完成並出版了《明清帝制農商社會研究初編》和《明清帝制農商社會研究續編》，相關研究仍在繼續。因此，我現在很樂於將《明代的變遷》視為明清帝制農商社會系列著作的前編，相關研究作為多年探索逐步形成的認識，其實發端於此書。

明清中國處於早期全球化逐步展開的時代，也是中國帝制時代收結和中華文明內聚推演趨於完成的時代，這些宏大的歷史演變相互糾結，卻又遠不是全然一致而相互順應的。它們的關聯與衝突一起孕育了現代世界和現代中國。出於歷史研究者的思維習慣，我始終認為，我們身臨其境的這個充滿魅力，也充滿不確定性的當下世界的絕大多數制度、關係、觀念、趨勢都有埋藏在明清中國所處時代的根源。所以，我們要不斷地揣摩那個時代。正因如此，香港中華書局侯明女士、王春永先生再版該書的提議，對我而言正中下懷。況且，此書初版校對不精，包含許多舛誤，能夠對全書做一次核對整理，本是非常必要的。為此，感謝侯明女士和王春永先生的信任和幫助。

再版內容並無大的改動，主要是對全部引文進行重新核對，行文做了通讀，有少量行文細節修正。初版時引用文獻之版本有此時難以找到者，用稍後版本校改，因而改註後出版本。東北師範大學亞洲文明研究院劉波博士在我整理校對基礎上，對全書做了全面複查，用時良久，許多遺留的錯誤得以清除，在此鄭重致謝。初版時，著名明史專家南炳文先生親筆作序，勉勵有加。在過去的 20 多年間，我其實一直得到南先生多方提攜獎掖。今逢先生傘壽之年，此書再版，亦誌恭祝之情。

趙軼峰

2022 年 1 月 20 日於東北師範大學史苑

初版序言

　　趙軼峰先生是當前明清史學界的著名學者之一。近年來有幸與他多有來往，也斷斷續續讀過他的一些大作，受益頗深。他給我的印象是睿智而穩重，知識淵博，見解深刻。每逢討論學術的場合，大家都願意聽到他的發言。其發言語速不緊不慢，從容鎮定，娓娓道來，以思路清晰開闊，內容清新獨到而令人全神貫注。近日有幸讀到他已整理完畢、即將正式出版的明史研究論文集《明代的變遷》，更加深了我對這位學者的了解。極度的興奮，使我拿起筆來，寫下膚淺的感受，一以祝賀這部明史研究新碩果的問世，一以向學術界鄭重推薦，期望與大家共同體味其心得，分享其貢獻。

　　《明代的變遷》收錄了作者自 20 個世紀 80 年代中期以來有關明史的研究性論文 18 篇，另外還有以上論文結集在一起後所寫的導言和結論各 1 篇，共 20 篇。這部論文集將作者有關明史的重要論文大體收集在了一起，為讀者了解作者有關明史的研究成果和見解提供了方便。粗讀一遍後，我感到這本書至少有如下幾個突出的特點。

　　一、內容豐富，廣泛探討了明代歷史許多領域的學術問題。本書除導言和結論外的 18 篇學術論文，按照其內容共分 5 大部分。一部分探討關於國家制度方面的問題，包括宗教管理、國家祭祀以及內閣票擬制度等；一部分探討晚明知識分子與社會結構問題，包括山人狀況，知識分子之道德沉淪感和黃宗羲的思想等；一部分探討了下層社會生活問題，包括北方下層社會的家庭倫理、民眾價值觀和多元宗教信仰，以及悍妻、多妾現象等；一部分探討貨幣制度與財政危機問題，包括明代貨幣制度的演變、明末財政危機的時代特徵等；一部分探討明清之際的歷史

趨勢問題，包括以文明史觀對明清之際的歷史趨勢進行解讀以及對中國史學界使用的內涵不同的三個「封建」概念進行分析等。5 大部分，涉及面極其廣泛，從國家制度到社會生活，從精英人士到下層民眾，從靜態關照到動態研究，面面俱到，其可謂洋洋大觀。這使讀者猶如看到關於明代歷史的一座立體群雕園，又猶如欣賞關於明代歷史的一部以專題為序的電影紀錄片，大開眼界，收穫極豐。

二、中心明確，重視宏觀把握。本書所收論文，涉及的領域雖然很多，但對於諸多領域的探討卻有一個從宏觀角度把握明代歷史的共同中心將之聯繫起來。這個中心便是明清歷史的基本趨勢。如其上個世紀80 年代中期完成的關於明代貨幣和明末財政危機的研究，重點在於思考明中葉以後中國社會制度變遷的程度和方式。通過考察，作者指出：「中國傳統社會組織方式發展到明代，明顯地開始了自身的轉型運動。資本主義生產關係的萌芽是這一運動的突出表現」，但是「十六七世紀中國封建社會解體過程的深度和廣度，遠遠不是『個別地區的個別行業中發生了一些資本主義生產關係的萌芽』這種斷語所能概括的。對於明末財政危機的考察使我們知道，即使從靜態角度觀察，不僅生產關係發生了變化，而且國家上層建築結構也處於震盪和局部改組中。從社會再生產的運轉過程來考察，不僅生產環節產生了變化，流通與分配環節也發生了重大的變化，從而連整個再生產過程都具有了新的性徵。我們所以把明中葉以後中國社會的解體稱為一種『過程』而不是『現象』，就是因為它是中國傳統文明典型社會結構的整體性振盪」。（見該書原稿第290 頁。以下所註頁碼皆見該書稿，與刊印本頁碼不同。）又如作者約於上世紀80 年代後期至 90 年代完成的關於晚明知識分子與社會結構的研究，都是以分析中國知識分子精神世界的內在特質與社會轉型可能性之間的矛盾關係為着眼點的。通過探討，作者指出：「有近代社會因素意義的某些『萌芽』產生，到近代化發展成為主要的歷史趨勢，需要人的精神解放作為前導，然後經過一段培養積蓄──科學、文化、政治和社會關係的調整改造，才會形成連續性的歷史進程。這種精神解放首先

需是知識分子的觀念意識轉變……可是我們已經看到，這一時代的中國知識分子在社會政治或者某些哲學命題上提出一些有啟蒙思潮色彩的新見，都在傳統倫理道德觀念面前逡巡不前，而倫理道德又恰是中國古代傳統文化中融通整體的精神內核。這是培養秩序、一統、淳樸觀念的沃土，造成了極度發達的古代文明，也是生長自由、民主、競爭觀念的瘠壤，使中國難以借諸發達的歷史文明率先進入近代歷史進程。」（第124頁）「近年的許多關於傳統文化之現代轉變或者現代意義的研究多矚目於士大夫知識分子的中堅角色，若以明末而言，這些人畢竟還缺少普遍繁榮危機四伏時代所需的含斂的理性精神而過多地傾向於情感世界。儒家的人生觀，較少超越的理性而多入世的激情。這在繁榮的時代，易流於奢侈，在危機的時代，易染末世的風情。這種品格，在中國後來的歷史上，也還每每表現出來，成為中國知識分子有所作為的一個障礙。」（第144頁）再如作者約於上個世紀90年代中期以後至20世紀初完成的關於17世紀前後中國下層社會生活狀況的研究，考察了這種狀況與社會變動的關係。通過分析，作者指出：「下層民眾的倫理觀念體系與近代意義上的商業行為之間並沒有任何嚴重的障礙，而儒家思想與商業倫理之間反而存在嚴重的緊張。對於下層民眾說來，捲入商業活動只是條件問題，而對於嚴肅的儒家人物則是自我變異的問題。」（第214頁）「17世紀前後中國的信仰世界就顯示了與西方資本主義發生與成長的初期相比帶有根本性的差別。流行的關於宗教信仰與資本主義關聯的種種理論，都是從一個社會體系中某一特定宗教或宗教派別的精神着眼的，而17世紀前後中國的宗教、信仰世界都是多元的和兼容性的。它不可能成為西式商業資本主義的積極條件，同時也未必構成一般商業社會發展不可逾越的障礙。中國的道路，肯定是特殊的。」（第15頁）另如作者在最近一兩年開始進行的關於明清之際的歷史趨勢的總體宏觀性直接研究，更是以討論美國學者彭慕蘭的「大分流」說為契機，從文明史觀的角度，直截了當地專門分析了明清時期歷史趨勢的問題。作者指出：「14世紀中葉建立起來的明朝面臨的是一個多元的世界，當時較大規模的國際性

聯繫都還是區域性的⋯⋯中國 15 世紀舉行的從東亞到非洲東海岸的多次對於當時說來極為遙遠的探險，沒有給中國人留下這個世界上存在任何嚴重的，即使是潛在性的挑戰的印象。這使在當時的技術條件下已經管理着巨大地理空間的中國政府更加傾向保持傳統的內向的、關注生存的方針⋯⋯在稍後西方傳教士來到中國的時候，中國的精英群體總體上忽略了西方文明崛起的國際競爭含義⋯⋯18 世紀的中國則完成了中華文明地理空間與行政版圖的重合，這個成就和 15 世紀的遠洋探險一樣帶來的是新的安全感和對更大外部世界的忽略⋯⋯正在這個時候，爆發了鴉片戰爭和接踵而來的民族危機以及在民族危機刺激下更尖銳起來的國內矛盾。這時候，中國人除了學習西方，別無選擇。在學習西方、改造自己的過程中，中國人傳統生存方式中的民族、國家意識發揮了突出的作用，大體是在重新組織國家體系方面傾注了最大的力量。清朝的結束也是中國文明『現代化』的一次嬗變。中國雖然失去了按照自己的傳統邏輯存在和發展的可能，使那種前景的具體情狀成為了永遠的謎，但是還是保持了較多的往日的遺產和民族的特色。」當作者寫下上述一段論述之時，其對秦至鴉片戰爭時期中國的社會性質的看法，已改變了上個世紀將之視為封建社會的觀點，從而在這裏，也就不再稱明清時期為封建社會的後期，關於其社會變遷的論述，也便不再出現與之相關的內容和概念，這與作者在上個世紀所寫的有關論文存在差別，但其緊緊抓住明清歷史的基本趨勢這個中心展開論述，則絲毫沒有更改。作者在研究明史中這種中心明確，重視宏觀把握的角度和方法，是非常值得稱道的。它使作者能夠沿着一個重要的關鍵性的線索不間斷地持久研究下去，從而收到從本質上把握有明一代歷史、形成體系性見解的效果，也能收到綱舉目張的益處，帶動許多具體領域的探討，弄清其方方面面的情景和前後嬗變之跡。

　　三、廣泛收集和深入分析原始資料，重視搞清歷史真相。本書所收論文，絕大多數實證性很強，從而大大增強了作者論點的說服力。而其提出的實證，是在廣泛收集、深入分析原始資料的基礎上提出的。對於

其所使用的史料，作者都進行過嚴格的審察，力求完全符合歷史實際，不容許存在絲毫的誤解和虛假成分。如太倉是明朝的中央國庫，專司貨幣為形式的國家收支，其活動反映着明朝國家財政的平衡狀況。因此其收支數字意義重大。有兩位前輩學者曾對之進行過專門研究，做出了很有學術價值的該庫明中葉後歲入與歲出的銀數表，是很大的貢獻。但其中存有錯誤。本書作者在研究明末財政危機時，就廣泛查閱明代實錄、明人文集等有關史籍，對此表所列數字進行認真核對，發現了其中7大類錯誤，寫出了本書所收的《明後期太倉收支數字考》一文。這樣的細緻核查，使作者對明後期財政狀況的分析，建立在了相當堅實可靠的資料基礎上。又如日本一位很有影響的學者對明初的城隍祭祀做過專門的研究，提出明初國家城隍祭祀制度與民間城隍信仰是相互對立的，國家城隍祭祀制度一開始即未能實行，而且圍繞這個問題曾發生嚴肅的政治派別鬥爭。本書作者詳細查考、分析了有關的原始文獻記載，找出了歷史的真相，專文指出明初城隍祭祀制度是朱元璋親自主持制定的，並非在兩派鬥爭中產生，而且有關制度內容頗得實行，明初民間城隍祭祀和國家祭祀方式並無不同，其差別是後來發生的。從而證明這位日本學者的主張是錯誤的，糾正了其關於明初國家制度與社會關係的誤解。

四、多有創見，推動了明史研究水平的提高。本書中所收論文，無不是創新之作，或者論述前人未曾涉及的新課題，或者對前人已論述過的課題進行更加深入的研究，補正缺失，抒其新見。作者的深刻見解俯拾即是。諸如指出明代官方宗教祭祀活動的着眼點在於治民，民間祭祀的着眼點在於悅神祈佑（第78頁）；指出明代票擬情況的變化，相應地反映出內閣在政權結構中的地位（第88頁）；指出明代，尤其是晚明，國家對於社會成員行為的實際控制力其實相當微弱，晚明社會應該是個人的自由度相當大的社會（第130頁）；指出中國古代社會下層的倫理價值觀念雖然不能不受到官方倡導的儒家倫理的影響，但是從來也沒有和精英們保持一致（第177頁）；指出歷史上所有成文的規範都是為了否定和約束人們的某種行為，它的反面可能具有很大的社會真實性（第198

頁）……這些隨手從書中摘取的論點，哪個不是入木三分、令人點頭稱是！本書的結論部分講到明代的變遷時，提出了「新的國際環境」「市場經濟的空前繁榮」「社會分層體系的簡單化」「市民文化的活躍」「人口爆炸」「貨幣財政體制形成」「儒學的社會化」等 7 個方面，這種提法全面而扼要地反映了影響重大的明代歷史的本質性新變化，既是作者個人的研究心得，也科學地總結了學術界的研究成果，更引人注目，在一定意義上反映了明史研究的新水平。

上述之外，本書的優點和特點還有很多，篇幅的限制，不能一一提出。而僅僅以上所述優點和特點，即已可充分說明《明代的變遷》實為當前關於明史研究的重大收穫。作者之所以能夠取得如此輝煌的成就，我認為原因起碼有如下三條。

一是受其業師 —— 一代史學宗師李洵先生的影響。趙軼峰先生於上世紀 80 年代曾師從李洵先生學習明清史。李洵先生之研究明清史，其重要的特點正是重視宏觀體系性的把握與廣泛收集、深入分析原始資料、追求歷史真相兩方面的結合。《明代的變遷》一書之具有這兩個特點，乃作者對李洵先生治學方法、風格的繼承和發揚。作者自己就曾說過：「李（洵）先生為明清斷代史家，其學重基本史料之精細研究，無論課題大小，多從宏闊處着眼，不以依賴獨佔難得資料為勝。此道對我影響很大。」（《學史叢錄》自序，中華書局 2005 年 1 月出版）

二為吸收了中外史學界治學的寶貴經驗。趙軼峰先生在從李洵先生完成碩士階段學習之後，又出國到加拿大埃爾伯塔大學師從 Brain Evans 先生攻讀博士學位，並曾執教於加拿大布蘭登大學（Brandon University）和埃爾伯塔大學，前後在國外生活十年，才又回到國內。這樣的經歷，使之有機會將中國與外國史學家治學的經驗、方法統統接觸、細細品味比較，而後擇其精華，融匯中外，形成其高出常人一等的治學角度和思路。在《明代的變遷》一書中，隨處可看出其對國內外史學家的理論和方法皆極為熟悉，既了解其優長，又洞悉其侷限，從而在分析明代的歷史問題時，總是能夠得心應手地選用最為適宜的理論和方

法，使其研究取得理想的進展。

三為治學領域寬廣，眼界開闊。趙軼峰先生在明清史領域有獨到造詣，除了本集所收論文以外，他撰寫的《明代國家宗教管理制度與政策研究》也即將出版。另外，他與趙毅先生合作主編過《中國古代史》，曾經主譯《全球文明史》，甚至撰寫了《克林頓總統彈劾案與美國政治文化》一書，涉足了政治、法律和文化多個領域。他對史學理論也下過很大功夫，專門研究過馬克思主義歷史觀，並特別鑽研過史學方法論，其學術論文集《學史叢錄》中就收有其有關文章 15 篇及其他領域的論文多篇。寬廣的知識結構，自然使他的學術研究得以左右逢源，高瞻遠矚，洞察本質，見解獨到。

從包括《明代的變遷》在內的趙軼峰先生的學術論著看，約在開始進入本世紀後，趙先生已不再用封建社會稱秦至清的中國社會，改為有時稱其為「郡縣──官僚社會」，有時又稱為「帝制農商社會」（起碼如此稱明清時代的中國社會），認為「明清時代的中國，在帝制框架前提下，在向農商為基礎的商業化社會漸漸演變」。只是正式結論尚未最後肯定，更未詳細地加以論證。他自己直率地稱其目前的提法「還遠不成熟」。而社會性質如何是研究歷史不可迴避的重大問題，對於把握相關時代的歷史特點進而正確理解其他相關的具體歷史事項極為重要。因此，筆者企盼着趙軼峰先生能儘早就秦至清的中國社會形態，做進一步研究，給其一個經過充分論證的確定的概念。史、論、中、外兼長的趙軼峰先生是史學界同仁中有能力從事與完成這一項任務的為數不多的學者之一，相信他能夠滿足筆者的願望。當他完成這一任務之時，不管其結論如何，（甚至包括重新肯定「封建社會」這一概念的結論），一定對包括明史、清史在內的中國古代歷史的研究，起到很大的積極作用，使之向前邁出很大的一步。

南炳文

2006 年 9 月 3 日於南開大學範孫樓

目　錄

◎ 導　言 ◎

本書收錄的論文分為 5 組，分別討論明代中國社會歷史中的國家制度、知識分子與社會結構、下層社會組織和生活方式、貨幣與財政、歷史大趨勢方面的一些問題。這些論文是自 20 世紀 80 年代中葉以來逐漸積累的，前後跨越了 20 年的時間。其中，1980 年代中期發表的有 6 篇，1990 年代發表的 2 篇，2000 年以來寫作的及在 1990 年代寫作但以前沒有發表過的共有 11 篇，結論是彙編此集後作的，相當於對所選論文的總結。這樣整理之後，除了 2 篇與別人合作發表的論文未收之外，我在明史領域所寫的文章已經大致在此了。

　　現代歷史學是以問題研究為中心的，無論具體研究的領域如何，研究者總要有一個或者幾個相互關聯的基本問題，在逐步澄清比較具體問題的過程中，對更具有普遍性的問題也能夠提供有意義的解釋。我在明史研究中持續關注的基本問題是明清歷史的基本趨勢。明代中國是一個有組織性的體系。與其他自組織體系一樣，明代中國有自己的組織方式、運作機制和體系功能。邏輯上說，這種體系功能如果具有特殊性，就會包含特殊的潛在可能性，在具備某些條件的情況下，它的某些潛力可能充分展開，形成變動的趨勢。1644 年，明朝中央政府滅亡，東北邊疆地區的清政權入主中原。這場轉變造就了一個新的組織體系，如果該體系與明朝的並無重要差別，則明代的變動趨勢會繼續下去，否則，就會受新的運作機制影響，形成與明代不同的潛力和趨勢。我的研究，重在明初和明末清初。研究明初的目的是了解明初所建立的國家、社會組織體系的特點，研究明末是為了考察這個體系的結局，並通過結局來辨認出哪些變動應該被看作是重要的。關於清代，我關注的主要只是它與

明代的差異，其意義也限於對一般趨勢略有把握而已。即使僅就明史研究本身而言，我所做的這類研究範圍也不寬，更不能覆蓋所有實際上重要的方面。原因主要是學力不逮，而且常為其他關注所打斷。次要的原因是，學術界的前輩對明代歷史最具有重要性的問題大多有所研究，其中許多，我們除了借鑒之外，其實不能提出更多的東西。所以，當我覺得應該開始對明代歷史的基本趨勢做出初步的綜合性討論的時候，我所依據的史實基礎中只有一小部分，即本集所收論文所探討的那些方面，是經過自己直接研究的結果，更多的是倚賴前人研究的成果。

當嘗試將各方面的線索匯聚起來的時候，我強化了在 1980 年代就已經形成的印象：明代中國的組織方式和勢能具有一種獨自的邏輯，它的運作，並不指向任何其他社會體系已經或者將要展開的去向。換句話說，明代中國的歷史是自律的。如果的確如此，則我們考察明代歷史趨勢的基本方法論就要有所修正。因為，在我看來，中國史學界思考明清時代歷史趨勢的基本方法論是資本主義發生學的範式。這個範式的前提是原發資本主義普遍性的假設，即各個國家、民族都會自發產生資本主義的假設。而該假設的依據是五種社會形態依次演進的規律論。這種規律論長期被誤認為是馬克思主義的基本原理，但自 1980 年代後期以來，該理論的「經典」性已經受到嚴肅的質疑。關於這一點，可以參看拙作《學史叢錄》中的有關章節。[1] 這意味着，關於中國明清之際歷史趨勢可以提出新的解釋。1950 年代以來，史學界主要依據資本主義發生學範式來分析明清歷史趨勢，將關注的焦點放到資本主義萌芽為什麼不能充分成長這樣的問題。這樣的問題無論怎樣去回答，都會落入一個邏輯陷阱：「資本主義在中國必然發生，但是卻沒有發生」。結果本身推翻了前提。無論理由如何，結果都還是推翻了必然發生這樣的前提。因而，「為什麼沒有發生」的問題是一個偽問題，至少是一個缺乏意義的問題。如

---

[1] 趙軼峰：《學史叢錄》，《斯大林社會形態五階段圖式探源》《從馬克思到斯大林的社會形態論》，北京：中華書局，2005 年版，第 58-88 頁。

果我們承認資本主義的發生是十分複雜的因素造成的，則沒有發生資本主義的原因就同樣是十分複雜的。這些複雜因素中如果包含文化的和地理、生態條件的要素，則沒有兩個重要文化體系和地理、生態環境體系是相同的，原發資本主義的普遍性也就難以成立。如果我們把史學家們所提出的原因歸結到一起，就會發現，並非個別因素，而是許多因素，無論從邏輯上說，還是從歷史的意義上說，都不可能存在於明清之際的中國。因而，大多數關於中國為什麼沒有自發地發展起資本主義的解釋其實說明的是：明清時期的中國並沒有走在與發生着資本主義的歐洲同樣的道路上，而是在發生着另一種歷史過程。研究沒有發生的事情為什麼沒有發生，遠不如研究究竟發生了什麼和為什麼發生那些事情更有意義。前者是把明清史當作「變態」來看，後者是將之當作正常態來看。從正常的意義上來審查明清時代的歷史，就會看到一個自律的歷程。

關於明代歷史的自律性這個大問題，還是留在本書的結論部分來展開討論。現在簡要介紹一下作為正文的 5 個部分各自的內容及其相互之間的關聯性。這些具體的題目與上面所說的大主題關係有遠有近，但都與之相關。

第一部分的 4 篇文章討論明朝國家制度，以洪武朝制度為主。明代的國家制度大多奠定於洪武時期。洪武以後，政策變動多，制度變動少；社會變動多，政府變動少。因而，洪武時期建置的制度框架是理解明代中國的一個起點。明初制度包含唐、宋、元制度的許多因素，如《明律》仿照《唐律》，賦稅制度仿照「兩稅法」，軍制和省級三司體制繼承了元代軍制與行省制的許多特徵，貨幣制度也是參酌宋、元制度設計的。但是明初制度並不是舊制度的簡單重建或者復活，它有自己的紋理，有歷史的新異性。元朝末年的制度崩潰形成了重新設計制度體系的機緣，獲取君主權力的朱元璋將君主專制、官僚政治、農民均平社會理想、宗教多元主義混合起來，制定了明朝的國家體系。他尋求絕對的君主專制權威，把父家長的觀念運用到國家制度中，分封子弟為王，用家族權力制約官僚政治。嚴於治官，寬於治民。建立老人制度、糧長制

度，形成受國家監督和支持的基層社會自治體系。「老人」可以直接對皇帝投訴官吏的非法行為，以下制上，體現一種專制皇權下的民本機制。糧長制度也是一種類似的制度，用非政府的或者準政府的社會機構來運作部分國家財政。搞土地所有權的調整，允許無田人家耕種原業主拋荒的土地，調整人口與土地的關係，遷徙浙西富戶到濠州發展經濟。通過魚鱗圖冊制度，實現耕者有其田的小農經濟重建。小農經濟是一種社會平等理想的體現，也是傳統中國社會穩定的一個基礎。通過黃冊制度，使四民各安本業，輔以不許輕離鄉里、不許輕易經商、不許年輕女子為尼、限制僧道數量等政策，實現社會穩定。通過科舉、學校、薦舉三途並用，對知識分子加以牢籠利用。對外則具有一定封閉性，公佈不征之國，以和平共處為原則，並限制海外貿易。這是一個很大程度上反映農民社會理想的社會結構圖。明代社會的演變是在這樣一個基礎上展開的。這些基本制度，都有比較充分的研究。本書第一部分的 4 篇文章則是對前人研究的補充。

《明太祖的國家宗教管理思想》對朱元璋宗教管理思想進行分析，以了解明代君主極權政治體制下國家宗教政策的觀念基礎，並為分析明代國家與社會的關係做出準備。明太祖宗教思想全以國家政治為着眼點，即從世俗的立場看待宗教問題，以政治的手段駕馭宗教，其思想仍以儒家國家政治理論為基礎，為有明一代國家宗教政策奠定了基本方略——以儒為本，以佛教、道教為用；對制度化的宗教，為其留出一定空間而加以控制；對可能成為國家對社會控制之威脅的民間其他有組織的宗教性活動，則加以限制。此方略因出發於政治實用主義，其中有經有權，有誠有詐，其國家專制社會的傾向明顯，但並非絕對化的專制，而是具有一定的彈性。就明太祖有生之年看，其宗教思想大致和國家宗教政策以及國家在其他方面的政策保持協調。從長時段歷史的角度考察，明太祖宗教政策並無明顯的思想混亂或者舉措矛盾處，他建立了在專制體制下實行宗教多元化的制度和政策。這種體系從上受到君主、貴族特權的破壞，從下又受到民間各類宗教氾濫的顛覆。明代後來的君主，不敢公

開改變朱元璋的「祖制」，因而名義上制度不變，但卻因循時事，不斷地修改宗教政策，直至形成混亂的局面。到正統時期，釋道流佈開始失去控制，成化時期更成佛道人口大氾濫的時期。此時雖然社會經濟、文化繼續發展，但宗教政策與民生的矛盾已經尖銳化。後來皇室崇寺院之修建，度牒失控，僧道流佈天下，師巫邪術無涯無止。這種局面，一方面為民間文化增加了活躍的因素，另一方面則與其他變化一起，使明朝的秩序體系成為一片混沌。

《明初城隍祭祀制度》的具體內容是就洪武初年的城隍祭祀制度問題與日本學者濱島敦俊先生做一些商榷，其意義則在於澄清關於明初國家制度與社會關係的誤解。[1] 濱島先生在 20 世紀 90 年代以來發表了多篇考據性的論文，主張明朝初年的國家城隍祭祀制度與民間城隍信仰是對立的，因而從一開始就未能實行，而且圍繞這個問題曾發生嚴肅的政治派系鬥爭。這與我關於明朝初年國家—社會關係的理解以及關於明初到明末歷史演變線索的思路有很大的差異。在查核濱島先生所依據的文獻之後，我認定他的結論並沒有切實的根據。明初城隍祭祀制度是朱元璋親自主持制定的，並非在兩派鬥爭中產生，而且，有關制度內容頗得實行，城隍信仰在明清時代的普遍化其實頗以明初政府注重城隍祭祀為基礎，民間城隍信仰和祭祀方式後來的確與國家的祭祀方式有差別，但那不是明朝初年的情況。這篇論文的另一用意是表達對流行的迷信外國學者和知名學者言論的傾向的異議。濱島先生關於明代城隍祭祀的論文在國內多種刊物發表，內容相近，又有多種轉載、引用。該說漏洞多有，何以從無一人質疑？學術是一種創造性的事情，如果迷信名家、名著，就易生出種種搬弄權威，以愚世人的情狀，人云亦云尚在其次。

《明朝國家祭祀體系的寓意》嘗試解釋明朝國家祭祀制度和祭祀活動的實踐含義。中國古代國家從來對祭祀活動極為重視，形成了世界上最

---

❶ 該文原發表於《求是學刊》2006 年第 1 期，原題目為「明初城隍祭祀：濱島敦俊洪武『三年改制』論商榷」，收入此集時刪去了副標題。

複雜的祭祀規範。關於這種持久的現象，研究也已經很多，但研究的重點在於中國歷史的前期，而且集中於文本解讀。史學界其實沒有就中古以後的國家祭祀活動究竟對於國家意味着什麼，對於社會又意味着什麼這樣很重要的問題，做出細緻的分析。明朝國家規定的祭祀對象是一個自然、祖先、先師、歷代名王、英雄豪傑、大學問家、道德典範、有功於國家社稷或者地方社會者、個別民間信仰神、無家野鬼合成的群體。這些真實或者虛幻的對象混合而成的群體構成了一個象徵性的權威和價值世界。「天」作為抽象的最高崇拜對象，體現人的精神世界中人、神本質的同一性。這意味着中國古典時代的人本主義世界觀在明代國家理念中仍舊擁有穩固的地位。擁有具體名目、形象的諸神都被侷限到與某些具體事物相關，因而是降格的或者是廣義巫術化的。國家規定，與最高主神「天」以及普遍、最高等級的神的溝通只能由皇帝代表國家來進行，地方官祭祀與轄區有特殊關係的神，各類民人則祭祀與私人生活有直接關係的神。這樣，明代祭祀體系中包含的民本精神又是經過專制君主制度和行政等級體系篩分的，從而與民權、民主剝離開來。因為皇帝與天為中心的神直接溝通，所以皇帝與天、地、祖先、社稷以外的被祭祀對象之間並不是崇拜與被崇拜的關係，而是尊重與被尊重的關係。諸神在祭祀體系中的等級地位是根據他們對宇宙秩序、國民的貢獻——這同時也是對皇帝事業的貢獻——來確定的。所以，明代的國家公祀，是以有神論的形式實行的公共秩序規範演示活動，着眼點在於治民，是安排國家與人民關係的活動。正因為如此，明代的國家祭祀體系可以容納多種門類的神，不必擔心他們之間的差異會導致信仰邏輯的衝突。明朝國家祭祀體系中的變更主要來自佛教、道教成分向國家祭祀活動的滲入。求助於佛道，規避了自己的主要責任，因而取消了天權崇拜體系下人必須隨時反省，歸根結底通過自己的行為來獲得福祉的意識，從而使政策調整的可能大為降低。士大夫中堅群體一直主張堅持明初制度原則，排斥佛教、道教的滲透。這種主張貌似保守，但在防止國家政治和管理體系泛宗教化的意義上畢竟更具合理性。明世宗近玄，明神宗近佛而又不勤

祀典。這兩個統治時間最長的皇帝把明朝國家祭祀體系的實踐意義扭曲而致廢壞了，這意味着最高統治者政治理念和國家政治文化精神趨於混沌狀態。經過這樣的思考，我們可以發現明朝的祭祀制度其實是一個非常複雜的政治文化體系的縮影。這種政治文化體系源遠流長而又代有更新，明代中國文化的幾分凝重在這裏，若干流變在這裏，許多衝突也在這裏。關於這個問題，幾篇論文遠不能交代清楚，我已經擬定了一個擴展的研究計劃，以做更徹底的探討。

《票擬制度與明代政治》是在 1980 年代中期寫的，意義在於理清明代內閣運作與明代政治體制性特徵的關係。票擬制度是正統以後形成的中樞政治流程中的一個環節，其前提則是朱元璋廢除丞相制度後造成的中樞政治真空。朱元璋為加強皇權專制而廢除幾千年間掌握國家中樞行政的丞相制度，把皇帝本人變成了身兼元首和行政首腦兩個角色於一身的獨夫，然而世襲皇帝不可能個個勤奮有為，終究還要有人代為處理大量政務。這時不設丞相的祖制又不能改變，到宣德、正統之際，終於通過改變皇帝顧問祕書集團在政權結構中的地位而形成了內閣制度。這是一種決策權與行政執行權之間通過中介來實現間接結合的體制，這個中介就是內閣。內閣由翰林文祕之職演變而來，閣臣如不兼部院長官，並無任何行政權力，主要職責就是票擬，即為皇帝起草文件、批覆。內閣既設，文牘庶務得人而委之，皇帝得免「煩劇」之勞，恰好成其不親政務，不近臣工，倚重「宮奴」之習，宦官得以把持「批紅」。明代政府中樞機構，缺乏切實的主持機構，遂形成宦官政治。明末思想家對於明代廢丞相、行內閣制、票擬受制於批紅，以致宦官干政嚴重等問題都有相當的認識，惟於票擬制度之形成、演變、運作程序並無專門討論，且有一些流行的誤解，所以有此文加以討論，並在比較具體的層面來認識明代特有的內閣政治的功能性障礙。

第二部分「晚明知識分子與社會結構」包括 4 篇文章，都是考察晚明知識分子觀念、行為、思想的。

《黃宗羲思想三議──讀〈留書〉札記》是在 1980 年代駱兆平先生

發現《留書》並將之公佈在《文獻》上之後不久寫的，發表在《東北師範大學學報》1986年第3期，是中外學術界關於《留書》的第一篇論文。在那之前，有一位史學同行根據章太炎關於黃宗羲有向清朝「上條陳」的用意的說法，斷定黃宗羲《明夷待訪錄》是打算獻給清朝的，黃宗羲到清初已經沒有民族思想可言。我寫了一篇文章對之進行反駁，但是畢竟證據還是薄弱，沒有發表。不久《留書》公佈，恰好提供了相關的證據，於是有此文之作。清朝初年，漢族知識分子中有反清思想，堅持華夷之分的人很多，這是一個歷史事實，後來民族關係走向融合，漢族知識分子的思想也大有改變，這也是一個歷史的事實。這些事實都應該直接地面對，然後才可能接近對於歷史真相的理解。

《明末清初中國知識分子的道德沉淪感》也作於1980年代後期，着眼點是分析中國知識分子精神世界的內在特質與社會轉型可能性之間的矛盾關係。17世紀是中國社會結構發生深刻變化，中國的思想界大開生面的時代。很可能，當時中國社會肌體中有某種具有民族特色的近代色彩的體液在流動。但是，這只是諸多可能性中的一種，沒有一個處於領導地位的社會階層的自覺意識和選擇，這種可能性就不會成為主導的潮流。從中國的特定社會結構來講，知識分子是惟一可能成為這種領袖的階層。但是，他們能夠對專制制度提出尖銳的批評，能夠倡導一些擴大民主的思想，能夠鼓勵工商業的發展，卻難以超越道德復古主義的倫理取向，這種取向持續地引導中國社會歸回到原來的軌道，而超越這種定勢需要很長的時間甚至一定的外部條件。雖然馬克斯·韋伯（Max Weber）和余英時先生等著名學者都主張儒家思想與資本主義之間存在可融通性，但是我卻覺得，從個別概念的解析入手來分析這個問題，得出的是在語義關係上的相似性，也即理想化的、純概念之間的相互兼容性，而歷史過程受更複雜的因素影響，即使同樣的「主義」都會演為不同的現實，更何況僅僅是一些有兼容可能性的概念？我在當時肯定明清之際的中國在發生社會結構性的和歷史性的變化，但並不認為這種變化一定要參照西方資本主義的道路和特徵來說明。

《山人與晚明社會》和《儒家傳統與晚明士子和妓女的交往》都是1990年代起草，到本世紀初才修改發表的。這兩篇文章都繼續了我關於晚明知識分子思想內在矛盾性的思考，但是側重於從他們的社會行為來考察其角色。1980、1990年代，國內外都有許多學者從思想家著作文本出發來提出關於中國文化特性的高論，許多見解富有啟發意義。但是，我總覺得，任何一個時代，堪稱思想家的總是極少數人，而且他們通常超前於自己的時代，所以才在思想史的考察中被看作是創造性思想的代表，在社會史的考察中其與自己的時代反而多有衝突。如果要了解一個時代的知識分子及其文化精神，還要看他們的社會行為，看大批人的行為而不是少數特立獨行者的行為。「山人」是一些表示超然於世俗追求的知識分子。中國舊知識分子總保持一種與世俗追求的精神距離，即使在熱衷於仕途經濟的時候也是如此，原因大概主要在於官僚政治體制下的仕途無常。明中期以後知識分子入仕的道路擁擠，社會又在繁榮起來，就有一大批相對於官僚體系來說過剩了的讀書人、文化人。他們帶着幾分無奈，把知識分子和官紳們用來平衡精神緊張感的清逸高潔拿來過分地標榜，就形成了一時真假難辨的流俗，即山人氾濫。如果沒有讀書做官的「常軌」，讀書人不做官也就不過是平常的事情，「山人」這個名堂也就沒有什麼吸引人的地方了。所以，山人增多這種現象，畢竟反映的是知識分子一種淪落的處境和心境。其實，當時有許多知識分子不入仕途，去寫書、出版，從事文化實業，既使所學得以發揮，又能治生，他們比較能克服失落的困窘。標榜山人的那些人，則大多是在入世與出世間徘徊，心有不甘的人。當時的知識分子大多不懂科學技術，也沒有從事職業性科學技術研究的社會機構來吸納他們，不做官，的確是難以用其才，剩下的，也就是吟詩作畫，去閒聊了。晚明的士子，尤其是東南地方的士子，風流倜儻，常在風花雪月中與同道交遊，蔚為風氣。讀過《桃花扇》或者陳寅恪先生《柳如是別傳》的人對此絕不會陌生。但是儒家倫理一本正經，《大明律》禁止士子狎妓，這些知識分子和儒家倫理以及現實的社會規範究竟是怎樣的關係？《儒家傳統與晚明士子和妓女的

交往》就是想要在這個關於社會行為考察的角度對晚明知識分子的精神世界做出一種分析，以求對他們多一點理解。結論是：明朝末年士人盛行與具有文化修養的妓女交往的現象，雖然有歷史悠久的娼妓制度作為一般的基礎，但是仍然和經典儒學本身固有的內在矛盾以及明代儒生的文士化有相當的關聯。儒生是理解和力行儒家學說的信仰者，文士是文學詞章之士，其價值觀可此可彼。晚明的儒生大多文士化，風流倜儻起來。儒家其實沒有完成關於「色」的倫理學建構。晚明理學式微，王學末流一味通脫，士人任性而作，無一定遵循，流為一種末世的風情。到晚明時代，儒家誠敬克己的價值體系的確已經衰微，「儒」也在更寬泛的文化知識階層中溶解了。而且，晚明知識分子與「法制精神」之間有相當大的距離。這兩篇文章所討論的知識分子狀態，當與關於該時代傑出思想家的研究相參酌，以免偏頗。不過，綜合各種情況，我畢竟不能看出明清之際的知識分子構成了足以推動社會結構性改造的力量，他們的確是追求改造的，但是身上的羈絆畢竟太多。從他們身上來看這個時代變遷的紋理，還是有些撲朔迷離。

　　第三部分 5 篇文章考察 17 世紀前後中國下層社會生活的情況及其與社會變動的關係。其中有 3 篇研究家庭，是相互關聯的。注意這個問題，最初是因為讀《醒世姻緣傳》，後來發展為對下層社會的關注，成為我在加拿大埃爾伯塔大學所完成的博士論文 *Non Confucian Societies in Northern China around the 17th Century*（《17 世紀前後中國北方非儒家社會》）的組成部分。「非儒家社會」這個說法解釋起來頗為繁瑣，當時是因為不贊成國外一些研究中國社會、文化的學者過分強調中國文化的儒家性質，想說明中國下層社會的生活方式和價值觀念與當時的官方意識形態其實有很大的差別，所以特意標示出「非儒家」的字樣。後來終覺這個概念不用也罷，博士論文也沒有作為整體來發表。《17 世紀中國文學中的妾制：以〈醒世姻緣傳〉為中心》原以英文發表，這次翻譯為中文。它分析了《醒世姻緣傳》中的妾制，包括妾的來源、妾的「價格」、男子納妾的原因、妾在家庭中的地位、妾與妻的關係、妾的名目，

以及相關的人口買賣問題等等。晚明妾制雖然在主要方面與先前時代相比並無根本改變，但其具體形態卻發展得多種多樣。明朝的法律限制納妾的條件，但社會富有階層中男人普遍納妾。而且，與明朝不許買賣人口的法律相牴觸，晚明北方和南方都有很發達的妾買賣市場。男人納妾的理由包括延續子嗣、改善家政、用為服侍、滿足情慾。妾的來源包括「收用」婢女、贖買妓女、買市場上出賣的女子以及娶「良家」女子等。妾的價格主要根據其出身、長相、是否處女、娛樂或者勞動的技能、性情等因素評定。市場上的妾價通常在 10 兩到 30 兩白銀之間。在特殊情況下，妾價可達到幾百兩銀子。妾在家庭中的地位接近婢女而略高。在法律中，妾的身份略低於妻。妾生子女把其父的正妻看作母親，對其生母則少尊重。成年子女有機會提高其妾身份的生母的地位。對於妾的身體侵害是普遍的現象。「全灶」是明代妾制的特殊名目。當改善家政而不是期望生子或者滿足情慾成為男子納妾的重要原因時，妾制就成了變態的多妻制與奴僕制度的結合。所以，17 世紀的奴僕制度可能因妾制的發達而實際上更為發展了。「兩頭大」這種特殊的妾身份表示着妾挑戰妻地位的可能性。晚明許多儒家知識分子並不贊同納妾，但是其理由並非倫理性質的，而是功利性質的。實際上，社會下層普遍納妾，並不理會思想家們對此事作何感想，也不理會國家法律早就明確規定的條件限制。這項研究除了比較具體地探討了明清之際家庭組織的一個側面以外，在與我關注的核心問題相關的意義上看，重要之處在於印證了下層社會生活方式與國家制度的矛盾之處，並充實了關於晚明婦女買賣的細節。後者在我看來，反映了一種廣義的家內奴隸制的存在。奴隸制度在人類歷史的各個發展階段都存在過，明代也不例外。這個問題在結論部分還要詳細討論。

《「悍妻」與 17 世紀前後的中國社會》原與趙毅教授共同署名發表在《明史研究》，其主旨也是要說明，下層社會的家庭秩序並非簡單地由男尊女卑的觀念或者制度所決定，從而來確認明清下層社會包含着許多社會組織方式的變數。《儒家思想與 17 世紀中國北方下層社會的家庭

倫理實踐》略微擴展了考察家庭問題的視野，認為：「核心家庭」在庶民中間遠較在士紳家庭中普遍；「孝」在庶民中間並沒有被認真實踐；當時成為文學中熱門話題的「悍妻」在下層社會中是實際的社會現象；理學對於婦女貞潔的嚴格要求已經受到挑戰。這些看法都着眼於說明下層社會生活體現出與上層社會不同的理念，不可以一概而論。不過，這些文章的根本目的並不在研究家庭制度本身，而在於通過家庭組織來看這個時代社會下層倫理實踐所反映的文化的時代特徵。庶民的生活方式與縉紳差異很大，其價值觀念雖然受到官方倡導的儒家倫理的影響，但儒家價值的自覺要微弱得多，其社會行為在相當大的程度上受風氣和生存需要兩個因素左右。因此，如果我們在關於知識分子的研究中發現，那些「精英」們其實在社會變遷的時代莫衷一是，那麼看一看庶民們的動向應該是必要的。

沿着這個思路，遂有《晚明北方下層民眾價值觀與商業社會的發展》一文，來考察下層民眾與商業社會的關係。從方法論角度說，這篇文章半是韋伯式的，即假定某些倫理價值與商業社會有內在的關聯；另一半卻是反韋伯式的，即把目光投向下層民眾的生活倫理，而不是韋伯及其追隨者所關注的儒家理想倫理。此文通過對明中期以後商品經濟較東南落後的北方的下層民眾涉及商業行為的觀念進行考察，說明：下層民眾的倫理觀念體系與近代意義上的商業行為之間並沒有任何嚴重的障礙，而儒家思想與商業倫理之間反而存在嚴重的緊張。對於下層民眾來說，捲入商業活動只是條件問題，而對於嚴肅的儒家人物則是自我變異的問題。韋伯主義的方式不可能回答傳統中國商品經濟沒有自行轉為近代形態的原因問題，也不能恰當地回答中國宗教文化倫理的特點問題。這主要不是因為它對儒家的誤解，而是因為對儒家思想與中國社會關係，乃至對中國社會歷史的誤解。這項考察以北方為範圍，是因為北方在商業發展方面相對落後，而關於更為發達的東南地區的情況又已經有很多的研究，其實對東南地區的考察和對北方的考察所能得出的結論是基本相同的。

《17 世紀前後中國北方宗教多元現象初論》考察庶民信仰世界的特點。概括地說，17 世紀前後中國北方下層社會的宗教信仰呈現出十分突出的多元的特徵。這種特徵首先在於諸多宗教信仰同時同地並存，而其信仰的要旨之差異並不引起明顯的宗教衝突。其次，信仰者們顯然已經習慣了這樣的做法，即兼容多種在認真的考究中相互矛盾的信仰體系，每個人的心中似乎都容納了許多不同的信仰體系的片段，而並不導致內心的和生活實際中的矛盾。官方倡導的儒教信仰體系，因為其精英主義的和無神論的特徵，僅能在倫理的層面影響人們，其對於社會下層的影響力遠遜於對於精英階層的影響力，也遜於民間宗教的社會影響力。知識分子和下層社會的人們分享着某種綜合主義的思維取向。但是知識分子因其儒家正統意識的存在，而在兼容其他信仰體系時形成內部的分裂。下層社會則大體把儒家信仰看作諸多信仰構成的精神體系中的一個成分。以儒教為信仰核心的國家體系以神道設教的實用主義方式，對待其他的信仰體系，從而形成上層與下層的協調關係。但是兼容並包的宗教意識和思維取向實際上會不斷地產生出次生形態的宗教門派，並輕而易舉地滲入民間。這意味着中國的下層社會具有自動產生具有社會組織功能和行為能力的宗教性群體的結構趨向。這類宗教群體在 17 世紀曾經引起或者參與了當時的社會震盪。在 17 世紀，對抗這種社會和觀念體系上的不穩定性的機制，一是來自儒家對於異端的批判，二是來自國家的強力干預。這種對抗理論上會恢復原有的平衡狀態，但是根本的改變並沒有出現。主要原因是國家體制，包括其規模和操作功能，已經不能實現對擴大了的社會的全面控制，而且國家意識形態主體也正處在深刻的嬗變之中。體現在 17 世紀中國北方下層社會宗教信仰情況中的兼收並蓄、綜合出新的習俗，作為中國文化的一個特徵，也體現在中國人對待西方宗教的方式中。這樣的一種文化歷史傳統所提供的演變基礎是：外來的信仰成分可以相當容易地在中國取得立足之地，但若要以外來的宗教或者一個信仰體系齊一中國人的信仰世界，是極其困難的。這樣，與西方資本主義發生與成長的初

期相比，17 世紀前後中國的信仰世界就顯示出了根本性的差別。流行的關於宗教信仰與資本主義關聯的種種理論，都是從一個社會體系中某一特定宗教或者宗教派別的精神世界着眼的，而 17 世紀前後中國的宗教、信仰世界卻是多元的，具有兼容性。它不可能成為西式商業資本主義的積極條件，同時也未必構成一般商業社會發展不可逾越的障礙。中國的道路，肯定是特殊的。

第四部分 3 篇文章討論明代貨幣制度和明末財政危機，這些研究皆完成於上世紀 80 年代中期。

《試論明代貨幣制度的演變及其歷史影響》是 1985 年我在明史研究領域發表的第一篇論文。此前曾協助李洵先生，為編寫《中國歷史大辭典》中明代貨幣部分蒐集和整理資料，其間自己排比分析，形成了關於明代貨幣的一個文獻長編，遂有此文。中國古代貨幣制度時有局部變化，但總體上穩定性很強，到了明代，才出現急劇變化的局面，貨幣的白銀化即是歸宿。以國家貨幣政策轉變為線索，明代貨幣制度演變可分 4 個時期。洪武七年（1374）以前為銅錢時期；洪武八年（1375）至宣德十年（1435）為紙鈔時期；正統元年（1436）至嘉靖初為銀、錢、鈔三幣兼用時期；其後為貨幣白銀化完成的銀兩制時期。明以前白銀已經用為貨幣。明初禁止金銀流通，後來連銅錢也一併禁止，專行紙鈔，目的是實行更嚴格的經濟一統化政策。結果，不兌現、無限量發行的官鈔根本不能獨立擔當起社會商品流通和財政運轉的重擔，急劇貶值，於是社會失去任何既符合國家立法又符合經濟法則的流通貨幣，社會經濟紊亂，國家利益也遭到破壞，迫使國家最終不得不放寬銀禁，白銀得以獨步流通領域。明中葉以後，美洲白銀大量流入中國，為貨幣白銀化最後完成提供了條件。貨幣白銀化推進了商品生產和交換關係的發展，削弱了國家對經濟的控制力，使貨幣本身擺脫了幾千年來緊密依賴於國家權力和國家財政的狀況，促進了國家財政由實物中心制向貨幣中心制的轉化，加速了社會階級結構的變化，並使中國貨幣適時脫去了民族的外衣，為中國加入世界經濟體系提供了新的可能性。但白銀價高、易儲，

促進了高利貸資本的生長和大量白銀進入窖藏，退出流通；在白銀緊缺的地區以白銀收繳賦稅加重了人民的負擔。這項研究與關於明末財政危機的研究屬一個系列，都在思考明中葉以後中國社會體制變遷的程度和方式，關注該領域中前人不太注意的問題。研究雖仍有不足，但對於我自己來說，大關節處，卻和我在有關國家政治、知識分子、社會生活諸問題的研究結果一樣，指向明代歷史的自律。現在還想說明的是，在1990 年代以後，學術界又有幾篇關於明代貨幣制度的論文發表，其中一些用「白銀貨幣化」來概括明中葉的貨幣體制轉變。這個提法和我所說的「貨幣白銀化」有重要的差別，希望讀者有所分辨。「貨幣白銀化」指白銀在貨幣體制中成為合法的主要貨幣；「白銀貨幣化」的意思則應該是白銀由非貨幣變成貨幣，即白銀取得貨幣身份。白銀在明代以前就已經被大量用為貨幣，因而「白銀貨幣化」不是明代發生的事情，這個說法，也不能說明明代貨幣制度變化的內涵。明朝初年，無論政府還是民間，都知道白銀的貨幣價值。但政府不許白銀作為流通貨幣使用，卻很注意收取民間的白銀，目的其實是把貴金屬貨幣掌握到自己的手裏，讓政府製造出來的紙幣作為主要貨幣流通。後來改為鈔與銅錢兼用，然後被迫改為白銀為主。這是明代貨幣制度史上特殊的演變經歷，這個經歷與明朝的國家財政體制轉變關係巨大。

近年研究明代財政的多起來了，在 20 世紀 80 年代，則除了全漢昇、黃仁宇等少數幾人外，研究的多是賦稅而不及財政體制和財政運作。全先生在太倉和白銀問題上用力多，偏於實證；黃先生的研究止於明中葉，不及晚明財政危機。更早還有陳恭祿、朱慶永、李文治等學者研究過明末財政困境，着眼點卻在於說明明末人民起義和明朝滅亡的原因。《論明末財政危機》基於我在 1984 年底提交答辯的碩士學位論文，着眼於明代財政體制和國家財政狀況的演變來考察國家與社會經濟體制之間關係的變化，力求從總體的立場出發，對明末財政危機的時代特徵和歷史含義做出歸納和解釋，探討它背後帶有規律性的歷史矛盾。明末財政危機是一場體制性危機，而不是技術性危機。它一旦發生，就

日益深化、持續不解，直至全面崩潰。明朝本身在很大程度上就是「窮死」的，黨爭、宦官專權都是表象而已，下層的反叛和清軍的打擊也因明朝的財政崩潰才有巨大的力量。所以，這場危機與以往的周期性王朝統治危機、政治腐敗所導致的財政危機不同，有深刻的社會體制變化造成的基礎。明初重建的是傳統的實物財政體制，其施行過程的基本特徵是以實物和勞役作為財政運轉的基本標的，實物徵收在財政收入中佔絕對的主導地位，中央與地方的財政關係也基本是實物形式的關係。這種財政體制具有簡單、凝重的特點。從正統元年徵收金花銀開始，經過一系列變化之後，貨幣成為國家財政中尤其是中央財政的基幹，實物退居其次，勞役成為二者的附庸，這就進入了貨幣財政體制。這個過程對於明朝政府說來，是被動發生的，即是在適應局勢的不斷調整中，當作技術性問題而逐漸被接受的，因而掌握財政運作的人們對其運行規律根本沒有清醒認識，仍舊用實物財政時期的方式搜刮社會、胡亂開支，使得國家與經濟秩序矛盾增大。而且，經濟、政治地理佈局並沒有隨着財政體制的改變而改變，北方作為政治中心而消費需求遠高於其生產水平，經濟佈局則南重北輕，這在明初靠漕運和屯田來解決，在實物財政體制下，可以平衡。明中葉以後屯田廢弛，漕運折銀，以致明末北方糧食儲積空耗，糧價大漲。雖然國家財政收入的價值額不減，甚至由於折銀的差價而增加了收入，但遇到大的災傷和戰爭時，國家無法有效地利用白銀來解決社會急劇增加的物資需求，財政平衡就必然被破壞了。轉入貨幣財政體制以後，兵農合一的軍事制度變為僱傭兵制，但軍事裝備、技術無大改善，維持軍力仍舊需要依靠保持大量軍隊，增餉減兵，一旦軍事政治局面發展到非增兵不可的時候，軍事開支的爆發式增長就決然不可避免。明中葉以後的貨幣財政體制確切地說是一種稱量白銀貨幣體制。白銀以銀塊而不是以鑄幣的形式進入財政過程，這大大削弱了國家對財政和經濟過程進行有效控制的能力。國家無法通過大量發行通貨或者實行通貨緊縮，來掌握貨幣儲藏和流通總額，更無法了解貨幣流通量與商品流通總額的平衡關係，而這些關係在貨幣財政體制下對於國家財

政的綜合平衡是至關重要的。國家在財政困難的情況下一味徵銀，白銀短缺，造成許多地區人民賦稅負擔的極度沉重，而且也使財政活動中白銀的流轉水平超過了社會經濟的商品化水平。以上種種矛盾相互聯繫，其中任何一種矛盾的尖銳發展都會引起連鎖反應，結果就是一種綜合的財政混亂、危機。明朝末年，諸病交發，才有這場空前的財政災難。看到明末財政危機的新質因素，就可以看到，16、17世紀中國的變遷，遠遠不是「個別地區的個別行業中發生了一些資本主義生產關係的萌芽」這種斷語所能概括的。這個社會的國家、經濟、社會組織方式都在發生變化，它是一種整體的結構性振盪。力圖在這一過程中追尋資本主義社會制度的社會前景，只會使人們忽略這些變化的深刻歷史進化意義，並且會最終導致「停滯」論。進化的內涵，並非只是走向資本主義。這篇碩士論文的一部分以「試論明末財政危機的歷史根源及其時代特徵」為題刊於《中國史研究》1986年4期，是該研究結論的論證部分。該碩士論文全文題為「論明末財政危機」，容納了比較充分的文獻和分析過程，對於從事財政研究的讀者可能另有參考價值，故也收入此集。《明後期太倉收支數字考》是該碩士論文的附錄，對全漢昇先生確認的幾個明代太倉收支數字提出異議，當時主要為了解釋我在《論明末財政危機》中使用的數字以及趨勢分析何以與前人不同，未曾發表過。其實當時考見全先生判定的數字中還有其他錯誤，該文擇例而已。此次收入，除了仍舊需要說明前文所用數字的依據以外，還因為近年研究明代財政的學者雖多起來，卻無人注意到全漢昇先生使用的一些關鍵數字中有多處需要重新計算。今人如專門研究明代財政，所有數字，都需親自核定。

第五部分收入討論明清之際歷史一般趨勢和「封建」社會的兩篇論文。這兩篇論文實證性不強，但較集中地體現了我目前思考中國歷史所使用的概念和基本方法論。《「大分流」還是「大合流」：明清時期歷史趨勢的文明史觀》是2005年初發表的，內容是分析美國加州大學彭慕蘭教授的「大分流」說的方法論問題，並闡述了在文明研究框架下審視明清歷史大趨勢可能具有的意義。彭慕蘭「大分流」說包含超越歐洲中

心論的意圖，「問的是為什麼歐洲不是中國，而不只是為什麼中國不是歐洲」。[1] 根據這一理論，在「現代」歐洲取得突破性的經濟成就之前，世界上有許多地方，包括中國的東南沿海地區，是繁榮的；黃宗智的「內捲」說所稱那種與人口密集相關的中國的生態學災難在 19 世紀以前並沒有發生；而歐洲的現代性是突發的和偶然的結果。我雖不認為歐洲的現代性完全是偶然的，但是卻同意彭慕蘭所說，認為歐洲的現代性是基於歐洲的特殊條件，包括其外部條件，並不是一開始就是世界普遍性的，可以說是具有很大偶然性的。不過，「大分流」說主張以經濟發展的「核心區」為單位進行比較，而不是比較兩個大洲或者將中國與歐洲相比較。這只弱化了，而不是解決了以往流行的研究方法存在的比較不對稱問題。「大分流」說以 GDP，或「持續的人均增長」為中心來判斷經濟體系的性質，進而來概括歷史的趨勢。但 GDP 相當於一種「經濟後果」。基於不同經濟條件而形成的類似「經濟後果」的體系之前景會有很大的差異。經濟類型學的比較純經濟學意義較大，歷史解釋的意義則很小。「大分流」說主張注重海外資源對西歐經濟現代性的突發形成的意義，反對過分地把這種轉變的原因內在化。但是西歐海外資源的獲得是其海外殖民運動的結果，而這場運動顯然是自 15 世紀就開始的一個自覺的過程，而不是突然爆發的。迄今為止已經發生的大歷史現象的成因都不是微妙的。從文明研究的角度看，每一個文明都是獨特的。歷史上沒有哪一種文明佔據着永恆的實力中心或者價值中心。在 19 世紀之前，中國和歐洲、中國江南和英國的經濟最發達區，都相當完整地保持着各自的價值、信仰、社會組織體系，以及差異極大的文化特色，它們不曾「合流」。19 世紀以後，它們真正開始直接接觸和相互作用，在這種情況下顯示出更強烈的趨同傾向。從文明史的角度看，對經濟最發達的「核心區」之間進行比較，於說明歷史實際變遷中的因果關係，意義不大。

---

❶ 彭慕蘭著，史建雲譯：《大分流：歐洲、中國及現代世界經濟的發展》，南京：江蘇人民出版社，2003 年版，中文版導言，第 2 頁。

《關於中國「封建社會」的一些看法》發表於 2005 年。明清歷史趨勢的研究與「封建社會」問題關係密切，其實不對中國「封建社會」問題做徹底的研究，明清歷史趨勢的研究就無法完成。而中國「封建社會」問題涉及社會形態理論、中國社會形態與歷史文本內容的實證考察、世界歷史比較研究 3 個維度，簡單地去談，容易在還沒有說清的時候就引起誤解。我圍繞這個問題其實做了不少的思考，但仍舊沒有達到可以整體論證的程度。發表這篇文章是因應同事的要求，也由於近年史學界的一些朋友開始交流相關的想法。我在該文中肯定地說明的是：在中國史學界使用的概念體系中有 3 個內涵不同的「封建」概念。第一個是中國歷史文獻中自先秦時代就有了的「封建」概念，即封邦建國的制度，這種「封建」制度在秦朝大一統之後，再也沒有成為主導性的國家制度。第二個「封建」概念專指歐洲歷史上的 "Feudalism"，是這個英文詞彙轉譯為中文的用語。第三個「封建」概念指的是「理論上」相當於資本主義以前的社會形態或者歷史階段，也就是多年以來人們使用最多的那個封建概念，但很多人把 3 個「封建」混在一起了。區分這三者，關於中國「封建社會」的概念混亂就可以解決掉了。然後，需要對第三個「封建」概念進行些源流考證。這個概念的基礎是社會發展「五形態」依次進化的理論，該理論是斯大林建立的，並不是普遍適用的，用在中國歷史上也缺乏解釋問題的效力。回復到中國文獻中的「封建」本義，中國有封建社會，其典型時期是在周代前期。把 "Feudalism" 翻譯成「封建社會」並沒有大的問題，因為中國的封建與歐洲的 "Feudalism" 相似性很大。但中國的封建社會與資本主義不搭界，在時間上與歐洲的封建社會也不對應。在過去幾十年間被我們稱為「封建社會」的那個在近代化過程開始以前的很長歷史時期，不宜被稱為「封建社會」。我不能肯定論斷的是，秦到 19 世紀中葉的漫長歷史時期的社會形態究竟應該怎樣來加以概括，如何進一步建立起關於該時期的概念系統和理論分析框架。這是我下一步研究的核心問題。另外，本書所收論文是在上世紀 80 年代以來陸續撰寫的，其間在一些概念的把握上，前後有些變化。其中最突

出的就是上一世紀所寫的文章中仍舊用「封建社會」來指稱明代社會，後來則不再這樣。這次雖未對所收文章進行修改，但還是做了局部處理，即在能夠不改變全句行文的情況下，將一些「封建社會」字眼刪除，或者用「傳統社會」將之替代。對改變該用語就牽涉到文章邏輯、觀點的地方，則保持仍如舊貌。

雖然這本論文集考察明代歷史多方面的問題，全書的結論主要是從概括明清歷史趨勢的角度做出的，結論章嘗試提出：明代中國的歷史趨勢是一種帝制農商社會。這個結論還需要放到中國通史和世界文明史的框架中重新斟酌、論證，不能算作定論。不過，我十分肯定的是，我們必須把明代中國及其前後的歷史看作一種「正常的」歷史經驗，而絕不能看作「特殊」「變異」的經驗。人類文明史相對於人類出現以來的歷史說來，只是最近的一段短暫經歷，「現代化」的歷史相對於人類文明史說來，也只是最近的一段短暫經歷。把最近的短暫經歷提示的某些價值看作永恆的價值，是短視的。歷史學思考的特殊意義，就是使關於人類經驗的反思能夠超越最近經歷體驗帶來的那種衝動，而把參照系統放得稍遠大一些。

本集所收文章原寫作和發表的時間、地點不同，同一文獻所用版本以及註釋規範也有差異。此次匯集到一起，需將全書文獻版本、頁碼、註釋方式統一起來。這樣，所註文獻出處與當初發表時就有文字差異處。還有部分文獻，當初所用為一些圖書館特藏、善本，現在已經難以取閱核對，也採用後來出現的較可靠影印或者排印本校對，遇有統一頁碼的影印本，一律改用統一頁碼而不註舊本該卷內頁碼。這樣，出現了一些所引文獻影印或者排印時間在原文章發表年月之後的情況，特予說明。

◎ 第一部分 ◎
國家制度與政策

一、明太祖的國家宗教管理思想

宗教事務和宗教管理是古代中國國家政治生活的核心問題之一。國家宗教事務的基本內容包括兩個層面，首先是官方的宗教祭祀和禮儀活動，這種活動以帶有象徵意義的方式昭示國家——現實中的公共權力中心——與該社會普遍信仰的超自然存在的關聯，並把這種關聯作為全社會精神統一性的基礎。另一層面是國家對於民間宗教機構、組織和民間宗教活動的管理。這種管理的核心是把國家體制與全社會極富多樣性的宗教生活協調起來。中國古代世俗國家權力集中強大，民眾宗教信仰具有多元性和現世傾向。在這種情況下，作為世俗國家權力人格代表的皇帝個人關於宗教的思想傾向，對國家宗教管理制度和政策，以及社會宗教狀況的影響極大。因此，研究統治長久的君主關於國家宗教管理的思想，對於理解其所處時代涉及宗教的各方面問題都有意義。明代主要國家制度，皆在明太祖朱元璋時代奠定基礎，所以，對朱元璋宗教管理思想進行分析，對於理解明代國家宗教政策的觀念基礎至關重要。這種角度的研究，主要關注宗教與國家政治的關係，各宗教信仰和宗教現象本身並非直接探討的內容。儘管如此，皇帝對於宗教的觀念和其他社會成員所持的信仰體系畢竟有內在關聯，所以，這裏的討論與明代宗教社會實踐也有間接的關係。

（一）禮制與祀典

明太祖投注巨大心力重建祭祀和禮儀制度。明初開禮、樂二局，廣徵耆儒，由中書省、翰林院、太常寺考究歷代祀典，酌定祭祀典禮。禮官在洪武元年（1368）編成《存心錄》。二年（1369）詔儒臣修禮書，三年（1370）成《大明集禮》。後又反覆敕令精通禮學的朝臣和宿儒編修禮書。洪武三十餘年間修有《孝慈錄》《洪武禮制》《禮儀定式》《諸司職掌》《稽古定制》《國朝制作》《大禮要議》《皇朝禮制》《大明禮制》《洪武禮法》《禮制集要》《禮制節文》《太常集禮》等。[1] 由於洪武時期已經修成禮制的基本典籍，後來對禮書的修訂不多，主要只是嘉靖時期的《明倫大典》《祀儀成典》《郊祀考議》。另外，《大明會典》中也有涉及禮制的內容。清修《明史》，對明代禮制頗加稱道：「惟能修明講貫，以實意行乎其間，則格上下、感鬼神，教化之成即在是矣。安見後世之禮，必不可上追三代哉？」[2] 這個說法明確指出後世禮制以教化為目的，以治世為核心的特質。中國禮制為儒家一脈相承之傳統。儒家之重禮，根本上說是為了治世。禮的設置和操作以服務於現世的國家政治和民生為目的；禮的內容，包括對天地、神靈、祖先的崇拜，也包括典禮儀式的規制和對不同社會人群行為的規定。前者在形式上大致屬於狹義宗教崇拜行為，後者則兼有法律、法規、官方倫理價值和行為方式規範的性質，僅在經強化而達到群體無意識化程度時和在象徵性形式意義上具有一定的宗教屬性。故明太祖對於禮制的注重，實是繼承了儒家神道設教的傳統。

明代國家祀典的對象是一個由神明、自然、祖先、道統合成的群體。這個群體的核心「天」兼有神明和自然的屬性，其人格化為上帝。國家祀典以溝通人與這些對象的關係為核心。其舉行過程通過對神明、

---

❶ 參見張廷玉等：《明史》卷 47，《志第二十三・禮一》，北京：中華書局，1974 年版，第 1224 頁。
❷ 張廷玉等：《明史》卷 47，《志第二十三・禮一》，第 1223 頁。

自然、祖先、先師表達敬畏，實現對於政治權威主體合法性的反覆認定，培育國家權力握有者敬警戒惕的心態，並且強化國家權力中心對社會普通成員的心理制約。因其意義重大，明太祖強調在祭祀過程中必須傾注極大的虔誠，其核心概念為「敬天」。洪武元年（1368）正月甲戌，太祖將祀天於南郊，戒飭百官執事曰：「人以一心對越上帝，毫髮不誠，怠心必乘其機，瞬息不敬，私慾必投其隙。夫動天地，感鬼神，惟誠與敬耳。人莫不以天之高遠、鬼神幽隱而有忽心。然天雖高，所臨甚邇；鬼神雖幽，所臨則顯。能知天人之理不二，則吾心之誠敬自不容於少忽矣。今當大祀，百官執事之人各宜慎之。」[1] 洪武二年（1369）三月，翰林學士朱升等奉敕撰齋戒文，既進覽，太祖謂省臣祭祀務必誠敬：「朕每祭享天地、百神，惟伸吾感戴之意，祈禱福祉，以佑生民，未嘗敢自僥惠也。且齋戒所以致誠，誠之至與不至，神之格與不格，皆繫於此。故朕每致齋，不敢有一毫懈怠。今定齋戒之期，大祀以七日，中祀以五日，不無太久。大抵人心久則易怠，怠心一萌，反為不敬。可止於臨祭齋戒三日，務致精專，庶幾可以感格神明矣。」[2] 洪武二年五月癸卯夏至，大祀皇地祇於方丘。禮成之後，太祖御便殿，曉諭侍臣誠敬祭祀，以保天命：「上天之命，朕不敢知。古人有言，『天命不易』；又曰『天命無常』。以難保無常之天命，付驕縱淫佚之庸主，豈有不敗？朕嘗披覽載籍，見前代帝王當祭祀時，誠敬或有未至，必致非常妖孽，天命亦隨而改。每念至此，中心惕然。」[3]

凡此喋喋不休之說，核心在於敬謹事天，與孔子「祭如在，祭神如神在」的說法，實無二致。對天、神的敬畏，表示承認自己的侷限，承認世俗權力以超自然存在的認可為條件，同時顯示政權與神權的和諧一致。同時，明太祖祭祀敬天之說並非純粹出於宗教性的崇拜意識，其另

❶《明太祖實錄》卷 29，洪武元年正月甲戌，台北：「中央研究院」歷史語言研究所，1962 年版，第 477 頁。按：本書所用明代各朝實錄皆用同一版本，不再一一註出。
❷《明太祖實錄》卷 40，洪武二年三月戊戌，第 806-807 頁。
❸《明太祖實錄》卷 42，洪武二年五月癸卯，第 830 頁。

一關注點在於民生。洪武二十年（1387）正月甲子，大祀天地於南郊。禮成，明太祖云：「所謂敬天者，不獨嚴而有禮，當有其實。天以子民之任付於君，為君者欲求事天，必先恤民。恤民者，事天之實也。即如國家命人任守令之事，若不能福民，則是棄君之命，不敬孰大焉。」[1] 洪武元年（1368）十一月丙午，太祖諭群臣：國家祭祀耗用生民脂膏，不可在祭祀時為私利祈禱。語曰：「凡祭享之禮，載牲致帛，交於神明，費出己帑，神必歆之。如庶人陌紙瓣香，皆可格神，不以菲薄而弗享者，何也？所得之物，皆己力所致也。若國家倉廩府庫所積，乃生民脂膏，以此為尊醪俎饌，充實神庭，僥求福祉，以私於身，神可欺乎？惟為國為民禱祈，如水旱、疾疫、師旅之類可也。」[2] 洪武二年（1369）十一月乙巳冬至，明太祖大祀昊天上帝於圜丘。既畢，出御奉天門，諭群臣以祭祀宜誠敬以為國家百姓之意：「祭祀在乎誠敬，不在乎物之豐薄。物豐矣而誠有未至，神不享焉；物雖薄而誠至，神則享之。所謂東鄰殺牛，不如西鄰之禴祭。嘗聞以德受福，未聞以物僥福者也。昔陳友諒服袞冕，乘玉輅，豐牲幣，而行郊祀之禮。彼恣行不道，毒虐生靈，積惡於己，而欲僥福於天，可乎？朕凡致祭，其實為國為民，非有私求之福。苟誠意未至，徒尚禮文，而欲僥福於己，豈不獲罪於天耶？」[3] 洪武四年（1371）十一月丙辰冬至，祀昊天上帝於圜丘。禮成，太祖再度曉諭群臣：「帝王奉天以君臨兆民，當盡事天之道。前代或三歲一祀，或歷年不舉。今朕歲以冬至祀圜丘，夏至祀方丘，遵古典禮，將以報載覆之大德。惟夙夜寅畏，冀精神昭格，庶陰陽和，風雨時，以福斯民。」[4]

　　在表達對神的敬畏、對民生的關注之外，明太祖亦以祭祀為警戒臣民之法。洪武六年（1373）三月癸卯，中都城隍神主制成，太祖對宋

---

❶ 《明太祖實錄》卷 180，洪武二十年正月甲子，第 2724 頁。
❷ 《明太祖實錄》卷 36 上，洪武元年十一月丙午，第 668–669 頁。
❸ 《明太祖實錄》卷 47，洪武二年十一月乙巳，第 931–932 頁。
❹ 《明太祖實錄》卷 69，洪武四年十一月丙辰，第 1287 頁。

濂講敬神所以使人知有所畏懼之道：「朕立城隍神，使人知畏。人有所畏，則不敢妄為。朕則上畏天，下畏地，中畏人，自朝達暮，恆兢惕自持。」[1] 洪武十年（1377）十月壬子，太祖召宋濂至新成之觀心亭，語以祭祀齋戒為內省、自律修養方式之意，曰：「人心易放，操存為難。朕日酬庶務，罔敢自暇自逸，況有事於天地、宗廟、社稷，尤用祗惕。是以作為此亭，名曰觀心，致齋之日，端居其中。吾身在是，而吾心即在是，卻慮凝神，精一不二，庶幾無悔。卿為朕記之，傳示來裔。」[2]

以上所列，大體反映出明太祖祭祀思想中的以下要點：1. 示敬於天；2. 關注民生；3. 警戒臣民；4. 借之內省。前已說到，其示敬於天的觀念原本繼承經典儒家「祭如在」的傳統，而儒家敬天，全為治世，所以明太祖關於祭祀的思想畢竟以國家治理為關注重心。與此一致，這種祭祀以隆重肅穆的禮儀進行，十分注重形式，注重公開的演示效果，其意義顯然在於影響社會。這裏的人神關係本質上是統治者與社會的關係，是一種人與人的關係。

（二）不求長生而求術士

明太祖敬天，不否認鬼神，但並不似秦始皇、漢武帝乃至明世宗等皇帝追求長生。洪武元年，明太祖對侍臣宋濂等講了一段意味深長的話：「自古聖哲之君，知天下之難保也，故遠聲色，去奢靡，以圖天下之安，是以天命眷顧，久而不厭。後世中才之主，當天下無事，侈心縱慾，鮮克有終。至如秦始皇、漢武帝好尚神仙，以求長生。疲精勞神，卒無所得。使移此心以圖治天下，安有不理？以朕觀之，人君能清心寡慾，勤於政事，不作無益以害有益，使民安田里，足衣食，熙熙皞皞而自不知，此即神仙也。功業垂於簡冊，聲名流於後世，此即長生不死也。夫恍惚之事難憑，幽怪之說易惑，在謹其所好尚耳。朕常夙夜

---

❶《明太祖實錄》卷 80，洪武六年三月癸卯，第 1447 頁。
❷《明太祖實錄》卷 115，洪武十年十月壬子，第 1885 頁。

兢業，以圖天下之安，其敢游心於此？」**1** 後來太祖聽說公侯中有好神仙
者，把他們召來，曉諭說：「神仙之術，以長生為說，又繆為不死之藥
以欺人。故前代帝王及大臣多好之，然卒無驗，且有服藥以喪其身者。
蓋由富貴之極，惟恐一旦身歿不能久享其樂，是以一心好之。假使其術
信然可以長生，何故四海之內，千百年間，曾無一人得其術而久住於世
者？若謂神仙混物，非凡人所能識，此乃欺世之言，初不可信。人能懲
忿窒慾，養以中和，自可延年；有善足稱，名垂不朽，雖死猶生。何必
枯坐服藥，以求不死？況萬無此理。當痛絕之。」**2**

　　洪武二十八年（1395），有道士向太祖貢獻「道書」，侍臣請留觀之。
明太祖曰：「彼所獻書，非存神固氣之道，即煉丹燒藥之說，朕焉用此？」**3**
人無長生，其理至明。當時朝臣中有人誘惑太祖求長生，原因恐非果真以
為修煉可致不死，而是推測太祖與秦皇、漢武一樣有天下而望久視。太祖
不為所惑，並明白指出此道為君主、蒼生之大禍害。表明自己只求以「聖
賢」之道令天下生民安享太平，以聲名垂諸不朽，不以一己之長生為念。
單就這些言論看，明太祖宗教觀念中實包含有理性的成分。此點看來平
常，卻於理解明太祖一生勤政務實，不沉溺於宗教的風格關係甚大。

　　但明太祖也曾明令禮部到民間尋求占卜術士，關於此種做法，其說
云：「凡興民之利，除民之害，雖耳聰目明，下愚有所不及，猶謂恐之，
而且見疑，斯所以聖賢亦不自恃其能，特設無上之誠，幽通鬼神，決興
息以福民。《書》不云乎：『七，稽疑，擇建立。』斯用卜筮者也。斯所
以欽天畏地，意在幽通而默相之，此其所以用天聖者也。朕當大位，缺
斯卜筮以決惑疑。爾中書禮部行諸布政使司，廣訪多求，至朝驗用。故
茲敕諭。」**4**

　　占卜決疑為上古遺留傳統，商、周時期就已極盛行，漢代亦曾極

---

❶ 《明太祖實錄》卷 33，洪武元年閏七月丁卯，第 596 頁。
❷ 余繼登：《典故紀聞》卷 2，北京：中華書局，1981 年版，第 38 頁。
❸ 張萱：《西園聞見錄》卷 106，《老》，北京：全國圖書館文獻縮微複製中心，1996 年版，第 1955 頁。
❹ 朱元璋：《明太祖集》卷 7，《命中書禮部訪卜求士》，合肥：黃山書社，1991 年版，第 121 頁。

盛。後世占卜在國家行政中意義衰落，故士大夫多不修此道，其人亦不盛。明太祖求卜筮之人，一為形式上之法古，一則因「乾綱獨斷」，常有強大心理壓力，故藉助占卜堅定決心。此外亦有藉助鬼神之名使人不疑之意。

（三）儒、釋、道三教關係中之體用觀

明承元宗教比較自由的時代之後，民間三教並行，士大夫中關於三教關係之見解紛雜，國家宗教政策乃至立國方針之制定不能不關照此種背景。明太祖於儒、釋、道三教關係有獨到看法。其說云：「假如三教，惟儒者凡有國家不可無。夫子生於周，立綱常而治禮、樂，助國家洪休，文廟祀焉。祀而有期，除儒官叩仰，愚民未知所從，夫子之奇至於如此。釋迦與老子，雖玄奇過萬世，時人未知其的，每所化處，宮室殿閣與國相齊，人民焚香叩禱，無時不至。二教初顯化時，所求必應，飛悟有之。於是乎感動化外蠻夷及中國。假處山藪之愚民，未知國法，先知慮生死之罪，以至於善者多而惡者少，暗理王綱，於國有補無虧，誰能知識？凡國家，常則吉，泥則誤國甚焉。本非實相，妄求其真，禍生有日矣，惟常至吉。近代以來，凡釋、道者，不聞談精進般若、虛無實相之論，每有歡妻撫子，暗地思欲，散居空世，污甚於民，反累宗門，不如俗者時刻精至也。」[1]

明太祖以為治理國家當以守「常」為本而不可求「玄奇」。所謂「常」，當指常情常理常經，即日常生活中可確切把握的知識、經驗，穩定務實而不依賴神奇的佑助和幸運。此正與「子不語怪力亂神」如出一轍。故明太祖以儒教為治國所「不可無」，即治理國家之根本原則。然儒教為官僚士大夫所信從而不易為「愚民」百姓所理解。若單純以儒

---

❶ 朱元璋：《明太祖集》卷 10，《釋道論》，第 213 頁。明太祖《三教論》亦云「惟常是吉」，文義除前所論外，另有因俗而治，保持穩定之意。參見朱元璋：《明太祖集》卷 10，《三教論》，第 214-215 頁。

學之綱常禮樂為教化庶民之說，則曲高和寡，民不知所適從。釋、道二家說教玄奇，百姓不知其真諦之前先為其顯化超凡之渲染所震撼感動，懵懂追隨，反較儒家更易在庶民中形成影響。偏遠之地，國家法治鬆弛，釋、道二教以生死輪迴、善惡報應之說使人民有所規矩。民安而國治，所以稱其能「暗理王綱」。觀此則釋、道兩教對治理國家之意義，不在其道為「真理」，而在其「用處」不小。至於釋、道導民為善之道理，與作為國家意識形態的儒教說法區別極大，卻可不計較。此種愚民而治的思想，在古典儒、道、法諸家中都可見到。大體古代治民者因其俗，從其性而用之，並不求民智真正的開蒙，諸家論治者對此不約而同，惟其具體的說法和方式各不相同。太祖頗能領悟前人心法，因有見於儒、釋、道與政府、社會關係之不同，故持儒教為本而佐以釋、道為用說。此說之實行，保持了國家政治統治之世俗的基礎，同時大體成較寬容而有控制的社會宗教政策原則。承釋、道盛行之後，明立儒教為體，不使釋、道奪國家政治中儒教本體之地位而能用之，且無強力摧殘民間流行宗教的行為，此於 14 世紀中國社會文化走向關係不小。

明太祖又於《三教論》中稱仙、佛無徵，推崇韓愈能以人道用鬼神而得「天地之大機」，其說反映明太祖以實用主義對待鬼神之事的態度：「昔梁武帝好佛，遇神僧寶公者，其武帝終不遇佛證果。漢武帝、魏武帝、唐明皇皆好神仙，足世而不霞舉。以斯之所求，以斯之所不驗，則仙佛無矣。致愚者不信。若左慈之幻操，欒巴之噀酒，起貪生者慕。若韓退之匡君表以躁不以緩，絕鬼神無毫釐，惟王綱屬焉，則鬼神知韓愈如是，則又家出仙人，此天地之大機，以為訓世。若崇尚者從而有之，則世人皆虛無，非時王之治。若絕棄之而杳然，則世無鬼神，人無畏天，王綱力用焉。」[1]

---

❶ 朱元璋：《明太祖集》卷 10，《三教論》，第 215 頁。

明太祖於三教關係反覆論說，其大旨同上述，然側重強調間，亦有不可不略加剖白者。如前引「二教初顯化時，所求必應，飛悟有之」之語，不當看為太祖篤信釋、道之徵，而為姑妄言之之語。明太祖於此另有說明：「釋迦之為道也，惟心善世。其三皇五帝，教治於民，不亦善乎！何又釋迦而為之？蓋世乖俗薄，人從實者少，尚華者多，故瞿曇氏之子異其修，異其教，故天假其靈神之。是說空比假示，有無之訓，以導頑惡。」[1] 此語明言佛教為化導乖薄後世不能信從聖王正道的「頑惡」者之說教，非實朴明智者之正道。又如：「於斯三教，除仲尼之道祖堯舜，率三王，刪詩制典，萬世永賴。其佛仙之幽靈，暗助王綱，益世無窮，惟常是吉。嘗聞：天下無二道，聖人無兩心。三教之立，雖持身榮儉之不同，其所濟給之理一。然於斯世之愚人，於斯三教，有不可缺者。」[2]

　　較之前面所引文字，此語似乎略近「三教合一」之意。但細觀之，三教惟對於「斯世之愚人」有不可缺者，治國「萬世永賴」之道，畢竟在儒教。此語以儒教為治國者自覺行為之根本，以釋、道為因愚治愚之術。儒明而釋、道暗，儒本而釋、道用，三教關係仍分明不爽。此處「聖人」，指堯、舜類聖通之王而非指孔子類立言學者。明太祖開國梟雄之主，傲視今古，並孔子亦看作古代一讀書人而已，所稱名效法者惟堯、舜，此與儒生士大夫之流以孔子之是非為是非自然不同。明朝後來的一些人回顧明太祖關於儒、釋、道關係的這些言論，覺得高明得很：「太祖取其陰贊王綱，而斥其跡，可謂高出萬古矣。」[3]

　　概括而言，明太祖十分肯定地堅持以儒家之道作為治理國家的根本原則，可以稱為儒教為本。同時，他深知儒家思想長於國家上層政治行為規範，而缺乏深入下層民眾、影響民眾行為的能力，而且下層民眾的

❶ 朱元璋：《明太祖集》卷 15，《佛教利濟說》，第 338 頁。
❷ 朱元璋：《明太祖集》卷 10，《三教論》，第 215–216 頁。
❸ 張萱：《西園聞見錄》卷 105，《二氏後》，第 1939 頁。

行為和觀念並不能完全依賴國家制度來規定。對於下層的「愚人」「愚頑」「頑惡」，無法以儒教來化育，而佛道二教能使用「鬼神」之說，使其有所敬畏。因而，佛道不可以成為立國的根本，卻可以幫助國家治理下層的「愚民」。所謂「陰翊王度」「陰贊王綱」都是從這個意義出發的。這種十分富有心計的思路，比起一味鼓吹儒家聖人的大道理，以為可以包辦天地萬物的一般士大夫，在政治上要更加明智；比起完全排斥釋、道，強行以士大夫文化信仰規範下層的主張，要更為寬容和實際。中國本來就有很突出的精英文化與大眾文化的反差，而且大眾文化本身又是多元的，治理這樣的社會而欲求天下人都入聖人一門，其實不現實。明太祖的思路在儒家觀念的基礎上，為下層社會留出足夠的自由空間，為明代的宗教政策奠定了思想基礎。明代君主集權強化，故明太祖個人宗教思想成為有明一代國家宗教政策之基石。後世諸帝有沉迷於釋、道者，惟因太祖所定「以儒為本，同時承認佛道社會規範價值」之基本方略不可改變，終未至於出現宗教權侵奪世俗政治權之真正危機。《明會典》稱：「釋道二教，自漢唐以來，通於民俗，難以盡廢。惟嚴其禁約，毋使滋蔓。令甲具在，最為詳密云。」[1] 此正其寫照。

（四）修建寺院、道觀之用意

對前述問題基本了解之後，明太祖與佛、道宗教界周旋的種種做法就易於理解了。此類周旋，如修建寺廟、道觀，賜予寺觀糧米、蘆柴地，刻寫經書，任用僧、道官員等，不應簡單判定為太祖崇尚釋、道，而實出於利用之意。

洪武十六年（1383），明太祖在鳳陽舊於皇寺附近建大龍興寺。於皇寺自宋有之，金廢，元復創，元末復廢。新建大龍興寺去於皇寺舊址

---

❶ 申時行等：《明會典》（萬曆）卷 104，《禮部六十二‧僧道》，北京：中華書局，1989 年版，第 568 頁。

15 里，明太祖親為賜名，並為文記之。[1] 次年七月，建朝天宮。「其地即吳冶城，晉西州故址，南宋時始置總明觀，唐建紫極宮，宋真宗大中祥符間改祥符宮，尋改天慶觀。元元貞時，改玄妙觀。文宗時，又改永壽宮。至是重建，賜名『朝天宮』。設道錄司於內。」[2] 洪武十八年（1385），建雞鳴寺於雞鳴山。[3] 洪武二十年（1387），修登州沙門島神祠。[4] 洪武二十一年（1388），重建天界善世禪寺於南京城南。[5] 這些寺院大體是在宋元舊寺院的基礎上維修或者重建，並沒有大肆興建新的寺院。洪武二十四年（1391），「詔天下僧道有創立庵堂寺觀非舊額者，悉皆毀之」。[6] 參酌修建寺院與歸併寺院兩者的用意，修建為個別，歸併則普及各府、州、縣，故太祖之修建寺院宮觀當為整理歸併政策之一端。

明太祖對寺院並不特別加以祖護。應天府僧曾經因佃戶逃亡要朝廷罪逃亡者。明太祖敕應天府曉諭這些和尚說，當年追隨佛祖的人從不逃亡，「今僧佃逃，未審節用而致然耶？抑愛人而有此耶？若非此而有此，則府謂僧云，當自善來，若論以如律，恐傷佛性。如敕奉行」。[7] 又明太祖與僧人時有往來唱酬事。此類行徑，宋以來大儒亦常為之，明太祖所表達的除對出世脫俗者的景仰，且有諄諄告誡，使不與俗僧同流合污於市井中之意。另外，明太祖封道教正一派首領張正常為真人時，去其舊稱天師之號，謂眾臣曰：「至尊惟天，豈有師也！」賜秩正二品。清人趙翼記述這件事情時指出：「按元時所封本號真人，而明祖謂應改其天師之號，蓋其時朝廷雖封曰真人，而世尚稱為天師。然

---

❶《明太祖實錄》卷 156，洪武十六年八月甲子，第 2430 頁。
❷《明太祖實錄》卷 163，洪武十七年七月戊戌，第 2523 頁。按：「朝天宮」先已有之，此時特改建永壽宮為朝天宮。
❸《明太祖實錄》卷 176，洪武十八年是歲條，第 2674 頁。
❹《明太祖實錄》卷 183，洪武二十年七月甲午，第 2757 頁。
❺《明太祖實錄》卷 188，洪武二十年二月是月條，第 2829 頁。
❻《明太祖實錄》卷 210，洪武二十四年七月丙戌，第 3125 頁。
❼ 朱元璋：《明太祖集》卷 7，《命應天府諭鍾山寺僧敕》，第 143–144 頁。

則天師之稱，直自六朝以來不替也。」[1] 此舉賜道教首領正二品秩，於世人看來，似為推崇，但實際過去「張氏繼襲者，屢有加號，進秩至一品」。[2] 明太祖將其降低一品，並將六朝以來狂妄不經之號摘除，視如世俗朝廷下一個代表道教的官員，尊朝廷而降抑宗教為其實質。此外，如洪武初年建法會於蔣山，召見名僧，遣僧人去西域求經，注《道德經》及《玄教儀》《心經》《金剛經》《楞嚴伽經》等，亦皆出服務於國家政治方面之用意。[3]

　　然於明太祖與釋、道周旋的做法，當時和後世都有非議。學界注意最多者如《明史》《李仕魯傳》所載：「帝自踐阼後，頗好釋氏教，詔徵東南戒德僧，數建法會於蔣山，應對稱旨者輒賜金襴袈裟衣，召入禁中，賜坐與講論。吳印、華克勤之屬，皆拔擢至大官，時時寄以耳目。由是其徒橫甚，讒毀大臣。舉朝莫敢言，惟仕魯與給事中陳汶輝相繼爭之。汶輝疏言：『古帝王以來，未聞縉紳緇流，雜居同事，可以相濟者也。今勛舊耆德咸思辭祿去位，而緇流憸夫乃益以讒間。如劉基、徐達之見猜，李善長、周德興之被謗，視蕭何、韓信，其危疑相去幾何哉？伏望陛下於股肱心膂，悉取德行文章之彥，則太平可立致矣。』帝不聽。諸僧怙寵者，遂請為釋氏創立職官。於是以先所置善世院為僧錄司，設左右善世、左右闡教、左右講經覺義等官，皆高其品秩。道教亦然。度僧尼道士至逾數萬。仕魯疏言：『陛下方創業，凡意指所向，即示子孫萬世法程，奈何捨聖學而崇異端乎？』章數十上，亦不聽。仕魯性剛介，由儒術起，方欲推明朱氏學，以闢佛自任。及言不見用，遽請於帝前曰：『陛下深溺其教，無惑乎臣言之不入也。還陛下笏，乞賜骸骨，歸田

❶ 趙翼：《陔餘叢考》卷 34，《張真人》，北京：中華書局，1963 年版，第 747 頁。
❷ 趙翼：《陔餘叢考》卷 34，《張真人》，第 747 頁。
❸ 參見朱國禎：《湧幢小品》卷 28，《蔣山佛會記》，北京：中華書局，1959 年版，第 650 頁；錢謙益：《列朝詩集小傳》閏集，《全室禪師泐公》，上海：上海古籍出版社，1983 年版，第 666–667 頁；《明太祖實錄》卷 99，洪武八年四月辛卯，第 1679 頁。

里。』遂置笏於地。帝大怒，命武士捽搏之，立死階下。」[1]與李仕魯同時建言的陳汶輝也因言致禍。「陳汶輝，字耿光，詔安人。以薦授禮科給事中，累官至大理寺少卿，數言得失，皆切直。最後忤旨，懼罪，投金水橋下死。仕魯與汶輝死數歲，帝漸知諸僧所為多不法，有詔清理釋道二教云。」[2]

　　李仕魯在洪武十四年（1381）入京擔任大理寺卿，他和陳汶輝的上疏當是此後不久針對明太祖修建寺院等事。但是《明史》所載陳汶輝的批評雖然的確有事實根據，卻明顯有危言聳聽的味道。比如劉基、徐達、李善長、周德興之結局主要都非僧人、道士讒言所導致，而是另有緣由，糾纏含混，明太祖如何心服？李仕魯的批評也是誇大的，迄洪武中期，對僧道的政策遠遠沒有達到「捨聖學而崇異端」的程度。此二人皆正直儒者，堅執儒學，不肯阿諛逢迎，但他們看不到或不願看到，單一的儒教或者純粹的儒教，並不足以治理這個國家。自古以來的帝王都需要雜用各家學說，漢末以後的帝王，更要處理妥當與各種宗教的關係。陳、李多次上疏，明太祖雖沒有採納，但只是「不聽」，卻未責怪，自然是明知他們有他們的道理，但也有所見不及的地方。其後的決裂，已經不是由於對宗教的觀點，而是由於觸犯了君主權威的絕對性。綜洪武時期，對僧道並沒有過分的崇佞，僧人、道士也沒有過分地參與到國家政治管理中。《明史》的敍述，畢竟偏於儒者立場，而於明太祖的思想乏於詳審。明代最有作為的內閣首輔張居正卻通曉太祖的本意：「大抵神道設教，用以誘導愚陰，以翊皇度，聖人所不廢。智者惟心知其意而無泥其說，則可謂明也已矣。」[3]于慎行也曾語云：「必如本朝以大聖之教主

<hr>

❶ 張廷玉等：《明史》卷 139，《列傳第二十七‧李仕魯》，第 3988－3989 頁。按：《明史》暗示陳汶輝之死與諫用僧、道事有關。然黃雲眉先生云：「按開國臣傳，山東張嗣使某，不奉赦諭，鞭笞內戚，上欲處以大辟，汶輝力爭，封還御旨，上怒，遣御前指揮押赴刑部，行經金水橋，投水死。」參看黃雲眉：《明史考證》第 4 冊，北京：中華書局，1984 年版，第 1195 頁。

❷ 張廷玉等：《明史》卷 139，《列傳第二十七‧李仕魯附陳汶輝》，第 3989 頁。

❸ 張萱：《西園聞見錄》卷 106，《鬼神》，第 1958–1959 頁。

持世法而兼收二氏以備方家之術，如中原正朔統御萬方，而四夷八狄拱伏效順，上下森列，不相逾越，亦萬世無敵之宗哉。」[1]

（五）對僧人、道士之控制

明太祖關於宗教問題的思想觀念之另一方面為對僧人、道士、尼姑、女冠等出家人的看法和政策。此中要點之一是：把對這些現實生活中的男女僧道的政策與對佛、道兩教的政策區分開來。明太祖曉諭僧純一敕書云：「爾沙門純一，既棄父母以為僧，當深入危山，結廬以靜性，使神遊三界，下察幽冥，令生者慕而死者懷，景張佛教，豈不修者之宜；世人因是而互相仿效，雖不獨處窮居，人皆在家為善，安得不世人清泰，因爾僧之所及也！爾不能如是，上下朝堂，欲氣力以扶持，意在鼎新佛寺，集多財以肥己。孰不知財寶既集，淫慾並生。況釋迦非大廈而居，六載，大悟心通，方今梵像巍巍，樓閣崢嶸，金碧熒煌，華夷處處有之，此釋迦之所感若是歟？集財而建造歟？爾僧無知，不能修內而修外，故不答，特役之。今脫爾行，令有司資路費，往尋名山，悟善己道以善人，他日道光必燭寰宇，可不比佛之為道哉！」[2]

這是一通懲教和尚的訓斥：佛教本是有益於世的，但你們這些和尚卻要鑽營於朝廷權勢中，以求仗勢而謀財，哪裏是出自佛心？所以給你路費，送你到沒有錢財的地方去做內外兼修的功夫，以後或者可以變成一個真和尚，不來擾亂民生，獨有益於佛法之昌明。從這些話和這個處置的例子來看，明太祖雖給予佛教以一定的尊重，但他早已洞悉假佛門說教，求世俗利益的俗流和尚們的心術。洪武二十七年（1394）還曾榜示：「凡僧有妻室者，許諸人捶辱之，更索取鈔五十錠，如無，聽從打死勿論……僧人敢有將手券並白冊稱為題疏，所在強求人為之者，拿獲謀首處斬，餘刺充軍……今出之後，有能忍辱不居市廛，不混時俗，深入

---

❶ 張萱：《西園聞見錄》卷 105，《二氏後》，第 1939 頁。
❷ 朱元璋：《明太祖集》卷 8，《諭僧純一敕》，第 156–157 頁。

崇山，刀耕火種，侶影儔燈，甘苦空門寂寞於林泉之下，意在以英靈出三界者聽。」[1] 明末人錄此以見明太祖「深明佛乘大旨」，警告「俗禿輩不得藉口」。[2] 太祖與一些高僧有很好的關係，但卻歸併寺院而不使之氾濫，通過度牒制度、《周知冊》等方法對僧道加以管制，這都和他深知世俗僧道的招搖撞騙、欺世盜名行為相關。

明太祖注意到僧道之中有能治世的人才，力勸他們還俗從政。此種做法與明中後期濫用僧、道為官也本質不同。明太祖曾云：「其佛、道之初立也，窮居獨處，特忘其樂之樂，去其憂之憂，無求豪貴，無藐寒微。及其成也，至神至靈，遊乎天外，察乎黃泉，利生脫苦，善便無窮，所以當時之愚頑，耳聞目擊而效之。今世之愚頑，慕而自化之。嗚呼，不亦善乎！吁，艱哉！今時修行者，反是道而行之。何以見反是道而行之？方今為僧者，不務佛之本行，污市俗、居市廛，以堂堂之貌，七尺之軀，或逢人於道，或居庵受人之謁。其所謁者，賢愚貴賤皆有之，必先屈節以禮之，然後可。然修者以此為忍辱之一端耳。若以堂堂之貌，七尺之軀，忍辱於人，將後果了此道，何枉辱也哉？若將後不能了此道，其受辱屈節果何益乎？況生不能養父母於家，死無後嗣立姓同人於天地間，當此之時，如草之值秋，遇寒霜而盡槁，比木之有叢，凌風寒而永歲月，使飛者巢顛，走者窩下，惜哉，惜哉！不亦悲乎？」[3] 又說：「古賢人君子，託身隱居，非止一端。如甯戚扣角，百里奚販牛，望釣於磻溪，徵隱於黃冠，此數賢能者，未必執於本業而不為君用。朕觀此僧之文，文華燦爛，若有光之照耀，無玄虛弄假之訛，語句真誠，貼體孔門之學，安得不為用哉！」[4]

這種言論，非但不是崇佞佛教，而且是明論隱跡僧、道中非明智君子所為，顯示出明太祖的思想根基扎在儒家為本的現實世界。本此精

---

❶ 黃景昉：《國史唯疑》卷 1，《洪武 建文》，上海：上海古籍出版社，2002 年版，第 18 頁。
❷ 黃景昉：《國史唯疑》卷 1，《洪武 建文》，第 18 頁。
❸ 朱元璋：《明太祖集》卷 10，《宦釋論》，第 228-229 頁。
❹ 朱元璋：《明太祖集》卷 13，《拔儒僧文》，第 266 頁。

神，明太祖認真從僧道中選拔人才，讓他們還俗為官，其中有從有不從者。不從者如天界寺住持僧宗泐，明太祖命其蓄髮官之，宗泐竟苦辭。明太祖為之作《賜宗泐免官說》，「鼓舞中兼寓激勵，原非專責人官……」[1] 從者如《拔儒僧文》中宋濂所薦僧郭傳。又如鍾山僧吳印有才智，「太祖親擢為山東布政使」。[2] 在洪武二十六年（1393）去世的陝西人丘玄清「幼為道士於均州武當山，宗全真之學，往來漢、沔、河、洛間。年及五十，有司以其有治才，薦入京。初授監察御史，超擢太常卿。為人持重有守」。[3] 此為還俗入仕之例。因為這些人並非以其宗教身份參與政府管理，而是脫離宗教身份入仕，所以選拔他們的意旨在於不以出家的履歷為疆界而選拔官僚。這與洪武時期學校、科舉尚乏得人，注重從草野中選拔人才的做法是一致的，從中正可看出明太祖以入仕從政為明智正途的立場。

明代「凡戶三等：曰民，曰軍，曰匠。民有儒，有醫，有陰陽。軍有校尉，有力士，弓、鋪兵。匠有廚役、裁縫、馬船之類。瀕海有鹽灶。寺有僧，觀有道士。畢以其業著籍」。[4] 僧、道同屬於作為下層社會主流的民、軍、匠戶之外的特殊類目。管理僧道人口的設置主要是度牒制度。

洪武五年（1372），明政府統計「時天下僧尼道士女冠，凡五萬七千二百餘人」。當時禮部稱：「前代度牒之給，皆計名鬻錢，以資國用，號『免丁錢』。」明太祖下詔廢除前代出賣度牒以增加財政收入的做法，對現有男女僧道發給度牒，「以防偽濫」，並著為令。[5] 顯然，這時明朝政

❶ 黃景昉：《國史唯疑》卷 1，《洪武　建文》，第 18 頁。按：該《賜宗泐免官說》亦見朱元璋：《明太祖集》卷 15，第 329 頁。

❷ 王圻：《續文獻通考》卷 254，《仙釋考·名釋下》，《續修四庫全書》史部第 767 冊，上海：上海古籍出版社，1995-2002 年版，第 224 頁。按：本書引用《續修四庫全書》文獻皆出此版本，不再一一註出。

❸ 《明太祖實錄》卷 225，洪武二十六年二月庚寅，第 3298 頁。

❹ 張廷玉等：《明史》卷 77，《志第五十三·食貨一》，第 1878 頁。

❺ 《明太祖實錄》卷 77，洪武五年十二月己亥，第 1416 頁。

府的度牒發放完全出於對僧道人口控制的意圖，和財政問題無關。但是這種控制似乎從一開始就不很有效。8 個月之後，「禮部奏度天下僧尼、道士凡九萬六千三百二十八人」，[1] 比上年 12 月增長了約 68%。這個情況肯定受到了明太祖的注意，他認為「近代」民間對佛道「崇尚太過，徒眾日盛，安坐而食，蠹財耗民，莫甚於此」。在看到上述統計報告三個月後，即在洪武六年（1373）十二月，明太祖即下令：「府州縣止存大寺觀一所，並其徒而處之，擇有戒行者領其事，若請給度牒，必考試精通經典者方許。又以民家多女子為尼姑、女冠，自今年四十以上者聽，未及者不許。著為令。」[2] 此令有 3 點可以注意：1. 控制寺觀數量，此後來載於《明律》；2. 非精通經典者不給度牒，既控制僧道之數量，同時使之「純化」；3. 婦女生育期未結束前不許出家。類似政令後來多次重申。

控制僧道人口的努力沒有達到預期的效果。洪武十七年（1384）閏十月，「禮部尚書趙瑁言：『自設置僧道二司，未及三年，天下僧道已二萬九百五十四人，今來者益多，其實假此以避有司差役，請三年一次出給度牒，且嚴加考試，庶革其弊。』從之」。[3] 設僧錄司、道錄司是在洪武十五年（1382）。所謂設此二司未及三年，天下僧道已有 20,954 人，所指當是這 3 年間所度僧道數，而非天下僧道總數，因為洪武六年（1373）時天下僧道就已經達到了 96,328 人。此間並無大規模裁抑僧道的舉動，不會減少了三分之二強而禮部尚爭論僧道人數增長太快。可能是這種情況促使明太祖進一步採取措施。洪武二十四年（1391）六月，明太祖對禮部下達清理釋、道二教敕曰：「佛本中國異教也，自漢明帝夜有金人入夢，其法始自西域而至。當是時，民皆崇敬。其後有去鬚髮出家者，有以兒童出家者。其所修行，則去色相，絕嗜慾，潔身以為善。

---

❶《明太祖實錄》卷 84，洪武六年八月戊子，第 1501–1502 頁。
❷《明太祖實錄》卷 86，洪武六年十二月戊戌，第 1537 頁。
❸《明太祖實錄》卷 167，洪武十七年閏十月癸亥，第 2563 頁。按：《明會典》（萬曆）卷 104，《禮部六十二‧僧道》條稱洪武二十六年「令各司每三年考試，能通經典者申送到部，具奏出給度牒」。（第 568 頁）兩者不盡一致，今從《明太祖實錄》。

道教始於老子，以至漢張道陵，能以異術役召鬼神，禦災捍患，其道益彰。故二教歷世久不磨滅者以此。今之學佛者，曰禪、曰講、曰瑜珈；學道者曰正一、曰全真，皆不循本俗，污教敗行，為害甚大。自今天下僧道，凡各府州縣寺觀雖多，但存其寬大可容眾者一所併而居之，毋雜處於外，與民相混。違者治以重罪。親故相隱者流，願還俗者聽。其佛經翻譯已定者，不許增減詞語。道士設齋，亦不許拜奏青詞。為孝子慈孫演誦經典，報祖父母者，各遵頒降科儀，毋妄立條章，多索民財，及民有效瑜珈教，稱為善友，假張真人名私造符篆者，皆治以重罪。」**1**

　　這道敕書承認佛道二教本義都是無害或者有益於社會的。但是，明朝初年的佛道人士卻已經在多種名目下背離了「本俗」，行為敗壞，嚴重危害社會。作為國家的對策，明太祖重申了洪武六年（1373）限制寺觀數量的規定。這種對於原有政策的重申，表明該政策沒有得到很好的落實。所以重申之外，又增加了幾項限制措施。

　　1. 僧道人士與世俗人口分離，顯然當時僧人道士與民雜居的很多，諸如「火居道士」之類。這個隔離政策出於對僧道人士的極端不信任，但是卻並非對佛道二教本身的否定。僧道人士和國家的關係與佛教、道教與國家的關係並不是一回事。

　　2. 不許改譯佛經和撰作青詞。這應該是為了保持二教的原旨，免為被假僧道欺世者篡改。

　　3. 僧道人士為民間的宗教服務必須保持舊有規範，不增不減。這是為了限制僧道詐取民財的行為。

　　4. 世俗之人不准從事對他人的宗教性服務活動。總起來看，這道敕書主要是為了把僧道行為限定在與其他方面的國家社會政策一致的範圍內，着眼點不是宗教信仰，而是社會控制。次年，即洪武二十五年（1392），頒度僧之令，結果有 30 餘人冒請。太祖一怒之下，要將這

---

❶《明太祖實錄》卷 209，洪武二十四年六月丁巳，第 3109-3110 頁。

些人全部殺掉，僧永隆自請焚死以代，始貸冒請者之死。[1]同年十二月，明太祖下令僧錄司編造《周知冊》，頒於天下僧寺。編造這個僧人冊籍的原因是「時京師百福寺隱囚徒逋卒，往往易名姓為僧，遊食四方，無以驗其真偽。於是命造周知文冊。自在京及在外府州縣寺院僧名以次編之。其年甲姓名字行，及始為僧年月與所授度牒字號，俱載於僧名之下。既成，頒示天下僧寺。凡遊方行腳至者，以冊驗之。其不同者，許獲送有司械至京，治重罪。容隱者罪如之」。[2]這個措施應該被看作是洪武二十四年（1391）敕書方針的繼續，但是更強調寺院容隱逃亡囚徒和軍人的問題，以及對沒有度牒的遊方僧人和私自剃度為僧者的限制。在這種情況下，試圖冒領度牒的人自然受到懲處：洪武二十六年（1393）夏四月，道士仲守純等 125 人請給度牒，禮部審查的結果是判定這些人「皆逃民避徭役者」，結果把這些人都發到錦衣衛編管去做工匠。[3]

《周知冊》的頒行沒能收到預期的效果，一年以後，即洪武二十七年（1394）春正月，明太祖又命禮部榜示天下僧寺、道觀：「凡歸併大寺設砧基道人一人，以主差稅。每大觀道士編成班次，每班一年高者率之。餘僧道俱不許奔走於外及交構（媾）有司，以書冊稱為題疏，強求人財。其一二人於崇山深谷修禪及學全真者聽，三四人勿許。仍毋得創庵堂。若遊方問道，必自備道里費，毋索取於民，民亦毋得輒自侮慢。凡所至僧寺，必揭《周知冊》以驗其實，不同者，獲送有司。僧道有妻妾者，諸人許捶逐，相容隱者罪之，願還俗者聽。亦不許收民兒童為僧，違者並兒童父母皆坐以罪。年二十以上，願為僧者，亦須父母具告有司，奏聞方許。三年

---

❶ 王圻：《續文獻通考》卷 254，《仙釋考・名釋下》，《續修四庫全書》史部第 767 冊，第 225-226 頁。按：傅維鱗《明書》稱當時冒請度牒者「至三千餘人」，見傅維鱗：《明書》卷 160，《列傳十九・異教傳》，《四庫全書存目叢書》，濟南：齊魯書社，1995-1997 年版，史部第 40 冊，第 358 頁。按：本書引用《四庫全書存目叢書》文獻皆出此版本，不再一一註出。《叢書集成初編》本《明書》為排印本，亦作「至三千餘人」。《明書》晚出，今從王圻《續文獻通考》。

❷ 《明太祖實錄》卷 223，洪武二十五年十二月甲午，第 3268-3269 頁。按：《明會典》（萬曆）將造《周知冊》事繫於洪武五年：「凡僧道給度，洪武五年令給僧道度牒，罷免丁錢，僧錄、道錄司造《周知冊》頒行天下寺觀。」見卷 104，《禮部六十二・僧道》，第 568 頁。今從「實錄」。

❸ 《明太祖實錄》卷 227，洪武二十六年四月乙丑，第 3317 頁。

後，赴京考試，通經典者始給度牒，不通者杖為民。有稱白蓮、靈寶、火居及僧道不務祖風，妄為論議，沮令者，皆治重罪。」[1] 這大致還是對以前頒佈的宗教人口管理政策略為嚴厲化的重申。次年，禮部又由於「今天下僧道數多，皆不務本教」，決定召他們赴京考試，把不通經典的黜革。詔從之，惟對年六十以上者免試。[2] 經過反覆修訂而在洪武三十年（1397）正式頒行的《大明律》，對違反國家規定的僧道管理制度、政策的行為規定了懲處辦法，其中包括：「凡寺觀庵院，除現在處所外，不許私自創建增置。違者，杖一百，還俗。僧道，發邊遠充軍；尼僧女冠，入官為奴。若僧道不給度牒，私自簪剃者，杖八十。若由家長，家長當罪。寺觀住持，及受業師私度者，與同罪，並還俗。」[3]

如此，則明太祖的宗教管理思想落實為國家法律。終洪武之世，佛、道二教既未遭禁止，亦未過分氾濫，僧道人口數量也處於政府控制下。這種政策，還屬有彈性而務實的做法。從宗教本身的角度看，其中不無不自由之性質，但中國歷史上凡佛、道大盛時代，國家財政、農業經濟都受到削弱，故明太祖時代對佛、道的政策，以當時情況看，並無大的失當。

（六）優容喇嘛教

明太祖宗教政策出發於兩個基點：一是國家政治和社會管理的需要，二是對各個宗教兼容並包的傾向。對喇嘛教的政策與整個宗教政策一致，既以宗教兼容為基礎，也服從於國家邊疆政策。《明史》云：「洪武初，太祖懲唐世吐蕃之亂，思制御之。惟因其俗尚，用僧徒化導為善。乃遣使廣行招諭。」[4] 明人黃佐評論說：「凡胡僧有名法王若國師者，

---

❶ 《明太祖實錄》卷 231，洪武二十七年正月戊申，第 3372–3373 頁。
❷ 《明太祖實錄》卷 242，洪武二十八年閏九月己未，第 3524 頁。
❸ 懷效鋒點校：《大明律》卷 4，《戶律一·私創庵院及私度僧道》，北京：法律出版社，1999 年版，第 46–47 頁。
❹ 張廷玉等：《明史》卷 331，《列傳第二百十九·西域三》，第 8572 頁。

一入中國，朝廷優禮供給甚盛，言官每及之，而朝廷多不從者。蓋西番之俗，有叛亂仇殺，一時未能遙制，彼以其法戒諭之惟謹。蓋以取夷之機在此。故供給雖云過優，然不煩兵甲芻糧之具而陰屈群醜，所得亦多矣。此先朝制馭夷之術，非果神之也。世人不悟，或受其戒，或學其術，或有中國人偽承其緒而慕襲其名號，此末流之弊也。」[1]

洪武七年（1374），太祖就曾接待過來自和林的喇嘛教國師：「和林國師朵兒只怗烈失思巴藏卜及甘肅平章汪文殊奴等至京師，國師獻佛像、舍利及馬二匹。詔以佛像、舍利送鍾山寺，賜國師文綺禪衣，汪文殊奴等毯絲、襲衣、房舍、供具諸物，及賜從者衣服等物有差。」[2]洪武十二年（1379）春，「朵甘［思］、烏思藏灌頂國師答力麻、巴剌及怕木竹巴萬戶府等官遣使貢方物」。[3]明太祖下詔稱：「今朵甘思、烏思藏兩衞地方，諸院上師，躋如來之大教，備五印之多經，代謂闡揚，化兇頑以從善，啟人心以滌愆。朕謂佛為眾生若是，今多院諸師亦為佛若是，而為暗理王綱，與民多福。」[4]此後，洪武時期禮待喇嘛教僧侶的事情屢見於史籍，如：洪武二十三年（1390），「以臨洮僧已什領佔為尚師，賜以鈔錠。其從僧三十六人，俱賜有差」。[5]又洪武二十六年（1393）：「西寧番僧三剌貢馬。先是，三剌為書招降罕東諸部，又創佛剎於碾白南川以居其眾。至是，始來朝，因請護持及寺額。上賜名曰『瞿曇寺』。敕曰：『自有佛以來，見佛者無不瞻仰，雖兇戾愚頑者，亦為之敬信。化惡為善，佛之願力有如是耶。今番僧三剌生居西土，躋佛之道，廣結人緣，輯金帛以創佛剎。比者來朝京師，朕嘉其向善慕義之誠，特賜敕護持。諸人不許擾害，聽其自在修行。違者罪之。故敕』」。[6]同年，「立西

❶ 張萱：《西園聞見錄》卷 105，《佛》，第 1944 頁。
❷ 《明太祖實錄》卷 89，洪武七年五月庚辰，第 1576 頁。
❸ 《明太祖實錄》卷 122，洪武十二年二月丁巳，第 1978 頁。
❹ 朱元璋：《明太祖集》卷 1，《護持朵甘思烏思藏詔》，第 12 頁。按：引用時標點有改動。
❺ 《明太祖實錄》卷 200，洪武二十三年三月乙丑，第 3001 頁。
❻ 《明太祖實錄》卷 225，洪武二十六年二月壬寅，第 3300–3301 頁。

寧僧綱司，以僧三剌為都綱，河州衞漢僧綱司以故元國師魏失剌監藏為都綱，河州衞番僧綱司以僧月監藏為都綱。蓋西番崇尚浮屠，故立之俾主其教，以綏來遠人。復賜以符曰：『自古帝王致治，無間遠邇，設官以理庶務。稽諸典禮，復有僧官以掌其教者，非徒為僧榮也。欲其率修善道，陰助王化，非真誠寡慾淡泊自守者，奚足以任斯職？今設僧綱司，授爾等以官，給爾符契，其體朕之心，廣佛功德，化人為善。欽哉。』」[1]

明太祖對於伊斯蘭教的看法大致與其對佛教看法類似，認為該教有「保庇國王」「拯救患難」的作用。故明太祖時代，對晚近由周邊傳入的宗教主要作為國家政治問題來對待，並力圖限制其對內地民間宗教信仰及習俗的影響。

（七）禁止師巫邪術

洪武三年（1370）六月，中書省臣等為明太祖起草《禁淫祠制》頒佈天下：「凡民庶祭先祖，歲除祀灶，鄉村春秋祈土穀之神，凡有災患，禱於祖先。若鄉厲、邑厲、郡厲之祭，則里社郡縣自舉之。其僧道建齋設醮，不許奏章上表，投拜青詞，亦不許塑畫天神地祇，及白蓮社、尊教、白雲宗，巫覡、扶鸞、禱聖、書符、咒水諸術，並加禁止，庶幾左道不興，民無惑患。」[2] 這大體確定了明朝政府對待民間宗教的政策基調：祭祀與社會地位相對應分為等級；禁止民間祕密宗教及巫咒等活動。此類政令載於《大明律》：「凡私家告天拜斗，焚燒夜香，燃點天燈七燈，褻瀆神明者，杖八十。婦女有犯，罪坐家長。若僧道修齋設醮，而拜奏青詞表文及祈禳火災者同罪，還俗。若有官及軍民之家，縱令妻女於寺觀神廟燒香者，笞四十，罪坐夫男。無夫男者罪坐本婦。其寺觀神廟住

---

❶《明太祖實錄》卷 226，洪武二十六年三月丙寅，第 3307-3308 頁。按：立西寧僧綱司並以三剌為都綱事亦載《明太祖實錄》卷 250，洪武三十年二月壬子，二者本事及文句皆重複，後者當為抄寫之誤。

❷《明太祖實錄》卷 53，洪武三年六月甲子，第 1037-1038 頁。

持及守門之人，不為禁止者，與同罪。」[1]「凡師巫假降邪神，書符咒水，扶鸞禱聖，自號端公、太保、師婆，及妄稱彌勒佛、白蓮社、明尊教、白雲宗等會，一應左道亂正之術，或隱藏圖像，燒香集眾，夜聚曉散，佯修善事，扇惑人民，為首者絞；為從者各杖一百，流三千里。若軍民裝扮神像，鳴鑼擊鼓，迎神賽會者，杖一百，罪坐為首之人。里長知而不首者，各笞四十。其民間春秋義社，不在禁限。」[2]「凡陰陽術士，不許於大小文武官員之家妄言禍福。違者，杖一百。其依經推算星命、卜課者，不在禁限。」[3]

這些政令表明，在明太祖看來，佛教、道教可以「暗理王綱」，而其他以巫術為普遍特色的民間宗教則於國家統治秩序有所干擾，故行禁止。一般算命占卜不在此列。

事實上，洪武時期以民間宗教為組織方式的反叛一再發生。如洪武六年（1373），「湖廣羅田縣妖人王佛兒，自稱彌勒佛降生，傳寫佛號惑人，欲聚眾為亂，官軍捕斬之」。[4]洪武十九年（1386）福建「妖僧」彭玉琳在新淦「自號彌勒佛祖師，燒香聚眾，作白蓮會。縣民楊文曾、尚敬等皆被誑惑，遂同謀為亂。玉琳稱晉王，偽置官屬，建元天定。縣官率民兵掩捕之，檻玉琳並其黨七十餘人，送京師，皆誅之」。[5]洪武二十一年（1388）五月，「袁州府萍鄉縣民有稱彌勒佛教惑民者，捕至誅之」。[6]洪武二十三年（1390）二月，「河南都指揮使司獲妖寇朱黃頭，送至京師。初，烏撒衞有紫氣起，軍士馬四兒妄言為禎祥，應在己。遂糾合黃頭等六人劫眾從水西剽掠逃至南陽鄧州。又自稱聖人。河南都司出兵剿捕，四兒等竄去，擒黃頭等至京，斬之」。[7]

---

❶ 懷效鋒點校：《大明律》卷 11，《禮律一·祭祀》，第 89 頁。
❷ 懷效鋒點校：《大明律》卷 11，《禮律一·祭祀》，第 89 頁。
❸ 懷效鋒點校：《大明律》卷 12，《禮律二·儀制》，第 95 頁。
❹ 《明太祖實錄》卷 81，洪武六年四月丙子，第 1458 頁。
❺ 《明太祖實錄》卷 178，洪武十九年五月戊辰，第 2692–2693 頁。
❻ 《明太祖實錄》卷 190，洪武二十一年五月壬寅，第 2876 頁。
❼ 《明太祖實錄》卷 200，洪武二十三年二月癸亥，第 3000 頁。

參酌這些背景情況，明太祖對於師巫邪術的禁止，當主要着眼於其易於形成對國家政治秩序的威脅，其次亦在於對其宗教內涵之否定。如前所論，明太祖宗教思想以國家政治需要為前提。佛、道既無法徹底排除，又在悠久的歷史中逐漸形成了和國家權力共生的相互關係，完全可以有控制地加以利用，故多示優容。師巫邪術並無歷久一貫的經典、組織與制度，依託其他宗教、學說及迷信心理，變化多端，全無駕馭之可能，並且極易滋生祕密民間組織，成為特殊的具有獨立性的社會操作機構。所以，明太祖從國家控制角度出發，力求禁止之。

（八）結論

綜上所述，明太祖宗教思想全以國家政治為着眼點，即從世俗的立場看待宗教問題，以政治的手段駕馭宗教，其思想基礎仍以儒家國家政治理論為主。此種思想與純粹哲學家或者神學家對待宗教的觀念從一開始就有不同。其區別在於明太祖宗教思想的政治實用主義而非學術的性質，故其中有經有權，有誠有詐。所以明太祖的宗教思想從屬於他的政治思想，此亦政治家思想的普遍特色。由於君主集權主義體制及其強化，明太祖宗教思想為有明一代國家宗教政策奠定了以儒為本，以佛教、道教為用，為制度化的宗教留出一定空間而又加以控制，對可能成為社會控制威脅的民間其他有組織的宗教性活動加以限制的基本方略。此方略幫助明朝落實了法統漢、唐、宋國家體制的原則，並對中國文化、社會的變動傾向產生影響。其國家專制社會的傾向明顯，但並非絕對化的專制，而是具有一定的彈性。就明太祖有生之年看，其宗教思想大致和國家宗教政策以及國家在其他方面的政策保持協調。從長時段歷史的角度考察，明太祖宗教政策並無明顯的思想混亂或者舉措矛盾處。

明代宗教政策在實踐中的問題出在太祖去世以後。太宗時期宗教政策已經不及太祖時把握穩當，後來更逐漸向混亂發展。到正統時期，釋道數量開始失去控制，成化時期佛道人口大為氾濫。此時雖然社會經濟、文化繼續發展，但宗教政策與民生的矛盾已經尖銳化。後來皇室崇

寺院之修建，為私利而祈福齋醮，度牒失控，僧道流佈天下，師巫邪術無涯無止。這種局面，於民間文化增加了活躍的因素，但對國家財政和社會秩序則形成嚴重的負面影響。通明一代國家對於宗教事務的制度與政策，仍以明太祖時期的最具有自覺把握的意識，並大致得到實現。

原刊《暨南史學》第二輯，廣州：暨南大學出版社，2003 年

二、明初城隍祭祀制度

城隍原為中國民間宗教祭祀之神，唐以後其祀愈為普遍，宋代已經列於國家祀典，至明朝初年，國家祀典中的城隍祭祀規則空前系統正規化，從而使明代成為中國歷史上城隍祭祀制度化最強的時期。這種制度化又推動了城隍信仰、祭祀在民間的普遍化。有關研究，已稱豐富。鄧嗣禹、中村哲夫、大衞·約翰遜（David Johnson）、濱島敦俊等著名學者皆有深入研究，其中尤以濱島敦俊先生 3 篇論文出於晚近，在中國學術界影響更為廣泛。[1] 近因整理明代國家宗教制度與政策史料，竟發覺有關文獻頗與濱島先生所論洪武「三年改制」的說法不相符合，且其中誤解於明代國家制度以及社會宗教歷史之大線索關係非輕。試為陳說，求教於濱島敦俊先生及史學界同好。

---

❶ 參看濱島敦俊《明初城隍考》，原載《東洋史論叢：榎一雄博士頌壽紀念東洋史論叢》（汲古書院），中文譯本刊於《社會科學家》，1991 年第 6 期；《明清江南城隍考：商品經濟的發達與農民信仰》，載《中國社會經濟史研究》1991 年第 1 期；《朱元璋政權城隍改制考》，載《史學集刊》1995 年第 4 期。此三文皆多為學者轉載引用。另外，濱島敦俊近來出版的《總管信仰——近世江南農村社會と民間信仰》（東京：研文出版，2001 年版）也反映了前述 3 篇論文的觀點。參看該書第 113–125 頁。

（一）濱島敦俊洪武「三年改制」說概要

　　濱島先生《明初城隍考》（以下稱《明初考》）專論明洪武二年（1369）城隍祭祀「新制」、洪武三年（1370）「改制」原委，並及三年所定制度未能實行情況。按書中所言，所謂洪武二年「新制」指該年正月丙申太祖下詔規定城隍祭祀為國家祭祀體系中的一個組成部分。這一新制「把傳統的城隍信仰原封不動地保留下來，並將其制度化」。但洪武三年二月，因將天神、地祇（其中包括城隍）合併祭祀，從而導致「作為天子郊祀組成部分之一的天神、地祇之祭也就成為與原有的、並為二年新制所確認了的城隍廟無關的祭祀了。從理論上講，就是出現了兩種不同類型的城隍並存。」這反映了「一種與二年新制相矛盾的城隍神的觀念」。洪武三年六月，太祖下詔改制，取消嶽鎮、海瀆及城隍神的王、公、侯等爵位封號，「將城隍神自產生以來所一直保持的基本屬性，即其人格神屬性徹底剝奪了」。推動二年「新制」的，是以李善長和崔亮等原籍江淮乃至華北、出身近於胥吏階層的官僚為中心的、掌握中書省的「慣習派」。推動三年改制的則是大致由以陶安、錢用壬為代表、出身於廣義江南地區的「禮官及諸儒臣」組成的正統士大夫「理念派」。洪武三年中書省上層的控制力削弱，「使得極端教條主義的三年改制成為可能」。「慣習派與理念派的對立也是道教與儒教的對立」。因為三年改制「完全是憑藉國家權力對民間信仰褫奪」，因而在現實社會中難以實行。

　　《明清江南城隍考》（以下簡稱《江南考》）重申《明初考》關於二年新制和三年改制之觀念衝突以及兩派矛盾的論斷，在此基礎上，集中討論江南鎮城隍的出現與發展，以及「解錢糧」，即民間自發向城隍廟送錢的習俗，以進一步證明洪武三年改制的形同具文。在直接與洪武二、三年城隍祭祀制度問題相關的意義上，該文更明確地提出：洪武二年正月丙申（初一日）封城隍爵位的命令是「按中書省的上奏」而做出的；而洪武二年正月戊申（十三日）分祀天神、地祇的命令則是對「禮官」

奏疏的答覆。兩者有「觀念上的重要區別」，並更集中地體現在禮官，即理念派在洪武三年六月議行的改制中。洪武三年改制雖然規定城隍祭祀一律用木主，但「從明朝前期開始，城隍廟實際上無一例外，都祭祀神像，神被對上特定的任務，有封號，並有道士住持」。這表明這場改制因為與社會習俗矛盾而無法實行。

《朱元璋政權城隍改制考》（以下簡稱《改制考》）重申前揭兩文內容，並無新的問題提出，但為確認慣習派與理念派的衝突是發生洪武三年改制的背景，將洪武二年正月丙申日封天下城隍詔敕說為大概「是根據中書（省）的回奏作的⋯⋯（該敕）中沒有反映禮官的意見」。洪武二年正月戊申日確定分祀天神、地祇的決定，洪武三年六月癸亥去城隍爵位封號敕，洪武三年六月戊寅規定城隍廟規制敕則都是禮官代表的觀念派（前兩文稱「理念派」）「集團」的立場。

以上 3 篇論文都標以「考」而不稱為「論」，當以信實為要旨。實則不同。該「三考」有關洪武二年、三年城隍祭祀制度的主要論斷皆以《明太祖實錄》為根據。茲亦以該文獻為基礎，兼考其他資料，做如下說：1. 在城隍祭祀制度上的「理念派」與「慣習派」之爭為子虛烏有；2. 洪武三年二月分祀天神、地祇造成兩種城隍並存說為誤讀史料；3. 洪武三年「改制」與對道教政策無關；4. 洪武三年所定祭祀城隍規則頗得推行。

（二）「理念派」與「慣習派」之爭為子虛烏有

「理念派」（觀念派）、「慣習派」之爭說的原始出發點，是斷定前揭洪武二年、三年間的 4 道關於城隍祭祀的文件所反映的城隍觀念存在內在矛盾，並斷定李善長主持的中書省提出了封城隍爵位、保持其人格神地位、與民間習俗大體一致的洪武二年正月丙申敕，而其他三敕則都是禮部、翰林的儒家正統派，即觀念派「集團」所主張的。檢濱島先生論此前後所據之《明太祖實錄》記載，其說並不成立。首先，洪武二年正月丙申封城隍「新制」是太祖本人、中書省、禮部、翰林共同制定的。

《明太祖實錄》卷三十五記洪武二年春正月丙申日有關城隍事云：「封京都及天下城隍神。上謂中書及禮官曰：『明有禮樂，幽有鬼神。若城隍神者，歷代所祀。宜新封爵。』遂封京都城隍為承天鑒國司民昇福明靈王；其在北京開封府者封為承天鑒國司民顯聖王；臨濠府為承天鑒國司民貞佑王；太平府為承天鑒國司民英烈王；和州為承天鑒國司民靈護王；滁州為承天鑒國司民靈祐王；五府州皆正一品。餘在各府州縣者，府為鑒察司民城隍威靈公，秩正二品；州為鑒察司民城隍靈祐侯，秩三品；縣為鑒察司民城隍顯佑伯，秩四品。其章服……命翰林詞臣撰制文以頒之。京都城隍制曰……」[1]

以上引出文字之後是封京都、五府及天下府州縣城隍制全文，主要內容為封爵因由及其名號。前後文字，明確記載太祖本人提出封城隍之事，中書省與禮官同時接受太祖旨意，撰寫封城隍制文的則恰是被濱島先生歸為「理念派」的翰林詞臣。此外，翰林詞臣所起草的封五府城隍制分別道出此五地城隍高出天下其他地方城隍的理由，即南京、開封為都城，[2] 臨濠為太祖家鄉，其他三府則為太祖取天下過程中取得關鍵性勝利之處。此五府之特殊地位正明確表示此次封城隍為太祖本人意願。無論中書省、禮部、翰林，其間或曾備諮詢，但皆無異議。

另考焦竑《國朝獻徵錄》李善長傳，他在洪武二年正月，「承制命有司立功臣廟於雞籠山，定太歲、風雲、雷雨、嶽鎮、海瀆、山川、城隍諸神祭禮」。[3] 顯然洪武二年正月關於城隍祭祀的兩次決定是同一制度建立過程的兩個步驟，主張者為太祖本人，中書省李善長率同禮部、翰林一體執行。這裏應該注意當時丞相制度尚存，六部皆在中書省管轄之

---

❶《明太祖實錄》卷 38，洪武二年正月丙申，第 755-756 頁。

❷ 洪武元年（1368）八月初一日，明太祖頒「以金陵大梁為南北京詔」，見傅維鱗：《明書》卷 51，《志五·綸煥志一》，《叢書集成初編》本，上海：商務印書館，1935 年版，第 966-967 頁。按：本書引用《叢書集成初編》中文獻者皆出此版本，不再一一註出。

❸ 王世貞：《中書省左丞相太師韓國公李公善長傳》，見焦竑：《國朝獻徵錄》卷 11，《中書省》，《明代傳記叢刊》綜錄類 26 第 109 冊，台北：明文書局，1965 年版，第 379 頁。

內，地位為中書省下屬，此時省、部關係與洪武十三年（1380）廢除丞相制度乃至後來形成內閣制度以後迥然不同。

此次封城隍亦與肯定城隍神人格神地位無關。原因是封城隍制只提各地城隍所得爵位名號，未提各城隍神本名，換言之，就是將城隍與封嶽鎮、海瀆、山川同樣對待。京都、五府之外，天下府城隍得同一封號，州城隍得同一封號，縣城隍也得同一封號，除其所在地方名稱之外，並無個人化區別。

洪武二年正月丙申（初一日）封城隍之後，至同月戊申日（十三日）之間某日，「上以太歲、風雲、雷雨及嶽鎮、海瀆、山川、城隍諸神止合祭於城南諸神享祀之所，未有壇壝專祀，非隆敬神祇之道，命禮官考古制以聞。」[1] 禮官至戊申日將奉旨查考結果及建議向太祖彙報。根據彙報，太祖決定建兩壇分祀天神、地祇（其中包括城隍）。濱島先生認定此方案與正月丙申日封城隍命令是對立的，原因是它由禮部官員提出的。然而禮部是受太祖之命查考古制、提出祭祀天神、地祇的方式，並非主動倡議。而且當時所議分壇祭祀是為盡「隆敬神祇」之道，與正月丙申日封城隍的決定並無矛盾衝突。兩者前後關係順理成章：丙申議定封爵，至戊申議定祭祀方式，所以在數日間都得頒行。濱島先生在沒有切實根據的情況下判定這兩個決定相互矛盾，出於兩個派別，除了失於臆測以外，也忽略了明太祖本人在明初禮制建設中的關鍵性角色，實際將他置於昏瞶軟弱之地。張居正曾指出，明初編定禮儀時，「編摩綴拾，雖出於一時諸臣之手，而斟酌損益，皆斷自聖衷。是以經紀無遺，巨細畢舉」。[2]

洪武三年六月癸亥日取消城隍爵位更純然出於太祖本人決定，與所謂兩派鬥爭無絲毫關係。時在仲夏，久旱無雨，太祖擬定在六月戊午初一日親詣山川壇祈雨，並命中書省代告於諸神祠。又命皇后與諸妃屆時

---

❶《明太祖實錄》卷 38，洪武二年春正月戊申，第 762 頁。

❷ 參見黃雲眉：《明史考證》，第 2 冊，北京：中華書局，1980 年版，第 383 頁。

親炊農家之食，由太子、諸王躬送於祈禱之處。太祖於初一日四更衣布衣，着草履，徒步行至山川壇。設槁席，露坐曝曬於日下。夜臥於地，衣不解帶。太子捧送農家粗食。如此至庚申日暮還宮，前後凡 3 日，而猶齋宿於西廡。次日辛酉，出內帑賞賜將校、於常例外給軍士薪米、決獄、訪求天下儒術深而明治道者。再次日，大雷雨。又次日，即癸亥（初六）日，遂有詔定嶽鎮、海瀆、城隍諸神號。[1] 該詔凡 495 字，其中只 3 次提到城隍，共 6 字。原因在於，此次改定神號者為嶽鎮、海瀆、城隍，即所有列為「地祇」之神，而取消封爵，只以某山、某水、某地城隍之神名之，意在人不封神，恰示敬天尊神之意。太祖並在當日「躬署祝文，遣官詣嶽鎮海瀆，以更定神號告祭」。[2] 無論中書、禮部、翰林，在此更革中皆無突出表現。至於太祖行此更革之本意，顯然是露處三晝兩夜祈禱雨澤之間，於敬天祀神之道整體有所感悟所致，城隍不過其中微微不著部分而已。此亦容在後文詳細討論。總之，見諸記載之此事前後原委，實不干兩派鬥爭任何事。而取消城隍爵位本身，仍出於敬神，免乎褻瀆之意。

同月戊寅，「詔天下府、州、縣立城隍廟。其制高廣各視官署廳堂，其几案皆同置神主於座。舊廟可用者修改為之」。[3] 此即濱島敦俊所指反映「理念派」主張之第 4 份文件見於該日實錄之全部內容。推敲這些文字，不惟無「理念派」任何直接痕跡，而且顯然屆於當時，天下府、州、縣尚有無城隍廟者，故需詔令立之，或者以舊廟改為城隍廟。而且城隍廟與官署規模制度相同，顯出對城隍更為尊崇之意。

綜上 4 份文件內容及頒行原委，所謂理念派與慣習派圍繞城隍祭祀政策之爭，並無任何跡象。另從人事關係角度考察，濱島敦俊所列人物派系關係邏輯混亂、含混推測、自相矛盾兼而有之。據《改制考》：「習

---

❶《明太祖實錄》卷 53，洪武三年六月癸亥，第 1033 頁。
❷《明太祖實錄》卷 53，洪武三年六月癸亥，第 1035 頁。
❸《明太祖實錄》卷 53，洪武三年六月戊寅，第 1050 頁。

慣派＝中書的主要人物是出身於江淮或華北出身，近於胥吏的李善長、崔亮等人。」「觀念派大概就是禮部、翰林等所謂的『禮官及儒臣』。如陶安、錢用壬等，大多是廣義上的江南（特別是浙東及其鄰近地區）的正統士大夫。」又云：「關於城隍，估計就是江南士大夫出身的錢用壬立案，掾史出身，詳於『故實』的崔亮使之具體化的。」僅此 3 句之中，問題至少有以下數端。

1. 錢用壬於洪武元年（1368）十二月告老，「賜居湖州」。[1] 此人不可能參與洪武二年有關城隍祭祀的所謂「新制」以及洪武三年的所謂「改制」中的派系爭執。

2. 崔亮於洪武元年十二月接替錢用壬為禮部尚書。他此前以濟南府知府丁母憂去官在家，至是起復。[2] 洪武二年、三年間此人皆在禮部尚書位上，此間禮制建置、改定頻繁，多此人考核倡議，城隍之事，也在其中。按其地位，正當被列為「禮部、翰林等所謂的『禮官及儒臣』」之中。濱島先生只憑其曾於元朝為「掾史」，無任何其他根據，便將之列在與「禮臣」對立的「慣習派＝中書」之中，並且是代表人物。

3. 陶安於洪武元年九月卒於江西行省參政任上。[3] 此人生前雖曾參與明朝禮儀規劃，但其人既死，如何在洪武二年關於城隍之「新制」以及洪武三年六月之「改制」中成為「觀念派」的第一首腦？

4. 錢用壬、崔亮既然被分別列為對立兩派首腦，又說「關於城隍，估計就是江南士大夫出身的錢用壬立案，掾史出身，詳於『故實』的崔亮使之具體化的」，使人有不知所云之歎。查《明史》《崔亮傳》：「洪武元年冬，禮部尚書錢用壬請告去，起亮代之。初亮居禮曹時，即位、大祀諸禮皆其所條畫，丞相善長上之朝，由是知名。及為尚書，一切禮制

---

❶《明太祖實錄》卷 37，洪武元年十二月丁卯，第 707 頁。
❷《明太祖實錄》卷 37，洪武元年十二月辛巳，第 744 頁。
❸《明太祖實錄》卷 35，洪武元年九月癸卯，第 627 頁。

用壬先所議行者，亮皆援引故實，以定其議。考證詳確，逾於用壬。」[1]前面濱島所說，看來脫胎於《明史》，但卻略做取捨，使不可卒讀。原《明史》所云，崔亮曾為中書省禮曹官，為李善長條畫諸禮意見，及其出任禮部尚書之後，凡錢用壬建議禮制，一切闡發推行。看來 3 人禮制思想相近，合作愉快。

此外，李善長以「里中長者」投明太祖，一生不曾做過胥吏。濱島先生一再將他與崔亮一同比為胥吏，顯然是為了強化他們與虛構的觀念派正統士大夫出身上的差別。濱島先生「三考」中還提到汪廣洋、劉惟敬、蔡澤、楊憲、徐一夔等人，但於其中任何一人，都未提出與城隍祭祀政策中的所謂兩派之爭有關的切實根據。

綜上所述，濱島先生所說的洪武初年城隍祭祀制度設計中的「理念派」與「慣習派」之爭，純為子虛烏有。

（三）「兩種城隍」說為誤讀史料

濱島敦俊稱洪武三年二月，因將天神、地祇合併祭祀，使得「作為天子郊祀組成部分之一的天神、地祇之祭也就成為與原有的、並為二年新制所確認了的城隍廟無關的祭祀」。從理論上講「是出現了兩種不同類型的城隍並存」。這反映了「一種與二年新制相矛盾的城隍神的觀念」。這些判斷都屬論者自惑於兩派鬥爭說而後所發，自相矛盾，且對明代祭祀制度及中國古代禮儀觀念多有誤解。

其自相矛盾在於：洪武二年正月戊申定天神、地祇分祀的舉措，已被濱島先生定性為反對前 13 天頒定的封城隍爵位「新制」的觀念派主張；洪武三年二月改分祀天神、地祇為合祀，又被說成是反對二年新制的觀念派主張。分因其分，合因其合，都構成與「二年新制」的矛盾，何以如此？

---

❶ 張廷玉等：《明史》卷 136,《列傳第二十四 · 崔亮》，第 3930 頁。

如前所述，在城隍祭祀問題上的兩派鬥爭之事子虛烏有。拋開此種自我束縛，則前後分祀、合祀更改之原因並不難理解，其並未造成兩種城隍，合祀、分祀與承認一個城隍還是兩個城隍毫無關係，此皆顯而易見。

在洪武二年正月戊申（十三日）定天神、地祇分祀之前，太歲、風雲、雷雨及嶽鎮、海瀆、山川、城隍本來就合祭於京都城南諸神享祀之所。洪武二年正月到洪武三年二月這大約 13 個月間實行分祀，原因是太祖覺得原來的合祀之法偏於疏簡，「未有壇壝專祀，非隆敬神祇之道」，[1] 所以要求禮官查考古禮以求隆重之法。禮官報告先前的祭祀之法是：「國家開創之初，嘗以太歲、風雲、雷雨、嶽鎮、海瀆及天下山川、京都城隍及天下城隍皆祀於城南享祀之所，既非專祀，又屋而不壇，非禮所宜。」[2] 因而決定為天神建一壇，為地祇建一壇，各在春秋「專祀」。此次改動，涉及所有天神和地祇，而城隍只列在地祇的最後位置。在任何意義上，都看不出這樣的決定會是針對 13 日前封城隍爵位的決定而來的反動。城隍也還是原來的城隍。

洪武三年二月再度將天神、地祇合祀。其事載於實錄，但無敕諭原文。前列濱島先生所舉反映兩派分歧的 4 份文件中也不包括這項決定的文字記錄。不過，濱島先生明確將該決定歸為「觀念派」主張的反映。查《實錄》，洪武三年二月甲子，「合祀太歲、四季月將、風雲、雷雨、嶽鎮、海瀆、山川、城隍、旗纛諸神。上初以太歲、風雲、雷雨皆天神，以嶽鎮、海瀆、天下山川、城隍皆地祇，各為壇專祀於國城之南，然祭之時日與其品物各不同。至是復以風雲、雷雨、嶽鎮、海瀆皆陰陽一氣，流行無間者，遂合二壇而一之，而增以四季月將、旗纛諸神。凡設壇十有九。太歲、春夏秋冬四季月將為第一，次風雲、雷雨，次五嶽，次五鎮，次四海，次四瀆，次京都鍾山，次江東山川，次江西

---

❶《明太祖實錄》卷 38，洪武二年正月戊申，第 762 頁。
❷《明太祖實錄》卷 38，洪武二年正月戊申，第 765–766 頁。

山川，次湖廣山川，次淮東、淮西山川，次浙東、浙西、福建山川，次廣東、廣西、海南、海北山川，次山東、山西、河南、河北山川，次北平、陝西山川，次左江、右江山川，次安南、高麗、占城諸國山川，次京都城隍，次六纛大神、旗纛大將、五方旗神、戰船、金鼓、銃炮、弓弩、飛槍、飛石、陣前、陣後諸神。各壇之祭，皆上躬自行禮。先祭，禮官奏祝文，太歲以下至四海，凡五壇，上稱『臣』者，請親署名；其鍾山等神，上稱『余』者，請令禮官代署」。[1]

顯然，此次將祭祀天神、地祇合一，並增其類目，理由是為更加符合天神、地祇等神「陰陽一氣，流行無間」的屬性，並考慮到祭祀的方便。所云設 19 壇各為分壇，合在一處同日祭祀而各有祝文，其要旨是將天神、地祇之祭祀歸併到一起來進行。這裏看不到關於城隍地位的任何特殊考慮。

說這樣的合併祭祀會造成實際上的一城兩個城隍，實為誤解。因為此祀為由皇帝參與的國家吉禮「中祀」之一，是類似節日一樣的典禮，既未否認原有之城隍廟及其他各神祭祀之所，也沒有另行建立城隍及其他各神的日常供奉之所。[2]而且，這類國家祭祀之處，不過是「壇」，並不是廟。洪武二年分壇祭祀天神、地祇時，兩壇各「據高阜，南向，四面垣圍，壇高二尺五寸，方闊二丈五尺，四出陛，南向陛五級，東西北向陛三級」。[3]當時在那個二尺半高的檯子上祭祀地祇時，各地祇神的排列是：「五嶽、五鎮、四海、四瀆並列南向，次鍾山、江東、兩淮、兩浙、江西、湖廣、山東、山西、河南、陝西、北平、福建、廣東、廣西、海南、海北、左右兩江山川之神並京都、各府城隍、外夷山川之神

❶《明太祖實錄》卷 49，洪武三年二月甲子，第 963-964 頁。
❷ 明代中祀二十有五：仲春、仲秋上戊之明日祭帝社、帝稷，仲秋祭太歲、風雲、雷雨、四季月將及嶽鎮、海瀆、山川、城隍，霜降日祭旗纛於教場，仲秋祭城南旗纛廟，仲春祭先農，仲秋祭天神、地祇於山川壇，仲春、仲秋祭歷代帝王廟，春秋仲月上丁祭先師孔子。參看張廷玉等：《明史》卷 47，《志第二十三・禮一》，第 1225 頁。
❸《明太祖實錄》卷 38，洪武二年正月戊申，第 766 頁。

皆東西相向位。」**1** 這時所謂分祀，是指「天神」與「地祇」分開祭祀，而僅「地祇」中就包括如此一群。京都城隍摻在裏面，地位只夠得在側面有一席之地而已。洪武三年合併天神、地祇祭祀，比二年未合併時還要擁擠。**2** 如果說這種祭祀造成了兩個城隍，據理推測，豈不也造成了以上所列所有地祇神，以及未列的天神種種都成了雙份？這類祭祀典禮，其實正像明朝皇帝雖以太廟祖先配祀天地，卻並不造成兩個太廟和兩套祖先一樣，不會造成兩種城隍。**3** 況且，如前所說，天神與地祇合祀本來是更早的，也就是濱島先生所說的更「傳統」的祭祀方式。彼時沒有造成兩種城隍，此時如何就會造成兩種城隍？

（四）洪武三年「改制」與對道教政策無關

《明初考》稱：「慣習派與理念派的對立也是道教與儒教的對立。」「慣習派，亦即道教派他們繼承了傳統的城隍神、廟的本質，而理念派，也就是教條主義的儒教派，則對把城隍納入國家祭祀體系持消極態度。」如前面考察已經表明，在明初城隍祭祀制度問題上相互對立的「慣習派」與「理念派」出於虛構，將這兩個虛構派別與道教、儒教的「對立」對應起來，自然只能靠捕風捉影。

宋、元、明時代儒、佛、道三教相互滲透，關係錯綜複雜。明朝以儒教為立國主要指導思想，以為常經，同時兼用佛教、道教，「陰翊王度」。此原則作為基本政策，載在《會典》：「釋道二教自漢唐以來，通於民俗，難以盡廢。惟嚴其禁約，毋使滋蔓。令甲具在，最為詳密

---

❶ 《明太祖實錄》卷 38，洪武二年正月戊申，第 769 頁。
❷ 《實錄》記載洪武三年二月決定合祀天神、地祇時並未記載地祇壇大小。《明史》所記「嶽鎮、海瀆、山川、城隍壇」規模則與《實錄》所載洪武二年地祇壇高低寬廣形制完全相同。參看張廷玉等：《明史》卷 47，《志第二十三·禮一》，第 1229 頁。
❸ 明朝以皇室先祖配享圜丘祭天典禮始於洪武二年十一月乙巳冬至日。太祖先三日至太廟稟告祖先知之。事見《明太祖實錄》卷 47，洪武二年十一月乙巳，第 930 頁。

云。」**1** 對於道教，利用而不使囂張，是明太祖本人一貫思想，也是明初道教政策之基本原則。該政策通洪武時期，亦無實質性更革。

如此，明初任用道士與控制道教的具體做法，都極常見於史料中，是否與城隍祭祀制度有關，需要具體考察。查濱島先生所舉用來支持其「三年改制」性質為儒、道對立論的說法不過如下數端：1.「慣習派的李善長曾於洪武元年夏迎請道士周玄初乞雨」；2.「明王朝一方面禁革與僧道有關的祭祀，另一方面又命道士丘玄清長期擔任太常卿一職……包含着儒、道相克之意」，從中可見「朱元璋政權中樞道、儒兩家的對立」；3.「城隍廟歷來屬於道觀」，常有道士住持；4. 洪武元年八月，除去道教正一派首領「天師」稱號，此與「三年改制」理論上同出一源。

李善長好法家學說，於道教當有相當了解，但其一生事跡，並無可稱之為國家政治中的「道教派」的根據。洪武三年完成之《大明集禮》正是李善長奉命主持編修的，該禮書自然以儒家思想為根基。濱島先生在未提出任何其他李善長與道教關聯史料的情況下，僅憑曾招道士乞雨一事而將李善長稱為「道教派」，無論如何不能稱為嚴謹。明朝自太祖朱元璋、大學士楊士奇、張居正以下，與僧人、道士往來，文字唱和，議論佛、道之不可廢者無數，以濱島先生之尺度，他們恐都分身乏術了。明太祖本人曾在僧、道之中選拔許多人從政。他認為：「古賢人君子，託身隱居，非止一端。如甯戚扣角，百里奚販牛，望釣於磻溪，徵隱於黃冠，此數賢能者，未必執於本業而不為君用。」**2** 被太祖選拔還俗諸人中，有從有不從者。不從者如天界寺住持僧宗泐，從者如郭傳、吳印、丘玄清等。這些網羅僧、道的事例比李善長請一道士祈雨要明確多了。然而根據這些來說明太祖是道教派還是佛教派都不適當。明朝「三

---

❶ 申時行等：《明會典》（萬曆）卷 104，《禮部六十二·僧道》，第 568 頁。
❷ 朱元璋：《明太祖集》卷 13，《拔儒僧文》，第 266 頁。

教」之間有很大的共處空間，絕大多數高級官僚都以儒學為根基而可以出入於僧、道之間。

　　命丘玄清長期擔任太常卿也不是為了克制儒學。丘玄清「幼為道士於均州武當山，宗全真之學，往來漢、沔、河、洛間。年及五十。有司以其有治才，薦入京。初授監察御史，超擢太常卿。為人持重有守」。[1]他為監察御史時當已還俗。[2]這類做法，反映出明初用人不拘一格，並非用和尚、道士管理國家，更不是用和尚、道士來遏制儒家士大夫。此外，明朝祭祀典禮一直有道士參與其中，其原因是利用其擅長舞樂之事的能力。禮部、太常寺、光祿寺、鴻臚寺都負有與國家祭祀典禮有關的職責。太常寺始置於吳元年（1367）。洪武十二年（1379）二月，於太常寺下建神樂觀，專司祭祀樂舞之事。「上以道家者流，務為清淨，祭祀皆用以執事，宜有以居之，乃命建神樂觀於郊祀壇西。」[3]選道童為神樂觀樂舞生。太祖對神樂觀道士頗為優厚。《國史唯疑》云：「太祖最重祠敬祭所，贍給神樂觀道士甚優，錢糧不刷卷，曰：『要他事神明底人，不要與他計較。』常膳外復予肉若干，曰：『毋使飢寒亂性。』」[4]後來諸帝因太常寺負責典禮樂舞等事，也參用道士為官。弘治十四年（1501）閏

---

❶ 《明太祖實錄》卷 225，洪武二十六年二月庚寅，第 3298 頁。

❷ 明太祖曾為勸佛、道中人才還俗為官作書，內有云：「其佛、道之初立也，窮居獨處，特忘其樂之樂，去其憂之憂，無求豪貴，無褻寒微。及其成也，至神至靈，遊乎天外，察乎黃泉，利生脫苦，善便無窮，所以當時之愚頑，耳聞目擊而效之。今世之愚頑，慕而自化之。嗚呼，不亦善乎！吁，艱哉！今時修行者，反是道而行之。何以見反是道而行之？方今為僧者，不務佛之本行，污市俗，居市廛，以堂堂之貌，七尺之軀，或逢人於道，或居庵受人之謁。其所謁者，賢愚貴賤皆有之，必先屈節以禮之，然後可。然修者以此為忍辱之一端耳。若以堂堂之貌，七尺之軀，忍辱於人，將後果了此道，何枉辱也哉？若將後不能了此道，其受辱屈節，果何益乎？況生不能養父母於家，死之後嗣立姓同人於天地間，當此之時，如草之值秋，遇寒霜而盡槁，比木之有叢，凌風寒而永歲月，使飛者巢顛，走者窩下，惜哉，惜哉！不亦悲乎？」見朱元璋：《明太祖集》卷 10，《宦釋論》，第 228-229 頁。

❸ 《明太祖實錄》卷 122，洪武十二年正月戊申，第 1975 頁。關於神樂觀事可參看朱元璋：《明太祖集》卷 8，《神樂觀知觀敕》，第 158 頁；佚名：《太常續考》卷 7，《神樂觀》，《景印文淵閣四庫全書》，台北：台灣商務印書館，1986 年版，第 599 冊，第 252-253 頁。按：本書後文引用《景印文淵閣四庫全書》中文獻者，皆為此版本，不再一一註出。

❹ 黃景昉：《國史唯疑》卷 1，《洪武　建文》，第 17 頁。

七月，太常寺少卿員缺。「有旨令於本寺堂上官內推兩員。吏科都給事中王洙等言：『本寺堂上官以次升少卿者，惟寺丞趙繼宗等二人。然二人皆出身道士，恐不可用。』上曰：『太常官員舊制，道士與儒出身者相兼升用。王洙等不諳事體，輒紛擾如此，不允。』已而，果升繼宗為本寺少卿。」[1]神樂觀樂舞生也偶有被提拔主管太常寺者。如正德二年（1507），「以太常寺寺丞趙繼宗為本寺少卿。初，繼宗以黃冠為樂舞生，進寺丞。至是，少卿缺，吏部以起復清黃通政黃寶、提督四夷館少卿張志淳請，竟補繼宗云。」[2]太常寺因其特殊職能而參用道士，顯然是取這類人擅長管理樂舞之事，並非為了以之與儒學相「克」。

城隍信仰本來屬於中國傳統大眾宗教，而大眾宗教與道教相互關聯，在宋明時代糾纏尤多。城隍的確被道教納入自己的神仙系統，但這並不等於城隍就僅僅是道教神了，城隍廟也不一定就是道觀，即使有的城隍廟有道士住持也是這樣。此點不是濱島先生「三考」論證的主要問題，這裏不多討論。讀者可參看趙世瑜關於中國大眾宗教與道教關係的分析。[3]從明代民間信仰城隍的方式看，人們更多地還是將之看作大眾宗教諸神之一，而不理會其與道教教義的關係。城隍被列入國家祭祀體系所表示的，也是國家將大眾宗教中的神祇列於公祀，而不是把道教神列於公祀。否則，明朝對佛教與對道教的政策一致，為何不將釋迦牟尼或者觀世音列於祀典？

洪武元年八月除去道教正一派首領「天師」稱號，洪武三年六月取消天神、地祇爵位稱號，這兩種做法在「敬天」的意義上的確是思路一致的，但此舉並不意味着排斥道教。當時，太祖謂群臣曰：「至尊惟天，豈有師也？以此為號，褻瀆甚矣！」遂命去其正一教主天師之稱，改天

---

❶《明孝宗實錄》卷 177，弘治十四年閏七月丁亥，第 3246 頁。
❷《明武宗實錄》卷 31，正德二年十月戊子，第 775 頁。
❸ 參看趙世瑜：《狂歡與日常——明清以來的廟會與民間社會》，北京：生活・讀書・新知三聯書店，2002 年版，第 54-58 頁。

師印為真人印，秩正二品。其僚佐曰贊教，曰掌書。制曰：「朕惟道家者流，本於清淨無為，其來已久。張氏自漢而下，宗派相承。爾四十二代孫正常存心沖淡，葆德純和，遠紹祖傳，以守正一，朕用嘉之，賜以名號。爾其益振宗風，永揚玄教。可正一嗣教護國闡祖通誠崇道弘德大真人，領天下道教事。」[1]

可見當時太祖對張正常本人頗加獎掖，對道教亦無敵意。至於「天師」之稱號，與明太祖「敬天」的思想存在矛盾，明朝政府在為道教留出合法空間和地位的時候，自然要將之理順，否則才構成觀念上的矛盾：皇帝為「天子」，道教首領卻為「天師」，皇帝被置於道教首領之下，如何相處？容納、利用、控制道教是明太祖本人的明確思想，明朝後來諸帝中即使有特別崇奉道教者，如孝宗、世宗，也不再恢復道教首領「天師」的稱號。

（五）洪武三年所定祭祀城隍規則頗得實行

濱島敦俊先生判定洪武三年改制「完全是憑藉國家權力對民間信仰褫奪」，因而在現實社會中難以實行。其主要根據，一是洪武三年改制雖然規定城隍祭祀一律用木主，但「從明朝前期開始，城隍廟實際上無一例外，都祭祀神像，神被對上特定的任務，有封號，並有道士住持」；二是出現了縣以下單位的「小城隍廟」。這些說法有所根據，但畢竟還是不盡不實。

至洪武三年，明朝形成了國家禮制體系中的城隍祭祀制度和方式。但在這樣做的時候，並沒有同時排斥民間對城隍的信仰和祭祀活動。有明一代民間城隍信仰、祭祀活動之空前活躍正以這樣的國家政策為重要條件之一。洪武二年初一度給予城隍爵位，其原因應是承襲宋朝做法，

---

[1] 《明太祖實錄》卷 34，洪武元年八月甲戌，第 601–602 頁。

未經詳審。[1] 後經體味推敲，出於敬重謹慎，改為只稱某地城隍之神而不用爵位，既非貶低其地位，也未將城隍置於低於以往時代的地步。

當然，城隍源於民間信仰，列於公祀體系時，不能不依據該體系原則對原來的祭祀有所修改。從這個意義上說，規定城隍廟一律用木主，的確有以國家權力干涉民間信仰的含義。不過納入公祀體系並規定用木主以後的城隍仍舊還是民間信仰的合法對象，說其為「褫奪」，言過其實。而且，因為城隍在宋代就已經「載在祀典」，所以祭城隍用木主既不是明朝的創造，也不意味着排斥或者貶低。明代祭祀天神、地祇乃至太廟中祖先，全用木主。城隍既在地祇之中，自然不用土偶而用木主，這正是使城隍得以與地位更高的諸神同列受祭的惟一辦法。

洪武時期以行政命令的方式，使京都到地方普遍建立城隍廟。洪武三年六月，「詔天下府州縣立城隍廟。其制高廣各視官署廳堂，其几案皆同，置神主於座。舊廟可用者修改為之」。[2] 洪武三年九月，京師城隍廟建成。「初，城隍舊祠卑隘，詔度地榮築。既而中書省臣及尚書陶凱請以

---

❶ 濱島敦俊先生認為城隍至明代方正式列入國家祭祀體系。其實宋代已經將城隍列於祀典，且多封以爵位名號。如：「建隆元年，太祖平澤、潞，仍祭祆廟、泰山、城隍。征揚州、河東，並用此禮……（建隆四年十一月），詔以郊祀前一日，遣官奏告東嶽、城隍、浚溝廟、五龍廟及子張、子夏廟，他如儀。」「於是歷代皆有禬禜之事。宋因之，有祈、有報……或分遣官告天地、太廟、社稷、嶽鎮、海瀆，或望祭於南北郊，或五龍堂、城隍廟、九龍堂、浚溝廟……」「又諸神祠、天齊、五龍用中祠，祆祠、城隍用羊一，八籩，八豆。」見脫脫等：《宋史》卷 102，《志第五十五‧禮五》，北京：中華書局，1977 年版，第 2497–2501 頁。又，「自開寶、皇祐以來，凡天下名在地志，功及生民，宮觀陵廟，名山大川能興雲雨者，並加崇飾，增入祀典。熙寧復詔應祠廟祈禱靈驗，而未有爵號，並以名聞……大觀中，尚書省言，神祠加封爵等，未有定制，乃並給告、賜額、降敕……祕書監何志同言：『諸州祠廟多有封爵未正之處，如……皆未有祀典，致前後差誤。宜加稽考，取一高爵為定，悉改正之。他皆仿此。』故凡祠廟賜額、封號，多在熙寧、元祐、崇寧、宣和之時。」「其新立廟：……其他州縣嶽瀆、城隍、仙佛、山神、龍神、水泉江河之神及諸小祠，皆由禱祈感應，而封賜之多，不能盡錄云。」見脫脫等：《宋史》卷 105，《志第五十八‧禮八》，第 2561–2562 頁。官員禱於城隍也很多，如歐陽修就曾因淫雨妨礙城工，祭城隍止雨。參看歐陽修：《祭城隍神文》，見宋呂祖謙編：《宋文鑒》卷 135，《祭文 謚議‧祭文》，北京：中華書局，1992 年版，第 1898–1899 頁。此外，宋代封城隍以爵位事，還可參見佚名：《宋大詔令集》卷 137，《典禮二十二‧地祇 山川 雜祀》，《在內城隍土地封昭貺侯制》，北京：中華書局，1962 年版，第 487 頁。

❷《明太祖實錄》卷 53，洪武三年六月戊寅，第 1050 頁。

東嶽行祠改為廟，上可之……仍命制神主。主用丹漆，字塗以金，旁飾以龍文。及是始成。命凱等迎主入廟，用王者儀仗。」[1] 洪武六年（1373）三月，「製中都城隍神主成」太祖親製祝文中有「今遣官敬奉神主，安於廟庭，使神有所依，民有所瞻奉。神其享之」。[2] 查現存明代方志，洪武六年以前各地建立城隍廟記載極多，且多明言奉太祖旨意而行。據繆荃孫從《永樂大典》中輯出的《順天府志》，永清、香河、懷柔、良鄉、昌平、東安各縣皆在洪武三年至五年之間「依式創建」了城隍廟。[3] 各地方志所記洪武時期建立的城隍廟中有言設木主者，有語焉不詳者，而絕無繼續稱當地城隍為公、侯、伯等爵位者。特舉江南地區數例如下。

正德《姑蘇志》（江蘇）記常熟縣壇廟文字恰好反映了洪武初城隍祭祀制度在江南地方實行的情況：「洪武戊申詔封天下城隍神……庚戌詔定嶽鎮、海瀆、城隍神號，仍頒式造廟，棄塑像，用木主。於時州已改縣，於是題木主曰『常熟縣城隍之神』。」[4] 永樂《樂清縣志》（浙江）記載：「城隍廟在縣治西隅仙隱坊里。舊在縣治東北。國朝洪武元年例封顯佑伯廟，仍其舊。洪武三年六月欽依稱樂清縣城隍之神，以木為神主，不設肖像。知縣張具瞻遂改遷於今址。」[5] 嘉靖《江陰縣志》（江蘇）記該縣在「風雲雷雨、山川壇」，以城隍與之合祀。「壇設木主三。一書『風雲雷雨之神』，居中；一書『本縣境內山川之神』，居左；一書『本縣城隍之神』，居右。」壇祀之外，該縣官員還在到任之初，「迎山川、社稷與合祀諸神主，就（城隍廟）以祭，設誓戒云。」[6]

❶《明太祖實錄》卷 56，洪武三年九月戊子，第 1087-1088 頁。
❷《明太祖實錄》卷 80，洪武六年三月癸卯，第 1447 頁。
❸《順天府志》卷 12-14，北京：北京大學出版社，1983 年版，第 323、350、362、373、395、431 頁。
❹（正德）《姑蘇志》卷 28，《壇廟下》，《天一閣藏明代方志選刊續編》，上海：上海書店，1990 年版，第 12 冊，第 579 頁。
❺（永樂）《樂清縣志》卷 5，《寺院‧祠廟》，《天一閣藏明代方志選刊》本，上海：上海古籍書店，1964 年版，第 44 頁。
❻（嘉靖）《江陰縣志》卷 8，《壇壝》，《天一閣藏明代方志選刊》本，上海：上海古籍書店，1963 年版，第 1、2-3 頁。

不過，的確有一些地方城隍廟漸用土偶。明人戴冠就曾說：「紹興府城隍神初設土偶，嘗為太守白玉撤去。後有通判于某貪鄙無識，乃復設像，更立六曹若郡官府之制。其年朝覲，幸不黜免，遂自謂神庇。」[1]這類情況，約在正統時期以後才增多。濱島先生判定明朝「無一例外」都用土偶，是過於武斷了。

　　還有一種情況，葉盛稱：「廣西桂林府倉土偶淫鬼尤多，金書其匾曰『倉王之祠』。皆嘗除毀，易祀城隍之神。蓋周文襄公於蘇松諸倉嘗為是，似為近理……」[2]如葉盛所說為事實，則不僅表明明朝城隍祭祀制度使得城隍祭祀在全國變得更為普遍，更重要的是，它揭示出一個與濱島先生關於洪武三年城隍祭祀「改制」的觀點直接衝突的情況：縣以下社會單位以及不與地方政府直接對應的「小城隍」，包括這裏所說的桂林和蘇州、松江倉庫所祀城隍，都並不被看作是與國家城隍祭祀制度相矛盾的。明朝城隍祭祀制度所規定的，只是國家和各級政府「公祀」的內容，將城隍列於公祀並規定祭祀之法，並不等於禁止民眾以其他方式對城隍進行祭祀。這個問題還不能這樣簡單來論定，留待以後詳細考察。

（六）總結

　　以上分析的直接結論，已見篇首及各節。其於明史研究的關係，還可注意以下幾點。

　　第一，明朝國家宗教制度、政策基本原則定於洪武時期，明太祖本人是這些政策制度的最終決策者。明太祖於個人信仰世界存在一些矛盾，但在國家政策制度大關節範圍，即在事功、外王的意義上，則紋理清楚，前後一貫，並不任朝臣左右。不將明太祖本人的宗教政策思想置於考察視野之內，則對明初國家宗教制度政策之精神內涵難以把握。

　　第二，明代儒、釋、道、大眾信仰關係複雜，相互糾結，以兩元對

---

❶ 戴冠：《濯纓亭筆記》卷 4，《四庫全書存目叢書》子部第 103 冊，第 166 頁。
❷ 葉盛：《水東日記》卷 6，《嶺北廣西淫祠》，北京：中華書局，1980 年版，第 64 頁。

立觀念考察其中任何兩者的關係，都易流於表面化。

第三，明代國家與社會關係至少包含契合與矛盾兩個方面，是以能有 276 年國運。過分強調其中任何一面，都易陷於自相矛盾之中。

第四，任何制度，行之既久，都可能發生蛻變。明朝初年所定規則，如黃冊、魚鱗圖冊、鈔法等，在一開始就都有實行中的困難，至遲到明中葉，都發生了巨大的變化。不能因為發生了變化而否認這些制度曾經得到推行。在正統時期，明代宗教制度與政策開始加速變化，到成化時期，明初所定度牒、寺院宮觀限額等等都已嚴重破壞。城隍祭祀中偶像增多，縣以下社區城隍出現等現象，與此大趨勢一致。如欲對這類變化進行深入的解釋，需要更為清晰的時間概念。根據明中葉以後情形推測明初情形，易造成理解混亂。

原刊《求是學刊》2006 年第 1 期

三、明朝國家祭祀體系的寓意

中國古代國家注重祭祀，將祭祀列為與戰爭同樣與國運休戚相關的根本大事。明朝繼承這一傳統，復因時代、社會狀況、觀念形態的變遷，對前代祭祀有損益，有更革，形成貫穿於國家祭祀體系中的一些獨特的精神理路。[1] 本文以對明朝國家祭祀體系格局及其精神理路的思考為中心，探討 3 個方面的問題：第一，祭祀對象體系的一般狀況；第二，這個祭祀體系的宗教和國家政治、社會觀寓意；第三，該祭祀體系的變

---

❶ 明初酌定祭祀典禮，在洪武三年（1370）修成《明集禮》，成為明代禮儀制度的基本規則。洪武 30 餘年間修有 10 餘部禮制官書，以後對禮書的修訂則不多，主要是嘉靖時期的《祀儀成典》《郊祀考議》等。《明會典》中涉及禮制的內容則主要依據明初禮制官書及明律。

化及相關的國家非常規祭祀活動。這一思路的研究之主要意義，在於將明代中國與禮制和宗教觀念相關的政治文化特質與表現形態，落實於比較具體的史事基礎。

（一）國家祭祀體系的一般狀況

禮制是繁複的，如要以最簡潔的方式敍述明朝禮制中的祭祀活動規則，可見如下。

明初五禮，祭祀活動列於「吉禮」，分大、中、小三級祭祀。大祀包括：圜丘、方澤、宗廟、社稷、朝日、夕月、先農；中祀為：太歲、星辰、風雲、雷雨、嶽鎮、海瀆、山川、歷代帝王、先師、旗纛、司中、司命、司民、司祿、壽星；其他諸神之祀為小祀。後將先農、朝日、夕月改為中祀，餘圜丘、方澤、宗廟、社稷為大祀。

皇帝躬親大祀及太歲、星辰、風雲、雷雨、嶽鎮、海瀆、山川之祀，其餘中祀及小祀則遣官致祭。每年大祀十三次：「正月上辛祈穀、孟夏大雩、季秋大享、冬至圜丘皆祭昊天上帝，夏至方丘祭皇地祇，春分朝日於東郊，秋分夕月於西郊，四孟、季冬享太廟，仲春、仲秋上戊祭太社、太稷。中祀二十有五：仲春、仲秋上戊之明日祭帝社、帝稷，仲秋祭太歲、風雲雷雨、四季月將及嶽鎮、海瀆、山川、城隍，霜降日祭旗纛於教場，仲秋祭城南旗纛廟，仲春祭先農，仲秋祭天神、地祇於山川壇，仲春、仲秋祭歷代帝王廟，春秋仲月上丁祭先師孔子。小祀八：孟春祭司戶，孟夏祭司灶，季夏祭中霤，孟秋祭司門，孟冬祭司井，仲春祭司馬之神，清明、十月朔祭泰厲，又於每月朔望祭火雷之神。」[1] 新天子行藉田禮而祭祀先農，巡視學校而舉行釋奠之禮皆為非常規的祭典。諸王祭祀太廟、社稷、風雲、雷雨、封地內的山川、城隍、旗纛、五祀、厲壇。府州縣地方政府祭祀社稷、風雲、雷雨、山川、厲壇、先

---

❶ 張廷玉等：《明史》卷 47，《志第二十三‧禮一》，第 1225-1226 頁。

師廟及所在地方帝王陵寢。各衛祭祀先師。

　　大祀以外，部分中祀、小祀對象是經過調查確定的。洪武元年（1368），「命中書省下郡縣，訪求應祀神祇、名山、大川、聖帝、明王、忠臣、烈士，凡有功於國家及惠愛在民者，著於祀典，令有司歲時致祭」。洪武二年（1369）詔「天下神祇，常有功德於民，事跡昭著者，雖不致祭，禁人毀撤祠宇」。洪武三年（1370）「定諸神封號，凡後世溢美之稱皆革去。天下神祠不應祀典者，即淫祠也，有司毋得致祭」。[1] 為保證該命令的實施，特製碑石，名「嶽鎮海瀆碑」，其文中有：「永惟為治之道，必本於禮。考諸祀典，如五嶽、五鎮、四海、四瀆之封，起自唐世，崇名美號歷代有加。在朕思之，則有不然。夫嶽、鎮、海、瀆皆高山廣水，自天地開闢以至於今，英靈之氣萃而為神，必皆受命於上帝，幽微莫測，豈國家封號之所可加？瀆禮不經，莫此為甚。至如忠臣烈士雖可加以封號，亦惟當時為宜。夫禮所以明神人、正名分，不可以僭差。今命依古制定。凡嶽、鎮、海、瀆並去其前代所封名號，止以山水本名稱其神。郡縣城隍神號一體改正。歷代忠臣烈士亦依當時初封以為實號，後世溢美之稱皆與革去。其孔子善明先王之要道，為天下師，以濟後世，非有功於一方一時者可比，所有封爵宜仍其舊。庶幾神人之際，名正言順，於禮為當，用稱朕以禮祀神之意。」此次更定各神名稱之外，明確規定：「天下神祠無功於民，不應祀典者，即係淫祠，有司毋得致祭。於戲！明則有禮樂，幽則有鬼神。其理既成，其分當正。故茲詔示，咸使聞知。」[2]

　　正德時期編定的國家行政法典《明會典》，根據洪武以來的政策制度，對各地政府祭祀的正神做了非常系統而具體的規定，其細節冗長不錄，整理列表如下[3]：

❶ 張廷玉等：《明史》卷 50，《志第二十六·禮四》，第 1306 頁。

❷ 郎瑛：《七修類稿》卷 11，《國事類·本朝嶽鎮海瀆碑》，上海：上海書店出版社，2001 年版，第 112-113 頁。按：該詔書文字亦見《明太祖實錄》卷 53，洪武三年六月癸亥，第 1034-1035 頁。

❸ 李東陽等：《明會典》（正德）卷 85，《禮部四十四·祭祀六》，《景印文淵閣四庫全書》第 617 冊，第 800-809 頁。

地點	前代帝王	本朝功臣‧名儒	前代功臣‧忠義‧名儒	山川之神	其他
南京		徐達、常遇春、李文忠、鄧愈、湯和、沐英、馮國用、耿再成、丁德興、張德勝、吳禎、康茂才、趙德勝、胡大海、俞通海、華高、巢國良臣、吳復、孫興祖	蔣子文、卞壼、曹彬、劉仁瞻、福壽	北極真武	都城隍、祠山廣惠、五顯靈順、關公、天妃、道林真覺普濟禪師寶志、太倉神、馬祖、先牧
北京	元世祖	徐達、孫興祖	文天祥	北極真武、東嶽泰山	都城隍、關公、徐知誥、太倉神、馬祖、先牧神
北直隸	高陽氏、高辛氏、商中宗、元世祖		郭嘉、劉因、伯夷、叔齊、韓愈、楊業	恒山之神	
南直隸		夏原吉、周忱、花雲、王禕、許璦、陳璡	吳季子、陳果仁、陳忠、言偃、伍子胥、韓世忠、范仲淹、丁翁、顧野王、陸贄、龔蒙、陸遜、汪華、劉晏、李光、趙昂、張昶、發、華、王方、余闕、蕭統、裒德、魏全、耿、焦光		泰伯、鳳陽顯濟廟、滁州豐山廟、徐州神廟、子潭廟、靈源弘濟龍神廟、河平神廟、柏

地點	前代帝王	本朝功臣‧名儒	前代功臣‧忠義‧名儒	山川之神	其他
河南	伏羲、商高宗、漢光武、周世宗、宋太祖、宋太宗、宋仁宗、宋真宗		黃霸、子產、卓茂、紀信、張巡、許遠、程頤、程顥、岳飛、微子、箕子、比干	大濟之神、嵩山之神、北海之神	衛輝衛源廟、黑龍神廟
山東	堯帝、少昊	衛青（成化中人）、徐安生	孫明復、黃石公、顏淵、孟子、曾子	東嶽泰山之神、青山之神、大河之神、沂山之神、泗水神、海之神、東醫巫閭山之神、真武	龍王、天妃
山西	媧皇、商湯	薛瑄	狄青、崔元靖	霍山之神、西海之神、大河之神、白彪山馬跑泉之神、伏牛山龍泉之神	平陽平水祠、沁州南山神廟及焦龍泉神廟
浙江	夏禹、宋孝宗	鄒濟、徐善述、于謙、魏騏、胡大海、劉基	伍子胥、朱蹕、金勝、祝威、褚遂良、唐珣、劉寵、楊時、何基、王柏、金履祥、許謙、周凱、徐震、劉士英、張理、田居郯、陸贄、許遠	會稽山之神	嚴州烏龍廟、漢孝女曹娥、宋孝子蔡定、王貞婦

地點	前代帝王	本朝功臣‧名儒	前代功臣‧忠義‧名儒	山川之神	其他
陝西	軒轅‧周文王‧周成王‧周武王‧漢高祖‧漢景帝‧漢文帝‧漢宣帝‧後魏文帝‧隋高祖‧唐高祖‧唐太宗‧唐憲宗‧唐宣宗	毛忠‧余子俊	呂大忠‧呂大鈞‧呂大臨‧周公‧張載	華山之神‧吳山之神	姜嫄‧公劉
江西		趙德勝‧李繼先‧劉齊‧許珪‧趙國昭‧朱潛‧牛海龍‧張子明‧張德山‧徐明‧葉茂‧葉思成‧劉球‧琛‧趙天麟‧劉天勉‧國初死戰者李時郎‧張志雄等35人	甘卓‧歐陽修‧楊邦乂‧胡銓‧周必大‧楊萬里‧文天祥‧張叔夜‧謝枋得‧李綱‧趙汝愚‧狄仁傑		宜山二龍之神‧新淦蕭公廟（祀邑人蕭伯軒及其子叔祥‧其孫天任）
湖廣	神農‧舜帝	賀興隆	甘寧‧周濂溪‧唐刺史林公‧屈原‧謝晦‧李元則‧馬援‧諸葛亮‧潘濬‧張飛	大淮之神‧陽山之神‧明山之神‧洞庭湖龍神‧衡山之神	舜二妃

地點	前代帝王	本朝功臣、名儒	前代功臣、忠義、名儒	山川之神	其他
四川	劉備		李冰、文翁、張詠、王堅、張珏、李龍遷、曾琦	大江之神	馬湖顯應祠（元人子法之神）
福建		王得仁、伍驥、丁泉	朱熹、楊時、謝夷甫、劉瓊、穆譖、陳舒、樂令、余望、趙師槙、熊禾、樊令		徐知誥、徐知諤、剌國王
廣東		楊信民	文天祥、陸秀夫、張世傑、張九齡、包拯、余靖	南海之神、昆耶山之神、瓊州靈山祠（祀靈山、香山、瓊崖、通濟、定邊、班帥）	天妃、電白靈泉廟、南海真武靈祠、涼夫人、關敏
廣西		葉禎	狄青、孫沔、余靖		
雲南		王禕、吳雲			
貴州		顧成、冰英			
數量合計	38	101	126	37	53

（二）國家祭祀的宗教和國家政治、社會觀寓意

上表所列地方公祀對象應在各地方相互差別的意義上理解，原因是，各地方政府皆須祭祀社稷、風雲、雷雨、山川、厲壇、先師、本地城隍、關公、八臘等，另有統一說明，皆不列於此處。通覽上表，可見前代功臣、忠義、名儒類為最多，126 祀；本朝功臣、名儒次之，101祀；前代帝王 38 祀。此 3 類中包括軒轅等傳說中的人物，但在明人觀念中，此類傳說等於歷史，故可一起看作國家政治生活中從帝王到臣工中的典範人物。3 類合計 265 祀，佔上表總數 355 祀的 74.65%。這反映出明代國家規定的地方政府祭祀極重人事，其中以本朝功臣為祭祀對象的做法，尤其體現以人為神的教化用意。這些人物死後，經過國家的祭祀而獲得了神性，在祭祀他們的地方社會與其他自然神一樣，被認為具有庇祐地方的神力。他們其實是國家與地方社會民眾之間的一種精神紐帶。山川海瀆等自然對象都是抽象的、非人格化的，表達的是對自然的崇拜和天人合一的世界觀，其中狹義的有神論色彩並不濃厚。其他神靈中，城隍只列南北兩京所祀的都城隍，各地皆祀關公，而會典只錄兩京，厲鬼祭祀皆未列出。儘管如此，仍舊可以看出，一些民間雜神崇拜對象被明朝加入到國家祭祀體系中，如靈濟宮二真君、天妃等，但其總量不多。[1] 在無數的民間信仰神中選取這樣少數的幾個列於公祀，顯然是由於他們都被認同為具有庇祐公眾生存、生活的屬性，故仍然與重人事的精神基本一致。另外，各布政使司中，惟在浙江把一些孝女、節婦列入公祀。總體看來，明代國家公祀諸神是一個以現實的公眾人物為尺度的崇拜體系，民間宗教崇拜中大量存在的巫術色彩在這裏其實頗為淡薄。

與中央政府的大、中、小各種祭祀合起來看，明代國家規定的祭祀對象是一個自然、祖先、先師、歷代名王、英雄豪傑、大學問家、道德

---

❶ 按：靈濟宮二真君為南唐徐溫二子知證、知諤，石晉時立廟稱神。明成祖因夢由閩中迎至北京祭祀。英宗復加尊號。成化末，加稱「上帝」。弘治初，革去帝號。武宗初立，大學士劉健等上疏請撤出祀典，未果。

典範、有功於國家社稷或者地方社會者、個別民間信仰神、無家野鬼合成的群體。這些真實或者虛幻的對象混合而成的群體構成了一個象徵性的權威和價值世界。這個世界的核心是「天」。明代各時期天、地有時分祀，有時合祀。合祀天地比較直接地出於把天地關係人倫化地理解為夫妻關係的傾向。天地分祀則顯示出把這種過於人倫化的理解還原於自然陰陽互補關係的傾向。但二者並無根本衝突。無論分合，天、地組成以天為最高權威的崇拜對象，它們兼有神明、自然、人君的屬性，是古今、萬物一切事務的主宰、化育者和宇宙秩序的體現。這裏最突出的是最高崇拜對象的抽象性。神是人的精神世界的投影，抽象的神更徹底地體現出人的精神世界中人、神本質的同一性。這種同一性意味着中國古典時代的人本主義世界觀在明代國家理念中仍舊擁有穩固的地位。與這種對抽象化對象的崇拜相比，擁有具體名目、形象的諸神都被侷限到與某些具體事物相關，因而是被降格或者廣義巫術化的。山川海瀆等也直接以自然神而非人格神的形式成為祭祀的對象，因而成為天權體系中的分殊相。明初規定了諸神祭祀者身份的嚴格等級區分，只有皇帝有權祭祀天地，從而又規定了人神本質的同一性只能通過皇帝來體現。洪武元年（1368）十一月，中書及禮部定奏：「天子親祀圜丘、方丘、宗廟、社稷。若京師三皇、孔子、風雲、雷雨、聖帝、明王、忠臣、烈士、先賢等祀，則遣官致祭。郡縣宜立社稷，有司春秋致祭。庶人祭里灶、土穀之神及祖父母、父母並得祀灶，載諸祀典。餘不當祀者，並禁止。」[1] 後來祭祀對象雖有變化，但祭祀主體身份等級區分的原則卻無改變。從國家的角度看，與最高主神「天」以及普遍、最高等級的神的溝通只能由皇帝代表國家來進行，地方官祭祀與轄區有特殊關係的神，各類民人則祭祀與私人生活有直接關係的神。這樣，明代祭祀體系中包含的民本精神又是經過專制君主制度和行政等級體系篩分的，從而與民權、民主剝

---

❶《明太祖實錄》卷 36 上，洪武元年十一月丙午，第 668 頁。

離開來。

　　因為皇帝與天為中心的神直接溝通，所以皇帝與天、地、祖先、社稷以外的被祭祀對象之間並不是崇拜與被崇拜的關係，而是尊重與被尊重的關係。諸神在祭祀體系中的等級地位是根據他們對宇宙秩序、國民的貢獻——這同時也是對皇帝事業的貢獻——來確定的。標準如下：「聖王之制祭祀也，法施於民則祀之，以死勤事則祀之，以勞定國則祀之，能禦大災則祀之，能捍大患則祀之，是皆有功烈於民者也。及夫日月星辰，民所瞻仰，山林川谷丘陵，民所取財用，非此族也，不在祀典。歷代以來，凡聖帝明王，忠臣烈士，與夫嶽鎮海瀆，天下山川，可以立名節，禦災患，而有功於人者，莫不載之祀典。然其有廟於京師，著靈於國家者，則又在所先焉。」[1] 所以，明代的國家公祀，是以有神論的形式實行的公共秩序規範演示活動。這種類型的祭祀行為表達的是對被祭祀對象的神化尊重而不是皈依，人仍是中心。因此，明代的國家祭祀體系可以容納多種多樣門類的神，而不必擔心他們之間的差異會導致信仰邏輯的衝突。

　　明代城隍祭祀因國家提倡而重於往代。洪武初，詔封天下城隍神，應天府城隍封為帝，開封、臨濠、太平府、和州、滁州城隍封為王，其他各府州縣城隍分別封為公、侯、伯。到洪武三年（1370），與將嶽鎮海瀆之神俱依山水本稱，不加溢美的政策一致，城隍神亦改題本主，曰某處城隍神。進而，明朝又以行政命令的方式，使京都到地方普遍建立城隍廟。洪武三年六月，「詔天下府州縣立城隍廟。其制高廣各視官署廳堂，其几案皆同，置神主於座。舊廟可用者修改為之」。[2] 城隍是地方保護神，也是監察當地官民乃至地方鬼神，使之遵紀守法、免為惡行的秩序守護神。洪武四年（1371），「特敕郡邑里灶各設無祀鬼神壇，以城

---

❶ 徐一夔等：《明集禮》卷 15，《吉禮十五·祀典神祇》，《景印文淵閣四庫全書》第 649 冊，第 334-335 頁。

❷ 《明太祖實錄》卷 53，洪武三年六月戊寅，第 1050 頁。

隍神主祭，鑒察善惡。未幾，復降儀注，新官赴任，必先謁神與誓，期在陰陽表裏，以安下民。蓋凡祝祭之文，儀禮之詳，悉出上意。於是城隍神之重於天下，蔑以加矣。」[1] 洪武六年（1373）三月，中都城隍神主製成。太祖對宋濂講：「朕立城隍神，使人知畏。人有所畏，則不敢妄為。」[2] 城隍神在明代公私生活中的普及化，很大程度上得益於明朝政府的推動，其象徵意義是建立一個受皇帝委託的監察神群。

所謂「無祀鬼神壇」所祭的是流離無所的「厲鬼」，從中央到地方，各級政府及鄉里皆需舉行此祭祀。其主要目的是安撫流亡，不使擾亂民生，兼有威懾教化之意。明朝於京都祭泰厲，於王國祭國厲，於各府州縣祭郡邑厲，於里灶祭鄉厲。[3] 泰厲指古代帝王無後者，因為無所依歸，好為民作禍，故需要祭祀以安撫之。國厲為諸侯之厲。泰厲、國厲、郡邑厲皆一年二祭。鄉厲則一年三祭。從中央政府到鄉村社會都舉行厲鬼祭祀，而其他祭祀則都存在因行政等級而分別對待。這是一種意味深長的現象：對於最無地位的幽魂厲鬼的祭祀是最能體現這個社會祭祀體系的上下一體化的。幽魂厲鬼並無對現實社會中的人們的庇祐之能，祭祀的出發點是安撫震懾。在這種人、神、鬼關係中，世俗皇帝是最高的主宰，從城隍到人間的官員，到平民百姓，再到已經死去為鬼的各類人等，都要服從人間皇帝的安排。因此城隍作為神，仍是皇帝治理現實社會的工具。無所厲鬼的角色，則類如遊民，對其祭祀，類如安置流民，不使失所。

祭祀天地之外，祖廟祭祀是最重要的。明太祖時設四親廟，祭祀其先輩德、懿、熙、仁四祖。後改建太廟，使四祖同堂異室，於四季之初及歲除祭祀。至成化初，英宗入太廟，太廟九室規制完備，包括先世四祖及太祖、太宗、仁宗、宣宗、英宗。以後，憲宗入太廟，祧遷懿

---

❶ 葉盛：《水東日記》卷 30，《城隍神》，第 297 頁。
❷ 《明太祖實錄》卷 80，洪武六年三月癸卯，第 1447 頁。
❸ 徐一夔等：《明集禮》卷 15，《吉禮十五·祭厲》，《景印文淵閣四庫全書》第 649 冊，第 328－329 頁。

祖；孝宗入太廟，遷出熙祖；武宗入，遷出仁祖。德祖原為不祧之祖，至嘉靖十年（1531），擬以太祖為不祧之祖而將德祖遷出。嘉靖十一年（1532），議行七廟制。到嘉靖十四年（1535）終於決定：以太祖為不祧之祖；以太宗為「文祖」而設世室，列於仁宗、英宗、孝宗三昭之上，百世不遷；以宣宗、憲宗、武宗為三穆。這七廟一世室實際是八個祖先的位置，是九廟古制的變通。嘉靖十五年（1536），九廟建成，太祖之上設一個「皇初祖」的神主，仿古時禘祭始祖所自出之帝的意思，以祀不可考的遠祖。祖先崇拜是中國上古以降全社會各個階層的一貫傳統，而以皇帝祖先列為國家祭祀的行為，則體現出君主制度下的家國一體精神，其中包含的不僅是祖先崇拜精神，而且是政治化的祖先崇拜精神——皇室祖先被看作國家的祖先。明代皇帝除按期祭祀作為公祀對象的太廟以外，還在皇宮之內設立內廟，祭祀不入太廟的皇帝家族先人，行以家禮，雖與國家禮制精神相關，但不是直接的國家行為。

　　大祀的另一對象是儒學先師孔子。孔子在漢平帝時被追謚為褒成宣聖公，唐玄宗追謚孔子為文宣王，元武宗加孔子為大成至聖文宣王。此類做法，雖然的確有助孔子思想傳統的延續，但以政府爵位為尊而加於孔子，使得孔子成為一個老貴族，其於文化思想之地位反為所污。明初在南京創立太學，設孔子神主。後來改國子監，所祀孔子則為神像。孔子是明代國家祭祀中惟一不用木主而用神像的對象。配祀孔子的，在唐代有顏回，宋代增曾參、孔伋，元代增孟子，明初則免去孟子配祀。專門祭祀孔子的先師廟「宮牆之制，下天子一等。樂舞籩豆，與天子同。」[1]嘉靖時期改定祀典，改孔子稱號為至聖先師孔子，其餘配享四子稱復聖、宗聖、述聖、亞聖，從祀諸弟子稱先賢，左丘明等以下從祀者稱先儒，皆取消其原封公、侯、伯爵位。孔子之祀，體現的是儒家文化之道統精神。這裏特別值得注意的是，宋、元、明時期雖然所謂三教合一的

---

❶ 谷應泰：《明史紀事本末》卷 51，《更定祀典》，北京：中華書局，1977 年版，第 774 頁。

論調盛行，明朝皇帝也多有信奉佛道者，但是這種思潮卻並沒有真正在明朝的國家祭祀體系中取得合法地位。在以上祭祀體系中，佛教中僅有被神化的釋寶志一人祀於南京。道教與民間信仰混合糾纏，不能嚴格區分。但佛教和道教的主要崇拜對象皆不在明朝國家祭祀體系中，顯然個別佛道祭祀對象的闌入，並非表示兩教本身在國家祭祀中取得地位，而是因該具體崇拜對象本身被看作有功德於民的神祇而致。至於旗纛、太倉、馬神之祭，皆為嚴肅軍隊、倉儲等而設，更直接地服務於國家管理事務。

祭祀社稷的日期在春秋兩季第二個月的上戊日。社稷祭祀之所，明初稱太社稷壇，在皇宮西南。建壇用五色土，隨各方位象徵性地分佈，其上覆以黃土。社、稷兩壇相距五丈。洪武五年（1372）改壇位，置於午門右側，社稷共一壇。永樂中，北京建社稷壇如南京制，地在西苑。諸王在封地內也有社稷壇，規模小於京城社稷壇十分之三。府、州、縣社稷壇的規模約為京城社稷壇的一半，也為社、稷共一壇合祭。國家規定鄉村里社也行土地五穀之祀。這種祭祀雖由民間出資，自行舉行，但政府仍對祭祀禮節做出詳細規定。[1] 這類祭祀活動，除了春祈、秋報以外，與祭祀厲鬼一樣，也有重申公共社會約定的性質。

此外，山川壇始建於洪武九年（1376），嘉靖十年（1531）改名為天神、地祇壇，兩壇分列左右。洪武三年（1370）建朝日、夕月壇，洪武二十一年（1388）罷，嘉靖九年（1530）復建。朝日壇用紅色琉璃，夕月壇用白色琉璃，各合日月陽陰之色。

國家祭祀與民間祭祀之着眼點有深刻的不同。遵循儒家原則的官方宗教祭祀活動，其着眼點在於治民，歸根結底是安排國家與人民關係的行為，而民間祭祀的着眼點則在於悅神祈佑。兩者其實有很深刻的差別。天道、神威、君權、民本結合的明朝國家祭祀體系，是這個時代統治階層宇宙觀、宗教觀、倫理觀、政治觀綜合態的縮影。所有祭祀的舉

---

❶ 李東陽等：《明會典》（正德）卷 87，《禮部四十六・祭祀八》，《景印文淵閣四庫全書》第 617 冊，第 816-823 頁。

行，反覆地對這種觀念體系加以演示，使之保持和強化，引導着社會所有成員看待各種問題的方式，產生對於政治權威主體合法性的反覆認定，在養育國家權力握有者敬警戒惕心態的同時，強化着國家權力與社會普通成員間的心理紐帶。在這個意義上，虛擬的神成了現實的人之間的媒介。

因其關係如此重大，祭祀必須以誠敬為心。「凡祭祀必先齋戒，而後可以感動神明。戒者，禁止其外。齋者，整齊其內。沐浴更衣，出宿外舍，不飲酒，不茹葷，不問疾，不弔喪，不聽樂，不理刑名，此則戒也。專一其心，嚴畏謹慎，不思他事，苟有所思，即思所祭之神，如在其上，如在其左右，精白一誠，無須臾間，此則齋也。大祀齋戒七日，前四日為戒，後三日為齋。中祀齋戒五日，前三日為戒，後二日為齋。」[1] 此外，敬神須存恤民之心。洪武二十年（1387）正月，大祀天地於南郊，禮成，太祖曰：「所謂敬天者，不獨嚴而有禮，當有其實。天以子民之任付於君，為君者欲求事天，先必恤民。恤民者，事天之實也。即如國家命人任守令之事，若不能福民，則是棄君之命，不敬孰大焉。」[2]

（三）祭祀體系的變化及非常規的政府祭祀活動

明朝國家祭祀體系定於洪武初，以後也有更改。如，明初分祭天地於南北郊，圜丘在南京正陽門外，鍾山之陽；方丘在太平門外，鍾山之陰。洪武十二年（1379），改天地分祀為合祀。永樂遷都北京，仿南京制度建立大祀殿合祭天地。嘉靖九年（1530），恢復天地分祀制度。這種變更，以及前文所述太廟制度的變更，雖然在當時有複雜的背景和利益衝突，但是從文化精神角度考察，並無根本性變革的意義。另外一些變化，卻有文化精神取向變化的含義。如景泰四年（1453）九月，加水神蕭公封號為水府靈通廣濟顯應英佑侯神。該水神自永樂中已封為英佑

---

❶《明太祖實錄》卷 40，洪武二年三月戊戌，第 805-806 頁。
❷《明太祖實錄》卷 180，洪武二十年正月甲子，第 2724 頁。

侯，至景泰四年，巡撫湖廣都御史李實聲稱：近來該神降附鄉人王灝之身，附鸞箕以言禍福有驗。乞加崇獎。於是，加其封號，並且賜王灝冠帶終身。[1] 這種做法，背離明初不崇尚人格神的原則，使民間多神崇拜意識更多地滲透到國家祭祀體系中來，並且實際在倡導巫術。明律禁止民間巫術活動，而明朝政府卻又做出此類決定，自相矛盾。

在規範性祭祀活動之外，明朝還因事不定期舉行其他一些祭祀活動。這些活動逐漸影響到明初所定祭祀體系的實踐。因天文異常和自然災變而進行修省，就涉及一些祭祀舉動。修省通常由禮部下屬的祠祭司或者欽天監向皇帝提出。其一般方法是，皇帝避正殿，沐浴靜思，詔求直言，並通常將修省之事祭告天地社稷山川。如成化六年（1470）二月，憲宗諭群臣曰：「自冬徂春，災異薦臻，雨雪不降……必由人事感召，豈朕德有不敏而政多缺歟？抑爾群臣分理庶政者因循怠緩，弗克竭誠盡心以輔朕之不逮歟？循省所自，宜各任其責，致交修之誠。朕將親率爾文武群臣於二月二十八日，恭詣山川壇請禱，先期致齋三日。其各洗心滌慮，秉誠敬以格神明，勵公勤以修職業，務臻實效，毋事虛文。」[2] 弘治十年（1497）三月，禮部因山西、陝西天鳴、地震、星隕，京師無雪、火災、狂風、陰霾，山東以南亢旱，請通行內外諸司，省躬思咎，勉盡職務，遣大臣祭告天地、社稷、山川，在外諸司各禱於封內山川。遂定百官修省，求直言，致齋三日，「遣英國公張懋、新寧伯譚祐、遂安伯陳韶祭告」。[3] 有明一代，修省屢屢不絕，雖然以有神論的天人感應說為觀念的基礎，但是在其所導致的人類行為和社會功能角度看，卻構成了國家政治中的一種經常性的反思和政策調整機制，使得專制皇權統治保持一定程度的彈性。

出現一般性的不利於農業的氣候時，並不一定舉行修省，而是舉行

❶《明英宗實錄》卷 233，《廢帝郕戾王附錄第五十一》，景泰四年九月己卯，第 5098 頁。
❷《明憲宗實錄》卷 76，成化六年二月壬申，第 1469–1470 頁。
❸《明孝宗實錄》卷 123，弘治十年三月辛亥，第 2198 頁。

祈禱雨雪等活動。儒、佛、道各有祈禱雨澤的方法，明朝各個時期因皇帝及朝廷大臣觀念不同而各有所取。儒家尚禮儀，祈禱雨雪時以禮儀向天地展示為民請命的誠意，其精神在誠敬；道家用法術，以符咒指示司風雨諸神，最近於巫術，其精神在控制；佛教頌經做法事，精神在感動。明代儒、釋、道頭面人物皆依附於世俗政權，在祈禱雨雪時爭逞其能，有時發生衝突。成化五年（1469）十二月，六科給事中劾奏道錄司左玄義許祖銘，說他「奉敕祈雪，穢言懟天，仗劍斬風。褻天慢神，莫此為甚。乞將祖銘明正典刑，以謝神人之怒」，並請敕禮部「禁約各觀道士，不許擅自祈禱，以褻神明」。[1] 弘治二年（1489）二月，孝宗要求大學士劉吉等草擬祈禱雨雪祝文。劉吉等懷疑是方士者流欲尋機謀求表現進用而鼓惑皇上，勸孝宗「修人事，以為應天之實也」，不肯撰寫祝文。[2] 此外，明朝政府也曾舉行齋醮法會，如超度陣亡軍人等。[3] 憲宗初，禮部尚書姚夔因皇太后生日，建設齋醮，約百官赴壇炷香。禮科都給事中張寧等彈劾姚夔，言：「臣之於君，願其福也，當勸以修德善，願其壽也，當勸以去逸慾。今不能盡所當為，乃瓣香尺楮，列名其上，宣揚於木偶之前，相率而拜，曰為朝廷祈福祝壽，為後世笑。昔英廟復位，屬有足疾，其時一二大臣不察古人行禱之義，亦嘗為此舉，非以扶名教全治體也。」得旨：「所言有理。今後齋醮，不許百官行香。」[4]

修省等事中雜入佛教、道教成分，逐漸使明朝國家祭祀體系的精神發生變化。正統六年（1441）六月，禮部尚書胡濙等奏有蝗螟之患，乞令文武百官，齋沐思過，「仍令大臣於在京各寺觀行香，及行道錄司慎選道流，盡誠祈禱，庶幾少回天意」。[5] 天順二年（1458）三月，禮部奏稱，冬春雨雪不降，有妨農種，「宜令文武百官，齋戒三日，分命堂上官禱

---

❶《明憲宗實錄》卷 74，成化五年十二月乙丑，第 1425 頁。
❷《明孝宗實錄》卷 23，弘治二年二月甲午，第 523 頁。
❸《明太宗實錄》卷 81，永樂六年七月庚申，第 1090 頁。
❹ 余繼登：《典故紀聞》卷 14，第 245 頁。
❺《明英宗實錄》卷 80，正統六年六月庚午，第 1583 頁。

於在京諸寺觀廟宇」。[1] 求助於佛、道，取消了天權崇拜體系下人因神而反省的機制，使政策調整的可能性大為降低。這種傾向日益強化，到明中葉，引起部分儒家士大夫的強烈反彈。弘治元年（1488）四月，禮科給事中張九功上疏請正祀典。他說，當時，「朝廷常祭之外，尚有釋迦牟尼、文佛、三清、三境九天、應元雷聲、普化天尊之祭，又有金、玉闕真君、元君、神父、神母之祭，諸宮觀中又有水官星君、諸天諸帝之祭。非所以示法於天下也，乞敕禮部稽之祀典，盡為釐正，及一切左道惑人之事，通為禁止」。[2] 張九功所說這些情況，皆與洪武時期所定祭祀制度內在的文化和政治精神衝突，關係非輕。根據張九功的意見，孝宗命禮部會官考詳何神立於何代，何神有功於國，何神澤及生民，今何神應祀與否，明白具奏。於是禮部尚書周洪謨等組織了調查研究，奏請完全恢復太祖高皇帝所定之法，此外齋醮、禱祀之類，通行罷免。並請將中外宮觀祠廟，非有功德於民，不合祀典者，全部革去。有經永樂以後各朝皇帝崇建，一時難於輒廢者，亦釐正名號，減殺禮儀。「自今以始，凡遇萬壽、千秋等節，不令修建吉祥齋醮；或遇喪禮，不令修建薦揚齋醮；俱不先期遣官祭告釋迦牟尼、文佛於大興隆寺及三清、三境天尊於朝天宮。」[3] 除力主罷除佛、道齋醮、祈禱之外，周洪謨還詳細分析了各類神祇祭祀在嬗變中發生的問題。他指出：北極紫微本為帝星，不當在道觀中設像祭祀；道家妄稱所謂「九天應元雷聲普化天尊」總司五雷，朝廷歲以其顯應之日遣官到顯靈宮致祭，當罷免；張道陵本非異人，其生辰可使其子孫祭於家，不當遣官祭告；大小青龍神在宣德中得封號，敕建大圓通寺，春秋祭之，其實「怪誕不足崇奉」。所謂梓潼帝君，本與學校無關，道家附會於文昌，元朝加號為帝君，景泰以來，於其生辰遣官致祭，附會不經，當罷免，梓潼祠在天下學校者，也當拆毀。真武

---

❶《明英宗實錄》卷 289，天順二年三月辛亥，第 6187 頁。
❷《明孝宗實錄》卷 13，弘治元年四月庚戌，第 304 頁。
❸《明孝宗實錄》卷 13，弘治元年四月庚戌，第 306 頁。

本為北方玄武七宿，經道家以淨樂王太子附會，誕妄不經，而且崇尚太過，應為減殺。其他所謂崇恩真君（薩堅）、隆恩真君（王靈官）、金闕上帝（徐知證）、玉闕上帝（徐知諤）等皆荒誕不經，應為罷免。東嶽泰山之神，不當專祭於封內，又合祭於郊壇，當免京城東嶽廟之祭。京師都城隍廟之神，並非人鬼，不當從俗祭其誕辰。議既上，孝宗曰：「卿等言是。修建齋醮、遣官祭告，並東嶽、真武、城隍廟、靈濟宮俱仍舊，二徐真君並其父母、妻宜革出帝號，止仍舊封號……餘如所議行之。」[1] 張、周的主張和孝宗的處置都意味深長，反映出明初祭祀體系的穩定性和權威性自永樂以來一直受到來自佛教、道教、民間雜神崇拜習俗的侵蝕、威脅。堅持明初方針的是儒家士大夫的中堅群體，其主張雖然以古禮、祖制為依據，顯得保守，但因其對應面不僅沒有先進性質可言，而且更乏人本精神，更多狹義迷信、巫術、盲目色彩，所以士大夫的主張在防止國家政治和管理體系泛宗教化的意義上畢竟更具合理性。孝宗的決定，並沒有恢復明初制度狀況的原點，對佛教、道教、民間宗教崇拜習俗各方面都做出了讓步，是折中的做法。此後的明代國家祭祀體系，一直是廟堂上爭論的大事情，而其要旨，皆與上述論爭一脈相承。到嘉靖時期，因為世宗信道教，國家祭祀也蒙上強烈的道教色彩。嘉靖十一年（1532）二月，因皇子未誕，大學士李時等請皇上自製祝文，遣廷臣奉香帛，到嶽鎮名山祝禱。世宗即提出要分遣道士出京祈禱，朝廷大臣到地壇祈告，並卜於太廟。經禮部尚書夏言等勸說，才改為派遣大臣在京「望祭山川」。[2] 嘉靖三十三年（1554）十一月，竟然「舉謝玄大典於內殿，遣文武大臣、英國公張溶等祭告各宮廟」。[3]

　　神宗以後，祭祀對象不僅混亂，而且祭祀之典也大失莊嚴誠敬之意，根據萬曆二十一年（1593）七月禮科都給事中張貞觀的一份奏疏，

---

❶《明孝宗實錄》卷 13，弘治元年四月庚戌，第 315 頁。
❷《明世宗實錄》卷 135，嘉靖十一年二月辛卯，第 3193 頁。
❸《明世宗實錄》卷 416，嘉靖三十三年十一月癸卯，第 7222 頁。

神宗早已不勤祀典,「即我皇上御極以來,始何常[嘗]不兢祀事?後特以聖體違和,間有遣代耳。乃今則視遣代為固然。無論郊社之隔越,即太廟咫尺,猶爾矣。無論冬夏之寒燠,即春秋適調,猶爾矣⋯⋯方今淮甸之水,畿輔之旱,湖襄之風霾,兗豫之淫潦,所在為沴。而地震天鳴,甘寧殆無虛月。流星火光,遼薊屢有報聞,瀋陽之天火,焚毀千家,留都之迅霆,煨及陵樹。固可以徵天心之仁愛,而亦可以見宗公之怨恫。則竭誠以格祖回天,正今日吃緊第一義。」疏上,神宗將之留中不報。[1]明朝的國運,也正是在這個時候走向再無轉圜餘地的困境。注意到這些情況,也才可能理解,晚明學術和政治潮流中積極關注民生的群體,為何往往會提出許多貌似復古的言論。他們所嚮往的,其實主要是秩序。

綜上所述,明朝國家祭祀體系實在是一個有多重深刻寓意的體系。其以天權為核心的天、神、君、民秩序觀是明代中國政治文化精神的投影。這個體系的實踐功能當然與其設計目標相差很遠,但是,其相對嚴整、部分扭曲、嚴重廢壞的各種情狀,卻也的確與明朝國家秩序的整體狀態若合符節。含有有神論的成分並不決定這個體系是缺乏實際意義的。它對於明代的統治者來說,體現着與傳統密切相關的文化定位、世界秩序規範和自我定義,同時也是社會政治體系的觀念基礎。從宗教和文化成分的角度分析,這個體系從一開始就是綜合性的,但又是以儒家傳統為根基的。以後的變動,主要在於與道教、佛教和民間雜神崇拜信仰習俗之間界限的模糊化。這些變化對於國家來說,意味着觀念成分的混合趨向和主導精神的混亂,從而意味着國家政治文化精神趨於混沌狀態。對於社會來說,最高統治體系的失序可能為某些民間活動提供更多的自由空間,但因民間社會生活仍然需要國家保障一定的秩序框架,其結果還是經由混亂而走向秩序的重組。

原刊《東北師範大學學報》2006 年第 2 期

---

❶《明神宗實錄》卷 262,萬曆二十一年七月己未,第 4849-4850 頁。

四、票擬制度與明代政治

（一）明代票擬制度之考述

明制，外廷臣工章疏經通政使司呈內廷交皇帝閱覽後，發至文淵閣，由內閣大學士以皇帝名義擬作批答草稿，用小票墨書貼於奏疏面進呈皇帝，稱為票擬，亦稱擬票、票旨、條旨、調旨。皇帝如同意內閣草擬，即親自或交司禮太監以硃筆照批於章疏下發，稱為批紅。如不同意，則發還內閣重擬，稱為改票。或有章疏呈皇帝後不發內閣，不作處理，稱為留中。

票擬是隨內閣制度完備而形成的制度，有關其形成時間，最早一種說法是為宣德中。[1]但此時的票擬並不是內閣大學士的專門職責。王世貞說：「宣德中，詔少師、吏部尚書蹇義，少保太子太傅、戶部尚書夏原吉輟部事，朝夕侍左右顧問，賜珊瑚筆格玉硯條旨，然不與閣臣職。」[2]「內閣臣職在司內外制而已，未有所謂調旨也，自宣德中大學士二楊公與尚書蹇、夏始有調旨之說。」[3]當時蹇、夏並未入閣，亦可參與票擬。是時，洪武十三年（1380）廢相以後皇帝與九卿「面議」政務的規制尚存，「處分不盡從中批發」。所以宣德時期有票擬之事而無票擬之制，內閣體勢尚未定型，票擬也還不是皇帝處理章奏的主要途徑。

票擬成制，大抵在英宗正統初。「英宗以九歲登極，凡事啟太后，太后避專，令閣臣議行。此內閣票旨之所由始也。」[4]「宣德時……及遇大事，猶命大臣面議。議既定，傳旨處分，不待批答。自後始專命內閣

---

① 參見呂毖：《明朝小史》卷6，《宣德紀·條旨》，台北：「國立中央圖書館」，1981年版，《玄覽堂叢書》初輯第19冊，第423頁；清高宗敕撰：《續通典》卷25，《職官三·宰相》，《萬有文庫》第2集，上海：商務印書館，1935年版，第1269頁。
② 王世貞：《弇山堂別集》卷45，《內閣輔臣年表》，北京：中華書局，1985年版，第849頁。
③ 王世貞：《弇山堂別集》卷45，《內閣輔臣年表》，第850頁。
④ 孫承澤：《春明夢餘錄》卷23，《內閣一》，《景印文淵閣四庫全書》第868冊，第269頁。

條旨。」**1**

　　蹇、夏二人在宣、正之際相繼歿，後無部臣不兼閣臣而與票擬者，票擬專出內閣。此時「面議」之事亦漸式微：「自太祖相傳，列聖臨朝，每至日昃，不遑退食，惟欲達四聰以來天下之言。英宗以幼沖即位，三楊慮聖體易倦，因創權制，每日早朝止許言事八件……英宗既殂，三臣繼卒，無人敢復祖宗之舊者，迄今遂為定制。」**2** 於是批答章疏成為皇帝處理政務的主要方式，內閣票擬亦成制，內閣制度也隨之臻於完備了。

　　內閣形成之始，並無首輔、次輔之分，票擬自然亦是「同寅協恭」，共商辦理了。後來則發生變化，王世貞說：弘、正以後，內閣票擬「居首者始秉筆，地望與次相懸絕矣」。**3** 嘉靖中，嚴嵩為首輔，取事獨斷，與次輔「不相關白」。夏言為首輔，「凡所擬旨，行意而已，不復顧問嵩」。**4** 萬曆初張居正為首輔，聞父喪，「三日不出閣。吏以函捧章奏就第票擬，次輔在閣坐候，票進乃出」。**5** 可見明中葉首輔隆崇，把持票擬之一斑。

　　但今人有斷言明中葉以後票擬皆為首輔專斷者，則又失之誇大。上述情況只是弘治、正德以後首輔地位隆重漸積而成的事例，究竟其實，可以說是有違「祖制」的，而且萬曆中期以後又有重大變化。

　　內閣票擬底稿稱「絲綸簿」，訂存留內閣。此簿早自正統、景泰之時即已設立，其後此制一度廢弛，最晚在萬曆中期又已恢復。絲綸簿的用意，沈德符推測說：「然代言視草尚須存稿，豈有聖斷處分寄草創於近弼，而條擬本案不留一字，他日誰為將順，誰為規正，又何從辨之？況六科俱有抄旨底案，則閣中雖無故事，特設此一簿亦宜。」**6** 所以有此必要，表明首輔專斷票擬並不成定制，有他輔票擬之事，所以要落簿存查。

❶ 黃佐、廖道南：《殿閣詞林記》卷 9，《擬旨》，《景印文淵閣四庫全書》第 452 冊，第 272 頁。
❷ 焦竑：《玉堂叢語》卷 6，《事例》，北京：中華書局，1981 年版，第 201-202 頁。
❸ 王世貞：《弇山堂別集》卷 45，《內閣輔臣年表》，第 849 頁。
❹ 谷應泰：《明史紀事本末》卷 54，《嚴嵩用事》，第 813 頁。
❺ 《明神宗實錄》卷 69，萬曆五年十一月戊午，第 1491 頁。
❻ 沈德符：《萬曆野獲編》卷 8，《內閣》，北京：中華書局，1959 年版，第 223 頁。

嘉靖、隆慶、萬曆之際，權臣相繼，票擬多出首輔，相因成習，並成為其他輔臣推諉事責的藉口。萬曆二十三年（1595）至二十九年（1601），趙志皋為首輔，經常引疾不出，時次輔沈鯉、三輔朱賡皆直閣票擬。後沈一貫為首輔時，沈鯉曾奏請「以後本章仍發首輔擬票，臣謹具題以聞」，神宗批曰：「……內閣贊襄密勿，票擬協恭，乃祖宗制度，非自今創始，豈可推避，致誤政機？已知道了，可遵屢旨即入辦事……」[1]由此可知首輔專斷票擬事例本屬違制。而且，張居正死後，票擬已漸復內閣「協恭」祖制。

　　萬曆二十五年（1597），「贊畫丁應泰聞蔚山之敗，慚惋詣（楊）鎬問後計，鎬示以內閣張位、沈一貫手書並所票未下旨……」[2]時張位為次輔，一貫為三輔。萬曆三十年（1602）十月，三輔朱賡有題本云：「蒙發下溫純一本，參論于永清、姚文蔚，欲將劣處外轉，臣甚難票擬。」[3]繼張居正為首輔的申時行曾被人以把持票擬的罪名參劾，他申辯說：「原無此事，何從禁革？」[4]

　　至天啟中，票擬由內閣同官「協恭」再演而變為「分票」，即章疏到閣後由內閣中書分發給直閣諸大學士分別票擬的制度。「時魏廣微欲專政，遂於告病之際，求逆賢傳特諭分票商量」，[5]「從來內閣票擬必有專屬，凡有得失，六科得而駁之。自魏廣微交結逆黨，專擅票擬，一時輔臣依阿淟涊，而中旨奪封駁之權。至黃立極專取易者與己，難者與人，而票擬乃分，後遂為固然」。[6]《明史·閣黨傳》《廿二史札記》取說近同。據此，大抵可信天啟中已有分票故事。

❶ 沈鯉：《亦玉堂稿》卷 3，《辭票擬揭帖》，合肥：黃山書社，2016 年版，《明別集叢刊》第 3 輯第 53 冊，第 354 頁。
❷ 谷應泰：《明史紀事本末》卷 62，《援朝鮮》，第 975 頁。
❸ 《明神宗實錄》卷 377，萬曆三十年十月甲寅，第 7095 頁。
❹ 《明神宗實錄》卷 147，萬曆十二年三月己亥，第 2746 頁。
❺ 文秉：《先撥志始》卷上，上海：上海書店，1982 年，複印神州國光社 1951 年版，第 166 頁。
❻ 章允儒：《閣臣忠告疏》，見孫承澤：《春明夢餘錄》卷 24，《內閣》，《景印文淵閣四庫全書》第 868 冊，第 303-304 頁；又見孫承澤：《山書》卷 1，《輔臣家臣忠告》，杭州：浙江古籍出版社，1989 年版，第 24 頁。

但另有分票始於崇禎中一說，不可不加辨析。清《欽定續通典》云：「舊制，紅本到閣，首輔票擬，莊烈帝崇禎中始用分票，首輔之權略分。〔原按〕時御史倪元璐請分票，自後本下，即令中書分之。」[1]《明會要》說法亦引據《續通典》。但倪元璐為明末名臣，考其行跡，從不曾官御史，亦絕無疏請分票之事。再考《春明夢餘錄》，有「舊制，紅本到閣，首輔票擬，餘唯諾而已。崇禎中御史倪元珙疏請分票，其後本下，即令中書分之」。[2]《春明夢餘錄》成於清初，多為「續三通」引據，《續通典》前引分票說並行文皆類引自《春明夢餘錄》，「御史倪元璐」是為「御史倪元珙」之抄誤。元珙是元璐從兄，崇禎中官南直提學御史。崇禎十年（1637），因言復社事降光祿寺錄事，倪元璐為他所作行狀內稱：「光祿（元珙）雖貶官，心痛時事，上疏規切執政，語甚激。又云：今閣臣分曹擬旨，無主名，有所逃責，請令各疏名，使明主得因事考其能否。奏上……閣擬疏名自此始。」[3]《啟禎野乘》卷四、《東林列傳》卷十六、《國榷》卷九十六、光緒《上虞縣志》卷九記載此事略同。《春明夢餘錄》所稱元珙請分票，當是元珙疏請分票屬名事之誤記。《續通典》再誤記倪元璐名下，《明會要》再抄《續通典》，以訛傳訛。

綜上所述，明代票擬制度之演變脈絡已近清晰：大抵票擬之事發端於宣德中，正統中專歸內閣，漸成定制，是後首輔之隆漸劇，弘治、正德以迄萬曆初成首輔把持事例，萬曆中復歸於同官「協恭」，天啟中始行分票，抵崇禎十年，復令閣臣票擬屬名。

就票擬制度的角度觀察內閣在政權結構中的地位，大抵，明中葉以前票擬「協恭」時期，內閣體勢呈日漸隆顯之勢，但不出於「備顧問、代王言」，無相職，無相權。弘治、正德以後，以嘉靖後期至萬曆初為最，內閣首輔專斷票擬，壓制六卿，此間皇帝多不理事，首輔實權逾出

---

❶ 嵇璜等：《欽定續通典》卷 25，《職官・宰相》，《景印文淵閣四庫全書》第 639 冊，第 362 頁。

❷ 孫承澤：《春明夢餘錄》卷 23，《內閣一》，《景印文淵閣四庫全書》第 868 冊，第 273 頁。

❸ 倪元璐：《倪文貞集》卷 11，《光祿寺寺丞先兄三蘭府君行狀》，《景印文淵閣四庫全書》第 1297 冊，第 147 頁。

內閣職能之外，有「赫然為真宰相」之譏。張居正之後首輔之勢驟然而衰，漸復票擬「協恭」之局，萌萌之相權復收於皇帝。明末內閣既成為經理文牘機構，則上不能持正於皇帝，次不能壓制宦豎，下不能不依違於六卿科道之間。天啟中分曹擬旨，表明內閣已難以作為對外一體的機關行使職能，而是在黨爭中趨於分解。崇禎帝承認這種局面，就其「雄猜英察」的品格而言，是為了分內閣之勢，不使重現首輔過重的局面，以進一步集權於一己。票擬署名，便於追查責任，是分票主旨的再發展和制度定型化。這樣，抵至明季，內閣已徒為政治頃軋角爭之的，不能發揮穩定政治統治的調節功能，於是皇帝的「宵旰」也終歸於南轅北轍。

（二）票擬制度與明代中樞政權結構

明代中樞政權結構明顯不同於前代者，莫過於以內閣制取代丞相制。內閣的主要職能據稱有「掌獻替可否、奉陳規誨、點檢題奏、票擬批答」諸項。但明代皇帝自正統以後並不遵行常規的朝參、面議故事，所以所謂獻替可否、奉陳規誨之類不過視皇帝之勤惰間或有之而已。尤其弘治、正德以後，經常體現內閣職能的主要是票擬：「閣臣職參機務，今止票擬，而裁決歸近習，輔臣失參贊之權……」[1]「自嘉靖以來，人主罕與群臣廷決，事之可否悉取裁於票擬。」[2]

這裏所說「嘉靖以來」應是明末人就近而言，自票擬制度形成以後，廷決議事就已日少，至弘治初皇帝偶一與群輔面議政事，竟使舉朝上下感泣不已，史家亦作曠典而大書特書。其後的正德皇帝頑劣放蕩，更不必言。

實際上，從票擬為主要職能的內閣制取代丞相制，就改變了前此的中樞政權結構。中國以皇權為中心的官僚政治之中樞政權結構主要由兩種基本權力成分組成，一是決策權，二是行政執行權。丞相制度下，

---

❶ 張廷玉等：《明史》卷 197，《列傳第八十五·霍韜》，第 5207 頁。
❷ 孫承澤：《山書》卷 7，《論中官閣部》，第 166 頁。

這兩種權力通過丞相的一身而二任實現直接結合。丞相既是皇帝的「股肱」，直接握有一定決策權力，又是官僚系統的首腦，主持對決策的實施，輔以其他機制，實現整個中樞政枝的統治功能。內閣制度下，內閣對行政執行系統沒有領導權責（部院大臣有入閣者，但這不表明內閣作為一個機構的權力），即「不得專制諸司」。對上，內閣有建議規誨之責而沒有獨立決策權，一切政令必由皇帝親自決策，以皇帝名義下達，「內閣」名義沒有合法獨立權力效能。崇禎皇帝曾向閣臣鄭重而明確地強調這種分工：「職掌在部院，主持在朕躬，調和在卿等。」[1] 調合的方式之一即是票擬。內閣之「內」既表示辦公之地處於宮禁之中，也表示與「外廷」官僚系統有所區別，是皇帝與官僚系統間的「中介」。這是一種決策權與行政執行權的間接結合結構。

就穩定政權系統的效能而言，明代內閣制中樞政權結構最大的優點是有效地限制了權臣柄國的危險。因為中樞政權只有到皇帝層次才可能有效集中，內閣並不能直接控制官僚系統而與皇權對抗。所以有明一代絕不曾出現權臣凌於弱主之上的局面。首輔權力最重者可以專斷票擬，排擠內閣其他成員，甚至壓制諸司，但必須以皇帝的應許為前提，實際亦只是皇權本身的一種實現形式。嚴嵩專權一時，比至年老，所撰青詞不佳，所擬旨不能盡合皇帝意旨，一朝覆敗。張居正用事，也以「尊主權」為第一要旨，在皇帝「虛己委居正」的情況下有為一時。明中葉以後，頗有士大夫引朱元璋不復丞相的祖制批評首輔權重，赫然「真宰相」者，黃宗羲曾反駁說：「不然。入閣辦事者職在批答，猶開府之書記也。其事既輕，而批答之意又必自內授之而後擬之，可謂有其實乎？」[2] 這是極有見地的。但是這種所謂優點，只是解決了一個權力集於皇帝不使旁落的問題，卻遠遠沒能解決權力的有效行使問題。明代政權中樞決策權與行政執行權的間接結合，在實踐中實際近於依靠文牘周轉來調動政權

❶ 文秉：《烈皇小識》卷 7，台北：台灣大通書局，1988 年版，《台灣文獻叢刊》第 5 輯，第 183 頁。

❷ 黃宗羲：《明夷待訪錄》，《置相》，北京：古籍出版社，1955 年版，第 8 頁。

的統治功能，這在明代中樞政局中造成日益深化的弊端。

與票擬制度直接相關，明代中樞政局中突出的一大弊端是宦官專權。

明太祖朱元璋曾規定極嚴格的制度以防止宦官干政。但是，「有明一代如王、汪、劉、魏，其害國不容言矣。其餘諸帝，自太宗、仁宗而外，未有不任奄人者。端皇親見逆瑺之禍，而卒以奄人監軍，可歎哉」。[1] 看來這是有政治體制根源的。

明代內閣雖係皇帝親信密勿之屬，但在日常政治生活中，內閣與皇帝之間大多要經由宦官系統來實現聯繫。宦官系統處內府，中設文書房，凡經通政使司、會極門所上本章皆由其分管。「其在外之閣票，在內之搭票，一應旨意、聖諭、御札，俱由文書房落底簿發行。」[2] 皇帝下發文書，上呈皇帝文件皆必經宦官參與，這就隱含了內閣聯繫皇帝與官僚系統的過程遭致阻斷的可能。

內閣票擬，本章由內監自皇帝處轉發內閣。因為票擬之職本質上是「代王言」而非內閣自言，所以要符合皇上處理意旨才能轉為批紅下發，於是，如果皇帝在本章發閣前已有成見，則令宦官口傳要旨，為內閣規定原則。如果原無定見，亦往往並不與閣臣面議定奪，而是令太監赴閣商議。這就在皇帝倦於政事或者昏庸、沖幼的情況下，隨時可以造成宦官「口含天憲」「出納王命」以挾制內閣的局面。

更重要的環節是閣擬轉為批紅。閣票由宦官呈皇帝，皇帝應親覽親批於下發之章疏，但自票擬制度形成以來，極難有一個皇帝基本做到這一點。大抵「凡每日奏文書，自御筆親批數本外，皆眾太監分批。遵照閣中票來字樣，用硃筆楷書批之」。[3]

設若太監批紅果能一體「遵照閣中票來字樣」，則恰使內閣得以票擬控制大政機柄，但事實當然遠非如此，「內閣之票擬，不得不取決於內

---

❶ 顧炎武撰，黃汝成集釋：《日知錄集釋》卷9，《宦官》，上海：上海古籍出版社，1985年版，第760頁。
❷ 劉若愚：《明宮史》木集，北京：北京古籍出版社，1982年版，第26頁。
❸ 劉若愚：《明宮史》木集，第24頁。

第一部分　國家制度與政策　　**91**

監之批紅」。在這種情況下，內閣如不是完全依附於宦官，像焦芳內閣於正德間，顧秉謙內閣於天啟末年那樣，也必須百般委曲，以結成與宦官系統的某種相容默契。正統中三楊內閣，正德中李東陽內閣，萬曆初張居正內閣以及崇禎時期諸內閣皆是。在極端情況下則會形成權閹乾脆自行票擬批答的局面，正德中，「帝悉以天下章奏付劉瑾。瑾時雜構戲玩娛帝，候帝娛，則多上章奏，請省決。帝曰：『吾安用爾為？而一煩聯！』瑾由是自決政。瑾初亦送內閣擬旨，但秉筆者逆探瑾意為之。其事大者，令堂候官至瑾處請明，然後下筆。後瑾竟自於私宅擬行，多出松江人張文冕手」。[1] 天啟時期情況類似，「票擬必忠賢到始敢批發」，[2] 吏部尚書王允光曾「請以票擬還之政府」。[3]

頗有意味的是，顧炎武曾在評論宣德中大學士陳山授小內宦讀書之事時說：此事之行，「馴致秉筆之奄其尊侔於內閣，而大權旁落不可復收。得非內書堂階之屬乎？」[4]「王振時，上春秋少，不日接大臣，而中人有票旨徑行者矣。」[5] 票擬制度形成而宦官專權致禍即生，這種共時性反映出二者具有內在的聯繫。

宦官專權是中國帝制時代經常發生的現象，但明代的「宦禍」卻是空前酷烈的，黃宗羲做過比較，他說：「漢、唐、宋有干與朝政之奄宦，無奉行奄宦之朝政。今夫宰相、六部，朝政所自出也，而本章之批答先有口傳，後有票擬……其他無不皆然，則是宰相、六部為奄宦奉行之員而已。」[6]

看來，明代的宦官專權與前代不同，不僅造成一個權力歸於奄豎的常見問題，而且由於其主要渠道是參與、把持票擬過程，便使明代政權

---

❶ 谷應泰：《明史紀事本末》卷 43，《劉瑾用事》，第 635 頁。
❷ 谷應泰：《明史紀事本末》卷 71，《魏忠賢亂政》，第 1141 頁。
❸ 李清：《三垣筆記》附識上，《崇禎》，北京：中華書局，1982 年版，第 156 頁。
❹ 顧炎武撰，黃汝成集釋：《日知錄集釋》卷 9，《宦官》，第 756 頁。
❺ 顧炎武撰，黃汝成集釋：《日知錄集釋》卷 9，《宦官》，第 758 頁。
❻ 黃宗羲：《明夷待訪錄》，《奄宦上》，第 43 頁。

中樞中基本的權力結合機制時時脫離軌道，國家政治生活經常處於「違制」的不正常狀態。這樣，整個政治統治系統的功能和穩定就總是危機四伏，這是導致明王朝敗亡的一個致命傷。

明代中樞政體的特定結構，在其形成伊始還包含了另外一個導致自身功能破壞的隱患，這就是內閣本身政治行為的保守軟弱。

內閣以票擬為主要職責，以「調合」為職任，則充其職掌者必須以文學詞章為長技，所以王世貞說：「內閣，故翰林學士任也。」[1] 有明一代閣臣不由翰林者屈指可數，王世貞於萬曆末統計，截止此前，「內閣不由翰林凡八人」；「其初不由翰林而後改翰林入閣者」共 12 人，且多在正統以前。[2] 張瀚亦云：「嘉隆以來專以翰林入閣。」翰林之職何事？時人有句描寫：「一生事業惟公會，半世功名只早朝。」[3] 專以此中人物入閣負責中樞機柄，前人所謂「宰相必起於州部」的不易之論便毀於無形了。這是明代中樞政局中除張居正一人外別無一個傑出政治家的原因之一，而張居正又正是行事超越了本分，受到指責的一個特例。

內閣中人多不諳政務者，崇禎大學士鄭以偉是個典型。他在票擬時見章疏中有「何況」兩個字，本是連詞，他逕直看作人名，擬云：「何況着按撫提問。」[4] 如此閣臣，求其能調節中樞政治機器的有效運轉，豈非說夢？

當然鄭以偉是個極端的例子，但就大多數閣臣而言，由於職在「調合」，所以其行為價值準則多是重於統治系統內部人際關係的平衡，而輕於國家實政之舉行。弘治時首輔徐溥在閣十餘年，其為事也，「以仁厚養國體，以名節勵士風。匡救將順，恆以正君德為先。其所謀議，必欲慎守成法。或勸其有所建白，公曰：『國家法度皆我祖宗神謀廟算，其所

---

❶ 王世貞：《弇山堂別集》卷 45，《內閣輔臣年表》，第 833 頁。
❷ 王世貞：《弇山堂別集》卷 7，《皇明異典述二》，第 130–131 頁。
❸ 焦竑：《玉堂叢語》卷 8，《諧謔》，第 272 頁。
❹ 李清：《三垣筆記》附識上，《崇禎》，第 160 頁。

以惠元元者甚備，患在不能守耳，豈宜更張』」。[1] 嘉靖、隆慶間首輔徐階「動以調停國手自詡」，海瑞直言曰：「紀綱法度，今被此老壞盡。」[2] 黃仁宇先生曾十分精彩地描述過萬曆大學士申時行「決心作和事佬」的為政原則。[3] 申氏所以如此，亦有政體結構的原因。

　　這實際已可說明，明代內閣因其職責所繫，出身所由，基本成為軟弱、保守、糾纏文牘的機構。如依王世貞的說法，則內閣簡直就是近利避害者的淵藪：「其喜怒借上意，故上不嫌逼也；威福間己意，故下屏息也；創白由六曹，故難不與也；取以詔行，故眾無敢訾也。」[4] 如此內閣，在明中葉以後社會危機加深的情況下，自然成為上下一切之怨府。我們固不能認為晚明黨爭與票擬制度存在直接因果關係，但因票擬制度確乎影響着明代內閣的行為方式和效能，而內閣的軟弱保守在緩和社會危機的呼聲中又引起舉朝士大夫的橫議紛紜，那麼明末黨爭的不可或解與票擬制度也是有內在聯繫的。

　　萬曆中期以後，政局一壞再壞，內閣制度為中心的中樞政體積弊日深，其間偶有企圖整肅振刷之志的閣臣，亦無不陷入無形的政治漩渦，只落得「張空拳，叢群責，而徒憤悶以死也」的慨歎。[5] 曾兩度出任首輔的葉向高說：「我朝革中書省，散其權於六卿，閣臣供票擬之役耳。凡百政事，非下部必不可行、不能行。即其大者如吏部之升除、兵部之兵馬、法司之問斷，閣臣得而參之否？今議者責臣等推諉，望臣等以徑行，臣等亦曾從條陳中間有擬允，而部中之沈閣如故，臣等不得而問也。不得已擬令科臣糾參，而科臣之不糾參如故，臣等不得而強也……臣等擬旨故事，不過曰：『某部知道』，其急者則曰：『該部看了來說』，

---

❶　焦竑：《玉堂叢語》卷 2，《政事》，第 43 頁。
❷　海瑞：《海瑞集》下編，《覆徐繼齋尚寶少卿》，北京：中華書局，1962 年版，第 434–435 頁。
❸　黃仁宇：《萬曆十五年》，北京：中華書局，1982 年版，第 60 頁。
❹　王世貞：《弇山堂別集》卷 45，《內閣輔臣年表》，第 833 頁。
❺　葉向高：《與申瑤老第二書》，見陳子龍等：《明經世文編》卷 461，北京：中華書局，1962 年版，第 5051 頁。

又最急者則曰：『該部上緊覆行』。如是而不行，則臣等之說窮，而每當票擬，亦自知其虛文，而厭苦之矣。」[1]

此類言論，既描述了是時內閣對於政局改觀的無能為力，也表明明末中樞政局中內閣與外廷行政執行系統已經信息阻塞不通。當此之際，內閣與皇帝也久已成為「上下否隔」之勢了。萬曆二十二（1594）至二十四年（1596）在閣的陳于陛說：「年來疑議橫生，紀綱未振者，只緣九重之靜攝既久，大廷警蹕稀聞，是以宮府內外意氣阻於泰交，百司庶寀玩愒成於積習耳。」[2]

大凡「人主」愈是自己不能親理政務，就愈會疑心「人臣」不軌，所謂「聖明深居日久，更防太阿旁落」。[3]上下猜忌，而「天顏隔於九閽，事權操於六部」，[4]內閣諸公即使是「調合」的聖手，其無補於世事也是不待智者而後知了。

葉向高不失中國正統士大夫的「君子」之風，雖知事不可為，猶不肯營營苟苟。其去國之後，值皇帝雄猜操切，閣票「間不適意，則或抹或叉」，於是閣臣惴惴，僅以自安為事。票擬時「遇台省諸疏微涉逆鱗，則以『該部知道』嘗試，若一改票，便從嚴」。[5]工心計者一味揣測逢迎，其庸者「聞所票擬或駁，則心手俱戰，極力附會」。[6]即使如此，崇禎十七年間竟歷任五十大學士，來去匆匆，無得久任者。這時看去「主上宵旰」，明朝中樞政局似有刷新振作氣象，但其前制度無論善與不善，畢竟尚有一個「調合」機構，此時卻被完全壓扁，朱由檢真的要將天下「一人而治之」，敗亡的結局也就順理成章了。

---

❶ 葉向高：《條陳要務疏》，見陳子龍等：《明經世文編》卷 462，第 5076 頁。
❷ 陳于陛：《披陳時政之要乞採納以光治理疏》，見陳子龍等：《明經世文編》卷 426，第 4644 頁。
❸ 葉向高：《答劉雲嶠》，見陳子龍等：《明經世文編》卷 461，第 5049 頁。
❹ 葉向高：《答劉雲嶠》，見陳子龍等：《明經世文編》卷 461，第 5049 頁。
❺ 李清：《三垣筆記》上，《崇禎》，第 25 頁。
❻ 李清：《三垣筆記》上，《崇禎》，第 34 頁。

（三）結語

從道理上說，明代票擬制度乃至政權中樞體制並非一無是處，但從明代中樞政治的歷史實際狀況看，卻是弊多利少。這種局面的始作俑者是朱元璋，他雖然在有生之年從未設想過什麼票擬之事，但他「事皆朝廷總之」的極端皇權專制主義政治思想卻是有明一代政體發展的基石。丞相既廢，政治統治的效能不得不過多依賴於皇帝一人的勤奮和能力。這在朱元璋時代尚屬可行，但他是按照自己的品格來構造垂諸永久的政體，殊不知這種品格是不能遺傳的，而且「承平既久」，總是趨於「退化」。所以，洪武之後以至宣德、正統之際，中樞政體不得不繼續調整。這種調整又必須以不復設丞相，「事皆朝廷總之」為前提，於是只能通過改變皇帝顧問祕書集團在政權結構中的地位來實現，至終於形成內閣制度而定局。這種決策權與行政執行權通過中介來實現間接結合的體制，需要很大程度上依賴文牘信息的上下通達，才能保障其統治功能。但是，內閣由翰林文祕之職演變而來，內閣既設，文牘庶務得人而委之，皇帝得免「煩劇」之勞，恰好成其不親政務，不近臣工，倚重「宮奴」之習，於是「上下之交絕而不通，天下之弊由是而積」。[1] 是以有明一代皇帝玩愒、淵默者多，而躬親政務者少；「宦禍」接踵，雖殷鑒如新而痼疾不能除；內閣欲整刷振飭則舉朝攻擊以「真宰相」，內閣遵成法則不過以「調合國手」為極功。黃宗羲所說「有明之無善治，自高皇帝罷丞相始」，[2] 從政權結構角度論，不為無理。丞相制固然自有弊端，但既為專制主義，何有無弊端之政治？中國古代社會在專制主義基本政治制度的前提下，皇權的集中似乎存在某種極限，益近於這種極限，破壞其自身穩定的弊端就可能益發不可收拾。

原刊《東北師範大學學報》1989 年第 2 期

---

❶ 黃佐、廖道南：《殿閣詞林記》卷 12，《朝參》，《景印文淵閣四庫全書》第 452 冊，第 294 頁。
❷ 黃宗羲：《明夷待訪錄》，《置相》，第 7 頁。

◎ 第二部分 ◎

晚明知識分子與社會結構

五、山人與晚明社會

（一）山人稱謂及其含義

山人這一稱謂，見於《左傳》：「自命夫命婦至於老疾，無不受冰。山人取之，縣人傳之。」[1] 此類山人，是官員。庾信《幽居值春》詩云：「山人久陸沉，幽徑忽春臨。」[2] 此處山人，是隱居山間之人。「久陸沉」三字，表達離開世上繁華，避居山間的蕭索之意，與唐宋明時代「山人」的取意頗為相通。但當時「山人」是否已經成為某些人社會角色的稱謂，還缺乏足夠的佐證來做定論。唐初王勃有《贈李十四》詩，其一曰：「野客思茅宇，山人愛竹林。」[3] 這裏「山人」與「野客」相對，應指居於山間的人。但是指樵夫獵戶之屬，還是指退隱山間的士大夫知識分子，也不能確定。杜甫有《過南鄰朱山人水亭》云：「相近竹參差，相過人不知。幽花敧滿樹，細水曲通池。歸客村非遠，殘樽席更移。看君多道氣，從此數追隨。」[4] 從詩意中看，這位朱山人是一位隱居的知識分子，其所居之處有「水亭」建築，大約是個莊子。

唐肅宗（756-762 在位）即位靈武，曾欲官李泌，泌「固辭，願以

---

[1] 楊伯峻：《春秋左傳注》昭公四年，北京：中華書局，1990 年版，第 1249 頁。
[2] 庾信：《庾子山集》卷 4，《詩‧幽居值春》，《景印文淵閣四庫全書》第 1064 冊，第 446 頁。
[3] 王勃：《王子安集》卷 3，《五言律師‧贈李十四》，《景印文淵閣四庫全書》第 1065 冊，第 85 頁。
[4] 《全唐詩》卷 226，《杜甫》，北京：中華書局，1980 年版，第 2435 頁。

客從，入議國事。出陪輿輦，眾指曰：『着黃者聖人，着白者山人。』」[1]
着黃聖人指肅宗，着白山人為李泌。明人沈德符說：「山人之名本重，
如李鄴侯僅得此稱。不意數十年來出遊無籍輩，以詩卷遍贄達官，亦謂
之山人。始於嘉靖之初年，盛於今上之近歲。」[2] 故明朝人所說的正宗山
人，是李泌之類不任官職而負清望的士人。今人陳登原也稱李泌為「名
實兼至」的山人。[3] 從李泌的例子看，「山人」這個詞，包含着與廟堂相
對的某種關照，他們具備入仕的某種資格，但卻不為官場名韁祿索所羈
絆。唐以後文獻中的山人，很少指一般山間的獵戶樵夫之屬，而特指社
會上某類標榜不入仕的知識分子。

除了李泌這類「名實兼至」的山人之外，陳登原另外提到三種人和
「山人」的命名稱義有關。其一，據王明清《揮塵後錄》，「中和三年夏，
太白先生自號太白山人」。這是把「山人」做堂名道號之類使用，和自
稱「某某道人」「某某先生」「某某子」之類並無區別。這種名號，和其
人的實際社會地位、身份並無特別的關係。陳登原稱這一類人為「有山
人之名而無其實」，頗為得當。[4] 宋元明清時期，以「山人」為號的士大
夫不少，而尤以晚明為最著。如王世貞自稱「兗州山人」，黃省曾自稱
「中南山人」。這些人以山人為道號，不過是標榜超塵脫俗而已，和沈
德符所說的那種作為社會階層的「出遊無籍輩」不同。這類附庸的山人
不是本文討論的主要對象。惟當指出，晚明士大夫好自稱山人，和當時
作為社會階層的「山人」的氾濫，的確有相輔相成的關聯。其二，唐盧
藏用曾經隱於終南山。終南接近京師，易於為時君所召。後果然被召入
仕。當盧藏用在山之時，「有意當世，人目為『隨駕隱士』……司馬承禎

---

❶ 歐陽修、宋祁：《新唐書》卷 139，《列傳第六十四・李泌》，北京：中華書局，1975 年版，第
  4632 頁。
❷ 沈德符：《萬曆野獲編》卷 23，《山人》，第 585 頁。
❸ 陳登原：《國史舊聞》卷 46，《山人與道號》，北京：中華書局，1980 年版，第 3 分冊第 144 頁。
  按：「名實兼至」僅合於李泌初入宮時。李泌初不任官，後來則成為宰相學士。
❹ 陳登原：《國史舊聞》卷 46，《山人與道號》，第 3 分冊第 144 頁。

嘗召至闕下，將還山，藏用指終南曰，『此中大有嘉處。』承禎徐曰：『以僕視之，仕宦之捷徑耳』」。[1] 此故事為「終南捷徑」一語出處。盧藏用沽清名以釣實利的行為方式很為宋明氾濫起來的山人們所襲取。陳登原稱盧為「有山人之實而無其名」。[2] 其三，據方回語：「慶元、嘉定以來，乃有詩人為謁客者……干求一二要路之書為介，謂之潤區，副以詩篇，動獲數千緡以至萬緡。如壺山宋謙父自遜一謁賈似道，獲楮幣二十萬緡，以造華居是也。錢塘湖山此曹什伯為群……往往雌黃士大夫，口吻可畏。」[3] 陳登原稱此類詩人謁客「自亦山人之類」。[4] 這些「詩人謁客」雖然不以「山人」為名，但其以詩文干謁權貴，謀取財富的行為，實是晚明山人行徑的主要內容，其「詩人」的背景，也是晚明山人所必須具有的素質。宋朝其實更有徑以山人為名者，和晚明山人顯然是一類人物。王闢之云：「往歲有丞相薨於位者，有無名子嘲之。時出厚賞，購捕造謗。或疑張壽山人為之，捕送府，府尹詰之，壽云：『某乃於都下三十餘年，但生而為十七字詩，鬻錢以糊口，安敢嘲大臣。縱使某為，安能如此著題？』府尹大笑，遣去。」[5]

　　錢謙益曾說：「本朝布衣以詩名者，多封己自好。不輕出遊人間。其挾詩卷、攜竿牘，遨遊縉紳，如晚宋所謂山人者，嘉靖間自子充（吳擴）始，在北方則謝茂秦、鄭若庸。此後接跡如市人矣。」[6] 他說的「如晚宋所謂山人者」和張壽自是一類人。張壽生於宋仁宗天聖九年（1031），所以北宋前期，社會上實際已經出現以山人之名謀生的知識分子，其時當還不很盛行，所以錢謙益但云「晚宋」時事與明代山人相比，而不及北宋。張壽、方回所說的「詩人為謁客者」，以及錢謙益所說的「如晚

---

❶ 歐陽修、宋祁：《新唐書》卷 123，《列傳第四十八·盧藏用》，第 4375 頁。

❷ 陳登原：《國史舊聞》卷 46，《山人與道號》，第 3 分冊第 144 頁。按：陳登原稱盧藏用為「有山人之實而無其名」亦僅適合於盧在山之時。

❸ 方回：《瀛奎律髓》卷 20，《寄尋梅》按語，《景印文淵閣四庫全書》第 1366 冊，第 258–259 頁。

❹ 陳登原：《國史舊聞》卷 46，《山人與道號》，第 144 頁。

❺ 王闢之：《澠水燕談錄》卷 10，《談謔》，《叢書集成初編》本，第 87–88 頁。

❻ 錢謙益：《列朝詩集小傳》丁集上，《吳山人擴》，上海：上海古籍出版社，1983 年版，第 454 頁。

宋所謂山人者」，都和晚明山人一脈相承。

　　和山人稱謂有關聯的還有「布衣」「處士」「隱士」等。布衣在廣泛的意義上指庶人，但特指沒有功名的知識分子，農夫、樵子、引車賣漿者流雖無功名卻不能妄稱布衣。明代，布衣和山人時常並用，如：「嘉隆萬曆間，布衣山人以詩名者十數」；[1]「明季最重山人。往往草野布衣，挾其一技一書，便可與王公抗衡」[2]。在這類文字中，布衣與山人混同在一起，難以辨其區別。但亦不能因此認為山人就是布衣，布衣就是山人。就明人的用法分析，山人多出自稱而後別人稱之，當時稱山人之前多冠一詞，如「崑崙」「太白」等等，使成為特指名號。不另加號而徑稱山人者也有，山人前只用本姓。但這種寬泛的用法，較布衣為少。一旦自稱為山人，則等於宣佈不參加科舉，不與仕途，其社會角色因而被確定。布衣用法則較不正式、非特指，多為人加於沒有功名的士人名字之前，代為道號。絕無在「布衣」之前另外冠以其他字號者。稱布衣者雖無功名，但不表示絕意科舉仕途，其角色含義不是穩定的。因布衣之稱強調身份，故必無為官僚而自稱布衣者。而山人之名具身份與意趣兩種含義，故在朝者用之標榜風雅，在野者用之表出身份。就以詩文干謁求利等行為而言，仍以稱山人者為明顯突出。故山人實較布衣更具備社會階層的性質。處士和布衣的含義基本相同，惟處士兩字格調比較布衣略為高遠，使用也不像布衣那樣普遍。杜甫有詩《贈衛八處士》，明人也用此稱謂。觀錢謙益《列朝詩集小傳》，則被名以處士者，多有儒學淵源、道德風範。而山人則相對而言更近於受道釋的影響。

　　「隱士」和「山人」的稱謂也有糾纏處。陳繼儒為晚明山人領袖，其事則入《明史》「隱逸傳」。所以有人把山人和隱士等同起來。[3]不過，明中期以後山人千百成群，而《明史》「隱逸傳」收 12 人，其中只有陳

---

❶ 張廷玉等：《明史》卷 288，《列傳第一百七十六·文苑四》，第 7389 頁。
❷ 黃協塤：《鋤經書舍零墨》卷 3，《山人》，《筆記小說大觀》第 25 冊，揚州：江蘇廣陵古籍刻印社，1983 年版，第 380 頁。
❸ 李鳳萍：《晚明山人陳眉公研究》，東吳大學中國文學研究所 1984 年碩士論文，第 1 頁。

繼儒和孫一元兩人亦是山人。《明史》所據的當時標準是：入傳隱士者必須是至少一次拒絕國家徵聘的著名知識分子。[1] 按照這個標準，沈德符和錢謙益所說的那些囂囂不歇的山人們當然大都不是隱士。《明史》「隱逸傳」中的另外 10 人，也自不是山人。元明之際，野多高逸之士，明初頗為禮聘。後來國事漸定，科舉、學校制度也漸完善，明政府復設「不為君用」之律，禁止知識分子自視清高而拒絕為國家服務。[2] 隱士之名，不惟不能用來走終南捷徑，反而成了賈禍因由。所以明代隱士之名並不流行。至晚明諸律鬆弛，隱士之名才漸為人用。清人為明朝作史，列一「隱逸傳」，但有明除開國亡國之際隱逸人物以外，其實乏可徵考者，搜羅附庸前史體例而已。另外「隱士」不用為自稱名號，為隱士者，其在心理上關照世事，雖也可見痕跡，但遠不如山人之多以塵世上得失刻骨銘心。

（二）晚明山人的特徵

李贄曾說：「今之所謂聖人者，其與今之所謂山人者一也，特有幸不幸之異耳。幸而能詩，則自稱曰山人；不幸而不能詩，則辭卻山人而以聖人名。幸而能講良知，則自稱曰聖人；不幸而不能講良知，則謝卻聖人而以山人稱。展轉反覆，以欺世獲利。」[3] 依照李贄的說法，能詩是山人的第一特徵。錢謙益輯明人詩集的《列朝詩集小傳》，選山人 61 人作品入其中，有明一代山人多入其中。參酌李贄的說法，《列朝詩集小傳》中所提到的山人應是山人的主流。能詩為山人的基本條件，則山人是知識分子中的文人一類，而不是儒生。所以李贄說他們是「不幸而不能講良知」的人。近古時代中國知識分子人生的正途是考科舉，謀仕途，從而得富貴，濟天下，耀祖宗，蔭子孫；其風範則多是以儒學為本而兼文

---

❶ 張廷玉等：《明史》卷 298，《列傳第一百八十六·隱逸》，第 7624-7632 頁。
❷ 張廷玉等：《明史》卷 298，《列傳第一百八十六·隱逸》，第 7624-7632 頁。
❸ 李贄：《焚書》卷 2，《書答·又與焦弱侯》，北京：中華書局，1975 年版，第 49 頁。

學之能。山人則拋棄儒學，不參加科舉，完全轉入娛適自我的人生。其作為晚明時代一個相當突出的社會現象，反映了中國知識分子價值觀念的一種轉動趨向。

出遊是山人的另一特徵。錢謙益在《列朝詩集小傳》中提到的山人，極少閉門索居者。他們的出遊一是遊山川名勝，二是遊於巨室大戶之門。前者似乎為了滿足離塵出世的追求，後者則反過來滿足對世間繁華的追求。其生活的來源更在於社會交遊。所以山人的境界在於出遊而不在於歸隱，在於人世而不在於出塵。山人遊於名門巨室，其佼佼者為達官貴人座上嘉賓，甚至寄食其家。如陳繼儒棄儒之後，一度結廬小崑山，名聲大振。天下各地造訪者絡繹不絕。附近餐館茶肆甚至也懸起他的畫像以為招攬之由。和他交往甚密的達官有首輔徐階、禮部尚書陸樹聲、刑部尚書王世貞、大學士王錫爵及其子王衡、禮部尚書董其昌、大學士方岳貢等等。前文所引沈德符、錢謙益兩人的說法，指出明代山人於嘉靖初期開始成為一種顯著的社會現象，至萬曆間已經大盛。嘉靖以後的首輔，除了張居正之外，多和山人有密切往來。嚴嵩與吳括相善，徐階與沈明臣交好，袁煒、申時行與王穉登為友，申時行還與陸應陽為契。[1]其他閣部大僚更多與山人往來，如禮部尚書王世貞，不僅結交大批山人，而且也自稱山人。[2]黃式權曾說：嘗見蔣苕生太史《臨川夢傳奇》云：「妝點山林大架子，附庸風雅小名家。終南捷徑無心走，處士虛聲盡力誇。獺祭詩書充著作，蠅營鐘鼎潤煙霞。翩然一隻雲中鶴，飛去飛來宰相衙。」[3]

自明中葉書院講學之風盛行，知識分子普遍喜好遊學、結社，至明末為最甚。但晚明黨社中人，或以才學，或以道德相標榜，其所關切的實際仍是廟堂中事。山人的社會交遊則是他們的衣食之源。如錢謙益曾記述其從高祖叔父錢希言事云：「薄遊浙東、荊南、豫章，屠長卿、湯若

---

❶ 沈德符：《萬曆野獲編》卷 23，《山人》，第 584 頁。
❷ 張廷玉等：《明史》卷 287，《列傳第一百七十五・文苑三》，第 7379–7381 頁。
❸ 黃協塤：《鋤經書舍零墨》卷 3，《山人》，《筆記小說大觀》第 25 冊，第 380 頁。

士諸公皆稱之，自以為秦川貴公子，不屑持行卷飾竿牘，追風望塵，僕僕於貴人之門，而又不能無所干謁，稍不當意，矢口謾罵，甚或行之筆牘，多所詆諆，人爭苦而避之。以是遊道益困，卒以窮死。」[1] 看來遊需有「道」，否則山人生存的出路就會被堵死。沈德符曾經向喜與山人盤桓的李本寧、馮開之詢問：「先生之才，高出此曹萬萬倍，何賴於彼而昵之。則曰：此輩以文墨糊口四方，非獎借遊揚，則立槁死矣。稍與周旋，俾得自振，亦菩薩普度法也。兩公語大都俱如此。」[2] 出遊對於山人之重要，於此中可見一斑。因為出遊而擺脫生活困境的也很多。如崑崙山人王光胤：「少時家貧，出贅於秋澤錢氏。錢以鬻腐為業，每夜五鼓起，籌燈磨豆，山人輒攜書就燈讀之。婦翁弗善也。慨然出門……遂抵都下。山人以詩酒豪推重當時，所歷交遊之盛，山川之奇，不盡述。其口之所噉……其目之所睹……此皆古今所罕覯者……山人之初入都也，客淮南李公春芳所。時世宗齋居西宮，建設醮壇，敕大臣製青詞一聯，懸於壇門。春芳使山人為之，山人走筆題曰……李以進呈，深加獎賞。由是公卿互相延譽。」[3]

雪竇山人魏耕則因寄食官宦而得聲色之樂。此人「於酒色有沉癖。一日之間，非酒不甘，非妓不寢。禮法之士深惡之，惟祁氏兄弟竭力資給之。每先生至，輒為置酒呼妓」[4]。山人寄食於人，不免對高官顯貴加以逢迎，而時人則未免笑其勢利。如山人吳括，「居金陵，愛秦淮一帶水，造長吟閣居之。嘗元日賦詩，奉懷分宜相公。人戲之曰：『開歲第一日，懷中朝第一官，便吟到臘月三十日，豈能及吾輩乎？』金陵人至今傳以為笑云。」[5]

---

❶ 錢謙益：《列朝詩集小傳》丁集下，《錢山人希言》，第 632–633 頁。
❷ 沈德符：《敝帚軒剩語》補遺，《山人愚妄》，《叢書集成初編》本，第 75–76 頁。
❸ 鈕琇：《觚賸》續編卷 2，《人觚・芙蓉閣》，上海：上海古籍出版社，1986 年版，第 193–194 頁。
❹ 全祖望：《鮚埼亭集》卷 8，《雪竇山人壙版文》，台北：文海出版有限公司，1988 年版，《近代中國史料叢刊》三編第三十九輯，第 436 頁。按「祁氏兄弟」為祁彪佳之子理孫、班孫。
❺ 錢謙益：《列朝詩集小傳》丁集上，《吳山人擴》，第 454 頁。

山人遊於名門富室求取生計來源的行為被稱作「打秋風」或者「打抽豐」。張岱曾說過，他少年時曾在杭州遇到陳繼儒。陳欲試其才華，出了上聯要張岱作對，曰：「太白騎鯨，採石江邊撈夜月。」張岱對云：「眉公跨鹿，錢塘縣裏打秋風。」[1] 作對的情節，有些喜劇化，可能是張岱挪揄陳山人之語，不一定實有其事。但陳眉公出入名門，的確是「打秋風」的老手。

　　「打秋風」的含義從其他山人的行為中可以看得更清楚。李贄曾有一信給焦竑，內云：「黃生過此，聞其自京師往長蘆抽豐，復跟長蘆長官別赴新任。至九江，遇一顯者，乃捨舊從新，隨轉而北，衝風冒寒，不顧年老生死。既到麻城，見我言曰：『我欲遊嵩、少，彼顯者亦欲遊嵩、少，拉我同行，是以至此。然顯者俟我於城中，勢不能一宿。回日當復到此，道此則多聚三五日而別，茲卒卒誠難割捨云。』其言如此，其情何如？我揣其中實為林汝寧好一口食難割捨耳。然林汝寧向者三任，彼無一任不往，往必滿載而歸，茲尚未厭足，如餓狗思想隔日屎，乃敢欺我以為遊嵩、少。夫以遊嵩、少藏林汝寧之抽豐來嗛我；又恐林汝寧之疑其為再尋己也，復以捨不得李卓老，當再來訪李卓老，以嗛林汝寧：名利兩得，身行俱全。我與林汝寧幾皆在其術中而不悟矣，可不謂巧乎！」「名為山人而心同商賈，口談道德而志在穿窬。夫名山人而心商賈，既已可鄙矣，乃反掩抽豐而顯嵩、少，謂人可得而欺焉，尤可鄙也！」「今山人者，名之為商賈，則其實不持一文；稱之為山人，則非公卿之門不履，故可賤耳。」[2]

　　李贄雖然不免筆端刻薄，但山人打秋風的伎倆的確被他看得纖毫畢

---

❶ 張岱：《琅嬛文集》卷 5，《墓志銘》，長沙：嶽麓書社，1985 年版，第 201 頁。顧公燮記云：「雲間陳眉公繼儒入泮，即告給衣頂，自矜高致。日奔走於太倉相王文肅公錫爵長子衡緱山之門。適臨川í若士顯祖在座。陳輕其年少，以新構小築命湯題額。湯書『可以棲遲』。蓋譏其在衡門下也。陳銜之。自是，文肅主試，湯總落孫山。文肅歿後，始中進士。」見顧公燮：《丹午筆記》76，《陳眉公學問人品》，南京：江蘇古籍出版社，1985 年版，第 78 頁。
❷ 李贄：《焚書》卷 2，《書答・又與焦弱侯》，第 49–50 頁。

露，入木三分。沈德符曾講到一個福建籍的山人黃白仲，因打秋風寄食而成偌大家業。他「慣遊秣陵，以詩自負，僦大第以居。好衣盛服，躡華靴，乘大轎，往來顯者之門」。[1] 山人打秋風也曾經輪到沈德符本人身上。他講到，山人陸伯生（陸應陽）本是「雲間斥生也，不禮於其鄉。少時受知於申文定相公。申當國時，藉其勢攫金不少。吾鄉則黃葵陽學士，及其長公中丞稱莫逆，代筆札。然其才庸腐，無一致語……乃高自矜重。一日忽寫所作詩一卷餉余，且曰：『公其珍之，持出門即有徽人手十金購去矣。』余曰：『誠然。但我獲金無用。』顧旁立一童曰：『汝衣敝，可挈往市中博金製新袍。便可拜謝陸先生。』語未畢，大怒而去。」[2]

在社會上層，山人打秋風以詩畫等文人風雅事為媒介。在社會下層，山人打秋風的方式和在上層又有不同。西周生《醒世姻緣傳》中寫到了一個山人童定宇可為一例。其大體形象正如篇頭詩所刻畫的：「一字無聞卻戴巾，市朝出入號山人；搬挑口舌媒婆嘴，鞠躬腰臀妾婦身。謬稱顯路為相識，浪說明公是至親；藥線數莖通執贄，輕輕騙去許多銀。」[3] 他的「遊道」，雖然也要弄些書畫為因由，但主要卻是賣房中藥。張岱則寫到揚州人養幼女為「瘦馬」賣給人為妾時，山人也會參與其間：「……如其意，則蕭客歸。歸未抵寓，而鼓樂盤擔、紅綠羊酒在其門久矣。不一刻而禮幣糕果俱齊，鼓樂導之去。去未半里，而花轎、花燈、擎燎，火把、山人、儐相、紙燭、供果、牲醴之屬，門前環侍……」[4] 山人在這類事情中的角色，類似儐相。沈德符說：「金元胡俗，凡掌禮儐相，亦稱山人，見雜劇中。」[5] 金元起於北邊，天蒼蒼野茫茫，很難理解其有山人成為一個社會階層。疑其用法來源於宋。儐相之事，實為清客

---

❶ 沈德符：《萬曆野獲編》卷 23，《山人》，第 587 頁。
❷ 沈德符：《萬曆野獲編》卷 23，《山人》，第 586－587 頁。
❸ 西周生：《醒世姻緣傳》第 4 回，《童山人脅肩諂笑　施珍哥縱慾崩胎》，上海：上海古籍出版社，1981 年版，第 45 頁。
❹ 張岱：《陶庵夢憶》卷 5，《揚州瘦馬》，上海：上海古籍出版社，1982 年版，第 51 頁。
❺ 沈德符：《萬曆野獲編》卷 23，《山人》，第 585 頁。

幫閒之屬所能。下層山人混跡市井之中，可能兼行其事。山人籍貫首出江淮，次為漢水，黃河以北之人極少。張岱所說，也是揚州事例。沈德符云山人行儈相事為「胡俗」，言出雜劇，語涉虛無，不足為憑。

晚明山人之中，就其學問、人品、謀生手段、藝術造詣等等而言，還可以分成若干品類。值得一提的是，其中很有一些人受道家、佛教，或者民間宗教的影響，有好神仙，誦佛經等行為，其中包括陳繼儒和孫一元等著名人物。其實，唐代的李泌就是精研道術的。另外，晚明山人中，還有一些人略具俠義之風，如王穉登等。《明史》稱：「嘉、隆、萬曆間，布衣山人以詩名者十數。俞允文、王叔承、沈明臣輩尤為世所稱。然聲華煊赫，穉登為最。申時行以元老里居，特相推重。王世貞以同郡友善，顧不甚推之。及世貞歿，其仲子士驌坐事繫獄，穉登為傾身救援。人以是重其風義。」[1] 謝榛也曾經脫友人盧柟於獄。[2] 吳夢暘為友人營三千里之喪，俞安期有俠義之風。[3] 山人所以盛行於一時，和這些人的行實帶來的聲譽很有關係，並非全部出於招搖撞騙。

（三）山人與晚明社會文化風氣

首先我們要看到一個大致的史實：晚明山人和晚宋山人大致是一類人物，惟晚明山人更盛於晚宋。而宋、明、清三朝初年，山人都不興盛。明初有些山人，基本是元朝的遺民，不願意改事新朝，以做山人為由避世。此後直到弘治、正德間，山人幾乎絕跡。以後略為出現，到嘉靖初年，山人「以詩卷遍贄達官」者漸多，[4] 至萬曆間達於極盛。清初，雖然山人並沒有絕跡，士大夫也還好用山人作別號，但晚明那種職業的山人卻大大蕭索了。宋明兩朝的後期都是經濟繁榮——尤其是城市經濟

❶ 張廷玉等：《明史》卷 288，《列傳第一百七十六‧文苑四》，第 7389 頁。
❷ 張廷玉等：《明史》卷 287，《列傳第一百七十五‧文苑三》，第 7375 頁。
❸ 錢謙益：《列朝詩集小傳》丁集下，《吳山人夢暘》《俞山人安期》，第 605、630 頁。
❹ 沈德符：《萬曆野獲編》卷 23，《山人》，第 585 頁。

繁榮，而國家制度鬆懈，政治黑暗，敗亡日近的時代。知識分子在這種情境中，普遍感受到某種未來的不可測，因而在國家所鼓勵的科舉入仕道路之外，不免張望。這和孔子老早就說過的「天下有道則顯，天下無道則隱」的哲學是一致的。自明初頒佈「不為君用」之律以後，知識分子不以歸隱標榜。但到明末，則朝野上下皆以不仕為清高，甚至矯枉過正，公然炫耀。與此同時，官場上的進退競爭卻也打得如火如荼。這是明代士大夫心理風氣的一個變局。

陳繼儒和孫一元雖然被《明史》列為隱士，但他們其實都泡在縉紳場中混，只是不當官而已。明末對「出世」做過清楚的議論的是傅山，他說：「仕不惟非其時不得輕出，即其時亦不得輕出。君臣僚友，那〔哪〕得皆其人也。仕本憑一『志』字，志不得行，身隨以苟，苟豈可暫處哉？不得已而用氣。到用氣之時，於國事未必有濟，而身死矣。死但云酬君之當然者，於仕之義卻不過臨了一件耳。此中輕重經權，豈一輕生能了？吾嘗笑僧家動言佛為眾生似矣，卻不知佛為眾生，眾生全不為佛，教佛獨自一個忙亂個整死，臨了不知罵佛者尚有多多大少也。我此語近於沮溺一流，背孔孟之教矣。當此時，奔逐干進泊天地下，皆不屑為沮溺矣。豈如此即皆孔孟耶……」「仕之一字，絕不可輕言。但看古來君臣之際，明良喜起，唐虞以後，可再有幾個？無論不得君，即得君者，中間忌嫉讒間，能保終始乎？」[1] 他的話中，充滿了一種末世的淒涼。當時許多士大夫、知識分子都意識到明朝餘日無多。其他又如華亭人范牧之，其姪於萬曆己卯年（1579）中舉後，他「上書督學使者，請削博士弟子籍，服山人服，入佘山平原村隱焉」。[2] 這時的入仕，難以救時，易於自污，還要背上「君辱臣死」的責任。傅山是個智者，他不惟不願出仕，連與人交遊都極謹慎。他說：「吾自二十歲以來，交遊頗多，亦盡有意氣傾倒之人。漸漸覺其無

---

❶ 傅山：《霜紅龕集》卷 25，《仕訓》，《清代詩文集彙編》25，上海：上海古籍出版社，2010 年版，第 407 頁。按：此文初刊時引用《霜紅龕集》宣統三年刊本，此次校訂時改用今本。

❷ 李延：《南吳舊話錄》卷下，上海：上海古籍出版社，1985 年版，第 260 頁。

甚益我處……朋友之難，莫說顯為賴人者不可誤與，即頗好名之人，亦不可造次認賬相稱。相譽之中，最多累人，人不防也。此事亦是曾經與此輩交，而受其稱譽攀援之累者始知之。所以獨行之士，看着孤陋，其養德遠辱之妙，真不可測。故認得一人，添得一累。少年當知之。」[1]

他的言論，代表了明末知識分子的一種心情和思潮，即自覺地不出仕。而山人現象則是知識分子不出仕思潮的另一種反映。不同的是，傅山所表達的，主要還是儒家傳統的無道則隱和潔身自好，是由於仕途上「奔逐干進泊天地」，因而不入仕以保持清白。山人的不出仕，則要複雜一些，有和傅山思想相通的成分，在很大程度上，卻也是因為仕路上的挫折。陳繼儒和崑崙山人張詩等都是為此。絕沒有中了進士還去做山人的。由於做山人是一條謀生出路，所以山人雖然能做到不出仕，可是難以做到與世無爭。晚明知識分子在科舉入仕道路上相當普遍的挫折感，是由於科舉制度在明朝後期出現了嚴重的問題。問題的核心，用俗話說就是「肉少狼多」「粥少僧多」。顧炎武在《生員論》中說過，晚明社會上有 50 萬生員。這造成了一個過剩的知識分子群，這些人要發展，要自我表現，就要另尋出路，做山人是其中之一。其實，晚明士人結社轟轟烈烈，也和仕途難達的壓力下尋求自我表現和發泄有相當的關聯。范濂曾提到對山人的批評：「身將隱矣，焉用文之？古人重高士，良有以也。今之託名山人者，何比比哉？乃跡寄林泉，心懸富貴，旦暮奔走，射利沽名。而叩其中，且空空無當於用。是陽慕山人，而陰濟其小人之私也。媿之矣，媿之矣。」[2]

他說得不錯，但是他沒有看到山人現象背後科舉道路崎嶇和知識分子過剩的根源。做山人本是下層知識分子謀出路的辦法，如何不是「旦暮奔走」？這些人不考科舉，也就不再鑽研八股而去搞文學藝術和交際學，用士大夫治國的學問標準來看，當然是「無當於用」的了。這個問

---

❶ 傅山：《霜紅龕集》卷 40，《雜記五》，《清代詩文集彙編》25，第 520 頁。
❷ 范濂：《雲間據目鈔》卷 1，《紀人物·張昉》，《筆記小說大觀》第 13 冊，第 108 頁。

題涉及許多，當另作討論。

明中葉以後興起的王學（王陽明「心學」）對晚明知識分子的心態學術產生了很大影響。這方面早有許多研究，不贅。王學是儒學主流學派，並不主張知識分子上山。但是王學的精神境界較宋代和明初的理學要自由，學術史上稱當時的學風是「束書不讀，空談心性」。這當然並不是說受王學影響的人都不讀書、不務實，王守仁自己就是學而致實用的。但風從心學者多不能融會貫通，終成疏狂放誕的習氣。山人的行徑，就其崇尚空談，行為狂放，不務實學而言，是當時知識分子在疏狂的路子上走而致極端的一種表現。前邊提到的李卓吾的話中，說到山人和道學家本是一路，所不同處只在於講道學還是作歪詩。這個看法並不盡然，這也可在上邊的分析中看到，但李贄的說法確當地點出，山人和晚明儒學流入空疏，是一種大氣候下的兩個關聯的現象。

山人既然都要作詩為文，其作品自然要表現他們的「心性」，形成一種文學思潮。其詩尚閒適，其文尚小品，可以適應山人行雲野鶴的人生意境。[1] 明中葉文壇為李攀龍、王世貞等七子所把持，主張「文崇秦漢，詩必盛唐」，一味模擬古人。錢謙益記述說，胡應麟曾輯《皇明律範集》，錄隆萬以來文章巨公及同時詞客之作，多至二千餘首，「大率肥皮厚肉，塗抹叫呶，黃茅白草，彌望皆是。蓋自李、王二公狎主齊盟，海內風氣，翕然一變。旁午膠結，齊聲同律，厥後妄庸之徒，巨子相推，月旦自命，霧不止於九里，醉有甚於千日，目論瞽說，流為丹青，餘毒流殍，至今為梗」[2]，見山人黃惟楫詩方覺「差為清拔。更簡他作，卑

---

❶ 小品兩字出《辨空經》：「詳者為大品，略者為小品。」語見明彭大翼《山堂肆考》卷233：「釋氏《辯空經》有詳者焉，有略者焉。詳者為大品，略者為小品。」（《景印文淵閣四庫全書》第978冊，第613頁）文學史上，小品指篇幅短小輕靈文字。其體例之範圍大體與散文諸體相同，但其名獨盛於明末，代表性風格為「公安三袁」等主張的「直抒性靈」。清代學者譏為「明人喜摘錄清談，目為小品」。見《欽定四庫全書總目》卷131，《子部四十一·澄懷錄二卷》，《景印文淵閣四庫全書》第3冊，第790頁。

❷ 錢謙益：《列朝詩集小傳》丁集上，《黃山人惟楫》，第448頁。

靡滋甚」[1]。晚明時代，小品大興，別開了一個生動活潑的局面，山人與有力焉。陳繼儒序鄭超宗輯《文娛》云：「往丁卯（天啟七年，1627）前，璫網告密，余謂董思翁云：『吾與公此時，不願為文昌，但願為天聾地啞，庶幾免於今之世矣。』……近年緣讀《禮》之暇，搜掏時賢雜作小品題評之，皆矛甲一新，精彩八面，有法外法，味外味，韻外韻，麗典新聲，絡繹奔會，似亦隆萬以來，氣候秀擢之一會也。」[2]

晚明小品的意境，不在傳統的「文以載道」，而在於「直抒性靈」，消閒適性。這就從對廟堂的關切轉移到了對個人內心世界的表達。這種傾向背後有兩個因素值得提出。一是王陽明的「致良知」學說，強調良知存在於人的心中，不需外求，發掘開明之後，人人可以為堯舜。這種思想，和晚明山人對儒家經典和經世人生的疏遠相吻合，為晚明的文學思潮提供了一個背景。[3] 另外的一個因素，被陳繼儒說得明白，就是晚明政治的黑暗激發了知識分子的逆反心理和隱逸的傾向，寧可作「天聾地啞」的顛狂放浪狀，寄情山水之外，甚至縱情聲色之中，而不欲投身政治漩渦。大凡人之才智聰明，必有所寄託。做山人，寫作詩歌小品是晚明知識分子寄託才智的一種方式。

晚明士大夫為什麼普遍樂於和山人交往？一個原因如前引李本寧、馮開之所說，是出於幫助這些人得以存活的善念。但沈德符並不相信這種解釋，他又去問其「座中山人每盈席」的馬仲良。馬仲良說，出於憐憫是一個原因，「但其受憐自有因。此輩率多儇巧，善迎意旨。其曲體善

---

❶ 錢謙益：《列朝詩集小傳》丁集上，《黃山人惟楫》，第 448 頁。

❷ 陳萬益：《明清小品》，台北：時報文化出版企業有限公司，1983 年版，第 18 頁。關於這個問題的研究還可以參看陳萬益：《晚明小品與明季文人生活》，台北：大安出版社，1988 年版；曹淑娟：《晚明性靈小品研究》，台北：文津出版社，1988 年版。

❸ 王陽明云：「性無不善，故知無不良。良知即未發之中，即是廓然大公，寂然不動之本體，人人所同具者也。但不能不昏蔽於物慾，故須學以去其昏蔽，然於良知之本體，初不能有加損於毫末也。」見王守仁：《王陽明全集》卷 2，《答陸原靜書》，上海：上海古籍出版社，1992 年版，第 62-63 頁。

承，有倚門斷袖所不逮者。宜士紳溺之不悔也」[1]。按照這種說法，則士大夫樂於與山人往來，是出於閒暇娛樂的目的。如此則山人的角色近於清客。[2] 而士大夫生活的靡爛是其背景條件。但此外還有原因。如崑崙山人王光胤為李春芳代寫青詞，實際上是幫助了李春芳鞏固政治地位。其他的士大夫也往往要山人為之代草書文。因而山人的角色又近於門客。

大批山人出入王公士大夫之門，難免捲入政治關係之中，或者干預衙門公事。萬曆年間沈德符說：「恩詔內又一款，盡逐在京山人，尤為快事。年來此輩作奸，妖訛百出。如《逐客鳴冤錄》，僅其小者耳……清朝大慶，溥海沾浩蕩之恩。」[3] 謝肇淛也曾說：「才名驕人，間亦文人墨客之常。惟近世一種山人，目不識丁，而剽竊時譽，傲岸於王公貴人之門，使酒罵坐，貪財好色，武斷健訟，反噬負恩，使人望而畏之……」[4] 看來山人在政局和官府行政中也有所動作，甚至引起萬曆皇帝的注意。

綜上所述，晚明社會空前活躍的山人構成了一個非主流的知識分子階層。這個階層或因挫折，或因厭倦，而明確脫離了科舉入仕的道路，轉以文人才藝遊食仕宦、權貴、富室之間，成為一種寄生的社會成分。這個階層生長的條件，從精神的角度說，一是中國傳統隱逸思想在明後期的湧動，二是心學影響下知識分子任情適性和交遊的風氣，三是佛道等出世宗教的導引。從社會的角度說，則在於知識分子入仕出路的狹窄，政治黑暗，以及包括在朝士大夫和在野士人在內的知識分子對「清雅」文化生活的追求。而其後者，間接地反映出士大夫在風物繁華而政綱不振局面下嚮往超越現實的心態。山人雖然以清雅出塵相標榜，但在經濟上既為一個寄生的階層，其風致就不免為謀食所污，流於做作，乃至種種措大乞兒狀態成為時人的話柄。這部分知識分子既然完全脫離了

---

❶ 沈德符：《敝帚軒剩語》補遺，《山人愚妄》，《叢書集成初編》本，第 76 頁。
❷ 《醒世姻緣傳》中晁源曾評論童山人道：「看那人倒是個四海和氣的朋友，山人清客，也盡做得過了。」見西周生：《醒世姻緣傳》第 4 回，《童山人脅肩諂笑　施珍哥縱慾崩胎》，第 48 頁。
❸ 沈德符：《萬曆野獲編》卷 23，《山人》，第 584 頁。
❹ 謝肇淛：《五雜組》卷 13，《事部一》，北京：中華書局，1959 年版，第 368 頁。

科舉入仕道路，專以詩文書畫為生，則實際上構成了一個新的職業文學創作者階層。其作品因其特異的背景、地位而成輕靈飄逸的風格。晚明以及清代文學創作主體較其之前，更轉至社會的下層，和晚明山人現象有一定的關聯。

原刊《東北師範大學學報》2001 年第 1 期

六、明末清初中國知識分子的道德沉淪感

知識分子在中國古代社會結構中是一個舉足重輕的社會階層。一切社會結構的重要變化都要在他們的思想觀念中做出反映，這種反映又在相當程度上標示出社會結構變化可能的前景。明末清初是中國帝制時代後期重要的大變動時代，我們注意到，這一時代的中國知識分子流露出一種深切的道德沉淪感。

（一）流風日下的焦慮

萬曆時期曾出任禮部尚書的于慎行就是這樣一位憂心忡忡的人士，他對在朝士大夫的風氣感到痛心：「士之氣節盛衰亦有時哉……本朝如靖難之舉，死者不下十百，至於土木之難，寂然不過一二，如嘉靖大禮，舉朝爭之，死且竄者，不下數十，至於易世之後，如廟祧之遞遷，兩宮之推崇，亦有許大事體，復寂然無一人言者。」[1] 其中道理，他只好用「風氣」有衰有竭來解釋。並且，他對頹風之復振顯然不抱什麼希望，他說：「乃今風會日流，俗尚日澆，敘位於朝，無尊卑之分，徵年於鄉，

---

[1] 于慎行：《穀山筆麈》卷 16，《璅言》，北京：中華書局，1984 年版，第 183–184 頁。

無長幼之節，即在上之人，不能以紀綱法度力挽頹波，況在下者乎？」**1**

「在下者」的行為也確乎不能給他們什麼慰藉。萬曆三十年（1602）禮科給事中張聞達上疏指劾李贄，說他「尤可恨者」，是在麻城寄居時「遊庵院」，挾妓同浴，招收女弟子講法。其事無非引據傳聞，張大其辭，不過李贄還是因此入獄而死，算是統治者對世風的一次匡正。

然而世風卻並不因此而向化。我們在當時的筆記、野史中隨處可見到對於民俗逐末、奢侈、僭越的種種議論，不勝枚舉。值得一提的是，當時的說部中有一種《醒世姻緣傳》，把 17 世紀中下層社會各種人物：鄉宦、生員、州縣官吏、地主，以至奴僕、廚役、僧道、三姑六婆、妓女等等的嘴臉一一勾勒，天下直成一個爾虞我詐的鬼蜮世界。作者自名「西周生」，嚮慕遠古的虔心躍然紙上，他歎道：「這明水鎮的地方，若依了數十年先，或者不敢比得唐虞，斷亦不亞西周的風景。不料那些前輩的老成漸漸的死去，那些忠厚遺風漸漸地澆漓，那些浮薄輕儇的子弟漸漸生將出來，那些刻薄沒良心的事體漸漸行將開去；習染成風，慣行成性，那〔哪〕還似舊日的半分明水！」**2** 這是以山東明水鎮作為中國的縮影，其間深沉痛切的道德沉淪感也是當時中國知識分子心理的真實寫照。

是不是所舉這些議論者見識短淺呢？不是。17 世紀三大思想家之一顧炎武也說：「今日人情有三反，曰：彌謙彌偽，彌親彌泛，彌奢彌吝。」**3** 猛烈抨擊君主專制的唐甄說：「當世之言孝者，千百人而一二也。」「若夫悌，人莫為之，亦莫言之。悌道之絕也，蓋已久於斯焉矣。」**4** 顏李學派巨子李塨也喟然歎道：「今則士風益頹矣！有名聲者，亦率同氣不和，見利忘義。嗚呼！何自得一人以激發之耶？」**5** 看來，即使是這一時代的大智大睿者，也並沒有超然於這種道德沉淪感之外。

---

❶ 于慎行：《穀山筆麈》卷 16，《論略》，第 190 頁。

❷ 西周生：《醒世姻緣傳》第 26 回，《作孽眾生填惡貫 輕孽物類鑿良心》，第 378 頁。

❸ 顧炎武撰，黃汝成集釋：《日知錄集釋》卷 13，《三反》，第 1075 頁。

❹ 唐甄：《潛書》上篇下，《明悌》，北京：中華書局，1955 年版，第 75 頁。

❺ 李塨：《恕谷後集》卷 13，《李以傳》，《叢書集成初編》本，第 167 頁。

（二）道德復古主義

知識分子的道德沉淪感並不等於道德沉淪的社會現實。17 世紀前後中國的社會風氣確實發生了重大的變化，但這些變化不盡是道德問題，即使道德問題也不盡是「沉淪」。可是 17 世紀中國的知識分子當然不會像我們今天這樣超脫地看當時的問題，他們感受到的對他們來說就是真實的。於是，知識分子在社會結構的變化中率先失卻心理平衡，糾纏在沉重的倫理觀念的衝突中。這種心理狀態加重了這一時代思想探索的羈絆，即使最傑出的思想家也在不同的矛盾心理下表達了道德復古的傾向。

李贄，這位被最高統治者用道德的大棒消滅了肉體的異端思想家，固然有反傳統的思想傾向，但在道德倫理方面受到那樣嚴厲的指責，卻實在是一種過譽。他雖然到處攻擊道學，但意不在反對道學，而是反對假道學，對「真道學」他是欽敬有加的。[1] 他對當時士人「陽為道學，陰為富貴」的虛偽矯飾惡痛不已，[2] 所以才有意「別出手眼，凡古所稱為大君子者，有時攻其所短；而所稱為小人不足齒者，有時不沒其所長」[3]，欲以反激的方式救補世風。於是，他在落髮之後所寫的第一部著作中就宣稱：自己不僅沒有背叛儒學，而且是儒學道統的正宗。他說：「有德行而後有言語，非德行則言語不成矣；有德行而後有政事、文學，非德行則政事、文學亦不成矣。是德行者，虛位也；言語、政事、文學者，實施也。施內則有夫婦，有父子，有昆弟；施外則有朋友，有君臣。孰能缺一而可乎！」「言夫婦則五常可知，豈有捨五常而別有言語、政事、文學乎！此非臆說也，孔氏之說也。」[4] 以道德內省為全部社會規範、秩序的源頭，這是中國傳統的倫理中心文化的特徵；由家庭倫理推演出社會倫理、社會秩序，這是與宗法觀念合一的價值取向和思維方式。有基於

---

❶ 李贄：《初潭集》卷 9，《兄弟上》，北京：中華書局，1974 年版，第 108-109 頁。
❷ 李贄：《續焚書》卷 2，《說匯・三教歸儒說》，北京：中華書局，1975 年版，第 76 頁。
❸ 袁中道：《珂雪齋近集》卷 7，《李溫陵傳》，台北：偉文圖書出版有限公司，1976 年版，第 583 頁。
❹ 李贄：《初潭集》序，第 1、2 頁。

此，李贄只能對所謂「五常」之類道德規範大事讚奉了。他的儒家道德
理論是基於「心學」的立場和他的個性來重釋的，心學至於王陽明，
已經包含了依據個人的良心指導行為而不顧既成習慣的道德規範的傾
向。這種傾向果能發展，對於傳統的思想禁錮，必成猛烈的衝擊。但
這種邏輯上的可能性，實際上在李贄這樣的「王學左派」傳人的身上
也無法實現。他做出的一些只對自己「良知」負責的事使他成了社會
上的「異端」，這不僅引起世人的驚駭，而且也造成了他自己的心理不
平衡。於是便要進行種種辯解、表白，結果還是回到孔子，加入道德復
興的說教。

顧炎武的道德觀念中似乎沒有什麼彷徨。他目睹了晚明士風的頹
靡，親歷了抗清鬥爭的艱苦磨難，激盪着一腔「亡天下」的不平之氣，
無暇從「心」中去作什麼精微的道德推敲，而是疾聲倡導復古湔恥的傾
向。他說:「禮義，治人之大法;廉恥，立人之大節⋯⋯故夫子之論士曰:
『行己有恥。』孟子曰:『人不可以無恥，無恥之恥，無恥矣。』又曰:
『恥之於人大矣!為機變之巧者，無所用恥焉。』所以然者，人之不廉而
至於悖禮犯義，其原皆生於無恥也。故士大夫之無恥，是謂國恥。」[1] 他
推許守節不嫁，仰慕聚族而居，大抵認為「非禮勿視，非禮勿聽，非禮
勿言，非禮勿動」就是「耿介」的要義。[2] 他以為李贄的罹難死有餘辜:
「自古以來，小人之無忌憚而敢於叛聖人者，莫甚於李贄。然雖奉嚴旨，
而其書之行於人間自若也。」[3] 在民族面臨危機的時代，以民族傳統文化
觀念加固民族共同心理，激發抵抗民族侵略的志節，這是無可苛責的，
並且表現出 17 世紀中國知識分子的道德沉淪感可能發生的積極社會影
響。但是作為思想家，尤其是產生啟蒙思潮時代的傑出思想家，顧炎武
在倫理道德觀念上看不出有什麼反傳統的、暗示新時代的傾向。在這一

---

❶ 顧炎武撰，黃汝成集釋:《日知錄集釋》卷 13,《廉　》，第 1037 頁。
❷ 顧炎武撰，黃汝成集釋:《日知錄集釋》卷 13,《耿介》，第 1045 頁。
❸ 顧炎武撰，黃汝成集釋:《日知錄集釋》卷 18,《李贄》，第 1426 頁。

方面，他比起彷徨無主的李贄尚為倒退。

其後的唐甄，淑宗王陽明良知之學，推崇孟子樸素的民本思想，在倫理觀念上頗類李贄的注重性情，卻又拘泥得多。雖然他曾十分激烈地抨擊專制君主，但他的救世主張卻不過以「尚素、棄文、反薄、歸厚」為要旨的風化治國論。他是主張「是故君子觀於妻子而得治天下之道，觀於僕妾而得治天下之道，觀於身之驕約、家之視效，而得治天下之道」的。[1]

就總的傾向而言，17 世紀前後的中國先進思想家在倫理思想領域極少理論創見，這與他們在哲學方法論和社會政治思想方面的別開生面幾難同日而語。

道德沉淪感在一般中下層知識分子中引起的觀念衝突也是深刻的。拿這一時期忽然大為興盛的「醒世文學」來說，這類文學作品的言論可以說是完全走了板眼的。從馮夢龍到蒲松齡，大批作品都包含着肯定人的正常情慾、注重人生實際、尤其是關注婦女命運的人文主義傾向，有時甚至以極大的興致鋪敍色情情節，表露出一種非道德化意識。可是他們要幹什麼呢？馮夢龍說得明白：「小說家推因及果，勸人作善，開清靜方便法門，能使頑夫俟子積迷頓悟。此與高僧悟石何異？」[2] 就是說，他們是要挽救道德之淪落的。一面是對世俗情慾的歡賞和嚮往，一面是「坐證正果」，超凡出塵，為來世犧牲今世的宗教情感；一面是對個性自由充滿同情的刻劃，一面又設下忠孝節義的重重尺規……這既是 17 世紀前後中國道德觀念的現實，也表達了陷於道德沉淪感中的知識分子無所適從的精神狀態。皈依宗教或是倡復禮教，在他們的潛意識中都既無把握，也不甘心，表達他們思想意識的言論卻只能鐵錚錚地咬定這兩條出路。

---

❶ 唐甄：《潛書》下篇上，《尚治》，第 105 頁。
❷ 見天然痴叟《石點頭》之馮夢龍序，上海：上海古籍出版社，1985 年版，第 329 頁。

（三）文化倫理取向與道德沉淪感

　　一種帶有普遍意義的社會心理意識，當然是社會現實狀況的反映，同時也是認識主體特有的價值取向的結果。前者不妨留待後議，這裏很有必要討究一下中國古代知識分子的文化價值觀念。因為，明清之際的社會道德狀況未必真的那樣暗無天日，知識分子的道德沉淪意識，就其過於敏感的意義來說，是宗源於中國民族文化的一種內在特徵。

　　中國的士大夫組成中國的知識社會。從他們所受的一般教育來看，他們的知識結構實際遠不能涉及當時社會的全部知識領域，因為自然科學基本被視為一種技藝，與宗教、巫術、雜藝居於同等地位，「真正的」知識分子不屑也不必留意於此。他們是社會上現實的或預備的官僚，以管理國家事務為出路。因而，他們在心理傾向上基本屬於統治階級思想範疇，其主體觀念也是一種政治性、社會性極強的思想體系。對於中國帝制社會後期的知識分子，這種思想觀念只需讀「聖賢」書就一定會獲得，悠遠的歷史文明早已造就了現成的理論體系、範疇和思維方式。幾千年的流變並沒有改變傳統觀念的基本特徵，即：自然觀、社會歷史觀、倫理價值觀的協調一體化，通體浸透着對秩序、平衡、和諧的渴求。這是從未擺脫的貧困、頻繁的動亂、無法抗禦的自然災害顯示的自然力、原始宗法關係的沉積，以及大一統的國家政治結構等等造成的文化心理。這個民族的追求從來沒有超過小康大同的水平，所以求諸躬行勤儉，進而求諸本心良善的信念，總是超過對宗教的虔誠。他們對於自然現象和規律的探索，除了直接關係生計的應用目的以外，與其說是為了駕馭自然，毋寧說是為了求得內心的和諧，因而帶着思辨的、朦朧而理想化的色彩。老子的「道」，孔子的「仁」，荀子的「禮」，董仲舒的「天人合一」，乃至二程、朱熹的「格物致知」，陸九淵、王陽明的「致良知」，這些指示了民族文化心理的探求，雖然在嚴格的學術推敲中差異矛盾相當之大，但無不在追求和演述一種自然、社會、人倫和諧平衡的心理統一。

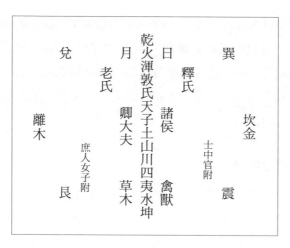

《全孝圖》

　　明末浙江人虞淳熙作了一個《全孝圖》，很典型地表達了這種文化心理傳統。

　　他解釋說：「孝字從老省，從子」，即「孝」字是「老」在「子」上之象形，它表示一種天地萬物間尊卑生受的倫序。圖中，乾巽坎震坤艮離兌構成太虛，太虛為老，三才萬物為子；乾為老，坤為子，乾坤為老，日月五行民物為子；五行為老，人為子；貴者為老，賤者為子，生者為老，受生者為子……所以宇宙之內「無物非孝也」。[1]「孝」成為宇宙間的「絕對精神」，無論自然秩序還是人際關係都被它融通一體，生受尊卑秩序井然。這樣，中國古代文化的自然觀、社會歷史觀、倫理價值觀的協調一體又集中於倫理觀的核心。諸如「孝」這樣的倫理範疇也通過這種融聚而同時成為自然哲學、歷史哲學的範疇，由價值性範疇成為事實性、真理性範疇。這就不難理解，中國古人對於倫理道德的理解從來

❶ 李詡：《戒庵老人漫筆》卷 8，《全孝圖說》，北京：中華書局，1982 年版，第 346–347 頁。

是超出倫理價值本身的。「刑于寡妻」可以成為求得國家強盛的法門。反之，倘不能「誠意、正心、修身、齊家」，則「治國平天下」就被看作癡人說夢。這樣，明清之際知識分子眼中的道德風氣變化，絕不僅僅是民俗風化之類的問題，乃是「天道」之大變，家國命運之根本，如何不讓人憂心如焚呢？

（四）蒼涼的滿足

這樣再去看明清之際中國知識分子的社會實踐，就顯得略為明晰了。在普遍的道德沉淪的意識中，知識分子們實際走出了兩條相反的道路，一條是沉淪於沉淪中，索性拋開那些倫理規範，存人慾去天理。好在這樣做可以有「橫放倜儻」之類言詞文飾，便大有公然行之不憚者了，諸如錢謙益之流是也。不過自有知識分子始，就有「無恥」的知識分子，明清之際也未見得有什麼輩出卓絕的角色，所以此中人物行止可以歸於沉渣之一泛，置於不齒。另一條道路是以道德復興為主旨的救亡圖存。這是一些民族和社會「精英」所能奉獻給時代的貢獻，但是，他們完全失敗了。

張居正為首輔的萬曆初年，是明中葉以後難得的興廢除弊的時期，可是當張居正準備「奪情」視事時，卻有一大群士大夫甘心以丟官下野甚至廷杖為代價，堅決反對。其後的東林黨人，集結成以道德完善的「君子」相標榜的集團勢力，並不深入探究解決種種迫在眉睫的社會問題的途徑，對種種「小人」行徑則不遺餘力地攻擊。諸如所謂「爭國本」，說穿了不過是萬曆皇帝的兩個兒子中哪一個承繼乃父的頭銜的問題，朱常洛比起朱常洵，混賬的程度毫不遜色，卻使諸「君子」盈廷爭訟幾十年。結果，在東林派推動下御極的朱常洛在位僅僅一個月，便在淫逸中喪命。其後便是爭「紅丸」，爭「移宮」，似乎是間不容髮的國家存亡大計，可與此同時遼東卻失瀋陽、失遼陽、失廣寧，一步一步敞開着亡國的門戶。天啟初年，東林黨人在朝廷中頗有聲勢，可是遲遲沒有建樹。天啟四年（1624），東林黨一旦與魏忠賢公開決裂，則倏然

覆敗。他們政治上的少能無為與道德上的高風亮節形成鮮明的對照。他們的社會實踐，無所謂迎接新時代的創造，也無所謂挽救明王朝的時艱，只是對諛附無恥的士風有些激濁揚清之效罷了。不過，經過魏黨的摧折，崇禎時期的知識分子已大失東林黨人的陽剛正氣，其於國計民生的漠無長策卻有增無已。崇禎皇帝即位之初頗有志於振作，裁抑閹黨，起用文臣，「宵旰」圖治。可是我們對當時的文臣卻實在不能奉承。首輔溫體仁，據稱是「苞苴不入門」，[1] 可是每逢皇帝問及兵食之事，則概無可否，自稱：「臣夙以文章待罪禁林，上不知其駑下，擢至此位。盜賊日益眾，誠萬死不足塞責。顧臣愚無知，但票擬勿欺耳。兵食之事，惟聖明裁決。」[2] 其柄政 8 年，國事日非。倪元璐為明季經濟名臣，然其籌畫亦多虛應故事，皇帝問他：「今國用匱絀至矣，生之者眾，為之者疾，何所措手？」他只好回答：「陛下聖明，不妨經權互用，臣儒生，止知因民之情，藏富於國耳。」[3] 崇禎在位 17 年間試任 50 位大學士，最後的結論卻是：「文臣個個可殺。」[4] 李自成大軍進京，明朝滅亡，左副都御史施邦曜作絕命詩：「慚無半策匡時難，惟有微軀報主恩。」戶科給事中吳甘來賦詩云：「洵知世局難爭討，願判忠肝萬古留。」[5] 他們對自己的業績無可自豪，但因為實踐了自己的道德信念，仍然於敗亡中體驗出一種慷慨悲涼的滿足。憑心而論，明末的知識分子並不是個個迂腐，他們中不乏才具優長的志士，也不乏改革的意識和勇氣，但是他們中大多數人，在沒有對種種社會矛盾衝突作出理智的分辨的時候，就過早地陷於一種道德沉淪的情感狀態，於是一切「經世」的努力都籠罩在道德復興的霧幛下，於是其「改革」便悄然回首，以慎終追遠的復古求治為主旋律了。據云，明亡之後，有人在大明門揭

---

❶ 張廷玉等：《明史》卷 308，《列傳第一百九十六‧奸臣》，第 7935 頁。
❷ 張廷玉等：《明史》卷 308，《列傳第一百九十六‧奸臣》，第 7935 頁。
❸ 陳鼎：《東林列傳》卷 8，《明‧倪元璐傳》，《景印文淵閣四庫全書》第 458 冊，第 270 頁。
❹ 文秉：《烈皇小識》卷 8，《台灣文獻史料叢刊》第 5 輯，第 217 頁。
❺ 錢軹：《甲申傳信錄》卷 3，《文臣》，上海：上海書店，1982 年版，第 43、46 頁。

一儀狀云：「謹具大明江山一座、崇禎夫婦兩口。奉申贄敬。晚生文八股頓首。」[1] 其事未必實有，但如作為後人對晚明知識分子的評價，雖然偏激得很，卻也發人深省。

不過，知識分子的道德沉淪感和他們的道德復古思潮雖然在明末顯得迂執而無補於世事，但在明亡之後的幾十年民族抗戰中卻煥發出奪目的光彩。從時局上看，明朝雖然絕少復興的可能，但是大批知識分子卻不甘做「識時務」的「俊傑」，而是捨身赴難，聚集在「復明」的旗幟下去做千秋雄鬼。雖然這裏有現在看來偏狹的民族意識在其中，但卻充分地顯示了：一個具有悠久文明的民族，其道德文化發生的內聚力，在歷史上發揮了重大作用。所謂民心可用，這是中華民族悠遠深沉的巨大潛力之所在。從這一意義上說，中國人的道德從不曾沉淪。

（五）道德沉淪與歷史命運

這些時代的精英究竟是失敗了還是勝利了呢？他們的社會政治追求一切落空，所以存活者只能隱跡山林成為遺老；可是清王朝卻也明明白白地承襲了孔孟以下諸「聖人」的衣缽，修文字、治風化，連抗清的明臣也得到旌表，降清的勛貴被列為「貳臣」。他們在道德上是勝利了，這大概又是一種滿足，所以連黃宗羲這樣的孤臣孽子，也不反對兒子去為新朝做事了。其後的知識分子，默默地到「墳典」中討生活，或者赫赫地到官場中尋功業，把種種「聖人」之言作了新的解釋，忠、孝、節、義等等功夫在新朝又照樣堅決地演習起來。這就使人想到，道德在歷史上，有的時候是「本」，比如在明清之際的抗戰中；有的時候卻是「皮」，比如在明清易世的秩序重建中。中國傳統道德的範疇有很大的包容性，可以用不同甚至相反的內容去充塞。所以，明清之際的思想家們在道德復古中求振作，終歸還是他們的一種悲劇性的品格。

---

❶ 陳登原：《國史舊聞》卷 48，《奉送大明江山》，第 3 分冊，第 220-222 頁。

而且，這一幕悲劇演出在 17 世紀中國的歷史舞台上，就更是非同小可。因為這是西方人啟東侵之漸的時代，也是中國的社會結構發生了深刻的變化，中國的思想界大開生面、頗有創造的時代。如果人們不願接受中國在 19 世紀中葉淪為半殖民地乃是久已確定的結果的說法，那麼溯時而前，可能會有轉機的也就在 17 世紀的當口了。是什麼使中國當時沒有走向足以與西方爭雄的地步呢？無論有多少回答，傳統形態的中國不可能與西方長久抗衡，這是確定不疑的。這就歸結到中國傳統的社會形態在 17 世紀前後為什麼歸於徘徊不前的問題。這裏無法詳細評析前人相關論斷的得失，從目前的角度可以看到的是，這與中國知識分子本身的特質有內在的關係。

　　無論對 17 世紀前後與商品生產相聯繫的僱傭勞動關係作何評估，這一時代的社會結構處在深刻的變化中是肯定的，這種變化意味着中國社會的肌體中有某種具有民族特色的近代色彩的體液在流動。但是，這只是當時中國社會歷史諸種可能的發展趨向中的一種。社會歷史提供這種基礎，是基於人們無可選擇的自然歷史過程的規律性。達到了這一基礎而要實現進一步的昇華，則需要人們相當明確的自覺意識和選擇。因為以往行進的只是始終帶有蒙昧性質的古代文明內部的發展變化，至此，則面臨古代社會整體性的完結與昇華。有近代社會因素意義的某些「萌芽」產生，到近代化發展成為主要的歷史趨勢，需要人的精神解放作為前導，然後經過一段培養積蓄——科學、文化、政治和社會關係的調整改造，才會形成連續性的歷史進程。這種精神解放首先需要的是知識分子觀念意識的轉變。從中國的特定社會結構來講，知識分子作為現實和預備的官僚，是惟一可能產生改革家的社會階層。他們製造文化精神產品，受到首屈一指的社會尊重，影響表率着全社會的精神面貌。可是我們已經看到，這一時代的中國知識分子在社會政治或者某些哲學命題上提出一些有啟蒙思潮色彩的新見，卻在傳統倫理道德觀念面前逡巡不前，而倫理道德又恰是中國古代傳統文化中融通整體的精神內核。這種精神內核是培養秩序、一統、淳樸觀念的沃土，造成了極度發達的古

代文明；也是生長自由、民主、競爭觀念的瘠壤，使中國難以借諸發達的歷史文明率先進入近代歷史進程。中國的傳統道德是有強大生命力和包含久恆價值的文明財富，中國結為一體、道德為中心的文化觀念卻只有古代社會的歷史價值。而且，它在古代社會達到的近乎完善的融通包容性，使之極難在本民族內部得以超越。一二思想家在社會實踐的激促下進行的探索，不是明朗堅定的吶喊，只能是時而亢奮、時而沉迴的吟嘯，而且無不走向回歸。當然這並不是永遠不可能突破，17世紀的思想家畢竟已經貢獻了許多有歷史進步價值的創見。但是這種邏輯上可以期望的突破卻需要時日，事實證明200年還為時尚短。於是當時不我待，中國歷史自己的邏輯被納入世界歷史的邏輯，中國人就不得不用新的眼光來重新審視一下自己了。

原刊《東北師範大學學報》1987年第4期

七、儒家傳統與晚明士子和妓女的交往

明朝中葉以後，文人士大夫往來時常常邀招妓女作陪。至於明末，這種風氣更形普遍，成了一個頗為引人注目的社會現象。錢謙益講：弘治、正德年間已經約略可見文酒聲妓之會。到嘉靖中期成初盛，抵萬曆初年達再盛規模，「其後二十餘年，閩人曹學佺能始迴翔棘寺，遊宴冶城，賓朋過從，名勝延眺。縉紳則臧晉叔、陳德遠為眉目，布衣則吳非熊、吳允兆、柳陳父，盛太古為領袖。台城懷古，爰為憑弔之篇；新亭送客，亦有傷離之作。筆墨橫飛，篇帙騰湧，此金陵之極盛也。」[1]程穆

---

❶ 錢謙益：《列朝詩集小傳》丁集上，《金陵社集諸詩人》，第463頁。

衡《梅村詩箋》說，癸巳（萬曆二十一年，1593）年慎交社、同聲社大會於虎丘，會日，「以大船二十餘，橫亙中流，每舟置數十席，中列優倡，明燭如繁星。伶人數部，聲歌竟發，達旦而止……」[1] 吳應箕「國門廣業序」稱：「南京，故都會也。每年秋試，則十四郡科舉士及諸藩省隸國學者咸在焉。衣冠闐駢，震耀衢術。豪舉者挾資來，舉酒呼徒，徵歌選伎。歲有之矣。而號為有氣志能文章者恥之。鍵戶若無聞，遇則逡巡從道旁避去。數十年來，求勝遊之可傳，高會之足紀者，蓋渺耳。自崇禎庚午（1630）秋，吾黨士始合十百人為雅集。其集也，自其素所期響者遴之，稱名考實，相聚以類，亦自然之理也。計其時為聚者三，主之者……癸酉則楊龍友（文聰），方密之（以智）。再一舉行，則莫盛於姚北若丙子（1636）之役。」[2] 明遺民余懷則說：「舊院與貢院遙對，僅隔一河，原為才子佳人而設。逢秋風桂子之年，四方應試者畢集。結駟連騎，選色徵歌。」「嘉興姚壯若，用十二樓船，於秦淮招集四方應試知名之士百有餘人，每船邀名妓四人侑酒。梨園一部，燈火笙歌，為一時之盛事。」[3] 根據全祖望在《姜貞文先生集序》中所記，方以智曾與姜貞文，孫武子等「來往坊院間，傾筐倒庋以為娛樂」。[4] 對當時的情況，謝國楨先生曾感慨道：「侯朝宗的風流倜儻，侑酒必以紅裙，冒辟疆的慷慨好士，桃葉渡大會諸孤，是何等的豪舉。侯朝宗和李香君戀愛故事，冒辟疆和董小宛旖旎風光，孔尚任譜的《桃花扇》，和冒辟疆自作的《影梅庵憶語》，這都是極膾炙人口的文章，早傳遍於人寰了。還有那沈壽民、沈士柱、吳偉業一般的名士，和李香君、卞玉京、顧橫波一般北里的佳

---

❶ 謝國楨：《明清之際黨社運動考》，北京：中華書局，1982 年版，第 160 頁。陳寅恪精研陳子龍、錢謙益兩個人與柳如是的風流姻緣，著《柳如是別傳》，其懷着與謝國楨相近的感慨見諸筆端。

❷ 吳應箕：《樓山堂集》卷 17，《國門廣業序》，《叢書集成初編》本，第 195 頁。按：「姚北若」，《板橋雜記》作「姚壯若」，見下文。

❸ 余懷：《板橋雜記》卷上，《雅遊》，《叢書集成初編》本，第 3 頁；下卷《軼事》，《叢書集成初編》本，第 17 頁。按：余懷所記十二樓船事，當即吳應箕所記丙子之役。

❹ 全祖望：《鮚埼亭集》卷 31，《姜文貞先生集序》，《近代中國史料叢刊》三編第 39 輯，第 1334 頁。

人，那是怎樣的足使人流戀呢！」[1]

當時不僅熱衷仕途、月旦人物的黨社中人如是之風流，那些以清高自賞的山人們也不惶多讓。陳繼儒（眉公）就是此道中的極品。此人「管弦書畫，兼以名童妙妓，來往嬉遊，故自號浪仙。[2]」天啟七年（1627），他 70 壽誕，名妓紛紛祝壽，「遠近介觴者，紈綺映帶，竹肉韻生」。[3] 其後 5 年，後來嫁了錢謙益的柳如是親往松江佘山祝賀陳眉公華誕，並卜居佘山。[4] 另有雪竇山人魏耕，「於酒色有沉癖。一日之間，非酒不甘，非妓不寢。禮法之士深惡之，惟祁氏兄弟竭力資給之。每先生至，輒為置酒呼妓。」[5] 清人陳去病稱：明白陽山人陳淳之「嘗客金陵。薄遊平康里，見所陳頗精。且置畫具，乃故翻胭脂素帷上。妓果大恚。山人立謝過。徐為用筆點染，大小悉成桃花。妓意始解。山人問故，妓曰：『頗似陳白陽』。山人大驚，即去之」。[6] 顯見山人與妓女往來頗多。這些人裏邊，錢謙益是晚明在朝高級官僚。陳子龍和四公子是晚明黨社運動的領袖人物。陳繼儒和陳淳之是在野山人中的佼佼者。等而下之，當然還有許多飽學而名望略遜一籌的讀書人。更多的，則是那些把子曰詩云，高頭講章背得爛熟，兼又會寫些散文，作些豔詞的所謂才子名士們。這差不多已經囊括了當時士人的主要成分了。當他們做如是之風流狀的時候，明朝的國事已經到了朝不保夕的關口。西北和北方災荒頻仍，民變蜂起，關外滿洲的壓力也在逼近。明朝的覆亡是他們終於及身而見的。誠如清人鈕琇所說，值晚明國家內外交危之際，「而江左士大夫，曾無延林之恐，益事宴遊。其於徵色選聲，極意精討。以此狹邪紅粉，各以容伎相

❶ 謝國楨：《明清之際黨社運動考》，第 144 頁。
❷ 陳寅恪：《柳如是別傳》上冊，上海：上海古籍出版社，1980 年版，第 97 頁。
❸ 陳寅恪：《柳如是別傳》上冊，第 116 頁。
❹ 陳寅恪：《柳如是別傳》上冊，第 117 頁。
❺ 全祖望：《鮚埼亭集》卷 8，《雪竇山人壙版文》，《近代中國史料叢刊》三編第三十九輯，第 436 頁。
❻ 陳去病：《五石脂》，南京：江蘇古籍出版社，1985 年，第 268 頁。

尚……」[1]於是我們產生了一些疑問，如果依照通常的看法，把士人，即狹義的知識分子，看作中國文化精神的傳承者，那麼他們的留連聲妓是中國文明墮落的徵侯，還是他們所傳承的文化精神本來就包含着某種放浪的成分？他們自己是怎樣把這類行為理性化（rationalized），也就是把這種行為對自己解釋成為合乎理性的做法，從而不僅身體力行而且頗事炫耀的呢？從國家歷史的角度說，他們的行為和當時的國家制度是否一致？如果兩者存在矛盾，其含義是什麼？從社會歷史的角度說，這種風氣和當時人們的一般社會關係有何關聯，對一般社會生活方式和文化動向又產生了哪些影響呢？

（一）士人遊冶與國家制度的關係

我們先來討論士人嫖娼行為和國家制度的關係問題。從中國帝制時代禮法相互絞纏在一起的特色出發，這裏所說的國家制度，一是指法律條文，二是指國家正統的意識形態規範，三是指司法實踐。查《大明律》，「凡官吏宿娼者，杖六十。媒合人，減一等。若官員子孫宿娼者，罪亦如之，附過，候蔭襲之日，降一等，於邊遠敘用」。[2]又，「凡官吏娶樂人為妻、妾者，杖六十，並離異。若官員子孫娶者，罪亦如之。附過，候蔭襲之日降一等，於邊遠敘用。其在洪武元年已前娶者，勿論」。[3]《明律》的制定雖在吳元年已經開始，但主要在洪武六年（1373）制定，次年頒行，洪武三十年（1397）又修訂。關於官吏及其子孫宿娼之禁，到洪武六年已經確定。王錡說：「唐、宋間，皆有官妓祗候，仕宦者被其牽制，往往害政，雖正人君子亦多惑焉。至勝國時，愈無恥矣。我太祖盡革去之。官吏宿娼，罪亞殺人一等；雖遇赦，終身弗敘。其風

---

❶ 鈕琇：《觚賸》正編卷3，《吳觚下‧河東君》，第48頁。
❷ 懷效鋒點校：《大明律》卷25，《刑律八‧犯奸》，第200頁。
❸ 懷效鋒點校：《大明律》卷6，《戶律三‧婚姻》，第64頁。

遂絕。」[1]

陸容曾說：「本朝政體，度越前代者甚多。其大者數事，如……前代文武官皆得用官妓，今挾妓宿娼有禁，甚至罷職不敘。」[2]又云：「嘗記初登第後，聞數同年談論都御史李公侃禁約娼婦事。或問：『何以使之改業不犯？』同年李剑云：『必黥刺其面，使無可欲，則自不為此矣。』眾皆稱善。」[3]顯然，明朝初年對於士大夫與妓女交往有明確的法律法規加以禁止。這些法律法規終明之世並沒有撤消。所以，上列提到名字的風流老少人士的那些公開的甚至相互標榜的風流行為是違法的。教坊所領官妓，只應往來佐酒侍觴等事，要不在招人歇宿，在禁革官吏宿娼之後，其規模也受到極大的限制。余懷稱：「洪武初年，建十六樓以處官妓。淡煙輕粉，重譯來賓，稱一時之盛事。自時厥後，或廢或存，迨至百年之久，而古跡浸湮，存者惟南市、珠市，及舊院而已。」[4]余懷所說的這個情況和錢謙益所述南京煙花詩酒之盛衰是一致的。英宗時，曾行百官宿娼者除名之禁。[5]至明後期，因為和妓女的牽連而受到懲罰的例子也可見於文獻。如萬曆間，舉人范允謙與妓女杜韋相戀，被范的丈人陸樹德告到官府，遂鋃鐺入獄。後來范雖然逃出，終於客死京城。杜韋也殉情投江而死。[6]思想家李贄在萬曆三十年（1602）被禮科給事中張問達參劾，說他「寄居麻城，肆行不檢，與無良輩遊庵院，挾妓女白晝同浴，勾引士人妻女入庵講法，至有攜衾枕而宿者」。[7]李贄是否真的嫖娼我們不用求其定論，張問達的彈劾表明嫖娼在當時雖然普遍，但被公開指證出來的時候卻還是件帶來麻煩的事情。這是士人嫖娼被官府追究的例子。但是這種事例在晚明文獻中很是少見。更多的是公然行之，無所

❶ 王錡：《寓圃雜記》卷1，《官妓之革》，北京：中華書局，1984年版，第7頁。
❷ 陸容：《菽園雜記》卷2，北京：中華書局，1985年版，第13-14頁。
❸ 陸容：《菽園雜記》卷3，第33頁。
❹ 余懷：《板橋雜記》序，《叢書集成初編》本，第1頁。
❺ 褚人穫：《堅瓠集》八集卷3，《江斗奴》，《筆記小說大觀》第15冊，第261頁。
❻ 沈德符：《萬曆野獲編》卷23，《婦女》，第600-601頁。
❼ 顧炎武撰，黃汝成集釋：《日知錄集釋》卷18，《李贄》，第1424頁。

忌憚。沈德符另記有二事。萬曆年間，山東聊城人傅光宅任吳縣令，「以文采風流為政，守亦廉潔，與吳士王百穀厚善，時過其齋中小飲。王因匿名妓於曲室，酒酣出以薦枕，遂以為恆」。[1] 又有臨邑人邢侗巡按江南，審案時見到妓女劉八「光麗照人」，遂屏去左右，與劉八做下約會。之後從輕發落劉八回教坊。邢某離開江南時，令人招劉八隨船北上，到家盤桓許久方才分別。[2] 沈德符評論說，當時張居正死去不久，當朝者免操切嚴刻之習，「一切以寬大為政，故吏議不見及云」。[3] 看來張居正死後吏治寬馳，是士大夫流於放蕩的一個條件。如果一切依照法規，這些事情還是會招來懲處的。黃汝成在《日知錄集釋》中曾錄清人章學誠說法云：「夫教坊曲里，非先王法制，乃前代相沿。往往士大夫閒情有寄，著於簡編，禁網所弛，不以為罪。我朝禮教精嚴，嫌疑慎別。三代以還，未有如是之肅者也。自宮禁格除女樂，官司不設教坊，則天下男女之際，無有可以假藉者矣。其有流娼村妓，漁色售奸，並於三尺之嚴條決杖，不能援贖。雖吞舟有漏，未必盡罹爰書，而君子懷刑，豈可自拘司敗。」[4]

清律很大程度上沿襲明律，在雍正之前，有關士大夫嫖娼的規定與明朝的空文並無什麼區別。清朝罷教坊司之名是在雍正七年（1729）。這雖然並沒有禁絕士大夫和妓女的牽連，但在法律制度上畢竟還構成了一個變局。

這樣，我們知道，明代的國家法律禁止士大夫及其子弟嫖妓。但這種法律設而不行，其鬆馳無效的程度可以從上舉晚明士人集體和個人的招妓風氣中看出一二。這類情況應能促使我們對明代國家和社會的一般關係達成一個認識：明代，尤其是晚明時代，國家對於社會成員行為的實際控制力其實相當微弱，其表徵之一是存在普遍而公開的違法行為。

---

[1] 沈德符：《萬曆野獲編》卷 28，《果報》，第 713 頁。此事亦見沈德符：《敝帚軒剩語》卷下，《守土吏狎妓》，《叢書集成初編》本，第 61 頁。

[2] 沈德符：《萬曆野獲編》卷 28，《果報》，第 713 頁。

[3] 沈德符：《萬曆野獲編》卷 28，《果報》，第 713 頁。

[4] 顧炎武撰，黃汝成集釋：《日知錄集釋》卷 13，《家事》，第 1068 頁。

國家對於這類違法行為基本不加追究。[1] 進一步說，我們一般講起中國帝制時代的專制主義，可能會引起國家權力控制一切的誤解。晚明社會應該是個人的自由度相當大的社會。雖然這種個人自由不盡建立在個人作為社會成員的權利基礎上，而是建立在司法行政廢壞的基礎上，它還是給個人精神的發展留出了相當的空間。另外，一些習慣的看法把士人看作傳統社會的中堅，從士人嫖娼和法律制度的矛盾看，這個中堅對現行社會體制的鬆化瓦解力也實在不小。這裏，有關法律條文合理與否是另外一個問題，暫不討論。

（二）士人遊冶與儒家傳統

這些士人，都是受儒家思想薰陶的知識分子。儒家注重從倫理完善出發來實現社會理想，提倡克己自律。[2] 而晚明士人與妓女的交往是大張旗鼓地進行的，看不出有任何倫理價值方面的顧慮。要解釋何以如此，需要做一些歷史的回溯。

娼妓業在中國發生很早。到春秋時管仲以「女閭七百，徵夜合之資，以佐軍興」的時候，這個行業應該已經存在很久了。管仲通過徵收娼稅來增加政府財政收入。這個做法也表示娼業被完全合法化了。這樣大規模、由政府組織、出賣女性色相來實現財政收入的舉動可以實行，表明當時在齊國範圍之內，至少對娼業並沒有強烈的道德責難。管仲自己是功利主義的霸道政治家，未必會追究這個政策的道德含義。稍後的孔子，其主義之核心則是用統治者的偉大道德力量把國家建設成為一個統一體。他們雖然在「求治」的方向上是一致的，但實踐的道路卻根本不同。孔子的學說從聖人內在的仁心出發，構成天人間一切生育衍化的

---

❶ 類似法規設而不行的例子甚多，如明代國家禁止庶民男子 40 歲以下者納妾，但是破壞這項法律的行為是比皆是，恬不為怪。

❷ 前邊提到的那些人，除了錢謙益降清，侯朝宗入清科舉之外，其他人大都做出些令人敬佩的事情來。雪竇山人魏耕是鄭成功抗清的謀主之一，被捕之後頑強不屈而死。陳子龍抗清失敗，殺身成仁。由此觀之，這些人有所為，有所不為。邀妓被他們看作可為，而背叛故國則不可為。

和諧秩序。對於孔子說來，如果「仁、義、禮、智、信、忠、恕、孝」等等價值原則不能保持，國家甚至整個宇宙的秩序就崩壞了。他特別地強調誠敬克己，遵禮循規，反對狎褻放縱。在魯國以大司寇行攝相事本來是孔子實現政治抱負的絕好機緣，但執政的季桓子收受了齊國送來的一班女樂而三天沉溺其中，孔子就辭職不幹了。[1] 他的主義，不在聲色等通過身體感覺滿足的慾望中找答案，而集中關注高度理性化、需要通過自我克制而達到非凡的自制力和智慧，及其外化所創建的治國功業。這樣看來，從邏輯上說，孔子的學說和嫖妓行為是很矛盾的。孔子精研周朝禮制，現存的《周禮》，把性行為的合理性建立在子嗣後代的傳承而非感官樂趣上。嫖娼是以快樂為目的的性行為，於禮不合。

然而孔子也曾說，「吾未見好德如好色者也」。[2] 顯然，他並不是禁慾主義者，而只是要人們把對德的追求提高到像對色的追求那樣自然而發的水平上來。孔子的另一句名言「惟女子與小人為難養也，近之則不遜，遠之則怨」[3]，通常被理解為孔子主張疏遠婦女。但他這裏所說的「女子」頗不像是妻子。儒家處妻子之道，是「刑于寡妻」，即用規矩把妻塑造成一個典範。史稱孔氏家族曾經三次休妻。這大概是他們解決與妻之間問題的強硬辦法。[4] 那種讓他想要「近之」，不願意使之「怨」，又怕「近之」以後她們就會為所欲為的女子很像是妻之外的女子。如媵妾、侍女，或者風塵女子之類「以色事人」之屬。令孔子感到為難的，不是和

<hr />

[1] 《論語・微子》云：「齊人歸女樂，季桓子受之，三日不朝，孔子行。」見劉寶楠：《論語正義》卷 21，《微子第十八》，北京：中華書局，1954 年版，《諸子集成》第 1 冊，第 389 頁。又，司馬遷稱：「定公十四年，孔子年五十六，由大司寇行攝相事……與聞國政三月。」「齊人聞而懼……於是選國中女子好者八十人，皆衣文衣而舞康樂，文馬三十駟，遺魯君。陳女樂文馬於魯城南高門外……桓子卒受齊女樂，三日不聽政，郊，又不致膰俎於大夫。孔子遂行。」見司馬遷：《史記》卷 47，《孔子世家第十七》，北京：中華書局，1959 年版，第 1917–1918 頁。
[2] 劉寶楠：《論語正義》卷 10，《子罕第九》，《諸子集成》第 1 冊，第 188 頁。
[3] 劉寶楠：《論語正義》卷 20，《陽貨第十七》，《諸子集成》第 1 冊，第 386 頁。
[4] 參見周亮工：《書影》卷 5，上海：上海古籍出版社，1981 年版，第 132 頁；方都秦：《孔門出妻辯》，載《古今圖書集成》第 328 冊，《明倫彙編・家範典》卷 84，《夫婦部藝文一》，上海：中華書局，1934 年版，第 5 頁。

這類身份不明的女人保持關係應該不應該，而是如何使那種關係得到一定控制。一般地說，儒家沒有在平等的基礎上看待這類男女關係，而是把女子看作服務於「君子」的一種類似工具的存在，即根據她們對「君子」的功用來看那些女子本身的人生意義。這樣，和這類女人的性關係並不是評價一位「君子」之「德」的重要標準。因為女子本質上說是附屬於男子的，對待一個女子的方式本質上是對待那個女子所從屬的男子的關係問題。這樣，從「忠」「義」「己所不欲，勿施於人」等等原則出發，一個「君子」是不可以對另一個男人的妻子有非分之想的。至於染指「無主」的女子，按孔子的邏輯則不觸犯道德原則了。這樣，我們就可以把儒家力主良家女子的貞德，卻並不特別反對國家以出賣女色來經營財政這兩種不同的態度，理解為一個可以連通的思路了。[1]孔子並沒有明確地討論這個思路，所以他的以倫理性為特徵的學說其實並沒有構成一個透徹的倫理學體系，沒有完成一個關於德與色的、足以知行合一的修養路線。他不透徹的理論為後世儒生留下了展開的餘地：一方面要求自己的妻子貞節，自己要練「修身、齊家」的功夫，打點自己成為治國平天下的精英；同時，他們又理直氣壯地到青樓中和妓女切磋。儒家思想還有強烈的等級主義色彩。具體在與性有關的方面說，一個男人的社會等級愈高，其對女性的權利就愈大。在制度上和觀念上，天子、諸侯、士大夫，以至庶人妻妾的數量也相應地有所區別。這裏包含的一個普遍的價值觀念，就是一個男人的社會地位和他對異性的權利以及他對快樂的享有權成正比。儒家追求事功，從功利的意義上說，也就是追求享樂權利在法律與倫理准允範圍內的擴大和升級。這樣，士大夫性行為的範圍和方式並不為「克己」這類個人修養路線所束縛，功名地位的成功也為之展開更大空間。於是，儒家觀念和招邀妓女

---

❶ 孔子對搞娼業合法化的管仲的總體評價是很高的。說他「相桓公，霸諸侯，一匡天下，民到於今受其賜。微管仲，吾其被髮左衽矣！豈弱匹夫匹婦之為諒也，自經於溝瀆，而莫之知也。」見劉寶楠：《論語正義》卷 17，《憲問第十四》，《諸子集成》第 1 冊，第 314–315 頁。

的行為具備了一種可通融性。

　　秦統一之後，不僅打擊了儒生，而且對娼妓進行了掃蕩。顧炎武對此曾評論道：「句踐以寡婦淫泆過犯皆輸山上，士有憂思者令遊山上，以喜其意。當其時，蓋欲民之多而不復禁其淫泆。傳至六國之末而其風猶在。故始皇為之屬禁，而特著於刻石之文，以此與滅六王、併天下之事並提而論，且不著之於燕、齊而獨著之於越。然則秦之任刑雖過，而其坊民正俗之意，故未始異於三王也。」[1]

　　漢儒從對「妻」德的要求出發，對婦女的貞靜賢淑作了很多的規定。但這類倡導並沒有影響到娼妓業的存在，也沒有阻礙士人嫖娼。六朝以降，儒學衰微，士人狂放，更無節制。到了唐代，各種傳統制度有了一個穩定的重建的氣象。其時於士大夫與妻妾以外的女子交往並無限制，士大夫交往妓女頗成風氣。[2] 北宋時代，士大夫嫖娼也不稀奇。據《詞苑叢談》《宋稗類抄》等，歐陽修頗親娼妓。周邦彥《少年遊》是詠風月場中事，盛傳北里。吳自牧曾敍述說：「頃者京師甚為士庶放蕩不羈之所，亦為子弟流連破壞之門。杭城紹興間駐蹕於此，殿巖楊和王因軍士多西北人，是以城內外創立瓦舍，招集妓樂，以為軍卒暇日娛戲之地。今貴家子弟郎君，因此蕩遊，破壞尤甚於汴都也。」[3]

　　明確地對士大夫嫖娼持否定態度的是宋以來的理學家。宋儒的一個大功業是重新端正儒學道統，並把儒家倫理大舉滲透到民間。這在一定意義上，是在把經典儒家為少數上層「君子」而設的規矩推廣到「愚夫愚婦」中間去。這個過程要注重榜樣的作用，於是為士人而設的道德修養標準就提高了。程頤在回答男人是否可以娶寡婦為妻時，回答說：「凡

---

❶ 顧炎武撰，黃汝成集釋：《日知錄集釋》卷13，《秦紀會稽山刻石》，第1008頁。

❷ 唐翰林學士孫棨云：「京中飲妓籍屬教坊，凡朝士宴聚，須假諸曹行牒，然後能致於他處。惟新進士三司幕府，但未通朝籍，未直館殿者，咸可就詣。如不吝所費，則下車水陸備矣。其中諸妓多能談吐，頗有知書言話者。自公卿以降，皆以表德呼之。」見孫棨：《孫內翰北里志》序，《叢書集成初編》本，第1頁。

❸ 吳自牧：《夢粱錄》卷19，《瓦舍》，杭州：浙江人民出版社，1980年版，第179–180頁。

取，以配身也。若取失節者以配身，是己失節也。」人又問：「或有孤孀貧窮無託者，可再嫁否？」程曰：「只是後世怕寒餓死，故有是說。然餓死事極小，失節事極大。」[1] 寡婦尚且不可娶，娼妓當然更不可娶了。這種言論是對經典儒家倫理的一次很大的改變。它把士大夫與已經失去貞操的女人的關係——這種古典時代的儒家沒有專門留心的小節——變成了關乎人文風氣和國家命運的大節。當然程頤所說的是「娶」，而嫖娼有嫖而不娶者，也有終於娶為妻妾者。儘管有此差別，在邏輯上說，程氏的理論，還是把晚明那些風流士子的行為襯托成為一種對儒家人格的背離。《宋史》楊邦乂傳記載：「邦乂少處郡學，目不視非禮。同舍欲墮其守，拉之出，託言故舊家，實倡館也。邦乂初不疑，酒數行，娼女出，邦乂愕然，疾趨還舍，解其衣冠焚之，流涕自責。」[2] 這反映了理學原則對於儒士倫理規範意識的確形成了相當的影響。據說朱熹本人在提舉浙東任上，曾經參奏台州守唐仲友與妓女嚴蕊為濫，並拘審嚴蕊，兩次杖責。[3]

從士子與娼妓關係的角度說，程朱的道德學說在宋朝並沒有成為普遍的社會實踐。吳自牧《夢粱錄》記載，宋朝原有「散樂傳學教坊十三部」，以官掌之。紹興之後，廢教坊職名，用地方「衙前樂人」供奉皇家娛樂。士庶人等則僱用「散樂家」服務。他說，「如府第富戶，多於邪街等處，擇其能謳妓女，顧倩祗應。或官府公筵及三學齋會，縉紳同年會、鄉會，皆官差諸庫角妓祗直。自景定以來，諸酒庫設法賣酒，官妓及私名妓女數內，揀擇上中甲者……」[4]

這樣一種從皇室到政府，到縉紳，以至於庶民的普遍的對妓女的

---

❶ 朱熹編：《二程遺書》卷 22 下，《附雜錄後》，《景印文淵閣四庫全書》第 698 冊，第 241 頁。

❷ 脫脫等：《宋史》卷 447，《列傳第二百六‧忠義二》，第 13196 頁。後邦乂為金人所俘，慷慨罵敵而死。

❸ 周密：《齊東野語》卷 20，《台妓嚴蕊》，北京：中華書局，1983 年版，第 374–375 頁。論及此事者，有韓國學者任日鎬：《宋代女詞人評述》，台北：台灣商務印書館，1984 年，第 40 頁。按周密此事得之傳聞，所記未必盡確。

❹ 吳自牧：《夢粱錄》卷 20，《妓樂》，第 192 頁。

需求，構成了一個很大的市場。當然，這裏的妓女中會有一部份純是藝妓。宋代有官妓、私妓之別，官妓是由私妓中選充當差的，到期發還原處仍為私妓。官妓對於官府和官員，主要是提供表演性的娛樂服務，不是賣身。但官妓仍可招客留宿，私妓自然更少限制，惟現任官員不得留宿妓館。[1] 元代士大夫與妓女的交往更少限制，從前引王錡《寓圃雜記》中語可見一斑。《馬可‧波羅遊記》中也有描述。明初刻意以宋儒之學為教化之方，二程、朱熹的學說被更實際地體現在國家制度中。所以明初對妓女實行了較嚴格的控制，如強化對樂戶與其他人口的轉籍通婚的控制等等。同時也頒佈了禁止士大夫宿娼的法規。但是明朝並不禁止官私聚會招妓表演，教坊司也還支應官府的娛樂服務。明成祖初立，發建文帝忠臣家婦女於教坊司以辱之。稍後的內閣三楊聚會，曾招妓女齊雅秀來打諢取樂。[2] 成化中，已故尚書俞士悅之子俞欽玉遊京師，「客死教坊妓家」。[3] 從這種比較節制的狀況到晚明的邀妓成風，中間有很大的程度的差別。變化的原因除了明朝各種典制都漸趨弱化之外，在於明中葉以後士大夫本身的嬗變。

萬曆時人張翰講述過這種變化。他說，明中葉以前，士大夫多以三不朽為人生目標——太上立德，其次立功，其次立言。「出則樹續旗常，處則闡明聖學，而均之一稟於道德」。[4]「迨今承平日久，士人非科第無以自見，故始為諸生，欣羨一舉，不啻起淵谷中，飛騰霄漢間也。既推上矣，羨登甲第，汲汲不減諸生時。既成名矣，駸駸希冀顯榮。一命以上，寸計尺積，歲無寧日，日無寧時。即位列公卿，猶思恩逮上世，賞延後裔。蓋終其身未嘗忘進取，何能定靜安舒？所謂誦法聖賢者，取陳言應制科爾。甫服官裳，輒盡棄去。悲夫！以是立功名且不可，何論道

❶ 瞿宣穎纂輯：《中國社會史料叢鈔》甲集下冊，《宋之官妓》，上海：上海書店，1985 年版，第 727-728 頁。
❷ 李詡：《戒庵老人漫筆》卷 1，《妓巧慧》，第 11 頁。
❸ 陸容：《菽園雜記》卷 14，第 172 頁。
❹ 張瀚：《松窗夢語》卷 4，《士人紀》，北京：中華書局，1985 年版，第 65 頁。

德！」**1** 這其實反映了儒家的一個悲劇。宋代儒學復興，懷有改革意識的儒門志士，如王安石，提倡在科舉考試中以經義代替詞賦。這本是把儒學作為士大夫立身之本的建樹。但是行之既久，儒學成了一個極其功利化的課目，習儒未必出於仰慕孔子，多是出於追求孔方。立心如此，趨之若鶩，儒生滿街走，反使儒門成了藏污納垢之所。而且，明中葉之後以學而優則仕為人生目標的人遠遠供大於求，失意知識分子大增，實際支撐儒家倫理的社會系統也大大削弱了。加上政府法紀鬆弛，都市化的市場經濟又帶來一片聲色的繁華。風流日盛，是合乎邏輯的。

唐代以降，文人和儒生逐漸合流。儒生是治經學或者自覺以經學為本來參與社會治理的，按理說比較古板。文人是用精熟的語言技巧來搞情感表現的，自宋以來也加上繪畫、書法等等，非自由無以成其事。這兩種人根底不同，行事、立身之道理也不同。但自唐、宋以來，士人通以融合諸家立言。如明人唐順之指出的，「秦漢以前儒家者有儒家本色，至如老莊家有老莊家本色，縱橫家有縱橫家本色，名家、墨家、陰陽家皆有本色。雖其為術也駁，而莫不皆有一段千古不可磨滅之見。是以老家必不肯剿儒家之說，縱橫必不肯借墨家之談，各自其本色而鳴之為言。其所言者，其本色也。是以精光注焉，而其言遂不泯於世。唐宋而下，文人莫不語性命、談治道，滿紙炫然，一切自託於儒家。然非其涵養畜聚之素，非真有一段千古不可磨滅之見，而影響剿說，蓋頭竊尾，如貧人借富人之衣，莊農作大賈之飾，極力裝做，醜態盡露。是以精光枵焉，而其言遂不久湮廢。然則秦漢而上，雖其老墨名法雜家之說而猶傳，今諸子之書是也。唐宋而下，雖其一切語性命、談治道之說而亦絕不傳。」**2**

文人託名儒家，既反映了儒家思想的普及化，也促成了儒家的蛻變，文人習氣在知識分子中也蔓延開來。唐宋時代文儒雜燴的知識分子

❶ 張瀚：《松窗夢語》卷 4，《士人紀》，第 70 頁。
❷ 唐順之：《荊川集》卷 4，《與茅鹿門主事書》，《景印文淵閣四庫全書》第 1276 冊，第 273-274 頁。

中早就流行和妓女的交往。[1] 但明初出現了一度整肅的氣象。到明中葉，則明顯有了文藝名流的狂放，而當時的儒生們還遜一籌。如以書畫名聞一時的祝允明枝山「好酒色六博，善度新聲，少年習歌之，間傅粉墨登場，梨園子弟相顧弗如也。海內索其文及書，贊幣踵門，輒辭弗見。伺其狎遊，使女伎掩之，皆捆載以去……玩世自放，憚近禮法之儒，故貴仕罕知其蘊。」[2] 稍後，有汪太函（字伯玉，號南溟），其人與王世貞齊名，「暮年眷金陵妓徐翩翩名驚鴻者，綢繆殊甚，至比之果位中人，慧月天人品……」[3] 又例，「萬曆丁酉冬，公安袁小修中道客金陵。新安一少年遊太學，狎一妓，情好甚篤，遂傾囊娶之。」此少年之兄主家政，必欲其遣去。袁小修遂代為作書，言其情理。乃兄讀其書，以為其弟文章才氣長進如此，欣然允諾，終諧連理。[4] 愈近於明末，祝允明這類才藝文人就愈不必「憚近禮法之儒了」。錢謙益本人就是禮部尚書，他就能夠欣賞祝允明這類似儒非儒之人的「蘊」了。從這個意義上說，晚明士人的風流狂放，也不盡是儒者的風流狂放。儒者和各類文化人混雜，使儒道在盡人皆儒中蝕化得面目難辨了。另外，明末士人中，流行對道學的逆反，使經典儒家的倫理也受了連累。大家只是要通脫，方才顯得不俗。正如《明史》中所說：「嘉隆而後，篤信程朱，不遷異說者，無復幾人矣。」[5] 這是士人於理學束縛下的一種解放，但這種解放，又和對良家婦女的束縛在嚴格的禮法中並行。於是，開放的男人們就和那些開放的妓女們大舉結合了。

（三）晚明風氣與士人之狂放

影響明代士人風氣的一個特殊因素是心學對理學的衝擊。宋代理學

---

❶ 李詡：《戒庵老人漫筆》卷 8，《戒宿娼酗酒二文》，第 335-340 頁。
❷ 錢謙益：《列朝詩集小傳》丙集，《祝京兆允明》，第 299 頁。
❸ 沈德符：《敝帚軒剩語》卷中，《汪南溟文》，《叢書集成初編》本，第 37 頁。
❹ 褚人穫：《堅瓠集》首集卷 3，《代少年書》，《筆記小說大觀》第 15 冊，第 21-22 頁。
❺ 張廷玉等：《明史》卷 282，《列傳第一百七十·儒林一》，第 7222 頁。

經明初政府的大力推動，一時形成所謂「道德一而風俗同」的局面。[1]中葉以來，王陽明「心即是理」的學說大興。政府選定的儒家經典註解，宋儒包辦，除了供科場之用外，不再對士子的行為發生有效的規範作用。士人的心態大為浮動。在傳承方面，王學倡導自由的書院講學，風行之後，遊學大興，官辦學校為之一虛。士人不在學校，而到山水坊院之間去致良知了。東林黨人在學術上力圖整頓理學的權威，但和王學並不能脫開干係。尤其是，東林黨在傳習方法上也是走自由講學的路子，明末的黨社，承其餘韻。頻繁的士人聚會成為邀招妓女的一個機緣。在士人的結社聚會中，詩詞是顯示才華和胸襟，博取聲名，進而建立社會關係網的主要工具。所以那時的聚會固然總有些正經的題目，但是詩酒詞賦總是少不了的。流風所至，晚明的一般所謂知識分子，多不以經典研究見長，而是以詩文華采取勝。隨着文人的自由精神大盛，風月詩詞也形成了一個高潮。名士之中，罕有不作豔詞的。既作豔詞，也就多少要去體驗一下生活了。妓女們於是成了士人社會交往的一個重要的媒介。萬曆間人茅元儀來到南京，曾組織午日秦淮大社，「盡四方之詞人墨客，及曲中之歌妓舞女，無不集也；分朋結伴，遞相招邀，傾國出遊，無非赴止生之社者。止生之名，遂大噪，至今以為美談」。[2]當招妓豪飲成了精英階層進謀成名的一種重要方式的時候，它就不僅是一種發散閒情的消費行為，而且成了一個社會參與的途徑。晚明黨社運動能夠形成十分壯盛的規模，得力於這種社交方式不少。

另外一個情況是，宋明以來的知識分子一方面要以科舉為向社會上層游動的渠道，另一方面，他們中的較大部份又是家居鄉村的。當時安土重遷，特重籍貫，所以士子遊學乃至為官，都並不放棄老家的基業，到了退出官場的時候，還要回到故里去做鄉紳。於是他們一生中很長的

---

❶ 歸有光：《震川先生集》卷 9，《贈送序·送計博士序》，上海：上海古籍出版社，1981 年版，第 213 頁。
❷ 周亮工：《書影》卷 2，第 51 頁。

時間，都是離鄉背井的旅居者。這樣就要安排下髮妻在老家照料父母和家產，遊學和遊宦之中也就往往以嫖娼和納妾來調劑。需知那時這些士人的婚姻，也多是父母包辦的，沒有戀愛的準備過程。大多數這類婚姻卻又都能維持到當事人生命的盡頭。從女方的角度說，這自然與從一而終的貞節觀有莫大的關係。從男方的角度說，卻是因為他們反正還有另外的方法補償包辦婚姻的缺陷。在那個時代，嫖娼和婚姻，各有各的標準，也各有各的功用。設想士人與妓女的交往被完全禁絕，則士人的精神必受相當大的壓抑。另外，明末的風流場上出沒很多顯宦子弟。他們作為知識分子的資格參差不齊，但是由於承蔭的特權和家庭財力，一體都做了飽學的模樣。他們沒有受過什麼艱辛，也沒有什麼要日夜嘔心瀝血的正事，卻又正當精力旺盛的時候，偏又有銀子扁在腰間。這也幫助成全了一代風流的聲勢。另外一種情況是，明中葉以後政治日趨黑暗，士大夫種種改善的努力都受到挫折，退居山林，諷議裁量，縱情詩酒以舒鬱悶，所謂「壯心不堪牢落，故耗磨之耳」。[1] 這也是他們和妓女交往增多的原因之一。

當時的人們並不覺得士子與妓女交往現象和儒家的原則不相容。周亮工就說：「女閭七百，齊桓徵夜合之資，以佐軍興，皆寡婦也。《唐書‧西域傳》曰：『蔥嶺以東，俗喜淫，龜茲、于闐置女肆，徵其錢。』不足論。仲相桓有此，豈但器小！于文定曰：『天地六氣，自有一種邪穢，必使有所疏通，然後清明之氣，可以葆完。譬如大都大邑，必有溝渠，以流其惡，否則人家門庭之內，皆為污濁所混矣。』此最快論。女閭七百，蓋亦陰寓救俗之微權，未可盡非也。」[2] 周亮工引于慎行語做如是說，反映了明末比較正統的士大夫的看法。他們雖然表白了自己對這個行當的鄙視，但也表示接受娼業為社會系統中的一個有疏通功能的部份。這很符合儒家「因俗而治」的靈活治世哲學。但是周亮工之流沒有

---

❶ 焦竑：《玉堂叢語》卷 7，《任達》，第 246 頁。
❷ 周亮工：《書影》卷 4，第 107 頁。

正面論證：儒門的精英們到排污的溝渠中留連忘返，會不會污了自己，會不會給孔夫子抹黑。

這些形象正統的儒家士大夫尚且如此說，下層一般知識分子就更要靈活得多。其比較極端的說法，出自一位自稱酌元亭主人的小說家。他說：「眾人都道妓女的情假，我道是妓女的情最真。眾人都道妓女的情濫，我道是妓女的情最專。眾人都道妓女的情薄，我道是妓女的情最厚。這等看起來，古今有情種子，不要在深閨少艾中留心注目，但在青樓羅綺內廣攬博收罷了……我輩要存天理，存良心，不去做那偷香竊玉敗壞閨門的事，便是閨門中有多情絕色美人，我們也不敢去領教。但天生下一個才子出來，他那種癡情，雖不肯浪用，也未必肯安於不用，只得去寄跡秦樓，陶情楚館，或者遇得着一兩個有心人，便可償今生之情緣了。所以情字必須親身閱歷，才知道個中甘苦。惟有妓女們他閱人最多，那兩隻俏眼，一副俊心腸，不是揮金如土的俗子可以買得轉。倘若看中了一個情種，便由你窮無立錐，少不得死心塌地，甘做荊釵裙布。決不象朱買臣的阿妻，中道棄夫；定要學霍小玉那冤家，從一而死。」[1]
這個人既然也要「存天理」，顯然有理學的淵源。但他不肯接下來說「去人慾」，也就只能算理學的半瓶醋。他肯定「天理」，也就是承認儒家與天道暗合的人類理性和倫理原則，但卻認為風流本色得之於天，也是要發揮一番才合乎邏輯。壞人名節之事是不能做的，妓女無名節可守，正是才子們的用武之地。這也和我們前邊分析過的，所謂經典儒家觀念可以通融。但此公以為獨妓女才有真情，才有專心，則再也不是儒門口吻了。他不因為妓女曾經失去貞操而把她們看作污水溝，並且也表達出對男情女愛價值的追求，這也和道學家觀念不合拍。他對妓女的追求最後歸結為得到「從一而死」的節烈女子，這卻又反過來直達了腐儒的境

---

❶ 酌元亭主人：《照世盃》，《七松園弄假成真》，上海：上海古籍出版社，1956 年版，第 1-2 頁。

界。[1] 這是一種倫理和邏輯的雙重混亂。晚明的士人不同程度地在這種混亂之中跟着感覺走。

（四）晚明士人、妓女交往形成的文化現象

士人與妓女的交往形成了一種對文化妓女的市場需求。這促使娼家給妓女從小開展高水平的文化藝術教育，有助於文學藝術在下層婦女中的普及。當時妓女中的佼佼者，在詩詞品位上的修養可超過一般附庸風雅的才子，而直入詩壇高手之林。所以晚明作為女性文學的一個高峰期，文化妓女與有力焉。陳寅恪論云：「河東君及其同時名姝，多善吟詠，工書畫。與吳越黨社勝流交遊，以男女之情兼師友之誼。記載流傳，今古樂道。推原其故，雖由於諸人天資明慧，虛心向學所使然，但亦因其非閨房之閉處，無禮法之拘牽，遂得從容與一時名士往來，受其影響，有以致之也。」[2]

這樣，我們得承認晚明的士人風流還是中國文學史上一場積極的變化的條件之一。女性文學的主題，就是到了今天，也還以愛情為第一位。帝制時代的良家婦女以無才為德，沒有和男性自由接觸的權利，也沒有接受文學教育的必要。沒有戀愛的機會，又缺乏文化修養，如何能夠產生可觀的女性詩文作者來？我們讀唐宋乃至明初寫婦女的詩文，一個題目是閨房怨歎，另一個題目是節烈行實，這些東西卻又有許多其實出於男人臆測的手筆，殊少真正抒發女性心靈的作品。像李清照那樣的

---

❶ 清人鈕琇曾講述了蘇州名妓蔣四娘嫁給狀元呂蒼臣之後重歸北里的故事，表達了一種與妓女歸貞不同的説法。蔣四娘嫁呂蒼臣之後，以為深閨之中「瓊盎芙蓉，雕籠鸚鵡，動而觸隅，非意所適……明年放歸吳門」。後四娘重操舊業，對故人曰：「人言嫁逐雞犬，不若得富貴婿。我謂不然。譬如置銅山寶林於前，與之齊眉舉案，懸玉帶金魚於側，與之比肩偕老，既乏風流之趣，又鮮宴笑之歡，則富貴婿猶雞犬也，又奚戀乎！嘗憶從蒼臣於都下時，泉石莫由怡目，絲竹無以娛心。每當深閨晝掩，長日如年，玉宇無塵，涼蟾照夜，徙倚曲欄之間，悵望廣庭之內，寂寂跫音，忽焉腸斷。此時若有一二才鬼，從空而墜，亦擁之為無價寶矣。人壽幾何，難逢仙偶，非脱此苦海，今日安得與君坐對也？」見鈕琇：《觚剩》續編卷 3，《事觚‧雙雙》，第 221–222 頁。按：事亦見顧公燮：《丹午筆記》，顧書晚出而行文類同。

❷ 陳寅恪：《柳如是別傳》上冊，第 75 頁。

女詞家，屈指可數。倒是明末的妓女中出了許多很有造詣的作家。《明詩綜》卷九八「妓女門」就專門輯錄了她們的作品。另一部份女性詩文作者是出家的女子，她們也是擺脫了夫權統治的家庭束縛的。周亮工的父親曾經寫了一個「觀宅四十吉祥相」，其中有「婦女不識字」一相。周亮工評論說：「《列女》《閨范》諸書，近日罕見；淫詞麗語，觸目而是。故寧可使人稱其無才，不可使人稱其無德。至世家大族，一二詩章，不幸流傳，必列於釋子之後，娼妓之前，豈不可恥！」[1] 上古國家有蒐集民歌的制度，其中有許多愛情詩歌，《詩經》中也多女子之詩。但後世男女之防日嚴，禮法日重，採詩之事亦廢，以至於「民間女未聞有詩者，自非託於貴族，書於驛，拾於道，失身於倡家而贈送遠人。微是四者，雖有《谷風》之怨，《死麋》之貞，無由得傳。故後世有貴姬與賤倡之詩，而無士庶妻妾之詩，斯所由古者多而今也少乎？」[2]

當時多數的士人，對上古的純樸已經淡忘，對近古的禮法又不能超越。他們寧要無才德女來持家，而不願家中女眷有什麼才名為人所知。但是，他們自己又不是正經到不願意和有文化的女子交往的，所以周亮工一邊誠而敬之地錄下了他父親的話當座右銘，又對茅元儀的秦淮大會羨慕不已。齊家要德婦，瀟灑要才女。如方以智有妻潘氏，以能與方生平患難為人稱道，不聞其文采。其妾周穎侯則是北京人，稱「燕姬」，方以智喜其能書，稱為「學者」。方的友人在方納此妾時的催妝詩中有「舊憐染硯宜執紳，新學梳頭問侍人」句。看來這位「燕姬」可能原本為妓。方與她在婚前的交往很可能就是士與妓的交往。方以智的另一位妾更顯然是妓女出身了。錢澄之賀詩有「薄命江湖上，新妝吳楚間」句。[3] 許譽卿，茅元儀等也都與妓女往來生情，後收之為妾。在一定意義上，明末的文化妓女是一個和文人士大夫共生的階層。她們的身上固然有種

---

❶ 周亮工：《書影》卷 1，第 1 頁。
❷ 周亮工：《書影》卷 1，第 25 頁。
❸ 任道斌：《方以智年譜》，合肥：安徽教育出版社，1983 年版，第 18–19、112–113 頁。

種社會不平等的壓抑，但是在那個時代，不平等正是社會的構成方式。良家婦女，別受男尊女卑、普遍納妾、節烈貞淑等種種不平等的規範的壓抑，反不如妓女可以相當自由地與異性知識分子交往。所以晚明妓女與士人的交往中包含某種特異的女性解放的氣息，她們在文學上有所表現更是一個有積極意義的氣象。與此有些相關的是，明清之際風行「才子佳人」小說雜劇。其中的「佳人」中，很有一些才女。才女作為一個被當時人肯定的文學角色，反映出一種不滿足於無才德女，肯定婦女獲取知識的正當性，以及女人在精神上和男人平等交往而非僅僅以色事人、以德相夫的社會心理，這是向男女平等邁出的一步。惟較之一般的女性文學，明末妓女詩詞，風花雪月而已，尚無南宋離亂感發的凝重，廣泛的社會性就更難體會於其中了。

根據周亮工的說法，到了清初，南京舊日士子風流聚會之地「鞠為茂草，風流雲散，菁華歇絕；稍負色藝者，皆為武人挾之去，此會不可復睹矣」。[1] 明末的那種士子才妓的風流，只是一時之盛，到了清初尚武的時節，娼業雖然還是很盛，但其文化方面的特色卻去明末遠甚了。抵至其後，娼妓行當，大體皮肉生涯，色相買賣，其文化的含義不復舊觀。

（五）結論

明朝末年，士人和具有文化修養的妓女之交往盛行，這種現象雖然早就有歷史悠久的娼妓制度作為一般基礎，但是仍然和經典儒學本身固有的內在矛盾以及明代儒生的文士化具有相當的關聯。儒家強調倫理規範，對男人和女人的社會行為、個人行為，乃至心靈活動都作出了種種規範。但是儒家旗幟鮮明地倡導杜絕女人——主要是「良家」女子——的婚外性行為，關於男人的婚外性行為，卻沒有給出邏輯明晰的論述。其

---

❶ 周亮工：《書影》卷 1，第 11 頁。

實儒家也沒有完成關於「色」的倫理學的建構。宋儒對士大夫嫖娼持否定態度，但所表達的限於一種態度，而缺乏從儒家整體倫理邏輯出發的論證。城市商業化發展，色的商業化也取得了擴大的天地。至於明末，宋儒提倡的理學勢成式微，對士人人格的形塑力變得微弱，王學末流又一味通脫，士人一時任性而作，無明確遵循的標準。對比唐宋時期士人和娼妓的往來，晚明士人嫖娼似乎在大體繼承舊事之外更突出了一種集體特色，更具有社會性，因而和士大夫的人格與心理動向，以及社會風氣關聯尤深。如果考慮到宋代和明中葉儒學有過兩度突出的發展，則晚明士子的大舉嫖娼表示儒家的倫理建設運動在當時就充滿內在的矛盾。這雖然並不直接構成任何一個特殊的社會階層對儒家倫理的挑戰，但表示儒家誠敬克己的人生態度的確是在衰微中，也表示「儒」在一個更寬泛的、和官僚制度與社會商業化密切相關的文化知識階層中的溶解。另外，在明代法律約束力趨於薄弱的情況下，作為社會精英的士人知法不循，跟從社會上違法的習慣風氣行事，反映出中國傳統士大夫心態與法制精神之間相當大的距離。這類違法行為和有目的的社會改革並無直接關係。近年的許多關於傳統文化之現代轉變或者現代意義的研究，多矚目於士大夫知識分子的中堅角色。若以明末而言，這些士人畢竟還缺少一般情況下使危機四伏時代繁榮起來所需的含斂的理性精神，而過多地傾向於情感世界。儒家的人生觀，較少超越的理性，而多入世的激情。這在繁榮的時代，易流於奢侈；在危機的時代，易染末世的風情。這種品格，在中國後來的歷史上，也還每每表現出來，成為中國知識分子有所作為的一個障礙。從社會文化變動的角度說，士人和妓女的接近，除了反映一種知識分子普遍的狂放，卻也在女權受到極大壓抑的社會整體環境下，促進了一批特殊的女性文學，尤其是女性詩歌創作的興起。這對女性的自我表現，甚至於女性的獨立自我意識的發覺，是有相當積極意義的。

原刊《中國史研究》2001 年第 4 期

八、黃宗羲思想三議

——讀《留書》札記

明末清初思想家黃宗羲在順治十年（1653）所作的重要著作《留書》，自清初以來佚失不傳。近來駱兆平先生整理伏跗室藏書，發現鄭性父子訂校的《留書》抄本1卷5篇，整理、標點，刊登在《文獻》1985年第4期，為黃宗羲思想的研究充實了重要史料。讀後心得，條為三端。

（一）黃宗羲晚年的民族思想

黃宗羲早年為抗清志士，其晚年的民族思想如何，卻因對其《明夷待訪錄》之命題立意解釋不同，歧見多出，長持不決。章炳麟認為：「黃宗羲學術計會，出顧炎武下遠甚，守節不孫，以言亢宗，又弗如王夫之。」[1] 又曰：「黃太沖以《明夷待訪》為名，陳義雖高，將俟虜之下問。昔文天祥言以黃冠備顧問，世多疑其語為誣。端居而思，此不亦遠乎？以死拒徵，而令其子從事於徐葉間，諒曰明臣不可以貳，子未仕明，則無害於為虜者。以《黃書》種族之義正之，則嗒焉自喪矣！」[2] 批評他要向清朝統治者上條陳。近年亦有學者斷言：黃宗羲晚年「已無民族思想可言」。[3] 梁啟超以下，曾有許多學者所見與上舉者不同，但因史料缺乏，從「明夷待訪」四字繹釋，畢竟不能定論。今《留書》一出，不僅疑案可以大白，而且為深入探討黃宗羲民族思想的內容提供了確鑿的證據。

《留書》序言指出：著書立說的意義在於付諸社會實踐——「惟其行之也」。但他隨即發出「仰瞻宇宙，抱策焉往，則亦留之空言而已」

---

❶ 章太炎：《章太炎全集》4，《太炎文錄初編》卷1，《非黃》，上海：上海人民出版社，1985年版，第124頁。

❷ 章炳麟：《章太炎全集》4，《太炎文錄初編》卷1，《說林上》，第117–118頁。

❸ 謝剛：《〈明夷待訪錄〉與清初文字獄》，《中國史研究》，1983年第3期。

的慨歎，深知此書的主張不合於時局。既然自己不能實踐，何以要「留之空言」呢？他說：「吾之言非一人之私言也，後之人苟有因吾言而行之者，又何異乎吾之自行其言乎？是故其書不可不留也。」顯然他認為作此書是出於一種為「公」的信念，即使自己不能踐行，亦應留之以啟發後人，付諸實現。這是《留書》立意稱名的主旨所在，而且與後來《明夷待訪錄》的立意是完全一致的，其基本傾向是反抗當時已經奪得中央政權的清王朝。

《留書》原八篇，江藩稱其為《明夷留書》，實際亦可看作《明夷待訪錄》的雛形。[1] 黃宗羲自云：著此書後十年「續有《明夷待訪錄》之作，則其大者多採入焉」。其餘由門人萬斯選訂為文質、封建、衛所、朋黨、史五篇。即現本五篇篇目。[2] 把現本《留書》五篇與《明夷待訪錄》相比，顯然其所以要單獨訂存保留，正是由於明確地表述了反清民族思想的緣故。全祖望跋《明夷待訪錄》云：「原本不止於此，以多嫌諱，弗盡出」，可能即是因此而言。

《留書》五篇，無一篇不反映強烈的反清思想或亡國之痛。《文質》從人性「喜逸而惡勞」「喜質而惡文」這一命題出發，從社會文化心理趨向的角度，論證中原文物、典制、衣裳是「聖王救世之道」，棄此而聽憑人「喜逸而惡勞」的情性左右，則是「戎狄之道」。對中原漢族傳統文化的淪喪深感痛切，慨歎：「吾見世運未有不自文而趨夫質也」；「先王使忠之變而為質，質之變而為文，其勢若此之難也」。《封建》開篇云：「自三代以後，亂天下者無如夷狄矣」，提出：秦以來廢除分封制是致禍之由，「……後之聖人復起，必將慟然於斯言」。這與《明夷待訪錄》中

---

❶ 江藩：《國朝漢學師承記》卷 8，《黃宗羲》，北京：中華書局，1983 年版，第 128 頁。

❷ 馮貞群《伏跗室書目》子部稿本儒家類著錄的黃宗羲題、萬斯選訂《留書》，見駱兆平：《關於黃梨洲的〈留書〉》，《文獻》，1985 年第 4 期。又，現本《留書》據鄭性父子訂校本整理，鄭本晚於萬本約 50 年而篇目相同，故鄭本可能參酌萬本。鄭本後有注稱《留書》原本中有三篇收入《明夷待訪錄》，但《明夷待訪錄》中並無三篇篇名與《留書》相同者，故《明夷待訪錄》收《留書》內容可能是取其某些要旨而不曾收其篇章，或者篇名經後人更改。

的「有王者起，將復何都」「後之聖王而欲天下安富⋯⋯」等語參酌，其所「待訪」的顯然是能夠推翻清朝的政治勢力。[1]《衛所》《朋黨》兩篇分別從軍制、黨爭角度總結明朝亡國教訓，仍稱明為「本朝」，稱清為「虜」，為「偽朝」。《史》篇通過議論著史原則表達的反清思想尤為激烈，提出：從《晉書》開始，把入主「中國」的少數民族政權列於「紀」，未入者則列於「傳」，以致後來「夷狄」「其誰不欲入亂中國乎」？宋朝被蒙古滅亡，是「千古之痛」，「堯舜相傳之統，至元而絕」。朱元璋「還衣裳之舊，是百王之嫡嗣」。但明朝未能改撰元朝所修的《宋史》則是一大錯。作史而不能使「亂臣賊子懼」，同於為虎作倀，「其不如無史之為愈也」。

　　黃宗羲的這種民族觀可能隨着後來南明各政權的覆亡、清政權統治和社會的逐步安定而有所淡化，但至死沒有根本改變。他晚年的許多詩詞仍是一腔憤懣不平之聲，如 79 歲時寫道：「騷屑三秋不自寧，半牀明月照零丁；何緣肺氣秋濤壯，載盡人間許不平。」[2]康熙二十七年（1688），他自營生壙，戒子孫在他死後不得用棺槨，自以為「身遭國家之變，期於速朽」，後終以「一被一褥」「角巾深衣」，不棺而葬。[3]他在民族問題上的激烈乃至偏執，並不遜於王夫之。章炳麟倘能得見《留書》，斷不至於認為他會向清朝上條陳了。

　　明清之際許多思想家的這類激切強韌的民族思想，與元朝民族統治在漢族文化心理上留下的烙印有關。《留書》中即有這種痕跡：「元之法律曰：蒙古人毆漢人，漢人勿得還報；蒙古人毆死漢人者斷罰出征。彼方以禽獸加之人類之上，何嘗以中國之民為民乎？顧中國之人反群焉而奉之？」清軍入關南下後的屠戮、薙髮易服政策，使漢族人民尤其是南方士人自然憶及元代遭受民族壓迫的歷史，從而激起頑強持久的抗清鬥

---

❶ 黃宗羲：《明夷待訪錄》，《建都》《財計一》，北京：古籍出版社，1955 年，第 20、35 頁。

❷ 黃宗羲：《南雷文定·南雷詩曆》卷 4，《臥病》，《四部備要》第 84 冊，上海：中華書局，1936 年版，第 177 頁。按：本書引用《四部備要》中文獻皆出此版本，不再一一註出。

❸ 全祖望：《鮚埼亭集》卷 11，《梨洲先生神道碑文》，《近代中國史料叢刊》三編第三十九輯，第 521–522 頁。

爭，以及黃宗羲、王夫之的這種激切偏執的民族觀。

黃宗羲的民族思想在理論上沒有什麼新內容。它是中國古代國內各民族間文化經濟發展不平衡，正常交往遭到阻礙和扭曲，不可避免地時常發生戰爭與衝突的歷史狀況在漢族士大夫思想中的反映。但對一種思想在今天的理論價值的評價，與對其在產生當時的社會價值的評價應該不同。今天，這種民族關係理論已經成為偏執迂腐的陳跡，在明清之際，它則反映着民族矛盾尖銳的現實，表達了對民族征服和壓迫的反抗。這種現實強化了漢族人民對本民族文化傳統的優越感和依戀感；這種反抗的要求也起到了激勵抗清民族鬥爭的作用。明清之際持久頑強的抗清民族鬥爭，與中國歷史上各民族人民反抗他民族暴力征服、壓迫、同化的歷次鬥爭一樣，具有歷史的正義性，共同培育了中華民族堅強不屈的品格和愛國主義傳統。而那些在歷史上屈從他民族暴力征服和壓迫的行為，則只會成為產生變節和賣國主義的土壤。至於黃宗羲思想中對少數民族文化的鄙視，有帝制時代民族關係不正常、明清之際民族矛盾激化的具體條件，我們不可按今天的民族觀去苛求古人。但是，應該看到它畢竟反映了當時大漢族主義民族思想的糟粕。今天的我們應該肯定黃宗羲民族思想中熱愛民族文化、反抗民族征服和壓迫的愛國主義因素，同時一定要摒棄其狹隘的民族歧視心理。

（二）黃宗羲民主思想與其民族思想的關係

黃宗羲民主思想的激烈程度早已引起注意，一般看來似乎超乎其時代所能提供的條件之上。梁啟超稱《明夷待訪錄》為「奇書」，是「中國民主政治」的「遠因」。[1] 現在從《留書》中可以看出，他的政治民主思想之所以能達於這樣的程度，與其民族思想是有直接關係的。

《留書》集中反映政治思想的是《封建》《史》兩篇。《封建》顯然是

---

❶ 梁啟超：《清初五大師學術梗概》，《晨報副鐫》，1923 年 12 月 4 日第 1 版。

從明朝敗亡於清的現實出發，聯及各代少數民族政權侵主中原的歷史，而對秦以來的中央集權制度提出批判的。黃宗羲認為，秦以前「夷狄」對中原不過「侵盜」而已，「非自能為主者也」。秦以後，「中國為夷狄所割者四百二十八年，為所據者二百二十六年」。即使全盛之時，也必須以國家賦稅的十分之三耗於歲幣貢獻，十分之四耗於戍邊。這都是由於廢除封建制的緣故。封建制時，一國守一國，兵民不分，「無事則耕，有事則戰」，不必徵調天下以戍一方，所以國雖小而常可出數十萬之兵。秦廢封建，疆土廣大，行戍千里，致使戍卒生變。漢懲秦弊，以罪人為兵，徵賦稅養之，於是兵民分而為二。「分兵民則不得不以民養兵，以民養兵則天下不得不困。」匈奴之眾不過相當於漢朝一個大縣，但其眾皆兵，而漢朝欲集一大縣之兵就不得不發天下之卒，徵天下之賦。所以少數民族與中原相持幾十年，「中國未有不困絀。乘其內憂，不過一戰，而天下之郡縣皆望風降附矣」。如行封建，其中雖有瑕弱者，亦必有堅富之國，不至一戰而失天下。他把通常所說封建制導致「尾大不掉」的弊害與失國於他族作比較，說：「而或者猶以謂諸侯之盛強，使天子徒建空名於上。夫即不幸而失天下於諸侯，是猶以中國之人治中國之地，亦何至率禽獸而食人，為夷狄所寢覆乎？」這就萌生了一種傾向：「天子」獨尊地位是否會遭到諸侯的威脅，這並不是國家政治制度設計的最高出發點。《史》篇進一步提出，「是故即以中國之盜賊治中國，尚不失中國之人也。徐壽輝改元治平，韓林兒改元龍鳳，吾以為《春秋》之義將必與之」，反對以「賊、偽」之名列之於史書。一旦肯定了「盜賊」奪取國家政權的合理性，就形成了對傳統專制政治理論根本意義上的突破，從而為其民主思想體系的形成開闢了道路。

根據鄭氏父子訂校《留書》後的附注，現本《留書》所無的是原作中《田賦》《制科》《將》三篇，故《留書》收入《明夷待訪錄》的主要部分不會正面發揮他的這種政治思想，所以順治十年（1653）之際，黃宗羲思想中的民主色彩大體至於上述而止。這與當時抗清鬥爭尚在繼續、「魯陽之望未絕」，其思想尚較大程度地為「復明」所侷限有關。康

熙初，南明政權最終失敗，黃宗羲「始有潮息煙沈之歎」，[1] 對皇權專制的腐朽深惡痛絕，終於作《明夷待訪錄》，對皇權專制主義進行激烈而富於理性的批判。

《明夷待訪錄》《原法》《方鎮》兩篇是直承《留書》而來的，其云：「秦後之人主，既得天下，惟恐其祚命之不長也，子孫之不能保有也，思患於未然以為之法。然則其所謂法者，一家之法而非天下之法也。是故秦變封建而為郡縣，以郡縣得私於我也；漢建庶孽，以其可以藩屏於我也；宋解方鎮之兵，以方鎮之不利於我也；此其法何曾有一毫為天下之心哉，而亦可謂之法乎？」[2]《留書》中從民族存亡角度對秦以後廢封建，行中央集權制度之利弊的批評，在這裏發展成為對這種制度本身合理性的反省、對專制君主權力的批判，形成「天下之法」的民主政治理論萌芽。《原法》篇提到要經過變通恢復封建制度，《方鎮》篇則作了具體說明，認為封建的弊害是「強弱吞併，天子之政教有所不加」，郡縣制的弊害是「疆場之害苦無已時」，「因時乘勢」，應該實行沿邊方鎮制度。他提出這種制度有很多優點，其中之一是：「外有強兵，中朝自然顧忌；山有虎豹，藜藋不採。」顯然是以方鎮來限制君主的專制權力，使之不敢為所欲為。《留書》肯定農民起義合理性的傾向，在《明夷待訪錄》的《原君》《原臣》《原法》三篇中發展為對於民權思想的表述，如：「今也天下之人怨惡其君，視之如寇仇，名之為獨夫，因其所也。而小儒規規焉以君臣之義無所逃於天地之間，至桀、紂之暴，猶謂湯、武不當誅之，而妄傳伯夷、叔齊無稽之事，使兆人萬姓崩潰之血肉，曾不異夫腐鼠，豈天地之大，於兆人萬姓之中，獨私其一人一姓乎！」[3]

黃宗羲主張「封建」或者「方鎮」制度，這是很值得注意的。史學界多習慣把分封制與分裂聯繫在一起，把郡縣制與統一聯繫在一起，從

---

❶ 黃宗羲：《明夷待訪錄》，全祖望跋。
❷ 黃宗羲：《明夷待訪錄》《原法》，第 6 頁。
❸ 黃宗羲：《明夷待訪錄》《原臣》，第 2-3 頁。

而肯定郡縣制。這並不是完全確當的。黃宗羲絕不主張分裂國家，但卻認為統一與「封建」或其衍生的制度可以並行不悖。因為「封建」制中仍有代表統一的「天子」，只是這個「天子」代表的主要不是國家行政統治高度集中意義上的統一，而是「中國」「天下」，即民族共同體的統一。其原則既包括集中行使的國家權力，要防止「天子之政教有所不加」，又要做出限制，使「中朝自然顧忌」，不許以天下為一家一姓之私。這很有一些近乎聯邦制民族國家的傾向，是黃宗羲民主思想中一個被忽視的重要成分。今天看來，實行分封制的周代也並不是中國歷史上的分裂時期，只是當時的統一在行政組織效能方面比較鬆弛，「天子之政教有所不加」罷了，華夏民族文化仍作為整體在發展，並有着統一的國家形式。在民族統一的前提下謀求政治制度的民主改良，把民族利益放在國家政體結構的建置之上，這本身是近代啟蒙思想的共同特徵。當然，黃宗羲所說的「中國」「天下」是狹隘的，這正是其民族思想的狹隘性在其政治觀中的折映。17 世紀後期的中國，正在進行以政治集權的方式推進的多民族國家統一進程，這是秦以後中國歷史已經做出的選擇之深遠影響的晚近表現，當時中國的一切進步都需在這一現實的基點上探求。相形之下，黃宗羲的國家觀就更成為空想的體系了。

這樣，黃宗羲政治思想發展的脈胳就益覺清晰了。應該說，其發展得益於 3 個主要因素：接受春秋以降孟子思想為代表的民本主義思潮影響、受明末市民和知識分子政治運動薰陶，以及為明清之際民族鬥爭所激勵，其中民族沉淪的危亡感是使其形成批判現實傾向的基本感情心理動因。這種危亡感激起黃宗羲激烈而至於偏執的民族觀，繼而促使他對一切導致民族淪喪的社會因素都採取鄙棄憎惡的態度，與其他因素結合，在清朝統治穩定的條件下，靜思苦索，一定地超出明朝遺臣遺老的侷限，形成具有理性特色的民主思想理論。17 世紀中國的資本主義生產關係萌芽並非充分發達，而華夏文化為核心的民族文化整體性卻已相當堅固。所以，如果僅僅注重從當時新質生產關係的角度來考察黃宗羲民主政治思想的形成而忽視後者，當然就會感到它與自己的時代並不十分協調了。

（三）黃宗羲對明末黨爭的認識

黃宗羲的父親黃尊素是東林中堅人物，他本人也參加過復社在南京的逐阮運動，可以說是明末黨爭的見歷者了。《留書》中的《朋黨》篇提供了他對明末黨爭的一些看法，我們將之與他在《明儒學案》等著作中表達的思想相參酌，可以得到一些有益的啟發。

他不用「東林黨」這個概念，而只稱「東林」，認為「東林之起不過數人耳，未嘗有名籍相標榜也，其後以言國本者歸之，以劾閹人者歸之，所謂黨人者，乃小人妄指以實之耳！彼君子者未嘗曰：吾約黨人而言國本也，劾閹人也」。他在《明儒學案》中也說：「乃言國本者謂之東林，爭科場者謂之東林，攻逆閹者謂之東林，以至言奪情、奸相、討賊，凡一議之正，一人之不隨流俗者，無不謂之東林。」[1] 他指出天啟時的《東林點將錄》、弘光時的《蝗蝻錄》，都是「小人」羅織株連的名目，「東林」的組織程度和規模被其反對派誇大了。他的這種說法未始沒有為東林黨開脫「黨人」之名的用意，但據此檢查一下「東林之起」之後乃至今天所說的東林黨，卻也一定程度上如他所說，被以事劃線，看得範圍擴大了，其中多少受了《東林點將錄》《三朝要典》之類羅織株連結果的影響。例如近人李棪的《東林黨籍考》中，就有許多人並不是東林黨。這種誇大影響到對明末政治歷史的認識。

不過黃宗羲還是承認東林黨人有些「朋黨」習氣，他說：「朋黨之禍與國為終始，然未有本朝國統中絕，而朋黨尚一勝一負，浸淫不已，直可為一笑者也。」他也承認這種習氣對於明朝亡國是有責任的，說：「魏忠賢既誅，凡官因魏忠賢者，以國法斷之，可誅者半，可赦者半。其時之君子，居前不能令人輕，居後不能令人軒，徒以空文錮天下之小人，別小人為一朋，真若自以為一朋者，卒使其害至於亡國……」所以他對

---

❶ 黃宗羲：《明儒學案》卷 58，《東林學案》，《四部備要》第 62 冊，第 449 頁。

歐陽修「小人無朋，惟君子則有之」¹的說法十分痛惡，駁曰：「君子必無朋者也。」近年有研究者認為黃宗羲主張搞「朋黨政治」，看來是失之偏頗了。²

　　黃宗羲認為當時「朋黨」之習是「君子」共同的弊習，而不僅限於東林黨人。「君子」與「小人」以對其「仁義」的態度區分：「仁義何常之有，蹈之則為君子，違之則為小人。」他當然認為東林黨是蹈「仁義」的「君子」，但《留書》中沒有提到東林黨所行的「仁義」是什麼。《明儒學案》中則明白提到是「清議」，認為：「清議者，天下之坊也」，孔子就搞清議，無清議而致不分是非、諛媚成習。東林清議，天啟間「以血肉撐拒，沒虞淵而取墜日」，養成一代氣節，至甲申之際，追崇禎從死者已無所謂東林與否。後數十年「忠義之盛，度越前代」，也是東林的「流風餘韻」。³這是黃宗羲從倫理價值角度評價的明末政局，傳統的「仁義」觀念仍是最根本的價值標準，而紛紜錯雜的政治矛盾被歸結於有強烈倫理道德色彩的「君子」「小人」之爭。一方面痛切批評東林「朋黨」習氣的誤國，卻同時熱烈讚揚其剛直不阿、生死而蹈義的氣節，這是中國傳統價值觀念的典型表述。這種氣節在消極方面的發展是對皇帝的愚忠，向積極方向的發展則是愛國民族思想的強化和民主思想的萌生。看來，先秦時代已經奠定的中國傳統文化倫理觀念，是整個中國帝制時代知識分子思想觀念的基礎。即使十分激烈的變革的「異端」，也需要在這種基礎中尋找原始概念和與之協調的表述方式。東林黨人的鬥爭，在主觀上就是一種傳統社會危機時代的倫理文化復興自救運動，其社會意義則是激動了民族民主的時潮。黃宗羲思想體系，是中國傳統文化思想在社會危機、民族矛盾激化的時代對自身的反思，這種反思把先秦社會與皇權專制時代分為兩個對立的階段，彰明先秦時代民本主義的因素，

❶ 歐陽修：《歐陽文忠公集》卷 17，《論六首‧朋黨論》，《四部備要》第 74 冊，第 102 頁。
❷ 參看謝剛：《〈明夷待訪錄〉與清初文字獄》，《中國史研究》，1983 年第 3 期。
❸ 黃宗羲：《明儒學案》卷 58，《東林學案》，《四部備要》第 62 冊，第 449 頁。

並據之對中古專制制度及其觀念形態進行空前猛烈的抨擊。否定之否定，體現了向新的思想觀念形態的發展，但當時的社會條件還不能使他對先秦思想作同樣尖銳的反省，這就使我們看到，《明夷待訪錄》中激進的民主思想，在黃宗羲同時期其他著述中仍被淡化為「仁義」「君子」之類的道德說教和「遺臣」「孽子」的悵惘。

原刊《東北師範大學學報》1986 年第 3 期

◎ 第三部分 ◎

下層社會生活

九、儒家思想與 17 世紀
中國北方下層社會的家庭倫理實踐

　　家庭是中國社會的基本單位。正如易勞逸（Lloyd E. Eastman）指出的：「家庭制度在中國是那樣重要，以至於『家庭主義』被用來表述中國的社會價值和社會組織的特徵。」[1] 雖然這種「家庭主義」可以被追溯到儒家出現以前的上古時代，但是自從儒家思想體系得到官方的倡導以來，家庭主義肯定得到了更進一步發展的條件。儒家倫理體系中，有所謂「五倫」：君臣、父子、兄弟、夫妻、朋友，家庭倫理佔人生五倫之三。因為中國傳統的人際關係思路沿着由上到下的統系關係走，所以在人際倫理中也就強調卑下者對尊高者的義務而忽略尊高者對卑下者的責任。父子關係的準則是「父慈子孝」，但強調的是一個孝字。兄弟關係的要義是「悌」，地位接近，義務也是相對的。夫妻之間關係的道德準則可以用「義夫」「節婦」來概括，但強調的是妻的「節」，而忽略夫的「義」。明清時代的政府和士大夫都極力強調向社會貫徹儒家家庭倫理的必要性。例如《明史‧孝義傳》序云：「孝弟之行，雖曰天性，豈不

---

[1] See Lloyd E. Eastman, *Family, Fields, and Ancestors: Constancy and Change in China's Social and Economic History, 1550-1949*, New York & Oxford: Oxford University Press, 1988, p. 15; Daniel Harrison Kulp, *Country Life in South China: The Sociology of Familism*, New York: Columbia University Reachers College, 1925; 以及 C. K. Yang, *The Chinese Family in the Communist Revolution*, Cambridge, Mass: Technology Press, 1959.

賴有教化哉？自聖賢之道明，誼辟英君莫不汲汲以厚人倫、敦行義為正風俗之首務。旌勸之典，賁於閭閻，下逮委巷。」[1]美國歷史學家韓書瑞（Susan Naquin）和羅友枝（Evelyn Rawski）對於 18 世紀中國家庭關係的變化和複雜狀況已經發表了深入的見解。[2]而研究了 19 至 20 世紀中國社會家庭倫理狀況的易勞逸則注意到，19 至 20 世紀中國的家庭倫理實踐與國家及主流知識分子所描述和倡導的標準相差極大。[3]注意到這種情況以後，易勞逸指出：我們對於 16 到 19 世紀間中國的家庭生活、婚姻、婦女地位的變化還不能構成一個明晰的概念。[4]本文的研究一定意義上是對 17 世紀中國家庭研究之欠缺的補充，但是討論的要點卻不在家庭制度本身，而在於這個時代社會下層的倫理實踐所反映的時代文化特徵。本文關注 17 世紀的中國北方，要討論的要點有 4 個：其一，「核心家庭」在庶民中間遠較在士紳中間普遍；其二，「孝」在庶民中間並沒有被認真實踐；其三，當時成為文學中一個熱門話題的「悍妻」，在下層社會中是實際的社會現象；其四，理學對於婦女貞潔的嚴格要求受到挑戰。

（一）晚明社會局面與小家庭的增多

社會人類學家通常把中國的家庭分為三種類型：一是小家庭，即核

---

[1] 張廷玉等：《明史》卷 296，《列傳第一百八十四·孝義》，第 7575 頁。

[2] See Susan Naquin and Evelyn Rawski, *Chinese Society in the Eighteenth Century*, New Haven and London: Yale University Press, 1987.

[3] Lloyd E. Eastman, *Family, Fields, and Ancestors: Constancy and Change in China's Social and Economic History, 1550–1949*, p. 39.

[4] Lloyd E. Eastman, *Family, Fields, and Ancestors: Constancy and Change in China's Social and Economic History, 1550–1949*, p. 39. 並參見朱蒂絲·伯林（Judith A. Berling）*Religion and Popular Culture: The Management of Moral Capital in The Romance of the Three Teachings*（〈宗教與民間文化：〈三教開迷歸真演義〉中對道德資本的經營〉）一文中題為 "The Battleground of the Family"（「家庭中的戰場」）的一節，載大衛·約翰遜（David Johnson）等編 *Popular Culture in Late Imperial China*（《帝制後期中國的民間文化》），Los Angeles and London: University of California Press, 1985, 第 205–207 頁。根據《三教開迷歸真演義》所反映的情況，伯林認為晚明時期存在着家庭危機。

心家庭；二是大家庭，或稱擴展家庭；三是主幹家庭。典型的小家庭由夫妻及其未婚子女組成。大家庭是父母與已婚子女共同生活的家庭。主幹家庭是多代多分支依附共同長輩共同生活的家庭。[1] 易勞逸指出：在 19 世紀到 20 世紀初，大約 60% 的中國家庭是小家庭。可能只有不到 6-7% 的中國家庭是五代同堂的大家庭。[2] 韓書瑞和羅友枝注意到，在 18 世紀，大家庭在上層社會要比在下層社會大得多，小家庭在貧苦的下層社會最為普遍。他們說：「在清代的中國，在合家同居的層次上把所有資源和能力匯聚成為一個經濟體，並為保持父系的延續努力，是社會各個階層家庭的一個主要特徵。但是，對於人口中的相當一部分來說，僅僅保持家庭資源和父系延續到兩代人就是一場可怕的鬥爭了。碎片似的小家庭在家庭周期短而家庭關係簡單的貧窮人口中尤其普遍。」[3]

雖然擴大家庭的規模是中國人普遍的願望，但是家庭的規模和類型卻在很大程度上取決於財力。這在 17 世紀的中國是一個現實。由於戰亂不斷，政局變動，以及自然災害，17 世紀對大多數中國人來說是比其前的 16 世紀和其後的 18 世紀要艱難得多的時代。1685 年（康熙二十四年），康熙皇帝在一份上諭中承認：「生民困苦已極，大臣長吏之家日益富饒，民間情形，雖未昭著，近因家無衣食，將子女入京賤鬻者，不可勝數……」[4] 生活在 17 世紀的徐珂看到，由於災荒，出賣一個孩子只能換取幾百文銅錢。[5] 在這種狀況下，貧苦家庭撫養兒女是一種奢望。當把孩子賣掉的時候，父母實際上是在冒着家族香火斬斷的風險來縮小家庭

---

❶ See Lloyd E. Eastman, *Family, Fields, and Ancestors: Constancy and Change in China's Social and Economic History*, 1550-1949, p. 16.

❷ Lloyd E. Eastman, *Family, Fields, and Ancestors: Constancy and Change in China's Social and Economic History*, 1550-1949, p. 16。易勞逸沒有明確地說明這個比例是針對哪一個世紀而言的，但我們可以推斷那是比本文研究的 17 世紀要晚的時代的情況。因為他該書中關於家庭一章的資料基本上是關於 19 至 20 世紀中國的。而且在該章結尾的部分，易勞逸承認：「我們對於 16 到 19 世紀中國家庭的情況還缺乏知識。」見該書第 39 頁。

❸ Susan Naquin and Evelyn Rawski, *Chinese Society in the Eighteenth Century*, p. 34.

❹ 王先謙：《東華錄》康熙二十四，康熙二十四年七月壬戌，《續修四庫全書》第 370 冊，第 51 頁。

❺ 徐珂：《清稗類鈔》，《義俠類》，台北：台灣商務印書館，1983 年版，第 85 頁。

的規模，從而生存下去。儘管人口買賣在整個帝制時代後期一直是存在的，但明朝政府對人口買賣本來還是有所限制的。然而到了清朝初年，北京的人口市場成了公開交易的場所。史學家談遷看到，北京的人口市場就在牲畜市場的旁邊，不由得喟然長歎：「誠天之夭狗斯人也。」[1] 這樣的市場大大擴大了奴僕、奴婢人口的數量。[2] 這在一定程度上是由於滿洲社會的奴隸制傳統在空間上有所擴展。更重要的是，17 世紀的中國，貧苦無根的遊民數量大增。從 1661 到 1678 年間，清朝政府多次討論關於制定人口買賣的許可、稅收和限制政策的問題。這也反映出人口買賣的普遍存在。人口買賣是拆毀自然家庭的社會行為，所以它的規模和自然家庭的規模以及家庭的穩定性成反比例關係。

小家庭比例的增長很大程度上是由於富裕庶民家庭的分解。這種分解在明代前期就已經開始發生了，其動因主要是明朝的稅收勞役制度。明初政府收取的勞役是依據丁和家產來計算的。這種辦法強迫大的家庭析分成為小家庭來躲避稅役負擔。[3]

對於許多儒家知識分子說來，17 世紀是一個道德淪喪的時代，其中主要的問題之一是家庭倫理的破壞。唐甄就曾經說，「悌道之絕也，蓋已久於斯焉矣！」他說，處兄弟之道，當以舜為則。舜的異母弟弟象曾經試圖謀害舜，舜不但無怨憤之言，而且使其弟弟富貴，此猶不足，「象憂舜亦憂，象喜舜亦喜」。從而留下了「殺之而不怨」的悌道的境界。[4] 唐甄和許多儒家理想主義者一樣有些天真。17 世紀一個普通的中國人很難像理想中的舜那樣，對企圖謀殺自己的兄弟報以富貴。就是尊崇儒教的

---

❶ 談遷：《北游錄》，《紀聞下‧人市》，北京：中華書局，1960 年，第 386 頁。
❷ 關於清初人口買賣的奴隸化情況，可參見韋慶遠、吳奇衍等：《清代奴婢制度》，北京：中國人民大學出版社，1982 年。
❸ 關於明初國家政策對家庭結構的影響，可參見鄭振滿：《明清福建的家庭結構及其演變趨勢》，《中國社會經濟史研究》，1988 年第 4 期。國家強化家庭分化的政策可以追溯到公元前 3 世紀前後秦國由法家推行的政策。當時，兩三個成年的兄弟聚居而不分家會導致懲罰。見司馬遷：《史記》卷 68，《商君列傳第八》，第 2230 頁。
❹ 唐甄：《潛書》上篇下，《明悌》，第 75、76 頁。

明朝政府，對於悌道的具體要求也已經是在較低的水平上了。政府表彰的悌道模範通常是那些能夠做到「同居敦睦」的人。[1] 就是說，能夠不分家，就算是有古人之風了。

明初政府規定，凡父祖在世者，無父祖同意，不准兄弟析居。[2] 在兄弟分家普遍的明朝後期，儒家士大夫試圖運用國家權力鼓勵兄弟合居。如張瀚就記錄下了他解決大名府一場兄弟爭訟案的經驗。他寫道：「大名有兄弟構訟財產，繼而各訐陰私，爭勝不已。縣令不能決，申解至郡。余鞠之曰：『兩人同父母生耶？』曰：『然。』余曰：『同氣不相念，乃爾相攻，何異同乳之犬而爭一骨之投也！』各重笞之，取一杻各械一手，置獄不問。久之，親識數十人入告曰：『兩人已悔罪矣，願姑寬宥。』喚出，各潸然泪下，曰：『自相構以來，情睽者十餘年，今月餘共起居，同飲食，隔絕之情既通，積宿之怨盡釋。』已乃指天向日而誓。余笑曰：『知過能改，良民也。』遂釋之。」[3]

不過張瀚式的救時的努力似乎沒有多大效應。顧炎武在晚明時期看到：「人家兒子娶婦，輒求分異。而老成之士，有謂二女同居，易生嫌競，式好之道，莫如分爨者，豈君子之言歟？」[4] 在他們之後的唐甄看到的則是更為悲觀的景況。清初小說家蒲松齡的家事也是一個很好的例證。他的父親是山東淄川的一個有文化的商人。到了晚年，由於不堪四房兒媳對婆婆的吵鬧，蒲家不得不分家。[5] 蒲松齡的妻子溫文賢淑，不敵另外三個姒娌的善戰能吵，他們夫婦只分到很少的財產。這件事情在蒲松齡心中留下了創傷。許多年以後，他的一位朋友請他幫助解決給兒子

---

❶ 張廷玉等：《明史》卷 296，《列傳第一百八十四·孝義》，第 7582 頁。

❷ 參見懷效鋒校點：《大明律》附錄，《大明令·吏令》，第 243 頁。

❸ 張瀚：《松窗夢語》卷 1，《宦遊紀》，第 12-13 頁。《明史》記載了 15 世紀一個叫作劉閔的隱士的故事。劉閔兄弟的媳婦要求分家，他便把自己關在一個空房子裏抽自己的嘴巴，直至其弟媳不再要求分家，從而保留了劉氏大家庭。見張廷玉等：《明史》卷 298，《列傳第一百八十六·隱逸》，第 7628 頁。

❹ 顧炎武撰，黃汝成集釋：《日知錄集釋》卷 13，《分居》，第 1083 頁。

❺ 蒲松齡：《蒲松齡集》《聊齋文集》卷 8，《〈生志·墓志·行實〉·述劉氏行實》，上海：上海古籍出版社，1986 年版，第 250 頁。

們分家時發生爭吵的問題時，蒲松齡寫信表示厭惡捲入這種事情。[1]

邏輯上說，宗族組織應該是抵禦家庭分析的一種力量。但是這裏有兩個問題。第一，宗族組織在北方遠較在南方為弱。第二，根據顧炎武的說法，宗族組織的約束力在貧窮的庶民中間又尤其微弱。顧炎武說：「今日中原北方雖號甲族無有至千丁者。戶口之寡，族姓之衰與江南相去懸絕。其一登科第，則為一方之雄長，而同譜之人至為之僕役。此又風俗之敝，自金元以來凌夷至今，非一日矣。」[2] 這裏可以看出，一個人政治地位的意義絕對地超過其宗法地位的意義。稍早的王士性也已經看到了同樣的現象並解釋了原因。他說：「宛、洛、淮、汝、睢、陳、汴、衞，自古為戎馬之場，勝國以來，殺戮殆盡。郡邑無二百年耆舊之家，除縉紳巨室外，民間俱不立祠堂，不置宗譜，爭嗣續者，止以斂葬時作佛超度所燒瘞紙姓名為質。庶民服制外，同宗不相敦睦，惟以同戶當差者為親。同姓為婚，多不避忌，同宗子姓，有力者蓄之為奴。此皆國初徙民實中州時各帶其五方土俗而來故也。」[3] 明朝末年的戰亂在中國北方也災難性地打擊了宗族組織。許多聚族而居的人們被戰亂打得風流雲散。

與下層民眾比較，紳士家庭對宗族關係採取更為珍重的態度。山東淄川畢家就是一個例子。畢家是在明朝初年從益都遷到淄川的。為了躲避沉重的勞役負擔，畢家一分為三。根據畢氏家譜記載，在分家之後，分開的族人不再像從前那樣相互關照了。到淄川 10 世之後，畢姓家族中有人開始聘請先生教授子女讀書。當終於有一個人考取了生員之後，他馬上開始撰寫畢氏的家譜。到畢姓人中出了第一個進士，就是後來做到戶部尚書的畢自嚴的時候，畢氏家族的的宗族組織就馬上完備起來了。畢自嚴為畢氏族譜所作的序言說：「今吾始祖之子孫屢困踐更，自嘉靖中一族析為三甲，門戶分而休戚隔。逮我曾祖以下，尤稱繁庶。余懼數

---

❶ 蒲松齡：《蒲松齡集》《聊齋文集》卷 5，《書啟·與沈德符》，第 142 頁。

❷ 顧炎武撰，黃汝成集釋：《日知錄集釋》卷 23，《北方門族》，第 1726 頁。

❸ 王士性：《廣志繹》卷 3，《江北四省》，北京：中華書局，1981 年版，第 43 頁。關於明初移民政策，參見張廷玉等：《明史》卷 77，《志第五十三·食貨一》，第 1879–1880 頁。

傳而後，族屬遠則漸疏逖，子姓夥則易渙散。以一體所分者，遂化為痛癢不相關之人，安所稱禮義文獻之家也？於是稽之版圖，訊之宗老，遍緝宗祧，盡索孫枝，分別世系，務蘄詳審，於以正名分於既往，惇倫序於將來。奕世之後，無論賢愚，披譜一閱，世系昭如。緣枝求幹，共為一根。溯流窮源，同出一派。歲時聚會，其分可辨，其情可聯。不至於紊且渙焉。」[1] 在這個事例中，源於一個共同祖先的後裔很容易地就分散為互不相干的小家庭。一旦其中的一個小家庭中出現了獲得政治權力地位的人，宗族組織就會建立起來並發揮作用。這種基於政治權力背景的宗族一般並不會持續很久。原因是官僚地位並不能世襲。當官僚地位消失時，這種家族一般就會走下坡路。

　　清史學家蕭一山曾經考察了清代的義莊、義田和宗族自治現象。他認為這些與宗族組織和宗法關係密切相關的現象在中國北方並無引人注目的發展。他指出，導致宗族組織及其權力的區域性差異的原因是，北宋滅亡之後，居住在開封一帶的歷史最悠久的，最大的世族遷移到了南方。[2] 家族和宗族組織相對不發達當被看作是 17 世紀前後普通家庭分裂和家庭主義微弱的背景之一。

　　對於家庭組織的另一種挑戰是單身的男人和女人的數量增多。這些單身男女主要分佈在以下人群中：職業宗教組織成員、流氓、難民、乞丐、妓女。謝肇淛對這些人的估計可能有些水分，但仍然會幫助我們看到其數量的驚人。他說：「燕雲只有四種人多：奄豎多於縉紳，婦女多於男子，娼妓多於良家，乞丐多於商賈。」[3] 謝沒有解釋為什麼女人的數字比男人的數字大。由於妓女已經被單獨提到，所以女人數量之多可能是因為存在數量可觀的婢女、尼姑，和娛樂行業中的婦女。宦官、妓女、尼姑沒有家庭，乞丐和娛樂行的婦女多無家庭。婢女依附於別人的家

---

① 畢自嚴：《石隱園藏稿》卷 2，《淄西畢氏世譜序》，《景印文淵閣四庫全書》第 1293 冊，第 416 頁。
② 蕭一山：《清代通史》卷上，台北，台灣商務印書館，1980 年版，第 611-628 頁。
③ 謝肇淛：《五雜組》卷 3，《地部一》，第 62 頁。

庭，也是單身女人。

宗教組織在明朝初年受到嚴格的限制。政府制定了一系列的政策來防止人民——尤其是男丁——出家成為僧道。因為佛寺和道觀不僅是宗教實體也是經濟實體。他們依據傳統是不對國家承擔勞役責任，不擔負或者極少擔負土地稅責任的。這種限制在 16 世紀之後基本上就不再發生作用了。原因是幾位皇帝崇拜佛教或者道教。同時，稅役負擔和社會的動盪不安，以及愈來愈嚴重的災荒，迫使人民到宗教機構中來躲避塵世的煩惱。

另一個相關的問題是妾制比較以前有了很大的發展。14 世紀公佈的明朝法律只允許年紀在 40 歲以上而又沒有兒子的貴族、縉紳，和庶民娶妾，違犯者受杖責。和戶籍制度等一樣，這項法律的效力像北邊的城牆一樣隨着年代的過去而剝蝕，卻沒有像北邊的城牆一樣得到維修。這項法律顯然直到明朝滅亡也沒有廢除，但是 17 世紀的文獻反映的社會實際情況卻是，貴族和縉紳娶妾已經毫無實踐意義上的限制，即使一個普通的富家翁用妾的名義把 7、8 名年輕女子佔用起來，也是毫不奇怪的現象。這並不一定需要以暴力強佔，做富家妾是許多貧窮人家女兒的選擇。假定社會上男人和女人的數量大體相等，妾制盛行的直接後果是進入一夫一妻家庭的女人不足，男人中的光棍增加。[1]

（二）扭曲的孝道

在儒家思想中，孝是關於一個人終身尊重、服從和瞻養其父母的責任。這一品德在儒家思想體系中之所以重要，不僅是因為它被看作是依據良心來說「應該」的，而且因為它符合宇宙的秩序。李贄就曾經把

---

❶ 一項研究指出，在 1850 到 1948 年的約 100 年間，中國溺嬰的性比例為女嬰 5%，男嬰 2.5%。參見 Lloyd E. Eastman, *Family, Fields, and Ancestors: Constancy and Change in China's Social and Economic History, 1550-1949*, 第 21 頁。如果 17 世紀的情況與此接近，當時的女性人口就會少於男性人口。

孝解釋為一種規定了一切自然和人倫秩序的宇宙間的普遍法則。在他看來，宇宙間的任何事物都是由另外的事物產生出來的，而任何受生的事物都低於和從屬於所由生的事物，這種關係就是作為宇宙秩序的孝。[1] 這樣，孝不僅是儒家倫理的範疇，而且是儒家世界觀的範疇。

　　明朝政府着力表彰的孝的實踐包括：服從和尊重父母，千里尋父母，在父母的墳墓邊結成草屋守候 3 年，父母去世時痛不欲生，以及當父母客死他鄉時扶柩歸鄉安葬等。[2] 道德救時是儒家的一個傳統。他們鼓勵的倫理行為一般說來是理想化的、不普遍的現象。16 世紀的學者何良俊看到的社會實際情況是這樣的：「余見人家子弟凡所以事其父兄者，皆以客禮相待。每遇生朝或節序，則陳盛筵以享之，如待神明。及享畢即棄去若芻狗矣。此所謂斯須之敬，以待鄉人可也。古人不如此。蓋事父兄不可一時去心。雖蔬食菜羹，苟適於口，亦必薦進。蓋無旦無暮，每食入口，必念其親故也。若能如此，則雖蝦菜過於五鼎；不能如此，則雖五鼎亦何足道？人家子弟不可不知。」[3]

　　如果何良俊看到的還是比較微妙的現象，稍後的王士禎則看到了一些極端的現象。他說，河南有一個名叫侯二的人，這個人因為自己的母親用一些糧食賙濟了一名乞丐就把她打出門去了。[4] 大體說來，孝道不行，在當時是有相當普遍性的現象。蒲松齡曾經有一封寫給他的同鄉和朋友王鹿瞻的信，勸他把自己流亡他鄉，終於客死異地的父親的遺骸接回家鄉。王鹿瞻的父親是被王的妻子趕出家門的。在得知父親的死訊之後，王遲遲不肯備辦棺木去接取父親的遺骸。[5] 江南的情況也和北方一

❶ 李詡：《戒庵老人漫筆》卷 8，《全孝圖說》，第 346-347 頁。本杰明·史華慈（Benjamin Schwartz）曾經討論過孝的宗教含義，他強調其中的祖先崇拜意識。參見 Benjamin Schwartz, *China's Cultural Value*（《中國的文化價值》），Tempe: Center for Asian Studies, Arizona State University, 1985, p. 7。

❷ 張廷玉等：《明史》卷 296，《列傳第一百八十四·孝義》，第 7576 頁。

❸ 何良俊：《四友齋叢說》卷 34，《正俗一》，北京：中華書局，1959 年版，第 311 頁。

❹ 王士禎：《香祖筆記》卷 7，上海：上海古籍出版社，1982 年版，第 133 頁。

❺ 蒲松齡：《蒲松齡集》《聊齋文集》卷 5，《書啟·與王鹿瞻》，第 132 頁。

樣，似乎是世風江河日下的樣子。當時一位筆名為艾衲居士的小說家說到，在杭州郊區地方有一個專門的職業，稱為「孝子」。這些職業的「孝子」專門受僱於人，替死去父母的顧主們在喪葬儀式中哭。真正的孝子值父母之喪是不應該飲酒貪杯的。這些僱來的「孝子」卻總是在喪禮宴會上喝得酩酊大醉。艾衲居士便寫了一首打油詩：「堪嗟孝子吃黃湯，面似蒲東關大王；不是手中哭竹棒，幾乎跌倒在街坊。」[1] 這種「孝子」職業的出現，表示人們對孝的態度已經很少倫理自覺的嚴肅性，而是相當程度地形式化了。

根據明朝和清朝的法律，虐待父母是為犯罪，要受到嚴厲的制裁。但在 17 世紀，無論正在走向滅亡的明朝政府還是剛剛建立的清朝政府，都不能有效地保證法律的實行。一些對天道人心由衷關切的知識分子在這種情況下，特別着重運用因果報應的宗教說法來警戒人們恪行孝道。王士禎說到過的虐待母親的侯二，後來死於雷劈，被解釋成為天理實行干預的結果，而與世俗的法律無關。周亮工也記錄了他從朋友徐君義那裏聽來的一個故事。說在崇禎丙子（1636）年，有雷劈王姓之家，留下了一行字云：「二子不孝，他日重治。」這些字以沙寫成，但沒有人能將之掃除。周亮工自己也未必相信這個故事是實際發生的事情，但是他強調說，事情發生時有萬目觀看。他的目的，是為了以這樣的故事「為不孝戒」。[2]

「子不語怪力亂神」，孔子本人並不承認人格化的神。經典儒家裏也沒有人格化的超自然權威的位置。相應地，儒家並不用地獄的懲罰和天堂的獎掖這種功利的概念來闡釋為什麼人們要履行孝的倫理原則。孔子把孝作為一種應該出發於人的內在自覺本性的實踐來倡導，而並不求助於以功利來兜售孝道。當威脅被運用來維持孝的時候，孝從內在的自覺

---

❶ 艾衲居士：《豆棚閒話》第 10 則，《虎丘山賈清客聯盟》，上海：上海古籍出版社，1983 年版，第 111 頁。
❷ 周亮工：《書影》卷 5，第 145 頁。

降低為一種外在的壓力。所以藉助輪迴果報來維持孝的實踐，實際上表示社會對於經典儒家的孝道理想普遍喪失信心。從心理學角度說，一個人做他／她認為應該做的事情的時候會得到一種內在的滿足感；而當一個人做他／她不得不做的事情的時候，能夠獲得的最高的肯定性感受是免除壓力。

（三）文學作品和社會現實中的「悍妻」

儒家關於夫妻關係的基本思想，是以夫為主導的一方，而以妻為從順的一方。作為上古經典和禮儀大師的孔子本人關於夫妻關係的觀念，雖然並不像漢儒和宋明時代儒學家的那樣偏執，但毫無疑問，儒家這方面觀念在基本精神上是一以貫之的。到公元一世紀前後，主導官方思想的漢儒強化了夫對妻的統治權。所謂的「三從四德」要求婦女放棄她們的社會獨立性。這些原則在什麼程度上為普通的人民遵循是一個很難把握的問題。從表面上看，大體從三國到隋朝，政治和社會動盪，以及邊疆少數民族向內地的侵入，妨礙了這些官方倡導的原則持續充分地向社會下層滲透。唐朝似乎也沒有特別巨大的變化。真正的進展是在宋代隨着理學的發展而發生的。到了明朝，法律規定丈夫有比妻子更高的地位，已經有悠久傳統的夫權被進一步制度化了。關於這類制度的規定和宋明時代精英們的鼓吹，已經成為常識，也毋庸徵述了。

問題在於社會的實際情況如何。20 世紀初，胡適對 17 世紀的一部小說《醒世姻緣傳》發生了興趣。這部小說的主題是關於妻子虐待丈夫的。[1] 筆名西周生的作者在這部書中描寫了幾位實現了對丈夫的控制，甚至經常毆打丈夫的妻子。書中的一個人物做了一個大致的估價：「世上

---

[1] 關於《醒世因緣傳》作者的爭論，參見格林·杜德布瑞智（Glen Dudbridge）的 "A Pilgrimage in 17th-Century Fiction: T'ai-shan and the *Hsing-shih Yin-yuan Chuan*（17 世紀小說中的一次朝聖：泰山與《醒世姻緣傳》）"，載 *T'oug Pao*, LXXVII, 1991, pp. 4-5。並參見吳妍娜（Yenna Wu 音譯）的 "Marriage Destinies to Awaken the World: A Literary Study of *Xingshi yinyuan zhuan*（關於《醒世姻緣傳》的文學研究）"，哈佛大學 1986 年博士論文。

但是男子，沒有不懼內的人！」[1] 這話當然是誇張的。但是誇張的故事中可能含有某種事實。悍妻在 17 世紀中國文學中是一個經常出現的主題，這種文學現象本身就是一個值得思考的社會實際問題。現代學者還沒有找到確鑿的史料來弄清這個西周生是怎麼樣的一個人物，因而對《醒世》故事反映社會實際的程度頗覺難以把握。但是稍加注意就可以看到，這部小說中描寫的故事所涉及的地理背景令人驚奇地和實際相符。《醒世姻緣傳》中的故事主要發生在山東繡江縣明水鎮。繡江是流過山東章丘縣城邊的一條河流。而明水鎮是章丘縣內一個大鎮。書中的繡江縣自然就是章丘縣了。取《章丘縣志》來看，書中提到的明水鎮、玉泉山、白雲湖等等歷歷皆在章丘圖中。這樣一種吻合當然不能證明《醒世》故事是真實的。它表示的是，作者對於章丘是十分熟悉的，作者的故事可能與其在這一帶的生活經歷和體驗有關。另外，胡適曾經推斷《醒世》的作者西周生就是蒲松齡。蒲松齡的故鄉是山東淄川縣，和章丘縣城相距不過 100 里上下。雖然胡適的判斷失於魯莽，被當代大多數研究者，如路大荒、吳妍娜（Yanna Wu，音譯）所批評，但根據現在知道的資料，卻也還不能完全把蒲松齡排除在《醒世》可能的作者之外。蒲松齡和西周生最少是同時代，同一地區，又對同一主題以十分相似的觀點加以文學表現的作家。這種情況其實提供給我們一種分析的可能，那就是，把蒲松齡的非虛構作品與他自己關於悍妻的虛構作品，以及西周生的《醒世》一起加以分析，這樣我們對西周生和蒲松齡悍妻故事的史料價值就可以有更好的把握了。

蒲松齡寫了好幾篇關於悍妻的短篇小說，包括《江城》《馬介甫》《孫生》《大男》《呂無病》《邵九娘》和《夜叉國》。此外，蒲松齡的雜劇《禳妒咒》《姑婦曲》也是以「悍妻」為主題的。[2] 他對於這個主題的關切當然是和他自己的生活經歷有關的。在他為夫人劉氏所寫的行狀中，蒲松齡

<hr />

❶ 西周生：《醒世姻緣傳》第 91 回，《狄經司受制嬖妾　吳推府考察屬官》，第 1304 頁。
❷ 皆可見於蒲松齡：《蒲松齡集》。

講到他的幾個嫂子，尤其是他長兄的妻子，對他的母親十分不善。她們在終日吵鬧中，終於把蒲家一分為五了之。蒲家兄弟們在這場關係命運的五家分蒲事件中，似乎沒有起到什麼作用。[1]蒲松齡還寫了兩篇短文表達他對悍妻的憎惡。其中之一云：「奈陰教之旗幟日立，遂乾綱之體統無存……才有片言拂其意向，輒將食乎肉而寢乎皮；縱有傑士震其雷霆，無過怒於室而色於市。小受大走，直欲代孟母投梭；婦倡夫隨，翻欲起周婆制禮……惡乎哉！呼天籲地，忽爾披髮向銀牀。醜矣夫！轉目搖頭，偽欲投繯延香頸。當斯時也，地下已多碎膽，天外尚有驚魂……酸風凜冽，吹殘錦帳之春，醋海汪洋，淹斷藍橋之月……」[2]

在另一篇短文中，蒲松齡勸告人們捐錢刻印佛經，藉助佛經的力量恢復傳統的兩性權力關係。他認為，傳統的儒家婦教不能使女人不妒不悍，所以道德淪喪而聖人之言不行於世，惟一的希望是佛經的力量了。[3]

17 世紀關於「悍妻」的史料和文學中的「悍妻」形象當然都滲透了男子主義的偏見。但是同時，也可以看出悍妻並不僅僅是一個文學形象，也是一個社會現象。丈夫對妻子的統治權威在 17 世紀已經受到挑戰，而不再是理所當然的普遍現實了。[4]

另一個情況是，雖然理論上說丈夫對妻子的統治得到官方從意識形態和法律制度兩方面的支持，但是從實踐上說，一個丈夫並不能輕而易舉地把他的「悍妻」擺脫掉。西周生在《醒世》的一段作者旁白中這樣

---

❶ 蒲松齡《蒲松齡集》，《聊齋文集》卷 8，《述劉氏行實》，第 250–251 頁。

❷ 蒲松齡：《蒲松齡集》，《聊齋文集》卷 10，《〈妙音經〉續言》，第 309–310 頁。

❸ 蒲松齡：《蒲松齡集》，《聊齋文集》卷 10，《〈怕婆經〉疏》，第 310–311 頁。17 世紀的另一部小說《醋葫蘆》也提到了這部《怕婆經》。

❹ 在這一方面，江南和北方的情況基本一致。江蘇人馮夢龍和浙江人李漁是當時江南地區描寫悍妻主題較多的兩位最著名的作家。馮夢龍搜集了關於悍妻的流行故事並評論說，丈夫們怕老婆是由於他們沒有能力及時果斷地解決家庭糾紛。參看馮夢龍《古今談概》，可見於《馮夢龍全集》（上海：上海古籍出版社，1955 年版）。李漁創作了幾部戲曲，如《無聲戲》《凰求鳳》《奈何天》等，都是以悍妻為主題的。參見李漁：《李漁全集》，杭州：浙江古籍出版社，1990 年，卷 8、9。在伏雌教主的《醋葫蘆》中，杭州商人成圭經常被他的妻子都氏（意為「都是」）毒打。參見伏雌教主：《醋葫蘆》，《古本小說叢刊》第 8 輯。

說：前生「大怨大仇，勢不能報，今世皆配為夫妻……惟有那夫妻之中，就如脖項上瘦袋一樣，去了愈要傷命，留着大是苦人。日間無處可逃，夜間更是難受。官府之法莫加，父母之威不濟，兄弟不能相幫，鄉里徒操月旦；即被他罵死，也無一個來解紛；即便他打死，也無一個勸鬥。你說要生，他偏要處置你死，你說要死，他偏要教你生，將一把累世不磨的鈍刀，在你頸上鋸來鋸去，教你零敲碎受，這等報復豈不勝如那閻王的刀山劍樹，碪搗磨挨的十八重阿鼻地獄？」「前生懷宿仇，撮合成顯報。同牀睡大蟲，共枕棲強盜。此皆天使令，順受兩毋躁。」[1]

　　在觀念形態上習慣了夫權的丈夫們，在 17 世紀的中國遇到了不理會那些說教的老婆們，萬般無奈。原因是多方面的。首先，當妻子來自一個比婆家社會地位，或者經濟地位更高的家庭時，妻子在夫妻家庭中可能有較大的發言權。《醒世》中的薛素姐蔑視她的丈夫狄希陳的原因之一就是因為她的兩個弟弟都是考得起的生員，而狄希陳卻是靠小舅子代筆才入了學的。[2] 第二，在崇尚夫權有悠久歷史的中國社會，丈夫們恥於讓別人知道閨闈失和，那表示齊家無方。所以一旦有了家庭矛盾，丈夫要儘量避免外揚，也就是避免藉助國家法律和社會觀念認可的夫權來解

---

❶　西周生：《醒世姻緣傳》《引起》，第 5–6 頁。

❷　明朝人唐順之把妻子靠娘家的政治權利凌虐丈夫的現象追溯到了劉宋時期。參見唐順之：《稗編》卷 92。唐順之所指故事見於李延壽《南史》王誕傳。該傳載：王誕兄子王偃尚宋武帝第二女吳興長公主榮男。此公主「常裸偃縛諸庭樹。時天夜雪，嗦凍久之。偃兄恢排闥詬主，乃免。」王偃的兒子王藻位為東陽太守，尚文帝第六女臨川長公主英媛。王藻「別愛左右人吳崇祖」，大概是搞同性戀。公主「讒之於廢帝，藻下獄死，主與王氏離婚」。又曰，「宋世諸主莫不嚴妒，明帝每疾之。湖熟令袁慆妻以妒賜死。使近臣虞通之撰《妒婦記》。左光祿大夫江湛孫斆當尚孝武帝女，上乃使人為斆作表讓婚曰：『伏承詔旨，當以臨汝公主降嬪，榮出望外，恩加典外。顧審輜蔽，伏用憂惶……自晉氏以來，配尚王姬者雖累經美青，亟有名才，至如王敦懾氣，桓溫斂威，真長佯愚以求免，子敬炙足以違禍，王偃無仲都之質，而裸雪於北階，何瑀闕龍工之姿，而投軀於深井，謝莊殆自害於矇叟，殷沖幾不免於強鉏。彼數人者，非無才意，而勢屈於崇貴，事隔於聞覽，吞悲茹氣，無所逃訴。制勒甚於僕隸，防閒過於婢妾，往來出入，人理之常，當待賓客，朋從之義；而令掃轍息駕，無窺門之期。廢筵抽席，絕接對之理。非惟交友離異，乃亦兄弟疏闊……伏願天慈照察，特賜蠲停，使燕雀微群，得保巢蔚，蠢物憐生，自已彌篤。若恩詔難降，披請不申，便當刊膚剪髮，投山竄海。」見李延壽：《南史》卷 23，《列傳第十三·王誕》，北京：中華書局，1975 年，第 618–621 頁。

決夫妻糾紛。沈德符說：「士大夫自中古以後多懼內者，蓋名宦已成，慮中冓有違言，損其譽望也。乃若君相亦有之，則唐孝和帝之賜宴，見嘲於優人⋯⋯本朝名臣亦大有此風。往事不及知，如吾浙王文成之立功仗節，九死不回，而獨嚴事夫人，唯唶恐後。近年吳中申、王二相公，亦與夫人白首相莊，不敢有二色。至如今上初，薊帥文登之戚少保繼光，今寧夏帥蕭都督如薰，皆矯矯虎臣，着庸邊閫，俱為其妻所制，又何也？又若近日新安汪司馬長君無疆，為婦陸氏所妒，致刑厥夫為閹人。蒲州楊太史元祥與婦羅氏爭言，遂以刀自裁，尤慘毒之甚者，抑更非前將相諸公比矣。」[1] 第三，婚姻並不僅僅是夫妻兩個人之間的個人關係，它通常是嫁娶兩個家庭甚至家族之間的關係。由於其關係巨大，涉及的人遠不止夫妻兩個，所以不是夫妻失和就會導致夫妻關係的解除。《醒世姻緣傳》中的狄希陳沒有和經常打罵他的妻子離婚，就是因為他的父親覺得對不起親家翁。[2] 顯然，社會規範和傳統家庭倫理不僅支持了夫權，其實也以某種較微弱的方式保護了妻權。第四，對於貧窮家庭的夫妻雙方說來，現有的婚姻是已經做出的生活投資，解除婚姻將意味着已經投入的資本的喪失，人手的喪失，再婚時本人價值的降低等等。另外，在士紳階層與在下層民眾中，夫妻矛盾的原因和展開的方式有所不同。[3]

那種強調夫對妻的統治權的教條主要是為上流社會制定的，而不是針對庶民男女的。從 17 世紀的社會情況來看，通常一個庶民人家的妻子

---

❶ 沈德符：《敝帚軒剩語》卷下，《懼內》，《叢書集成初編》本，第 63-64 頁。

❷ 西周生：《醒世姻緣傳》第 73 回，《眾婦女合群上廟　諸惡少結黨攔橋》，第 1046-1047 頁。

❸ 「悍妻」的出現與丈夫和納妾有關。妾最低限度上要和妻分享與丈夫的性關係，而與丈夫的性關係和妻妾們在家庭中的權力地位直接相關，所以妾對於妻可以構成嚴重的威脅。由於納妾的基礎主要是丈夫對妻以外的女人的性需求或者增加子嗣的需求，妾通常要比妻年輕並更有性吸引力。因而妻通常不能從性愛的角度和妾競爭，而是更可能採取正面衝突的方式來保護自己的權力地位。中國民間不實行嫡長子繼承制，妾生子嗣和妻生子嗣的法律地位基本相同。所以從長遠的角度說，妾還構成對妻及其所生子嗣的競爭。無論從法律上還是從社會實踐的角度考察，社會上層——這裏包括縉紳和其他富裕的社會成員——中的納妾現象要比社會下層中普遍得多，所以與納妾相關的「悍妻」現象多出現在社會上層。這是為什麼當時的文獻中經常出現把「悍妻」和「妒」聯繫起來的情況。沈德符就說：「富貴人坐妒婦斬嗣者最多，然亦有改悟者，千百中一二也。以余耳目所及⋯⋯」（《萬曆野獲編》卷 23，《婦女》，第 596 頁）

要和她的丈夫一樣工作——其中包括家務工作，來維持家庭生活。從而她們對於家庭做出和丈夫同樣重要的貢獻，對家庭的存在之重要性實際上和丈夫並無不同。就是一個貧窮的生員家的主婦，如蒲松齡的妻子，也不得不終生勤勞工作來分擔所有養家和管家的責任。[1] 對比之下，一個縉紳家庭的主婦卻無須為了養家而跨出庭院之外。家庭的特權地位和主要財政收入來自丈夫的社會活動。縉紳婦女的責任限於管理家政。於是從財政和社會的角度看，一個縉紳家婦的人生地位，較一個庶民家婦來說更多地從屬於她的丈夫。妻子的角色愈是被局限在家中，她的角色定義就愈是和性相關聯。也就是說，無須工作的妻子的角色主要是丈夫的性夥伴。一個工作的妻子則不僅是她的丈夫的性夥伴，而且是他的工作同事或者家庭經濟事業的合夥人。庶民夫妻之間的相互依賴關係，要比縉紳夫妻之間的這種關係強得多。從而，夫權也就弱於社會的下層，而強於社會的上層。

明中葉以後的民間宗教似乎也對 17 世紀的兩性角色地位關係產生了一些影響。根據喻松青的研究，明清民間宗教普遍對於男女平等持肯定的傾向，而且婦女在民間宗教活動中非常活躍。尤其引人注目的是，女性擔任民間宗教組織領袖的現象，在北方要比在其他地區更普遍。喻松青列出的 10 名女性宗教領袖中有 9 名出自北方，主要在山東。[2] 這表明明清之際北方下層婦女在家庭中和社會上所充當的角色都是十分重要的。「悍妻」乃至女性在民間宗教中乃至叛亂中充當重要角色，這兩種現象在 17 世紀前後中國北方社會歷史上是相互關聯的。

在 17 世紀，當許多儒家知識分子還在努力挽救夫權統治地位的時候，與下層人民和社會實際關聯更緊密的一些下層知識分子開始向妻權讓步。其條件是，妻子繼續保持貞潔並尊重翁姑。對「悍妻」深惡痛絕

---

[1] 蒲松齡：《蒲松齡集》，《聊齋文集》卷 8，《述劉氏行實》，第 250–251 頁。

[2] 喻松青所提到的名字有張翠花、米奶奶、魏王氏、高張氏、金氏、劉氏、趙王氏等。參見喻松青：《明清時期民間宗教教派中的女性》，《南開學報》，1982 年第 5 期。

的《醒世》作者西周生就很欣賞狄希陳的母親，說她是「天地間婦人中的正氣」，[1] 而這位狄夫人也是把丈夫管得十分規矩的角色。蒲松齡也曾經說到管制丈夫的妻子的好處。他說：「潑婦名頭甚不香，有時用她管兒郎；管得敗子回頭日，感謝家中孩子娘。」[2]

17 世紀的夫妻關係格局與儒家的理想很有些距離，妻子們在挑戰丈夫的傳統權威。生活實際中夫權和妻權的高低不是由儒家的原則，而是由許多具體的因素決定，其中包括地方習俗，當事人社會身份、個人性格、婚姻基礎等等。這些動向並不是由知識分子的思想引導的，而相反，是社會變動牽動知識分子的思想。

（四）婦女貞節：難以落實的規範

雖然婦女貞節在古典時代和早期帝制時代就被貴族和縉紳階級所鼓吹，但婦女再婚在從漢到宋很長的歷史時期中都十分普遍。庾亮的兒子娶諸葛道明的女兒為妻。庾子死，諸葛道明寫信給庾亮說女兒要改嫁。庾亮回書曰：「賢女尚少，故其宜也。感念亡兒，若在初沒。」[3] 北宋范仲淹的母親曾經兩次結婚。范仲淹本人則為寡婦再嫁提供妝資，而且親自做主把他自己守寡的兒媳嫁給了他的一個學生。《新唐書》記載，賈直言被遷邊遠地方做官。他考慮到妻子董氏年輕，他自己遠行不知歸期，而且可能客死他鄉，就勸告董氏在他走後改嫁。[4] 這些記載表示，雖然女性守節早就在儒家經典中得到肯定，但是到北宋的時候，即使在上流社會中也不是普遍的強制性規範。是宋朝的理學家們，也就是現在所說的新儒學家們，把婦女守節搞成了嚴肅的規矩。程頤有一次在回答是否可以娶寡婦為妻的問題時說：「凡取，以配身也。若取失節者以配身，是己

---

❶ 西周生：《醒世姻緣傳》第 69 回，《招商店素姐投師 嵩里山希陳哭母》，第 991 頁。

❷ 蒲松齡：《蒲松齡集》，《聊齋俚曲集》，《俊夜叉》，第 1109 頁。

❸ 李贄：《初潭集》卷 1，《喪偶》，第 14-15 頁。

❹ 歐陽修、宋祁：《新唐書》卷 205，《列傳第一百三十·列女》，第 5826 頁。

失節也。」人又問，或有居孀貧窮無託者可再嫁否？曰：「只是後世怕寒餓死，故有是說。然餓死事極小，失節事極大。」[1] 於是女性貞節成為女性道德尊嚴的絕對標尺。此後，政府對於貞婦烈女的褒揚達到了中國歷史上無以復加的程度。據《大明律》，「若妻背夫在逃者，杖一百，從夫嫁賣。因而改嫁者，絞。」[2] 儒家倫理的傳播和國家政策迫使大量的喪偶婦女守寡。但是，這裏有一個必須注意的問題：明朝政府在寡婦再嫁問題上執行的是雙重標準。五品以上官員遺孀不許改嫁。這意味着五品以下官員家的寡婦改嫁並不受法律限制，庶民寡婦改嫁就更不受法律限制了。明朝的法律也准許失和的夫妻離婚。所以，明朝的立法者其實並沒有以強制的方式把程頤的原則落實到整個社會，而只是落實到了社會的上層。事實上，程頤的教導在 17 世紀遭到了質疑。唐甄就曾經針對程頤的說法爭辯說：「然而凍餓逼矣，不可以言禮；考妣餒矣，不可以言孝；先澤斬矣，不可以言傳。於斯講學，何學可講？於斯進德，何德可進？必使不陷於死，不絕於先，有繼於後……」[3] 對於他來說，餓死顯然不是「事極小」，而是第一要解決的問題。顧炎武也稍微有些保留地贊成寡婦可以改嫁。他說：「夫物之不齊，物之情也。雖三王之世，不能使天下無孤寡之人，亦不能使天下無再適人之婦。且有前後家、東西家而為喪主者矣。假令婦年尚少，夫死而有三五歲之子，則其本宗大功之親自當為之收恤。又無大功之親，而不許之從其嫁母，則轉於溝壑而已。於是其母所嫁之夫視之如子，而撫之以至於成人，此子之於若人也，名之為何？不得不稱為繼父矣。長而同居，則為之服齊衰期。先同居而後別居，則齊衰三月。以其撫育之恩，次於生我也。為此制者，所以寓恤孤之仁而勸天下之人不獨子其子也。」[4]

16 世紀初，有一個名叫赦英的人為了躲避官司從家鄉逃走。去家

---

❶ 朱熹、呂祖謙編：《近思錄》卷 6，《家道》，《景印文淵閣四庫全書》第 699 冊，第 72 頁。
❷ 懷效鋒點校：《大明律》卷 6，《戶律三‧婚姻》，第 65 頁。
❸ 唐甄：《潛書》上篇下，《交實》，第 85 頁。
❹ 顧炎武撰，黃汝成集釋：《日知錄集釋》卷 5，《繼父同居者》，第 450–451 頁。

既久，「妻議他適。迎婦者已在門，東谷突歸，始散……東谷念家貧難娶，隱忍與居，生二子。正德辛巳，登進士第，官留都，不挈以行。納妾甚變焉。二子不教以詩書，及長，但事生產作業。」[1] 這個事例的含義是：一個妻子可以由於丈夫長期沒有音信而改嫁他人，而一個講求實際的窮丈夫會容忍她曾經有過改嫁的動機。但是，同樣的事情對於一個縉紳中人就變得不堪忍受了。到了 17 世紀，寡婦再嫁被看作更合乎情理和可被社會接受一些了。周亮工甚至曾經歡賞南宋的張九成心地純潔，因為他在給他的妻子寫的墓誌中，直言不諱她是他娶的一個寡婦。[2] 晚明小說家凌濛初雖然沒有公然支持寡婦再嫁，但是他注意到了傳統的女性貞節要求的不平等性。他評論說：「卻又一件，天下事有好些不平的所在。假如男人死了，女人再嫁，便道是失了節，玷了名，污了身子，是個行不得的事，萬口訾議。及至男人家喪了妻子，卻又憑他續弦再娶，置妾買婢，做出若干的勾當，把死的丟在腦後，不提起了，並沒人道他薄倖負心，做一場說話。」[3] 在這位小說家的一篇故事中，一個寡婦當着她公婆的面和媒人商定了她自己再嫁的安排，沒有什麼人有權力阻止她的這項舉動。[4]

寡婦再嫁似乎在 17 世紀得到了比以前更廣泛的承認。清朝初年，錢泳更直率地批評了理學家的說教。他指出，「宋以前不以改嫁為非，宋以後則以改嫁為恥，皆講道學者誤之。總看門戶之大小，家之貧富，推情揆理，度德量力而行之可也，何有一定耶？」[5] 另外一位清初的學者王應奎也對理學家們提出了批評。他說：「餓死事極小，失節事極大。程子固嘗言之。然先王制禮，有同居繼父、不同居繼父之服。則女子改嫁，

---

❶ 褚人穫：《堅瓠集》首集卷 3，《敖東谷》，《筆記小說大觀》第 15 冊，第 23 頁。
❷ 周亮工：《書影》卷 10，第 282 頁。
❸ 凌濛初：《二刻拍案驚奇》卷 11，《滿少卿飢附飽揚 焦文姬生仇死報》，上海：上海古籍出版社，1985 年版，第 554 頁。
❹ 凌濛初：《二刻排案驚奇》卷 11，《滿少卿飢附飽揚 焦文姬生仇死報》，第 550–552 頁。
❺ 錢泳：《履園叢話》雜記上，《改嫁》，北京：中華書局，1979 年版，第 612 頁。

固非先王之所禁矣……可見古人不諱改嫁，故於文字中見之。今世衣冠之族，輒以改嫁為恥，而事出勉強，馴致無狀，反不如改嫁之為得也。往見蔣先生莘田《家訓》中亦嘗言之。其所見與余略同。若如徐女廉之《改嫁說》，則又教人以偷，而為程子之罪人矣。」[1]

根據王應奎的說法，只有縉紳人家才為寡婦再嫁感到羞恥，而這種禁忌反而導致縉紳婦女中的通姦行為。褚人穫的話更明確地反映了 17 世紀寡婦再嫁的普遍。他說：「婦人再醮，已非美事。有嫁二夫其夫復死，又再醮焉。」[2] 根據明朝和清朝的法律，對於庶民寡婦再嫁的惟一限制是：她們必須等到去世的丈夫過了「終七」以後才可以嫁人。否則，其丈夫的族人可以把她們送到官府糾治。[3] 蒲松齡曾經代人寫作告知姪女再嫁的文書，其題即明言新娘是個寡婦。行文喜慶，並無一點滯礙扭捏處。[4]

寡婦改嫁，是女子通過婚姻關係的再建立，實現和前夫以外的男子結合的方式。男女關係除了這種法律婚姻關係之外，還有私自實行的性往來。這種關係也和儒家的倫理相矛盾，但是在 17 世紀下層社會卻又很普遍。田藝蘅很清楚地指出：「耕，男之職也。今之業耕者毀其鋤犁而教其子以盜。織，婦之事也。今之業織者毀其機杼而教其女以淫。是何也？古之耕織也得飽暖，而今之耕織也飢寒。因之矣，耕織反不若淫盜。噫！是孰使之然哉？」[5] 針對下層社會的實際情況，呂坤主張對士大夫家庭和平民家庭的倫理應該分別制定標準。他說：「貧家男女易雜，小民名節多輕，非若士大夫家，嚴內外以遠別，有禮義以養心，故愚民貧民不可遽責以聖賢之道。凡決此輩姦情，不可細拘文法，當有法外之精意焉。」[6] 呂坤的主張應該被看作儒家思想界和官僚士大夫向社會現實的

❶ 王應奎：《柳南續筆》卷 4，《改嫁》，北京：中華書局，1983 年版，第 196-197 頁。
❷ 褚人穫：《堅瓠集》首集卷 4，《三夭》，《筆記小說大觀》第 15 冊，第 32 頁。
❸ 褚人穫：《堅瓠集》二集卷 1，《用舊句》，《筆記小說大觀》第 15 冊，第 39 頁。
❹ 蒲松齡：《蒲松齡集》，《聊齋文集》卷 7，《四月代人遣姪女再醮啟》，第 217-218 頁。
❺ 田藝蘅：《春雨逸響》，《叢書集成初編》本，第 2-3 頁。
❻ 呂坤：《實政錄》卷 6，《風憲約·提刑事宜》，《續修四庫全書》第 753 冊，第 395 頁。

一次讓步。根據這次讓步，庶民人家的婦女並不需要像縉紳人家的婦女一樣嚴格地實踐貞節倫理。[1]美國學者高彥頤（Dorothy Ko）在她關於 17 世紀江南地區士紳家庭中婦女的研究中，則對傳統觀點裏中國帝制社會後期女性的「被踐踏形象」做出了挑戰。她認為，當時的婦女應該被看作是實際兩性關係體系的建構者和基石。[2]而根據本文的考察，17 世紀中國北方下層社會的婦女並不是完全被夫權所束縛着的。

（五）結論

在上面的考察中，我們看到，儒家家庭倫理的主要原則在 17 世紀前後中國社會下層的實踐中受到了挑戰。這種發生在家庭倫理中的變動既和中國歷史的演變趨向，也和中國文化的特質有根本的關聯。在整個傳統時代的中國歷史上，儒家家庭倫理本身始終是一個包含許多不斷的改變的概念體系。比如，悌在古典儒家觀念中並非僅僅意味着兄弟同居，而是強調內在的一體的體認。女性貞節觀念則在理學興起以前並不把禁止寡婦改嫁當作基本實踐。所以，所謂儒家家庭倫理在社會實踐中的扭曲，在很大程度上是指宋以後的儒家家庭倫理在社會實踐中被扭曲。一般地來看，理學在宋到明中期在意識形態中佔主導地位。理學家制定倡導的男女關係更嚴峻化的家庭倫理體系，在 12 到 15 世紀間也大體沒有遇到撼動根本的挑戰。16 世紀則是一個諸多變動湧起的時期。其中一個重要方面是王陽明心學的發展。心學是理學發展過程中出現的一次嬗變。在現代西方的概念中，心學與理學都屬於所謂「新儒學」。但是心學的確給宋以來的理學傳統帶來深刻震動。它強調「心即是理」，

---

❶ 17 世紀的寡婦守節仍然得到官方的鼓勵。但是，這種鼓勵的有效性是有限的。下層婦女守寡並不一定出於倫理上的考慮，而可能是出於生存的需要。一個沒有子女的寡婦如果不改嫁並且從丈夫的家族中過繼一人為家庭繼承人，就可以繼承其故丈夫的遺產。改嫁的寡婦則不僅不能繼續擁有丈夫的遺產，而且要把自己出嫁時的妝奩留給丈夫的家族。

❷ See Dorothy Ko, *Teachers of the Inner Chambers: Women and Culture in Seventeenth-Century China*, Stanford: Stanford University Press, 1994, p. 8.

引導從個人的內心中體悟出「良知」。所以，對於心學所影響的知識分子來說，知識和倫理都在很大程度上是自我感覺中的事情。這樣一種思想趨向和晚明社會的不穩定有一定的關聯。所以，17世紀中國前所未有的文化多樣性，部分是由理學自身的嬗變推動的。用本章開始時提到的馮琦的話來說，道德淪喪是從「文化的發展」而來的。更淺白地說，社會文化繁榮到一定的程度，社會的上層會湧起尋求新奇的衝動，結果，使「人慾」難以束縛。明朝後期的士大夫中也有人主張利用佛教和道教的一些說法來規整人心，結果使得儒家思想對社會下層的影響力更為減弱。

社會下層的庶民們生活在與縉紳階層差異很大的社會和文化環境之中。他們的倫理價值觀念雖然不能不受到官方倡導的儒家倫理的影響，但是從來也沒有和精英們保持一致。國家如要影響庶民倫理，需要經過教育和交流的過程，但是庶民絕大多數是文盲，這使儒家思想對社會下層的滲透遭遇極大的困難。下層人民的社會行為在相當大的程度上，為當時的風氣和生存需要這兩個因素所左右。當基本生存條件受到威脅的時候，平凡的人們會為了生存而打破社會規範。這時候庶民往往比知識分子更現實。當社會面臨巨大的挑戰的時候，儒家要對傳統和原則的存亡給予極大的關切，而庶民們則憑他們的常識跟着感覺走。

作為官方意識形態的儒家家庭倫理包含着一些違反人性的內容，尤其是婦女貞節說。當男人的婚外性行為被認為合理，妾制又實際上給富裕的男人提供了比多妻制還要自由的男性特權婚姻關係的時候，女性的貞節原則就是兩性不平等的一個十分鮮明的表徵。儒家某些倫理原則這種不合於人性的特徵，也是其在國家社會控制薄弱的地方不被遵循的原因。

17世紀中國發生了許多重大的政治變動，明朝在它的最後50年間一直處於風雨飄搖之中。貴族和官僚嚴重腐敗，黨爭破壞了國家對社會的控制能力；北方連續發生自然災害；在對付農民的反叛、日本對朝鮮的侵略和滿族的南侵這些刻不容緩的大事中，明朝的國家財政陷於崩潰。至清軍入關之後，其向南方的軍事行動導致嚴重的經濟社會衝擊和心理混亂。在這樣的時代，任何官方的意識形態、倫理模式，或者規範

原則都難以貫徹。所以 17 世紀社會下層的路更多地由庶民們自己去走。清朝穩定後重建了理學的正統地位，並且實現了一個時期的經濟發展和社會穩定。即使如此，理學家的家庭倫理還是很難在庶民中成為自覺的行為準則。儒家家庭倫理的扭曲反映了中國社會文化的多樣性和傳統中國價值系統的彈性。

原刊《明史研究》2001 年，總第 7 期

十、「悍妻」與 17 世紀前後的中國社會

中國文化特重家庭。家庭始於男女的結合，所以夫妻關係自然是中國人十分看重的基本社會關係。現在人們大體公認，遠古時代的中國曾經有過一個父系氏族階段，那時是男性家長主宰家庭中的一切。這種上古父家長制度的遺風始終沒有徹底消除，並且在周、秦、漢以後逐漸與國家所倡導推行的禮法規範融合，以至成為中國傳統家庭制度的一個主要特色。大體上，國家政府的法規文件和正統學者的著述都無疑問地支持男性支配家庭這一基本文化原則。正由於這個特點的確很明顯，人們很容易對它做過分的強調，忽視中國家庭關係中的許多比較不易概念化的複雜的具體情況。將「悍妻」作為一種社會歷史現象來研究，主旨在於由此討論中國社會與文化的複雜、多層次特性。「悍婦」兩個字在這裏專指採用身體侵害（physical abuse）或辱罵的方式實現對丈夫控制的妻子。「悍」字在漢語一般使用中常含貶義，在這裏則只是一個取自傳統文獻的中性詞彙，與對「悍妻」的評價無關。另外，中國歷史上的「悍夫」肯定要比悍妻多得多，這一點在中外有關中國婚姻制度歷史的研究中已成不易之論，亦不多言。

我們之所以試圖討論中國社會文化的複雜性和多層次問題，是基於近年中國社會文化歷史的研究在總體的定性方面已經提出了許多新的看法，關於「非主流」的社會歷史現象的研究可以有助於糾正理解主流現象時可能發生的偏激。另外，西方學者近年對中國社會文化歷史的研究，雖然已經漸漸由偏重對儒家思想和國家制度的總體定性的研究，轉移到注重分區域、分時期的，關於具體問題的研究，儒學和新儒學（Neo-Confucianism）等詞彙仍然具有被誇大的解釋力。一般地說，西方學者比中國學者更習慣於用儒家思想作為社會通則來解釋各種社會歷史現象，其間不免有一些泛儒家化的概括。「悍妻」在諸子百家中都沒有「後台」，在國家制度中也沒有得到過承認，如果我們承認它是一種真實的歷史現象，我們就面對了一個大問題和一個相關的小問題。大問題是，儒家及其他思想流派的哲學思想究竟在多大程度上制約着中國人的日常生活？小問題是，悍妻現象為什麼會在中國存在？兩個問題又都關乎中國社會歷史的複雜性問題。大問題無法簡率回答，只能作為思考時的關照條件，小問題是本文嘗試討論的核心。

（一）17 世紀中國的悍妻現象

現代中國人對悍妻這個問題的注意，是由胡適先生在大約 60 年前為《醒世姻緣傳》的排印出版撰文而開始的。他對這本「以怕老婆為主題的」小說激賞不已，寫了一篇洋洋 5 萬字的文章，名為「《醒世姻緣傳》考證」，論證它的作者就是蒲松齡，並請得孫楷第先生幫助找出一些佐證的材料。近年研究《醒世姻緣傳》作者的文字頗多，總體看來，將此書論為 17 世紀中後期山東地區作者所作是有充足證據的，而確定為蒲松齡所作則是過於「大膽」了。[1] 不過胡適先生雖然極高地評價了這部

---

[1] 簡要的說明參見 Glen Dudbridge, "A Pilgrimage in Seveteenth-Century Fiction: T'ai-shan and the Hsing-shih Yin-yuan Chuan", *T'oug Pao*, LXXVII, 1991, pp. 4–5。詳細的考證可參考 Yenna Wu, "Marriage Destinies to Awaken the World: A Literary Study of *Xingshi yinyuan zhuan*", Doctoral Dissertation, Harvard University, 1986。

書的史料價值，卻終於沒有從社會史的角度對它做出具體的研究。倒是在經胡適推薦後讀了這部書的徐志摩，在《醒世姻緣傳》問世 300 年後，為書中「悍妻」素姐形象的真實性提出了現代的佐證。他說，素姐不過是碰巧脾氣來得躁些，口氣來得脆些，做的事情卻「打是打，罵是罵，全是中鋒陽性正面文章，堂皇正大」。倒是現代的「素姐」，是出過大洋，唸過整本皮裝書的，不動手就可以逼得你要發瘋、上吊、跳河。她們自己可以耍身手開胃，卻絕不准別人吹動她們一根毛髮。[1]

《醒世姻緣傳》寫明代山東武城縣人晁源及其轉世託生的繡江（章丘）縣人狄希陳與其妻妾間兩世姻緣故事。書中打老公的女人有晁源妻計氏、狄希陳妻薛素姐、狄希陳妾童寄姐、狄希陳母相氏、成都府推官吳某的妻子等等。該書雖然以因果循環報連綴情節，不免有荒誕不經之處，但關於夫妻日常生活關係的描寫卻極樸直詳細，非純然虛構所能成。

計氏是《醒世姻緣傳》前半部分的主人公晁源的元配嫡妻。她本是武城縣一位不曾進學的老童生的女兒，相貌平平。在晁源的父親靠教書養家的時候，計氏嫁給晁源為妻。計家那時略較晁家豐足，常常賙濟晁家。那時在晁源眼裏，計氏就是「天香國色」。計氏每每「恃寵作嬌」。後來，晁家成了鄉宦，「計氏還是向來的計氏，晁大舍的眼睛卻不是向來的眼睛了」。他既嫌計氏長相「鄙瑣」，又嫌計家「赤貧」。書中寫那晁源：「內裏有了六七分的厭心，外邊也便去了二三分的畏敬。那計氏還道是向日的丈夫，動起還要發威作勢，開口就罵，起手即打……漸漸至於兩相對罵，兩相對打。後來甚至反將計氏打罵起來。往時怕的是計氏行動上吊，動不動就抹頸，輕則不許進房，再不然，不許上牀去睡。這幾件，如今的晁大舍都不怕了，恨不得叫計氏即時促滅了，再好另娶名門豔女。哪怕你真個懸梁刎頸，你就當真死了，那老計的父子也來奈不動他。若說到唸經發送，這只當去了他牛身上一根毛尾。他往時外邊

---

❶ 徐志摩：《〈醒世姻緣傳〉序》，見西周生：《醒世姻緣傳》下冊附錄，第 1439 頁。

又沒處去，家中只得一間臥房，臥房中只得一牀鋪蓋。不許入房，不許同睡，這也就難為他了。他如今到處書房，書房中匡牀羅賬，藤簟紗衾，無非暖閣，暖閣內紅爐地炕，錦被牙牀。況有一班女戲，長遠包在家中，投充來清唱《龍陽》，不離門內。不要說你閉門不納，那計氏就大開了門，地下灑了鹽汁，門上掛了竹枝，只怕他的羊車，也還不肯留住。所以計氏也只待張天師抄了手，沒法可使了。計氏的膽，不由得一日怯似一日，晁大舍的心，今朝放似明朝。」[1]

看來，晁源與計氏的夫妻關係格局主要取決於雙方的社會和經濟地位。家庭相對貧寒，生活空間和其他生活條件不佳，是計氏過去能夠主宰丈夫的條件。反之，家庭富裕使得丈夫獲得較大的自由，其對妻子的依賴性也相對削弱。此外，當晁計兩家地位接近時，計氏曾經能夠控制丈夫的基礎之一是「恃寵作嬌」，也就是說，晁源那時還是愛她的。那麼愛可能成為一方統治另一方的條件。晁源對計氏的「愛」的境界不會很高，否則他不會小有得志就把妻子拋在一邊，大嫖起來。計氏對晁源也不會真的愛得很深，否則當初不會把晁源培養得打不還手，罵不還口。所以，他們的「愛」的成分怕絕大多數是性慾需要。拒絕滿足丈夫的性要求，可以幫助妻子控制丈夫。計氏統治晁源的另外手段是「動輒上吊，動不動就抹頸」。自殺無疑在任何社會關係中都構成一種強大的威懾力，來自聯繫緊密的家庭成員的自殺威脅，尤其意味着被威脅者要承擔更大的責任和打擊。這種威脅在貧寒庶民家庭中有強大的震懾力，在富裕和官紳家庭中可能威力會略弱一些。前一類家庭既難以承擔失去主婦這一直接後果，也更顧慮主婦自殺帶來的財務方面的打擊。在這個事例中，夫妻在家庭中的地位不是被什麼宗教信仰或國家法律規定而成的，而是由雙方的社會經濟地位、雙方的人格和情感關係決定的。因而隨時變化，因人而異，家庭中丈夫居統治地位與妻子居統治地位都是可能的。

---

❶ 西周生：《醒世姻緣傳》第 1 回，《晁大舍圍場射獵　狐仙姑被箭傷生》，第 7–8 頁。

薛素姐是《醒世姻緣傳》的主角。晁源因為與皮匠小鴉的妻子唐氏通姦被小鴉殺死，轉世投胎到山東繡江縣明水鎮財主狄賓梁家為子，名狄希陳，是狄賓梁嫡妻相氏所生。被晁源射殺的狐狸則投胎僑居明水鎮的河南籍致仕府學教授薛家為女，名素姐，是薛教授妾龍氏所生。兩家交好，父母作主，狄希陳娶薛素姐為妻，薛素姐的弟弟薛如兼娶狄希陳的妹妹巧姐兒為妻。剝去狐狸投胎報仇等等胡柴，用無神論的觀點把狄、薛婚姻梳理一下，這顯然是一場普通的由雙方父母之命決定的包辦婚姻，門當戶對，年貌相當，自小相識。但狄希陳自小讀書不佳，頑劣不堪。薛素姐的兩個弟弟與狄希陳同窗，卻都知上進。在這種情形下，薛素姐免不了從她未婚夫的聲名中分享了一些難堪。這位原本不喜歡狄希陳的少女已出落得極其標緻，她的確沒有什麼理由對她的那位夫婿生發出什麼尊重、愛戀和依賴感來。狄希陳 16 歲時，請人捉刀代筆，蒙混中了秀才。在濟南府複試的時候，狄希陳結交妓女孫蘭姬。狄母知道狄希陳心已野了，安排娶妻，以為「着個老婆管着」可能會好些。婚禮中，儐相舉止下流，唱詞猥褻，素姐頗為不堪，狄希陳卻說儐相唱得「都是把實話」，惹得賓客哄笑不已，素姐則對狄希陳更加有氣。當天素姐就把新婚丈夫關在新房外面，不肯與他同睡。到婚後第三天晚上，狄希陳騙素姐吃醉了酒，強行圓房。這種違背妻子意願的性行為在今天許多國家的法律中可以論為強姦，在當時的中國則是理直氣壯的事。素姐也沒有就這件事本身作出激烈的反應，但這件事仍然給素姐心理上帶來某種陰影。到這時為止，這樁婚事對於素姐的確沒有任何溫馨的味道。她在自己的婚姻中沒有絲毫的選擇權，父母蔑視她的情感，把她嫁給一個「杭杭子」，丈夫在她醉夢中拿她做了發泄性慾的工具。有了這樣的經歷之後，素姐對丈夫的溫柔與尊敬都是情理之外的事了。自此以後，素姐「不是打罵漢子，就是忤逆公婆」，潑辣、蠻橫的性格漸漸表現出來。狄家父母「一則為獨兒獨婦，百事含忍，二則恐人笑話，打了牙只往肚裏咽」。兩個月後，素姐起釁動手打了狄希陳，狄母打了素姐，素姐在家中放火示威。由此奠定了素姐對狄希陳的霸權。此後，素姐對狄

希陳的統治逐漸發展，打罵、拶夾、監禁、斷食都使出來。狄母和薛教授氣死，狄希陳決心另立家門，在北京偷着另娶童寄姐為二房。素姐向官府誣告狄希陳謀反，審出誣告情實，被拶。後來素姐尋到狄希陳做官任所，終於得隙痛打狄希陳 640 棒，又用炭火燙傷狄希陳，幾乎致死。後來素姐死去，孽緣方了。

《醒世姻緣傳》中的素姐是一個誇張的形象。這種誇張顯然與作者對惡姻緣的報應論解釋有很大的關係。既然狄希陳與素姐的姻緣是為了報前世的血仇而結，素姐對狄希陳的虐待自然就酷烈一些。其實，拋開報應的解釋，素姐這樣的人的基本人格，還是可以得到邏輯上的理解的。我們先把素姐對狄希陳難以置信的虐待淡化為「打罵丈夫」，以使這件個案更具有對實際生活的代表性，再來歸納其原因。影響素姐對狄希陳態度的有如下因素：首先，這是一場包辦婚姻，狄希陳不是素姐心許的如意郎君。第二，素姐與當時的絕大多數少女一樣，根本沒有反抗父母對自己的婚姻安排的自覺意識，這樣就形成了一種潛意識的壓抑感，這種壓抑感在略有選擇餘地的長期夫妻生活關係中發泄出來。第三，狄希陳對素姐顯然有慾，未必有情，婚後對素姐的性行為並無溫柔，他對妓女孫蘭姬的感情要誠摯得多。狄希陳在婚後曾與一對尼姑師徒姦宿，可見對素姐說來絕不是「節夫」，這種情感上的分寸在夫妻日常生活中會表現出來。第四，狄希陳為人平庸苟且，不學無術。素姐的父親原是府學教授，她的兩個弟弟是「考得起的」秀才，她自己姿容秀美，千伶百俐，所以她看不起狄希陳其人。第五，素姐受生母龍氏和當時鄉村生活中很普遍的潑打歪纏現象的影響，有胡攪蠻纏的習氣。第六，從素姐對家產的拚力競爭，可以看出她對財產有強烈的佔有慾，對財產的佔有慾可以是一種統治支配慾的具體形式，它在一定情形下支持對配偶的支配慾。最後，妻子打罵丈夫，在當時與丈夫打罵妻子一樣，都不是孤立的現象，世風相染相習。尤其婆婆打兒媳，是傳統中國家庭中婦女使用暴力的一種主要方式，在中國直到近代仍然被看作是天經地義，至今未必完全絕跡。妻子打丈夫與婆婆打兒媳這兩種婦女的家庭暴力行為方式應

有相互助長的關係。此外，狄希陳兇勁既不如素姐，力氣也不作主。他曾試圖和素姐對打，卻一觸即潰。就是說，武力的強弱也是決定夫妻誰主沉浮的一項因素。如果狄婆子制伏了素姐，以後狄希陳多半會倚仗母親統治素姐，但素姐後來使出放火這種生命威脅手段來，狄家便整個被征服了。從這樣的角度來看素姐，她的形象其實是具有相當高真實性的社會寫照。

寄姐是京城中銀匠童七的女兒。狄希陳應詔來京坐監，見寄姐性格隨和，想到與素姐過日子活受罪，不如娶了寄姐，用銀子挖個官職，離素姐遠遠地另外生活。狄希陳向童奶奶求婚後，童奶奶徵得寄姐本人願意，將寄姐嫁狄希陳為二房。因為與素姐分居，寄姐的身份高於一般的妾，是「兩頭大」的家主婆。狄希陳與寄姐從小相投，自願結婚，婚後「如魚得水，似漆投膠，萬般恩愛，難以形容」。後來，狄希陳與丫頭珍珠「偷伴溫存」。寄姐扮了珍珠模樣引誘狄希陳，結果此公果然舉動輕薄。當晚，「寄姐仍把狄希陳蒯脊梁，抓胸膛，扭大腿裏子，使針扎胳膊，口咬奶膀，諸般刑罰，舞旋了一夜」。以後又在狄希陳的生殖器上印了簪子印，每日驗看，如有磨擦，必定非刑拷打。小珍珠更被關入空房，斷了飲食，後來不堪虐待，自縊身死。寄姐與狄希陳的關係在婚後一年間就到了這個地步。以後寄姐統治狄希陳成了既定的格局。狄希陳偶爾欲有爭執，寄姐就撒潑尋死，把丈夫治得老老實實。寄姐愛狄希陳，但並不信任狄希陳，這是她的妒忌心理的基礎。與素姐不同，寄姐對狄希陳的打罵，都與狄希陳對她本人的情感有關，不涉及任何其他的事情。這是一個比較典型的由「妒」生「悍」的例子。正因為寄姐是愛狄希陳的，她對狄希陳的管教也就有些分寸。當素姐毒打狄希陳時，寄姐急得「三魂去了九魄」，拿了褲子當上衣，越急越穿不上，踉蹌趕去，狄希陳方得從素姐棒下逃出性命。寄姐自己所以能夠成功地統治狄希陳，很大程度上是由於她與素姐很相像的那種潑悍氣質。其次的條件，就是狄希陳這個人自己既無能又不老實的德性了。狄希陳是狄員外的獨生子，他與素姐很少同房，並無兒女，寄姐則與狄希陳生了兩個兒子。

這種情況依照當時的常理，會加強寄姐的家庭地位。寄姐的故事比素姐的故事平實，沒有什麼過分奇炫的情節，她的行為也更符合一般的邏輯。

狄希陳的母親狄婆子也是個降老公、罵老公的傑出人物。她打老公的事在《醒世姻緣傳》中沒有很多描寫，但也有據可查，事見第三十三回。狄希陳讀書 5 年尚不能寫送禮的帖子。狄婆子變了臉，擰狄希陳的胳膊。狄員外在旁說：「你還不快着取書去哩！惹起你娘的性子來，你是知道的，我還敢拉哩？說我不管教你，只怕連我還打，沒個人拉你哩！」狄員外背着老婆勸導兒子用心讀書時，曾把狄婆子叫作「沒牙虎」，用來威脅狄希陳。一次狄婆子因狄希陳逃學，狠打了狄希陳兩鞋底。狄員外愛子心切，不免為狄希陳解釋兩句。結果狄婆子「拿着鞋底，望着狄員外肩膊上結結實實的打了一下」。狄希陳在婚後見過昔日情人孫蘭姬一面，並無狎暱之事。孫蘭姬顧念舊情，送了狄希陳一塊汗巾。後來素姐見到汗巾，不免拷問來路，「七十二般非刑，般般演試」。虧得狄婆子救了狄希陳出來。之後狄婆子也要追問那汗巾的來路，狄希陳不說。狄婆子道：「這們皮賊是的！怎麼怪得媳婦子打！……要是你爹做了這苟且，我也要打！」不過，狄婆子雖然降得狄員外服服貼貼，卻不為已甚，從未見有打得過火的時候，也絕不無緣無故地尋狄員外晦氣。狄家裏裏外外，全靠着狄婆子管事，狄員外其實很是適應。狄婆子雖然打老公，但這老兩口兒仍不失為一對恩愛夫妻。

從《醒世姻緣傳》中看，「悍婦」是非常普遍的。書中第 91 回寫成都府推官吳某受妻子懲治，受了同官嘲笑，羞怒之下，對屬下近 50 名文武官員進行了是否「懼內」的查考。結果只有 4 人不受妻子之制。其中僧綱司官是和尚，道紀司官是老道，府學教官年已 87 歲，斷弦 22 年未再續娶，另一個倉官是北直隸人，路遠未曾帶得家眷到任。那些人的妻子能使丈夫「懼內」，雖未必都靠動手拷打，其中染於此道的應不乏其人。其中一位吳推官，妻在受制於妻，妻不在受制於妾。他對這次考查做了總結：「據此看將起來，世上但是男子，沒有不懼內的人！」說到知府等同僚曾經嘲笑自己，吳推官憤然道：「難道他三個都是紅頭髮的野

人，不生在南贍部洲大明國的人？」一位醫官馬上說出知府「被大奶奶一巴掌打在鼻上，打得鮮血橫流」的事來。軍廳、糧廳長官也各有類似事跡。依這位推官的言下之意，丈夫怕妻子成了中國的特產。

　　小說家言多含誇張。但誇張中也當有事實的內核。17 世紀描寫「悍妻」主題的文學作品之多，應該引起對「悍妻」這種社會現象的注意。胡適在研究《醒世》時就指出，蒲松齡在《聊齋志異》中有多篇寫到「悍妻」，如《江城》《馬介甫》《孫生》《大男》《張誠》《呂無病》《錦瑟》《邵女》《夜叉國》等等。蒲氏的雜劇《禳妒咒》也刻畫同一個主題。[1] 汪廷訥的《獅吼記》在明末流傳很廣，許多同時的著述都有提及。[2] 馮夢龍的傳奇《萬事足》是表彰嫡妻「不妒之德」的，其中也對悍婦有所撻伐。[3] 馮夢龍還輯過一些古代悍婦的故事，並評論說：「然丈夫多懼內，自天子以至於庶人，皆不免焉，則又何也？語曰：當斷不斷，反受其亂。」[4] 另一位晚明戲劇、小說家李漁的《無聲戲》《凰求鳳》《奈何天》也都以悍妒為主題。又有一部寫於明末的《醋葫蘆》，書中的都氏可以歸入悍妻之列。[5] 此書中主人公成圭出身寒微，娶都氏為妻時不過小本經紀的商人。都氏嫁來時如花似玉，且家中諸事都能料理得停停當當。家事逐漸發達，都氏也完全統治了成圭。到成圭 64 歲時，都氏約 50 歲，二人無子女。成圭極欲娶妾生子，都氏在打罵成圭之外，在成圭的生殖器上加印戳記，每日驗看。後來成圭與丫環翠苔偷合，被都氏發覺。成圭捱打，翠苔被打得半死後由成家僕人奉命投往江中，後來遇救。都氏收娘家姪子都飆為義子，並將大部分財產分給都飆和義女冷一姐。不久家產被都

---

❶ 蒲松齡：《蒲松齡集》，《聊齋俚曲集》，第 1145-1275 頁。

❷ 可見於毛晋：《六十種曲》第 10 冊，北京：中華書局，1958 年版。

❸ 馮夢龍：《墨憨齋定本傳奇》中冊，《萬事足》，北京：中國戲劇出版社，1960 年版。亦可見於《馮夢龍全集》。

❹ 魏同賢主編：《馮夢龍全集》《古今譚概‧闈誠部第十九》，第 769 頁。

❺ 《醋葫蘆》共 4 卷 20 回，屬名伏雌教主編，僅知有崇禎筆耕山房刊本。原本僅存於日本內閣文庫，1990 年《古本小說叢刊》第 8 輯據此孤本影印行世。參考劉世德等主編《古本小說叢刊》，第 8 輯編輯前言。

飆揮霍殆盡。成圭夫婦試圖管束，反遭都飆打罵。二人頗覺晚景凄涼。後來都氏魂至地府，被十殿冥王分別依 10 條大罪處罰，受盡酷刑。返回陽間時，都氏帶回一部《怕婆經》，專為妒婦唸誦消罪。此後，都氏改悔，接回翠苔母子。《醋胡蘆》書前有署名「且笑廣主人」作的《說原》。《說原》解釋說，「都氏」這個名字的含義就是「天下之婦人都如是也」。這部小說無論藝術水準還是寫作意識都不佳。從書中看，都氏對成圭的統治與都氏出身於較優越的家庭有關，她本人理家有方，也是條件之一。小說本身關注由納妾問題引發的夫妻衝突，我們卻當注意，在納妾問題出現之前，都氏對成圭的統治已經建立起來了。

順治刊本小說《一片情》第 11 回中說：「無奈今之懼內者更多。自縉紳以逮於下賤，習以成風，恬不知恥。」[1]另一位同時的作者以酌元亭主人為筆名，在其短篇小說集《照世盃》的《走安南玉馬換猩絨》一篇中，寫的廣西安撫使胡某，也是見了老婆不滿，馬上「連身子也麻木了半邊，不住打寒噤」的。[2]方汝浩《禪真逸史》中則進一步寫到「雌雞市」中婦女建立「群陰社」，制定妻權規則，以及丈夫由於妻子的緣故虐待母親的事情。[3]「雌雞市」子虛烏有，「群陰社」多半胡柴，但妻子對丈夫的統治會波及到丈夫對其母親的態度，是有可能的。有作品稱吳三桂在雲南所娶後婦「悍妒絕倫，群姬之豔而進幸者，輒殺之。惟〔陳〕園園能順適其意，屏謝鉛華，獨居別院，雖貴寵相等而不相排軋，親若姒娣」。[4]關於這個主題的其他作品尚多，不具。

（二）「悍妻」現象的社會條件和個人因素

美國學者吳妍娜教授從文學，主要是文學創作心理的角度，對 17

---

❶ 佚名：《一片情》第 11 回，《大丈夫驚心懼內》，《古本小說叢刊》第 3 輯，第 2296 頁。

❷ 酌元亭主人：《照世盃》，《走安南玉馬換猩絨》，第 50 頁。

❸ 清溪道人：《禪真逸史》第 21 回，《竊天書後園遣將　破妖術古剎誅邪》，濟南：齊魯書社，1986 年版，第 317-319 頁。

❹ 鈕琇：《觚剩》正編卷 4，《燕觚·圓圓》，第 72 頁。

世紀中國文壇中風行的「悍婦」主題進行了頗為詳細和有見地的研究。從文學創作的角度說，她認為，對「悍婦」行為的嘲諷性描寫蔚為風潮，主要是由於「悍婦」形象可以成為創作諷刺喜劇的題材，而不是反映真實的社會情況。不過，在關照這一題材所由產生的社會條件時，她也肯定，這種創作風潮反映着一定的社會實況和時人對這種實況的關切。她認為，當時社會上妻子的家庭地位有提高的傾向，這種情況引起了男子——主要是頑固不化的儒家保守主義者——對婦女競爭主導權的恐怖、焦慮和敵對心理。因而，這種題材的創作包含對婦女給與警告的意味。[1] 這種看法其實沒有承認「悍婦」的真實存在，而將之歸結為當時儒家男子心理焦慮的表現。然而，根據比較可靠的敍述 17 世紀的歷史資料，其中關於悍婦的說法支持當時悍婦很普遍的判斷。沈德符《萬曆野獲編》有「懼內」條，例舉戚繼光、吳中為怕老婆的典範。謝肇淛《五雜組》則分析說：宋代儒學昌明，故「悍婦」少，至明代則「悍婦」大大增多。李清《折獄新語》中也涉及一些關於「悍婦」的案子。萬曆時期許多朝臣擔心皇帝為鄭貴妃所控制，以至遲遲不立太子。呂坤因而作《閨範圖說》，宣講婦德。出現在明代走向末路的轉折時期的《閨範圖說》，當時曾引起朝野皆知的一大公案，其書流傳很廣，這對後來的文學風潮會有一定的影響。清初開始編纂的《明史》中記載，正德權臣夏言無子而娶妾，妾有身孕，妻強嫁之出。[2] 夫妻關係畢竟是「帷帛」中事，除非有重大政治爭端為背景，或者涉及人倫大變，例不入於正史。尤其普通庶民生活中的夫妻關係更難被史家採擇記述下來。所以，「悍婦」在史書中比在文學作品中少見應是自然的。「悍妻」存在的程度可能還有待進一步分析，但其的確在 17 世紀的中國構成了一種值得注意的社會現象。

《醒世姻緣傳》作者西周生無法解釋悍妻惡緣的真實原因，只好訴

---

❶ Yenna Wu, "The Inversion of Marital Hierarchy: Shrewish Wives and Henpecked Husbands in Seventeenth-Century Chinese Literature", *Harvard Journal of Asiatic Studies*, 1988: 48(2), pp. 363–382.

❷ 張廷玉等：《明史》卷 196，《列傳第八十四·夏言》，第 5191–5199 頁。

諸因果報應。他說得十分可怕：「（前生）大怨大仇，勢不能報，今世皆配為夫妻……惟有那夫妻之中，就如脖項上瘦袋一樣，去了愈要傷命，留着大是苦人。日間無處可逃，夜間更是難受。官府之法莫加，父母之威不濟，兄弟不能相幫，鄉里徒操月旦；即被他罵死，也無一個來解紛；即便他打死，也無一個勸鬥。你說要生，他偏要處置你死，你說要死，他偏要教你生，將一把累世不磨的鈍刀，在你頸上鋸來鋸去，教你零敲碎受，這等報復豈不勝如那閻王的刀山劍樹，礧搗磨挨的十八重阿鼻地獄？」所以，人力對此無可奈何，「前生懷宿仇，撮合成顯報。同牀睡大蟲，共枕棲強盜。此皆天使令，順受兩毋躁。」[1] 這當然只是一種歎息而不是解釋。

在前面例舉的事例中，我們已經看到，夫妻雙方的家庭背景對夫妻關係格局可能會有重要的影響。《後漢書·班超傳》記載，班超的兒子班始娶漢順帝的姑姑陰城公主為妻。此位公主與人通姦也就罷了，卻逼迫班始在旁聽聲。唐代，武則天的姪女要嫁某人，該人已婚，遂殺其妻而婚之。明中葉人唐順之曾注意到，劉宋時期公主下嫁諸臣者，多能折磨其夫，左光祿大夫江湛的孫子江斆將娶孝武帝女兒，帝令人代江斆寫讓婚表。其中有曰：「自晉氏以來，配尚王姬者，雖累經美胄，亟有名才，至如王敦懾氣，桓溫斂威，真長佯愚以求免，子敬炙足以違禍，王偃無仲都之質而裸雪於北階，何瑀闕龍工之姿而投軀於深井，謝莊殆自害於瞟瞍，殷仲幾不免於強鉏。彼數人者，非無才意，而勢屈於崇貴，事隔於聞覽，吞悲茹氣，無所逃訴……」[2] 夫妻關係是社會關係的一部分，當社會存在政治的，經濟的，乃至文化的等級區分時，這種區分會反映到夫妻各自在家庭中的地位中來。與政治的等級差別相關的「悍妻」現象，可能表現為妻權統治，與經濟和文化的差異相關的「悍妻」現象則可能

---

❶ 西周生：《醒世姻緣傳》《引起》，第 5–6 頁。
❷ 唐順之：《荊川稗編》卷 92，《宋諸主嚴妒》，《景印文淵閣四庫全書》第 955 冊，第 111 頁；李延壽：《南史》卷 23，《列傳第十三·王誕》，第 619 頁。

傾向於心理歧視。傳統婚姻關係的建立講究門當戶對，固然是褻瀆了神聖的愛情，但也不失其在實踐中有利於營造平等、平和的夫妻關係的益處。這裏的一個問題是，中國正統禮教主張夫權，基於禮教的夫權與基於現實社會地位差異而形成的妻權的矛盾是怎樣解決的呢？在「悍妻」行為達到極端程度時，社會的普遍文化原則會受到危害，國家政治力量可能出來干預。劉宋的皇帝就做了這種努力。但更多的情況是士大夫們嘲笑一番而已。「悍妻」固然得其「惡」名，她們的丈夫也是笑柄。所以，有「悍妻」在室的人在外面一般對此諱莫如深。

　　「悍妻」現象形成的另一個可能更普遍的因由是「妒」。在 17 世紀的史料中，悍、妒兩個字是經常連用的。在我們看來，「悍」與「妒」實在是兩個在社會研究中不可以不善加區別的概念。用現代的詞彙來說，以身體侵害為特徵的「悍」是一種人權侵犯行為，在西方的法律中屬於「家庭虐待」（family abuse），是觸犯刑律的。而「妒」則本身屬於一種心理現象，不構成對他人的侵害。愛情婚姻關係只有是雙邊關係時才會是一種平等的關係。當男人們以種種方式，主要是納妾、嫖妓，把雙邊關係改變為三角的、無數角的關係時，女人產生「妒」的心理是自然而且合理的。所以「悍」與「妒」實在不應混同。「妒」字當頭，可能斟酌利害而隱忍了，也可能要發泄，從而採取身體侵害的措施，於是染於「悍」。故妒也可以是「悍」的成因之一。現代社會，妻子強烈不滿於丈夫的移情而又不能改變事實，最好的辦法是離婚另嫁。但說起來容易做起來難，60 歲的丈夫有了外遇，59 歲的妻子一怒之下去另找對象，就有什麼好日子過了嗎？現代人尚且犯難，古代人就更難。古人額外的難處之一，是婦女並沒有因丈夫移情而提出離婚的合法權利。中國古代關於離婚的禮、法代有變化，但大體男子在這個問題上享有遠高於婦女的特權。[1] 一般地說，如無「義絕」情由，即丈夫觸

---

❶ 參見陳顧遠：《中國婚姻史》，上海：上海書店，1984 年版，第 233–256 頁。

「謀反、大逆」等科條，或毆打妻之祖父母、父母，或殺害妻之外祖父母、伯叔父母、兄弟、姑、姐妹，或丈夫毆傷妻子等，婦女基本無社會承認的理由提出離婚。而男人則在「義絕」之外，還有所謂「七出」的條文為據來休卻妻子。據《大戴禮·本命篇》，「七出」包括：不順父母、無子、淫、妒、有惡疾、口多言、盜竊。抵於明清之際，「七出」雖已不能完整實行，並有「三不去」來牽制，但仍有很強的規範效力。這「七出」是對妻子單方面的制約，無一條約束丈夫的行為。於是，當妻子不滿於婚姻狀況時，很難通過訴諸於社會規範來改善之，只能在家庭的內部謀求私下的解決。這樣，「妒」的心理就會發展為「悍」的行為。從這個角度說，「悍妻」現象與傳統中國兩性在社會和家庭中的地位不平等有相當的關聯。除了情感上的原因之外，丈夫納妾會導致削弱妻子在家庭中的權利地位，這也是妻子要「妒」的原因。這裏要指出的一點是，「妒」在現代可以用於男人，也可以指女人，在傳統中國的文獻中，則是專用於稱述女性心理的一個詞彙，所以有「妒婦」而無「妒夫」。如果妻子有了外遇，丈夫大可以不必去妒，依法可以休妻。

這裏有一個心理方面的問題，當男人被社會賦予妻外性交往權時，女人卻被要求守持對丈夫的貞節，這固然塑造了許多書上區上的節婦烈女，可在普遍的婦女心理上是不是也造成了一種壓抑？《醒世姻緣傳》中打老公的計氏、素姐、寄姐、狄婆子4個人有一個共同點：她們都沒有任何婚外戀情，都保持着對丈夫的貞節。這並不說明貞婦皆悍，但貞、悍二者在一定情況下會關聯起來。貞節在傳統中國是一種加諸婦女的強制性社會規範。已婚女人一旦違犯了這一規範，不僅她本人的尊嚴要遭到社會的否定，她的丈夫及丈夫的家庭、家族都會丟失聲譽。這意味着，妻子們守貞節是對丈夫的一種尊重和付出，她們理所當然地因而在家庭關係中比較自信，並要求得到較高的尊重。在丈夫做出她們認為不當的事情時，她們可以理直氣壯地做出強烈的反應。另外，只有當一個女人徹頭徹尾地異化在「餓死事小，失節事大」的時賢高論中時，她才

會把守貞當作自己的內在需要，心平氣和。因為單方面的婦女守貞未必符合人類的一般本性，所以婦女守貞是一種社會壓迫。由此，大多數婦女不是由於內在需要，而是由於法規和習俗的約束守貞，她們為此承受着一種心理上的壓抑。以這種壓抑為代價，守貞的婦女潛意識中會期待一些補償，其形式可以是名譽、地位、權力、財富、私生活中令人滿意的丈夫等等。這時，如果婚姻帶來的補償不足以令人滿意，那種心理壓抑可能會轉化成為對丈夫的發泄行為。《醒世姻緣傳》中的計氏、素姐、寄姐都有一種無所畏懼的傲氣。素姐的弟弟以她的悍行為恥，素姐的生母龍氏就曾經理直氣壯地質問他們：「你姐姐做了賊，養了漢來？」[1]妻的悍行多與丈夫的情感不專有關，這也與上面的假設一致。

中國式婚姻的穩定性是「悍妻」現象的另外一個條件。妻子離婚有諸多的困難，男人雖然理論上說有高於女人的權利，但在實踐中，離婚對男人來說也不是件輕鬆的事情。從文化觀念上說，夫妻關係一旦締結，上和陰陽之象，下諧人倫之理，奉告祖先，舉行典禮，成為兩人、兩個家族間十分鄭重的關係，其解除也被看作人倫慘劇。更有子女、財產、聲譽等要加以顧慮。中古夫妻離異尚還平常，到了明清時代，對於士大夫說來，事到不得不出妻，意味着此公不能「齊家」。而之所以不能齊家，是由於不能「正心、誠意、修身」，從而「治國、平天下」也必非其所能。因而休妻是無德無能的標誌。清初著名文人周亮公曾鄭重記載：他的朋友張世經論證了一個看法，即孔氏三代出妻之事純屬給聖人栽贓。張世經認為：「世傳孔氏三世出妻，蓋本《檀弓》所載『孔氏不喪出母，自子思始』之說。予竊疑之。以為孔子大聖，子思大賢，即伯魚早夭，亦不失為賢人，豈刑于之化，皆不能施之門內乎！或曰：古者七出之例甚嚴，有一於此，則聖賢必恪行之；豈孔門數世之婦，皆不能為前車之鑒乎！夫漢、宋諸儒，其致辯於五經多矣，而此獨闕如。或謂

---

❶ 西周生：《醒世姻緣傳》第 73 回，《眾婦女合群上廟　諸惡少結黨攔橋》，第 1045 頁。

《禮記》皆漢儒傅會之說，語多不經，不必深辯，然此頒之學宮，傳之後世，而致使大聖大賢冒千古不白之冤，此讀書明理之士所不敢安者也。間嘗反覆取《檀公》之文讀之，忽得其解。其曰：昔者子之先君子喪出母乎？夫『出母』者，蓋所生之母也。《呂相絕秦》曰：『先公我之自出。』則『出』之為言生也，明矣。其曰『子之不喪出母何居』，即孟氏所謂『王子有其母死者，其傅為之請數月之喪』是也。蓋嫡母在堂，屈於禮而不獲自盡，故不得為三年之喪耳。其曰：『其為伋也妻者，則為白也母；其不為伋也妻者，則不為白也母。』夫所云『不為伋也妻者』，蓋妾是也。意者白為子思之妾所出，而子思不令其終三年之喪，故曰『孔氏之不喪出母自子思始』也。由是言之，子思且無出妻之事，而況於伯魚乎！況於孔子乎！其曰『子之先君子，非指孔子、伯魚也』，猶曰『子先世之人云爾』。讀書不察，遂訛傳為孔氏出妻，致使大聖大賢，負千古不白之冤。即謂漢人皆謬，亦未有無故而毀聖賢者。此非記《檀弓》者之過，乃讀《禮》者之過也。」[1]

　　張某人對孔家是否休了那麼多老婆的分析是否妥當，姑且不論，明清時人以出妻為恥是顯而易見的了。這樣，夫妻之間的矛盾便難得通過離婚來解決。《醒世》中的狄希陳受素姐虐待，而又不離婚，主要是考慮到兩個家族的關係。對於普通的貧窮家庭來說，娶一房媳婦是傾動舉家財產的事情，離婚意味着財產的喪失，並可能導致再也無能力續娶，因而更不可能輕動此議。婚姻一旦締結，總的社會傾向是對之加以維繫，法律和禮法的條文，與社會實踐之間要有很大的距離。這也是悍妻存在的條件之一。

　　從相反的角度來看，悍妻現象的另一個原因應當在婚姻的締結方式。中國傳統婚姻的締結主要從家族延續和兩家族間關係的角度出發，當事人的意見從屬於父母之命，媒妁之言。定婚之前兩人不相了解，定

---

❶ 周亮工：《書影》卷 5，第 132–133 頁。

婚之後、結婚之前兩人尤其要避免相見，以除瓜田李下之嫌，及到兩人有了切實的感情方面的體驗，也就是所謂生米煮成熟飯的花燭之夜，雙方都已沒有什麼選擇餘地。所以正統的婚姻締結過程中是有婚姻而無愛情的。花燭夜後，新婚的妻子面對的是陌生的夫家人和他們對自己很高的期望，面對的是個人在新環境下的角色意識調整和一系列的要求、評價。如果夫妻之間萌芽中的感情不足以支持角色調整給她帶來的壓力，夫妻關係就可能發生問題，隱伏下「悍」的遠因。清初思想家唐甄對這一點有所體會，他主張，新婚之後丈夫不可離家遠行，必待夫婦之間的「情」已歡洽之後，才可以把母親託付給妻子，這樣她才會對婆婆行孝道。[1] 如果妻子不愛她的丈夫而又不得不與他生活，夫妻不免漸漸口角，進而手腳並用、動起干戈。妻子如果佔了上風，悍妻的格局就奠定了。《醒世姻緣傳》中的素姐與狄希陳就是如此。

　　另外一個可能的社會原因是家庭暴力的普遍存在。傳統中國，家庭是社會的基本單位，社會等級統治精神滲入家庭關係中。因而，婆婆和丈夫有權利打罵女性，對女性進行罰跪等體罰；父母打兒女天經地義；主人打僕人、婢妾更是司空見慣。在鄰里關係中，婦女的暴力行為似乎還在男人的暴力行為之上。《醒世姻緣傳》中，素姐不僅打丈夫，她還曾經把另一個名叫張貿實的男人打得狼狽不堪，並如張翼德喝斷長坂橋般把張貿實的同夥嚇得倉惶逃避。這裏體現了一個不成文的與男女打鬥相關的風俗。一個男子在家裏跟老婆動手是常事，他卻只要不是地地道道的流氓，就不會與別人家的女人動手撕打，一個女人對別家的男人動手卻不會引起非議。就是在家中，公公絕不可以打兒媳，大伯子絕不可以打弟婦。男人打女人，除了丈夫可能打老婆，嫖客或流氓可能打妓女之外，只有小叔子打嫂嫂不會引起過多的非議。《醒世姻緣傳》中女人比男人動武動得多得多，除了個人間的打鬥，還有集合全家的「老婆們」去

---

❶　唐甄：《潛書》上篇下，《居室》，第 79–80 頁。

打人的場面，男人在這種打鬥中都袖手旁觀。至今在中國北方，包括東北三省的鄉村，家庭關係和鄰里糾紛中仍然可以看到這種規則的明顯遺存。這裏的文化意識其實仍然是男尊女卑：「好男不跟女鬥」，「男女授受不親」。男人因其「尊」，對這種規範負有更多的責任，所以要更自覺地避免與女人發生打鬥或非「禮」的身體接觸。女人則因而可以大打出手了。《顏氏家訓》中曾講到，「鄴下風俗，專以婦持門戶爭訟。」[1] 故上述《醒世姻緣傳》中體現的那種 17 世紀中國北方的男女打鬥風氣，可能也是由來已久的。世風相習，老婆打漢子也就不奇。《醒世》中，素姐如被婆婆打了，一定要在丈夫身上打回來的。在一個婆婆打得媳婦，娘老子打得兒子，兒子打得孫子，鄰居打得鄰居的社會環境中，如果偏偏老婆打不得老公，那也就奇了。當然，這種風氣的流行是以法律的鬆弛為前提的。家庭和鄰里糾紛，只要沒有造成嚴重的後果，當事人都會避免訴諸法庭。

因為 17 世紀文獻中的悍妻的確比前代為多，相應的問題是：是不是 17 世紀中國妻子的家庭地位有所提高？從法律的角度說，明律規定，夫婦不和者得離異。[2] 這使得婦女有要求離婚的權利，不一定非因丈夫犯了「義絕」等科條。而且，這裏也沒有規定不和原因中的是非曲直，只論關係的狀況，應該看作很現代的婚姻法理意識。此外，明律對男人娶妾作出較嚴格的限制，規定庶民非年 40 以上無子者不得蓄妾，「違者，笞四十」。[3] 儘管這些條文都不曾嚴格地實行，它們還是構成了一定的法律約束力，使已婚婦女的權益得到有限的保障。此外，17 世紀中國社會生活是很具有開放性的，或者說是很世俗化的。傳統的士、農、工、商四民的區分已經不能限制社會階層間的流動。與此相應，人口在區域間的流動也引人注目。在流動性很強的社會，婦女在閨門之外的社會活動

---

❶ 顏之推撰，王利器集解：《顏氏家訓集解》卷 1，《治家第五》，上海：上海古籍出版社，1980 年版，第 60 頁。
❷ 張廷玉等：《明史》卷 93，《志第六十九・刑法一》，第 2291 頁。
❸ 懷效鋒點校：《大明律》卷 6，《戶律三・婚姻》，第 60 頁。

難以嚴格限制。晚明婦女的宗教活動活躍，這也是婦女走出家庭限制的一條途徑。[1] 具有走向社會傾向的婦女，比深鎖閨中的「內眷」有更大的獨立性。《醒世姻緣傳》中的素姐就很熱衷於燒香拜會，這種行為本身就構成對夫權的挑戰。正如前文提到的吳妍娜論文所言，當時的男人們有理由對婦女的非傳統活動傾向感到不安。

沿用馮夢龍在《古今譚概》中的用法，吳文把「悍」與「妒」混在一起來討論。馮夢龍指責「妒」起源於「淫」，似乎如果妻子能夠寡慾，她也就不會因丈夫納妾而作獅子吼了。吳文就此引入了一個嘗試性的解釋，來說明 17 世紀中國文人熱衷描寫悍妒之妻的現象。她援引西方學者對古代中國性史的研究，指出馮夢龍的看法「可能反映出男人對習慣上認為女人所具有的超於男人的性行為能力的恐怖，因而包含『厭女癖』（misogyny）的成分。」[2] 這就意味着，丈夫不能滿足妻子的性要求，會使妻子漸生對丈夫的厭倦，丈夫也可能產生對妻子的負疚感。從而，妻子在日常關係中掌握較多的決定權，會成為一種起平衡作用的補償。

在比較個人化的方面，夫、妻各自作為個人，性格、能力、習慣等人盡人殊，因而出現形形色色的夫妻關係格局是自然的。《醒世姻緣傳》中的狄婆子和《醋葫蘆》中的都氏都是掌家有方的女強人。狄婆子活着時，老公狄賓梁逍遙自在。狄婆一死，全家亂成一團。由狄婆管狄公可說是天經地義。在這裏，「悍妻」與「懦夫」的組合構成一種互補關係。就是在《醒世姻緣傳》的作者西周生看來，狄婆子降服老公絲毫不傷斯文，並把狄婆子說成是「天地間婦人中的正氣」。[3] 17 世紀中國的大多文學家先存了把正統的社會規範當作標準的成見，於是妻子管丈夫就成了咄咄怪事。其實，17 世紀的中國政府自己就亂作一團，法規自然多有設

---

❶ 參見喻松青：《明清時期民間宗教教派中的女性》，《南開學報》，1982 年第 5 期。

❷ 參見前引吳妍娜文，及 R. H. van Gulik, *Sexual Life in Ancient China: A Preliminary Survey of Chinese Sex and Society from ca. 1500 B. C. till 1644 A. D.*, Leiden: E. J. Brill, 1961。

❸ 西周生：《醒世姻緣傳》第 69 回，《招商店素姐投師　蒿里山希陳哭母》，第 991 頁。

而不行者。當時的儒教也是一筆糊塗賬，理學空疏，心學放肆，經世的實學先要批俗儒，聖人顧不了民間夫妻間的事。就是寫了許多「悍妻」故事的蒲松齡，也寫過「悍妻」的好處。他的俚曲《俊夜叉》就寫了一個「悍妻」挽救浪子回頭的故事，並有詩曰：「潑婦名頭甚不香，有時用她管兒郎；管得敗子回頭日，感謝家中孩子娘。」[1]

（三）結論

西周生、馮夢龍、蒲松齡等等都認為，天下「悍妻」加上「妒妻」，要佔妻子總數的大多數。[2] 但是考慮到婦女的法律地位、正統禮教的夫權主義精神和可以稱之為「悍夫」的那些虐待妻子的社會現象，我們仍然認為「悍妻」是一個非主流的社會現象。從非主流現象的角度來看社會總體的特性，最困難的是分寸的把握。再進一步的區域性研究和法律實踐文書等方面的研究，可能會使我們的判斷建立在更可靠的史料基礎上之前，先自可以歸結出如下要點。

在 17 世紀的中國，關於家庭的法規對社會實踐的強制效力很低。妻子打罵丈夫是有相當普遍性的社會現象。妻子對丈夫的虐待與丈夫對妻子的虐待一樣，表現出中國傳統家庭中嚴重存在人格和身體的傷害。夫妻間的人格與身體傷害在沒有造成人命案情時，通常很少引起社會和法律的干預。依律要罰的「悍妻」行為在社會實際中大多是被容忍的。社會法規雖仍然對夫妻間行為構成一般束縛，但法律不能劃一夫妻關係的具體狀況。正統的儒家家庭倫理原本就是為「君子」、士大夫階層所立的規範。皇室貴族腐敗於上，庶民愚盲於下，對儒家倫理的社會影響力不可估計過高。晚明士大夫以風流相標榜，「個性」頗為解放，正心、齊家、治國的工夫多不能認真實行。在這種情況下，民

---

❶ 蒲松齡：《蒲松齡集》，《聊齋俚曲集·俊夜叉》，第 1109 頁。
❷ 西周生、馮夢龍的相關看法已見前文，蒲松齡的說法是：「每見天下賢婦十之一，悍婦十之九。」見蒲松齡：《聊齋志異》卷 6，《江城》，上海：上海古籍出版社，1962 年版，第 863 頁。

間下層社會的實際夫妻關係偏離儒家家庭倫理是合乎邏輯的事情。至少在某些地區的鄉村社會，實際生活中的夫權受到妻權的挑戰。夫妻在家庭中的地位和相互關係，是依小社會共同體的習俗、財產地位、夫妻感情、個人性格、婚姻基礎、婚後表現、家庭中其他成員的地位角色、婚姻雙方父母家族的相互關係，加之法律約束力等多種因素的不同制衡模式，而形成種種不同格局的。「悍妻」行為素無思想家的倡導，是社會自然流變生成。中下層知識分子在「陰盛陽衰」的歎息聲中，已經開始接受妻權上升的實際情況。實際生活與成文的規範準則間的差異有時會相當大。因此，正如從《論語》來看中國知識分子行為，只能窺其一斑，從佛經來看中國的和尚，則要謬之千里，依據諸史、《列女傳》來描述中國的妻子們也會不得要領。所有成文的社會規範都是為了否定和約束人們的某種行為的，因而它的反面可能具有很大的社會真實性。社會歷史的實際情況，多半要在規範與其所否定的行為和現象之間來尋找。

十一、17世紀中國文學中的妾制

——以《醒世姻緣傳》為中心

帝制後期中國已婚婦女的身份大致可分為兩類：妻、妾。妻是丈夫首要的合法配偶。除了一個妻子以外，一個男子可能有一個到多個妾。妾的其他稱謂有：側室、小星、小老婆、如夫人、外室。外室通常指居住在丈夫主要居住地以外地方的妾。此外，還有「兩頭大」，指與丈夫的妻子不在同處居住，並享有相當於妻子的家庭權利的妾。美國學者伊沛霞（Patricia Ebrey）在她關於宋代妾制的研究中提出：妾在其夫的家

族中只有邊緣性的成員身份（marginal kinship status）。她從法律、禮儀、社會地位等角度很明確地區分了宋代妾與妻的差別，指出：妾的身份，與其說近於妻，不如說近於婢女。根據伊沛霞的研究，宋代社會妾的大多數特點延續到了 18 世紀。到 18 世紀的時候，由於奴僕地位的上升，妾的社會地位也提高了。[1] 不過，有關宋代到 18 世紀之間的妾制，卻迄今缺乏引人注目的研究。對中國婚姻史有專門研究的陳顧遠先生甚至認為：明代的妾制並不發達，原因是政府嚴格規定了納妾的條件；只是到了清代，由於政府的寬鬆政策，納妾才普遍起來，並為 19 世紀和 20 世紀前期中國現代妾制奠定了基礎。[2]

不過，在 17 世紀之前，明朝政府限制納妾的規定就已經被破壞了，納妾已經成為有產階級普遍的風氣。政府法規與社會實踐之間有很大的反差。進一步說，對一些以往研究沒有注意的細節情況的考察表明，明後期社會實際流行的妾制內部還包含許多差別。某些例證顯示，17 世紀中國的妾有挑戰妻權的跡象，而婢女制度則依然穩定，甚至在擴展。17 世紀中國知識分子關於當時妾制的討論，也反映這種社會關係的複雜多樣性。

詳細考察 17 世紀妾制的最大困難是，主流的歷史學文獻，包括官方的記載和地方志中，都缺乏關於其細節的材料。試圖研究這類問題的學者，不得不蒐集其他來源的文獻。在這種嘗試中，17 世紀的文學作品，尤其是《醒世姻緣傳》值得特別關注。這部大約 100 萬字的小說是 17 世紀後期山東的一位筆名「西周生」的作者寫的。[3] 大約 60 年前，胡

---

❶ Patricia Ebrey, "Concubines in Sung China", *Journal of Family History* 11 (1986), pp. 1–24.

❷ 陳顧遠：《中國婚姻史》，第 68–69 頁。有關現代中國的妾制，參看 Maria Jaschok, *Concubines and Bondservants: A Social History*, London: Zed Books, 1989。

❸ 關於近年有關《醒世姻緣傳》作者的爭論，參看 Glen Dudbridge, "A Pilgrimage in Seventeenth-Century Fiction: T'ai-shan and the *Hsing-shih yin-yuan chuan*", *T'oung Pao*, 77 (1991), pp. 226–252. 關於這個問題更詳細的討論，可參看 Yenna Wu, "Marriage Destinies to Awaken the World: A Literary Study of *Xingshi yinyuan zhuan*", Ph. D. diss., Harvard University, 1986。

適就指出:「有了歷史的眼光,我們自然會承認這部百萬字的小說不但是徐志摩說的中國『五名內得以不大小說』,並且是一部最豐富又最詳細的文化史料。」他預言,將來研究 17 世紀中國社會風俗、教育、糧食價格、自然災害、買賣官職、政治腐敗、社會苦難、宗教生活的人,都需要研究這部小說。[1] 最近,文學史家 Andrew H. Plaks 將這部小說的描寫稱為「在細節方面如同電影畫面一樣的,高度現實主義的作品」。[2] 不過,職業歷史學家對《醒世姻緣傳》的注意尚遠遜於文學史家。

在使用類似《醒世姻緣傳》這樣的文學作品來研究歷史的時候,研究者必須從虛構的故事中提取足以令人相信的歷史證據,這涉及一些無法在本文中詳細探討的複雜的方法論問題。這裏只能說明,本文遵循了 5 條方法論意義上的假定來處理這個問題。首先,17 世紀中國的「醒世小說」比同一時期的大多數「言情小說」更多地反映了當時社會歷史的實際情狀。第二,有關語言、日用器物、日常生活、一般家庭關係情況的描寫要比那些引人入勝的故事情節更接近於真實。第三,在一部特定的作品中,不重要的,對於表現整個作品主題可有可無的情節更接近於歷史的實際。在《醒世姻緣傳》中,作為全書主題的前世報復姻緣關係顯然是特意捏造來吸引讀者的。書中那些所謂的「悍妻」生活於其中的社會習俗,則與其他文獻的有關記載更能符合。Andrew H. Plaks 就注意到,《醒世姻緣傳》中有「好幾章脫離了敍述情節,去講述與該書主題關聯甚少的事情」。[3] 但正是根據這類相對獨立的章節,Glen Dudbridge 在 17 世紀中國泰山朝拜的社會組織方式領域完成了很精彩的研究。[4] 第四,作者在《醒世姻緣傳》中時常插入的評論是歷史性的文獻,反映出該時

---

❶ 胡適:《《醒世姻緣傳》考證》,見西周生:《醒世姻緣傳》下冊附錄,第 1494–1495 頁。

❷ Andrew H. Plaks, "After the Fall: *Hsing-shih yin-yuan zhuan* and the seventeenth-century Chinese novel", *Harvard Journal of Asiatic Studies*, 45 (1985), pp. 543-580.

❸ Andrew H. Plaks, "After the Fall: *Hsing-shih yin-yuan zhuan* and the seventeenth-century Chinese novel", *Harvard Journal of Asiatic Studies*, 45(1985), pp. 556-557.

❹ Glen Dudbridge, "A Pilgrimage in Seventeenth-Century Fiction: T'ai-shan and the *Hsing-shih yin-yuan chuan*," *T'oung Pao*, 77(1991), pp. 226–252.

代人對一些社會現象的看法。最後，小說雖然反映歷史事實，但畢竟不能將其內容看作真實發生的事件，故此研究者必須用其他來源的佐證來加強分析的歷史學性質。

《醒世姻緣傳》的主要故事情節分兩部分。在前一部分中，山東新任知縣晁思孝的兒子晁源與其妻子計氏交惡，娶了妓女石珍哥為妾。計氏自殺。後來晁源在一次打獵中殺死一隻狐狸，不久後又因與一個皮匠的妻子通姦而被皮匠殺死。晁氏族人因晁家無男性繼承人而要求分其財產。此時，晁思孝的妾沈春鶯生一遺腹子，使晁家穩定下來。後一部分故事發生在山東明水鎮。晁源託生到一個兼開旅店的富裕農民家為子，名狄希陳，中了秀才。他受到妻子薛素姐的殘酷虐待，薛素姐是被晁源殺死的狐狸託生的。為了逃避悍妻的虐待，狄希陳託故長住北京，並娶寄氏託生的童寄姐為妾。寄姐同樣虐待狄希陳。後來薛、童二女相遇，打鬥後講和。故事以素姐受佛懲罰死去而終。這樣，這部小說中就展開了 5 位有妾的身份的女性的故事，除了沈春鶯、石珍哥、童寄姐之外，還有狄希陳父親狄賓梁妾調羹，狄希陳岳父薛員外妾龍氏。

本文主要依據《醒世姻緣傳》中的材料，輔以明清之際作者的文集、筆記，以及正史中的記載，來考察作為社會制度的妾制及其文化含義。討論的主要問題是：男性提出怎樣的藉口或理由來納妾？這些妾通過怎樣的渠道來到她們丈夫的家庭中？妾的一般社會地位如何？她們在其丈夫的家庭中有怎樣的財產權、尊嚴和法律地位？ 17 世紀的人們如何看待妾與妾制？基於《醒世姻緣傳》作者及故事所反映的情況都以山東地區為中心，這裏討論的妾與妾制的情況也應被看作主要是關於山東地區情況的。

傳統時代男子納妾的主要理由是傳宗接代。除了普遍的兩性關係不平等以外，男子納妾的特權也與他們的社會地位相關。東漢學者蔡邕概括古代的標準說：「卿大夫一妻二妾，士一妻一妾。」[1] 庶人則一般不納妾。明朝的法律規定：「其民年四十以上無子者方聽娶妾，違者笞

---

❶ 蔡邕：《獨斷》卷上，《叢書集成初編》本，第 7 頁。

第三部分　下層社會生活　**201**

四十。」¹《醒世姻緣傳》中反映的民間社會實踐情況卻與前代的說法、明朝的法律都不同，能夠限制男人納妾的因素其實主要是家庭富裕的程度，其次還有納妾之後能否保持家庭和睦。

薛員外納妾屬於典型的正統模式。這位退休學官的妻子從未生育兒女，因此，當薛員外 52 歲的時候，他為生子而納龍氏為妾。後來，龍氏生一女三子。龍氏在這個家庭中的地位，大致居於正妻與婢女之間。²

其他納妾的事例則都與這種模式不同。晁思孝退休以後，想納一少年婢女為妾，事先去徵得其妻子的同意。晁思孝說：「我做秀才時候，有那舉業牽纏，倒可以過得日子；後來做了官，劫劫的，日子越發容易得過；如今閒在家裏，又沒有什麼讀書的兒孫可以消愁解悶，只得尋個人早晚服事，也好替我縫聯補綻的。」晁夫人慨然應允了。³ 根據明朝法律，晁思孝的身份固然可以納妾，但是他已有一子，而且子已娶妻，不能用傳宗接代為納妾的藉口。他的理由是打發退休後的時光和需要得到更好的伺候。與他的妻子商量這件事情的時候，他小心翼翼地迴避開了此事的「性」色彩。

晁源納妾的案例也有特殊之處。他當年娶妻時，父親只是一個私塾教師，家境貧寒，靠了岳父的資助才得以娶妻，因此在婚後對妻子如對女神一般。結婚一年之後，他的父親因科舉得為知縣，既富且貴，他便馬上盤算納妾。他「收用」了一個丫鬟，2 天后就不要了。又娶了一個軍官的女兒為妾，不久也不要了。後來，娶了藝妓石珍哥為妾，方才如魚得水，並把妻子拋到了一邊。⁴ 明朝文官不世襲，所以晁源本人不過是一個庶人。根據明朝法律，40 歲以下庶人不得納妾，但是《醒世姻緣傳》的作者在描述晁源納妾故事的時候沒有流露出一絲看作異常的意思，看

---

❶ 李東陽等：《明會典》（正德）卷 141，《刑部十六 · 妻妾失序》，《景印文淵閣四庫全書》第 618 冊，第 414 頁。

❷ 西周生：《醒世姻緣傳》第 25 回，《薛教授山中佔籍 狄員外店內聯姻》，第 365–369 頁。

❸ 西周生：《醒世姻緣傳》第 18 回，《富家顯宦倒提親 上舍官人雙出殯》，第 265 頁。

❹ 西周生：《醒世姻緣傳》第 1 回，《晁大舍圍場射獵 狐仙姑被箭傷生》，第 8–9 頁。

來，這條法律並未起到社會約束效果，富裕庶民納妾是司空見慣的事情。後文對此還有討論。

在《醒世姻緣傳》中，63歲的富裕農民狄賓梁已有一子，也納一妾。這項婚事是北京的童銀匠的老婆提議的。這位童奶奶建議說，既然狄賓梁想僱一個廚子，不如乾脆買一個「全灶」。所謂「全灶」，指一身兼為廚子和主人妾的女人，或者身為廚子兼僕人的人。在展示了高超的廚藝以後，18歲的調羹成了狄賓梁的廚子兼妾。[1]在這個事例中，狄賓梁納妾的理由是改善家政。從相關的細節看來，將女廚子納為妾，是使之更安心做事的一種辦法。

一個男子可以在與妻子交惡以後納妾，以便滿足對性生活的需要。但是他在這種情況下，可能因為某些原因而繼續保持與妻子的婚姻關係。狄希陳一直受到妻子的虐待，駐北京讀書期間，他娶了童寄姐。因為狄希陳打算建立一個新的家庭，寄姐的地位比前面提到的妾都高，與素姐一起被叫作「兩頭大」，在新成立的家庭中與主婦一般無二。[2]《醒世姻緣傳》中，薛員外在叮囑次日初見寄姐的女兒時提到過另外一個類似「兩頭大」的事例。[3]作者署名伏雌教主的另一部17世紀小說《醋葫蘆》和凌濛初的《二刻拍案驚奇》中也都提到了「兩頭大」這種身份。[4]明清兩代雖都允許納妾，但法律承認的妻子卻只有一個，實際是佐以妾制的一夫一妻制度。參照這種制度，「兩頭大」混淆妻妾，是一種與法律矛盾的「民間多妻制」。

從《醒世姻緣傳》提供的各種線索看，17世紀中國妾的來源與前代相似，即來自婢女、妓女、庶民之家的女兒。婢女可以從市場買來，也

---

❶ 西周生：《醒世姻緣傳》第55回，《狄員外饔飧食店　童奶奶慇愍庖人》，第791-803頁。調羹的身份與《金瓶梅》中的孫雪娥相似，都負責全家的伙食。

❷ 西周生：《醒世姻緣傳》第75回，《狄希陳奉文赴監　薛素姐咒罵餞行》，第1072頁；第76回，《狄希陳兩頭娶大　薛素姐獨股吞財》，第1078頁。

❸ 西周生：《醒世姻緣傳》第44回，《夢換心方成惡婦　聽撒帳早是痴郎》，第645頁。

❹ 伏雌教主：《醋葫蘆》第1回，《限時刻焚香出去　怕違條忍餓歸來》，《古本小說叢刊》第8輯，第205頁；凌濛初：《二刻拍案驚奇》卷15，《韓侍郎婢作夫人　顧提控掾居郎署》，第767頁。

可以來自家僕所生的子女——這是最便利的來源。由於婢女可以被主人「收用」而不一定要給她們任何正式的名分，對於類似春鶯這樣的婢女說來，成為正式的妾意味着家庭地位的提高。在這種情況下，納一個妾對於主人來說，所費甚少。如果納一個妓女為妾，主人需為該妓女贖身，其價格高低不等。妓女嫁人，無論為妻還是為妾，都可使她們擺脫「賤」籍，列入「良家婦女」的行列。庶民之家的女兒可能不樂為窮漢之妻而寧為富翁之妾，也可能由於父母貪圖富貴而被嫁做富人妾。[1] 在這種情況下，婚前通常會發生關於該女子在丈夫家中地位的談判。這樣，妾的嫁娶實際上比妻的嫁娶更具有商業化社會行為的性質。妾的身價、身價以外可能的聘禮以及婚禮開支都是納妾過程中可能發生的財產轉移。傳統的歷史文獻在這方面很少提供什麼信息，而《醒世姻緣傳》中則有相當豐富的細節。

　　妾的身價很大程度上取決於她們的出身。童寄姐是良家處子，其母並不想在嫁女中獲取什麼直接利益，她收受了狄希陳 20 兩銀子為聘禮，並要狄希陳為寄姐置辦一些好的首飾、衣服。婚禮簡單，但也算正規。[2] 石珍哥是《醒世姻緣傳》中身價最高的。贖身用 800 兩銀子，為與晁源正妻計氏分開而另置房子、買丫鬟，買衣服、首飾等也都一一提及。[3] 800 兩銀子在 17 世紀肯定是極高的價格了。《醒世姻緣傳》中一個佃戶女人就問道：「卻是怎麼樣個人兒，就值這們些銀子？有八百兩銀子，打不出個銀人來麼？」[4] 相比之下，晁思孝納春鶯為妾花費最少。晁家在春鶯 7 歲時花 5 兩銀子買了她來。到晁思孝納她為妾時，她的父母又得到了 12

❶ 馮夢龍寫到的一個故事，描寫一個女子自願嫁給一個軍官為妾，以改善自己家庭的狀況。見馮夢龍：《智囊》《閨智部》賢哲卷 25，《絡秀》，鄭州：中州古籍出版社，1986 年版，第 657 頁。
❷ 西周生：《醒世姻緣傳》第 75 回，《狄希陳奉文赴監　薛素姐咒罵餞行》，第 1076 頁；第 76 回，《狄希陳兩頭娶大　薛素姐獨股吞財》，第 1078 頁。
❸ 西周生：《醒世姻緣傳》第 1 回，《晁大舍圍場射獵　狐仙姑被箭傷生》，第 8-9 頁。
❹ 西周生：《醒世姻緣傳》第 19 回，《大官人智姦匹婦　小鴉兒勇割雙頭》，第 277 頁。晚明時期的另一篇小說中說到，一個商人花了 300 兩銀子買了一個妾。見凌濛初：《二刻拍案驚奇》卷 15，《韓侍郎婢作夫人　顧提控掾居郎署》，第 768-769 頁。張岱也曾寫到，他的兄弟「嘗以數百金買妾」。見張岱：《琅嬛文集》，《傳·五異人傳》，第 184 頁。

兩銀子做額外的聘禮。沒有舉行婚禮，也無需辦理結婚登記。除了幾件新衣服和一些私人用品之外，只要給她安排一個單間就夠了。[1]

關於調羹身價的談判反映出 17 世紀北京人口買賣市場的一些十分有趣的信息。談判的時候，牙婆開口要 30 兩，這是市場上的最高價格。後來降低到 27 兩。為狄賓梁辦理此事的童奶奶爭論說，調羹雖然做一手好飯菜，但長相不好，又不是處女。[2] 她又說：一個長相不好，做得日常飯菜而做不了筵席的廚娘在北京的一般價格是 10 兩銀子，無論是否被收為妾。最後以 24 兩身價，1 兩媒錢成交。成交後給與調羹的不過是幾件新衣服，一套用過的鋪蓋，一對黑銀耳環，4 個黑銀鐲子。[3] 回到山東以後，一間屋、一套鋪蓋、一件新絲面袍子、一條褲子、一件紅襖是為她所做的全部安排，沒有舉行婚禮。[4]

為了理解上述價格的含義，可將之與《醒世姻緣傳》中其他物價比較一下。

商品	價格（銀／兩）	出處
一件官服	16–17	第 36 回
一雙好鞋	0.7	第 1 回
一把貂皮	36	第 1 回
一個貂鼠帽套	55	第 3 回
一石小米	1.2–7	第 31 回
一石絕細的稻米	2	第 66 回
一頭驢	至少 15	第 86 回

---

[1] 西周生：《醒世姻緣傳》第 36 回，《沈節婦操心守志　晁孝子刲股療親》，第 532、534 頁。

[2] 根據沈德符的說法，處女妾身價相當於非處女妾身價的 3 倍有餘。見沈德符：《萬曆野獲編》卷 23，《婦女》，第 598 頁。

[3] 西周生：《醒世姻緣傳》第 55 回，《狄員外饔飧食店　童奶奶慫恿庖人》，第 791–803 頁。

[4] 西周生：《醒世姻緣傳》第 56 回，《狄員外納妾代庖　薛素姐颺夫生氣》，第 812 頁。注意這些例子都取自北方中等富裕程度的家庭，其他地區和更富有階層的標準可能不同。

沈德符和張岱也都提到過北京和揚州買賣妾的市場。根據張岱的說法，揚州的許多家庭專養「瘦馬」，待長成後賣為人妾。靠做此種買賣中介為生的牙人就有「數十百人」之多。[1]

一般地說，明清時代的妾與宋代的妾一樣，完全落於家主夫婦的控制下。在《大明令》關於服制的條文中，喪夫之妻妾皆有斬衰三年之服，相關令文作：「斬衰三年：……妻為夫。妾為主。」顯然妾與其丈夫之間是主僕關係。妻與妾對去世的丈夫服制相同，但妾對嫡妻有齊衰期年之服，而妻對妾無服。[2] 在明朝法律文書中，妻子與妾常連稱為「妻妾」。妻妾謀殺親夫、毆打親夫致死、辱罵親夫父母或祖父母所受懲罰皆相同。不過，妾毆妻致殘判死刑，妻毆妾致殘則判刑略輕。[3]

因為買人常用「收養」來稱呼，明代山東僕人常稱其主人為「爹」，稱主人妻為「娘」。妾通常以與僕人相同的方式進入主人家庭，其稱呼主人的方式也與僕人相同。這種稱謂主要反映的是社會地位，而不是輩分，但妾對於其丈夫及丈夫之妻仍有孝的義務。在《醒世姻緣傳》中，童寄姐是惟一不稱其丈夫為「爹」的妾。原因可能有二：她是「兩頭大」地位比一般的妾高些；她是北京人，從來不曾生活在山東，不從山東風俗。寄姐後來與狄希陳正妻相遇，打鬥一番後講和，稱正妻為「姐」而不稱「娘」。[4]

狄、晁、薛3家的僕人都稱主人正妻為「娘」，稱主人妾為「姨」。妾調羹稱其夫主之子狄希陳為「叔」，與僕人稱呼狄希陳的方式相同。妾的親生子女不稱其生母為母，而稱之為「姐」。春鶯的兒子就把她叫作「沈姐」，被該子叫作「娘」的是其父的正妻。下表是《醒世姻緣傳》中3家人互相直接稱呼的情況。

---

❶ 沈德符：《萬曆野獲編》卷23，《婦女》，第597頁；張岱：《陶庵夢憶》卷5，《揚州瘦馬》，第50頁；趙翼：《陔餘叢考》卷38，《養瘦馬》，第852頁。
❷ 懷效鋒點校：《大明律》附錄，《大明令‧禮令》，第246-247頁；並參看楊雪峰：《明代的審判制度》，台北：黎明文化事業公司，1981年版，第372頁。
❸ 董康輯：《秋審制度第一編》，見沈雲龍主編：《明清史料彙編》第6集第8冊，台北：文海出版社，1969年版，第9-34頁。
❹ 西周生：《醒世姻緣傳》第95回，《素姐泄數年積恨　希陳挺六百沉椎》，第1349-1357頁。

稱呼者＼被稱呼者	主人	妻	子	女	妾	僕人
主人	—	—	名字	名字	名字	名字
妻	—	—	名字	名字	名字	名字
子	爹	娘	哥／弟	姐／妹	姐	名字
女	爹	娘	哥／弟	姐／妹	姐	名字
妾	爹	娘	叔	姑	姐	名字
僕人	爹	娘	叔	姑	姨	名字

　　根據這些稱謂關係，妾對於其夫及正妻，地位如子女，然而低於主人子女，略高於僕人而已。這種稱謂應是完全真實的，因而其反映的家庭地位關係也是真實的。

　　在婚姻關係中，女子的嫁妝常為影響該女子在婚後家庭中地位的要素。華若璧（Rubie Watson）和伊佩霞（Patricia Ebrey）在其合作的關於傳統中國婚姻制度的研究中就特別關注嫁妝的意義。[1] 在《醒世姻緣傳》中所見的妾，寄姐來自「良家」，有嫁妝，成了「兩頭大」。石珍哥是晁源從妓院贖買來的，雖然可能有一些私房，但應不會超過贖身所用的數額。她與主人關係密切，主要是由於姿色。此外的幾個女子，都出身貧寒，沒有嫁妝，地位也與僕婢差異很小。嫁妝因素以外，妾是否生育子女會在很大程度上決定其長久的地位。春鶯生子，為晁家延續香火，保住財產不被族人瓜分，因而得到晁家不錯的待遇，上下稱其為「二奶奶」，但仍然受正妻絕對支配。這個例子與錢謙益為崇禎皇帝草擬的一份詔書的精神一致。錢謙益在那份詔書草稿中，以皇帝的口吻頒給一位官員的生母「安人」頭銜，那位老婦人並非正妻，而是一個妾。這種頭

---

[1] Rubie S. Watson and Patricia B. Ebrey, *Marriage and inequality in Chinese Society*, Berkeley and Los Angeles: University of California Press, 1991, "Introduction".

銜通常是頒給正妻的。[1]

《醒世姻緣傳》中，珍哥雖然得到晁源寵愛，但其餘人皆側目而視。這與她原為妓女，習性張揚輕佻有關。尤其是，她把正妻排擠致死，又引起了曠日持久的官司。薛家的龍氏地位卑微，她的女兒薛素姐在狄家惹禍，薛員外氣憤不已，她為之辯護幾句，便被薛員外狠狠打罵一頓。後來因為龍氏贊成薛素姐到寺院燒香，又遭薛員外一番打罵。[2]薛夫人從來沒有動手打龍氏，但卻視其輕賤。一次，龍氏打算到狄家看望生病的素姐，薛夫人說：「小老婆上親家門去，你不怕人輕慢，只管請行，我不管你。」龍氏雖然不滿，終於還是沒有去。[3]龍氏所生的兩個兒子也不給做妾的生母什麼尊重，他們多次毫無商量餘地地拒絕了龍氏的要求。[4]只是在薛員外和薛夫人都死去以後，龍氏才免於遭受羞辱。這些情節反映出，17世紀的妾可能因為微小的「過失」遭受主人的身體侵害，即使曾生子的妾也不一定能夠免於這種待遇。妾生子對於生母的尊重，可能因母親的妾室身份而低於他們對嫡母的尊重或者非妾生子對生母的尊重。

妾可能因為表現「好」而得到較好的對待，《醒世姻緣傳》中的調羹就是一例。她勞作勤苦，毫無抱怨，亦無非分之想，並且為狄家生有一子。狄賓梁死後，她因其子的名義，得到一份財產，守寡度其餘生。

「兩頭大」地位在妻、妾之間，構成對妻權的挑戰。這種身份，其實相當於今天所說的重婚。但明清時期雖然法律只承認一夫一妻，卻有個妾制補充，妾制淡化了重婚與法律牴觸的程度。《醒世姻緣傳》中的寄姐在自己的家中與正妻一般無二。晚明時，在寧波做地方官的李清曾在任上遇到相似身份的人。一已婚男子為得子而娶一寡婦為「外婦」，兩人保持這種關係10年後，男子死去，其間該女子從來沒有提出要搬到該

---

❶ 錢謙益：《牧齋初學集》卷95，《外制五‧生母張氏贈安人》，上海：上海古籍出版社，1985年版，第1991–1992頁。

❷ 西周生：《醒世姻緣傳》第48回，《不賢婦逆姑毆婿 護短母吃腳遭拳》，第705頁。

❸ 西周生：《醒世姻緣傳》第63回，《智姐假手報冤仇 如卞託鷹懲悍潑》，第905頁。

❹ 西周生：《醒世姻緣傳》第60回，《相妗子痛打甥婦 薛素姐監禁夫君》，第863–864頁。

男子家中與正妻共處。男人既死，兩個女人立即陷入訴訟。[1] 在明朝官方法律文書中，至今還沒有看到承認這種「兩頭大」「外婦」身份合法性的記錄。顯然，明朝後期的社會實踐與國家制度之間有巨大的斷裂。民間的習俗最終對國家制度形成影響，清朝政府在 18 世紀開始允許 1 名男子同時為其父親和父親的兄弟 2 人之後嗣，這樣的男子便可以家族中兩個支脈的名義娶兩個女人。在這種情況下，仍然只有一個女人是正妻，另一個被叫作「平妻」。陳顧遠先生認為，這種平妻也被叫作「兩頭大」。[2] 如果以繼嗣為背景，兩頭大的身份與正妻已經所差無幾。

一個普通的妾也有可能威脅正妻的地位。《醒世姻緣傳》中的珍哥就依賴丈夫的寵愛，成功地把正妻排擠出去。清人鈕琇也提到，軍官李某參加 1673 年福建地方的戰事，戰後回到北京，納一妾。「恐嫡至，非妾所樂，遂不許相見而休之。」其妻以寡婦了其餘生。[3] 根據清朝的法律，李某其實並無合理的理由休妻。但無論是李某之妻還是其所生兒子，都不曾考慮訴諸法律。這就表明，妾可以通過丈夫的主張取代正妻。因此，在 17 世紀前後，妾的實際地位差別很大，其下者如奴僕，其上者若正妻。唐甄就寫道：「以妾為妻，此患之大者也；愛妾之色，聽妾之言，此患之小者也。」[4] 妾對妻的威脅要通過丈夫的支持才可能實現。所以妾制的存在，尤其是妾地位的不確定性，意味着丈夫對於婚姻和妻子命運支配權力的擴展。

如前所述，17 世紀前後中國的妾制，突出地反映出社會地位和家庭地位、關係的多樣性和不確定性。在這種情況下，分析當時知識、思想界關於這個問題的觀念，所能看到的仍然是紛紜的說法。

納妾在士大夫家庭中與在中等程度的富民中間同樣普遍。張岱的一

---

❶ 李清：《折獄新語》卷 3，《產業‧逆抄事》，長春：吉林人民出版社，1989 年版，第 145-146 頁。
❷ 陳顧遠：《中國婚姻史》，第 58 頁。
❸ 鈕琇：《觚剩》續編卷 2，《人觚‧李生孝友》，第 197-198 頁。
❹ 唐甄：《潛書》下篇下，《賤奴》，第 165 頁。

個曾經做過知縣的叔父死時，牀邊侍妾林立。[1] 顧炎武一生最少曾有過 3 個妾。[2]

這個事實卻並不直接證明士大夫肯定地傾向於納妾制度。如果細緻考究，在傳統觀念中，納妾畢竟意味着婚姻的不完美。清初學者褚人穫就在講述萬曆皇帝的婚禮時說，當時依照慣例選擇出一對有兒女但沒有妾的夫婦來主持婚禮。[3] 另一位清初學者鈕琇提到另一個事：一位河南籍的學生韓雲門與一女子訂婚，後來該女子雙目失明，女子的父母嫁女時附帶送了一個妾給韓雲門，以為補償。韓拒絕了這個妾，並說：「人情見慾則動，不若無見，以全我居室之好。」韓由此而被人們看作忠厚之人。[4] 褚人穫還曾記錄了一首《買妾行》，這首詩譴責新中了進士的文人得意即買妾，把家中為他們紡織冬衣的妻子忘在了腦後。[5] 顧炎武回顧自己納妾的事情並給他的朋友提出告誡的話尤其值得注意。1674 年前後，顧炎武寫信給他的朋友王宏撰，勸他不要納妾。顧炎武引述了西漢董仲舒的話，說，君子不當沉溺於色。一個年輕男子每 10 日可近女色 1 次，中年男子隔 20 日，進入老年的人要 40 天才可近女色 1 次。顧炎武說自己年 59 而無子，然後「買妾」一年上下以後，多病纏身，皆因有妾所致。顧炎武於是過繼其姪子為嗣，並將該妾嫁出。顧炎武為了進一步證明自己的觀點，又說到，他的朋友楊子長在 60 餘歲時買了 2 個妾，三五年間，楊雙目失明，一妾所生的兒子也夭亡了。根據顧炎武的說法，那些已經有了兒子、孫子甚至曾孫的人納妾，就是在尋找災難。因此，顧炎武勸已經 59 歲並且有了孫子，而

---

[1] 張岱：《琅嬛文集》卷 4，《傳·附傳》，第 170 頁。

[2] 根據張穆《顧亭林先生年譜》，顧炎武在 19 歲娶王氏為妻，37 歲時納韓氏為妾，41 歲時納妓女戴氏為妾，63 歲時又納最後一妾。其子無一長成。見張穆：《顧亭林先生年譜》，《叢書集成初編》本。卷 1，第 9 頁；卷 1，第 22 頁；卷 1，第 26 頁；卷 3，第 71 頁。

[3] 褚人穫：《堅瓠集》首集卷 1，《瀆溺》，《筆記小說大觀》第 15 冊，第 5 頁。

[4] 鈕琇：《觚剩》正編卷 5，《豫觚·廷式再見》，第 103 頁。類似的例子見周亮工：《書影》卷 5，第 127 頁。

[5] 褚人穫：《堅瓠集》五集卷 1，《買妾行》，《筆記小說大觀》第 15 冊，第 147 頁。

且目力不佳的王宏撰切不可納妾。[1] 對於顧炎武來說，從健康的角度着眼，納妾不宜，即使對無子的人而言，如果年高也不應納妾。根據這樣的看法來看，《醒世姻緣傳》中的成年男性人物，以及顧炎武的朋友王宏撰、楊子長等的做法都不可取。《醒世姻緣傳》的作者可能與顧炎武有同樣的觀點，他在寫到晁思孝納妾的時候，說他起了一個「過分」的念頭，並且在納春鶯為妾之後不過 50 天就一命嗚呼了。[2]《醋葫蘆》作者的態度似乎與此相反。在他的筆下，納妾對於無子的男人來說是絕對必要的，甚至對其妻子也有益處。在他的小說中，主人公成圭，64 歲納外妾得子，於其妻並無不利。

17 世紀中國的妾制，雖然在最主要的方面與其之前的時代相比並沒有特別巨大的改變，但是其具體形態卻發展得多種多樣。明朝的法律限制納妾的條件，但社會富有階層中男人普遍納妾。而且，與明朝不許買賣人口的法律相牴觸，晚明北方和南方都有很發達的妾買賣市場。在政府的政策和思想觀念都缺乏約束力的情況下，男人們通常需要向他們的妻子提出納妾的理由，以免引起嚴重的家庭衝突。求得子嗣是最有力的理由，此外，改善家政，得到更好的服侍都可以成為公開提出的理由。此外的理由是情慾，但這個理由是不便與正妻商量的。

妾有不同的來源。長大的婢女、贖身的妓女、人口買賣市場上買來的女子、經過特殊培訓而具有特殊工作或者服侍技能的女子，以及想與富戶聯姻的「良家」女子，都可能成為妾。大多數妾是其夫主買來的，因而婚禮可有可無。妾的價格主要根據其出身、長相、是否處女、娛樂或者勞動的技能、性情等因素評定。市場上的妾價通常在 10 兩到 30 兩白銀之間。在特殊情況下，妾的身價也可能達到幾百兩銀子。

妾在家庭中的地位通常接近於婢女而略高，在刑法中，妾的身份略

---

❶ 顧炎武：《顧亭林詩文集》，《亭林文集》卷 6，《規友人納妾書》，北京：中華書局，1959 年版，第 136 頁。
❷ 西周生：《醒世姻緣傳》第 18 回，《富家顯宦倒提親　上舍官人雙出殯》，第 266 頁。

低於妻。每個妾在家庭中的具體地位取決於她對家庭的貢獻、她與夫主及正妻的關係。妾生子女把其父的正妻看作母親，對其生母則少尊重。成年子女有機會提高其身份為妾的生母的地位。對妾的身體侵害是普遍的現象。

「全灶」是明代妾制的特殊名目，《金瓶梅》中也有類似的女子。當改善家政，而不是期望生子或者滿足情慾成為男子納妾的重要原因時，妾制就成了變態的多妻制與奴僕制度的結合。所以，17世紀的奴僕制度可能因妾制的進一步發達而實際上更為發展了。「兩頭大」這種特殊的妾的身份表示着妾挑戰妻地位的可能性。妾可能在得到其夫主撐腰的前提下實際上取代妻的地位。晚明政府授予官員出身為妾的生母命婦的身份，顯示的是更重母的身份而非妻的身份的傾向。

晚明許多儒家知識分子並不贊同納妾，但是其理由並非倫理性質的，而是功利性質的。實際上，社會下層普遍納妾，並不理會思想家們對此事作何感想，也不理會國家法律早就明確規定的條件限制。

原以英文刊於 Past Imperfect，1995 年，總第 4 期

十二、晚明北方下層民眾價值觀與商業社會的發展

（一）問題的提出

16、17世紀中國社會下層人民的思想和生活方式，與儒家觀念體系有很大的錯位和衝突。在這個基礎上，我們可以就當時發生的社會總體變動提出一個推論：這些變動在觀念意識方面的主要基礎是當時普通民眾的價值觀，而不是處於困境中的以儒家思想為核心的精英價值體系。從反面直接支持這個推論的歷史事實是，明代中國社會的主要變動，包括商品經濟的長足發展，不是國家政策引導的結果，而恰恰是伴隨着明

朝初年建立的土地、人口、賦稅、商業制度和政策走向失效的過程而發生的，而儒家思想界本身也在這個過程中分化蛻變而再沒有完成理學鼎盛時代那種程度的一致性。這個推論無疑帶有韋伯（Max Weber）思想的色彩，因為它的前提假設是一個社會共同體的價值觀念體系對該社會的轉變發生重要的影響，同時它又與另一種帶有韋伯思想色彩的看法——即以所謂「新儒家」倫理來解釋前近代中國社會變動——相衝突。後者當然以余英時教授和杜維明教授為倡導。[1] 其實這些看法都不是從終極動因的意義上解釋當時的歷史變動，而是在對一個社會變動的必要因素和該社會的文化特質進行分析的意義上進行考察，因而都是有意義的，同時又都有各自的問題。

韋伯認為，「入世苦行」（inner-worldly asceticism）是調動人們從事積極的商業行為的必要因素。而這種倫理品質又是清教倫理中所獨有的。[2] 他認為，清教徒為取悅上帝而極其勤奮節儉地從事商業活動。余英時教授在批評韋伯的時候指出，中國的新儒家倫理中也具有這類入世苦行的主要成分，兩者的區別只是程度上的。[3] 從歷史的角度來看，一種特殊的倫理成分，肯定不足以解釋諸如從前近代向近代社會的轉變這樣深刻的社會變革。因此，韋伯的新教倫理假說並不符合歷史的實際，但是他關於儒家倫理與現代社會的不協調性的看法，卻大致不錯。余英時教授在考察中國近世商業精神的時候提出的新儒家入世苦行的事例，相

---

[1] 參見杜維明，"Toward A Third Epoch of Confucian Humanism: A Background Understanding"，載於 Irene Eber 編 Confucianism: The Dynamics of Tradition, New York: Macmillan, 1986；並參見杜維明 "Cultural China: The Periphery as the Center", Daedalus, 120: 2 (Spring 1991), pp. 1–31。余英時教授的看法主要見他的《中國近世宗教倫理與商人精神》，台北：聯經出版社，1987 年版。

[2] 韋伯關於儒教的系統觀點，參看韋伯的 The Religion of China: Confucianism and Taoism, 這是韋伯 1920 年發表的 The Social Psychology of the World Religions 中的一部分。韋伯去世不久，Hans H. Gerth 將原文翻譯為英語，加以編輯，並且採用了現在的英文本標題。作為清教倫理與中國傳統倫理的比較研究，這本書可以被看作是韋伯的 The Protestant Ethic and the Spirit of Capitalism 的姊妹篇。參看 Max Weber, "The Prefatory Note" in The Religion of China: Confucianism and Taoism, Glencoe, Illinois: The Free Press, 1951。

[3] 余英時：《中國近世宗教倫理與商人精神》，第 67–69、74–84、136–166 頁。

當多是非經濟性質的和含義不明的,不足以引發明清鼓盪而起的商業行為浪潮。在余先生的論述中,王陽明和心學是新儒家積極作用的主要例證。但是王陽明在儒家內外都受到批評,嘉靖皇帝曾經一度明令禁止王學,顧炎武也對王學提出過嚴厲的批評。心學在 16、17 世紀很有影響,但遭遇困難重重。更重要的是,余先生和韋伯一樣,取了儒教中心的視角,而忽略了下層社會宗教和倫理價值的特殊性。如果在 17 世紀的中國存在類似西方清教倫理這樣的東西,這些東西也要在下層社會中尋找。所以,余先生的看法雖富啟發意義,但既有方法論方面的問題,也有史實方面的問題。

此文通過考察明中期以後商品經濟較東南落後的北方社會下層民眾涉及商業行為的觀念,來說明以下論點:下層民眾的倫理觀念體系與近代意義上的商業行為之間並沒有任何嚴重的障礙,而儒家思想與商業倫理之間反而存在嚴重的緊張。對於下層民眾說來,捲入商業活動只是條件問題,而對於嚴肅的儒家人物則是自我變異的問題。韋伯主義的方式不可能回答傳統中國商品經濟沒有自行轉為近代形態的原因問題,也不能恰當地回答中國宗教文化倫理的特點問題,這主要不是因為它對儒家的誤解,而是因為它對儒家思想與中國社會的關係,乃至對中國社會歷史的誤解。考察以北方為範圍是因為北方在商業發展方面相對落後,而更為發達的東南地區的情況又已經有很多的研究,其實對東南地區的考察和對北方的考察所能得出的結論同理,此處特以北方為中心。

(二)北方庶民的生財行為

16 至 17 世紀間,北方的商業發展程度仍不及江南,但是比較其他地區則更為活躍。張瀚曾經寫了幾篇文章描述明中葉以後北方的商業活動。他注意到,「今天下財貨聚於京師,而半產於東南,故百工技藝之人亦多出於東南,江右為夥,浙、直次之,閩、粵又次之。西北多有之,然皆衣食於疆土,而奔走於四方者亦鮮矣。今輦轂之下,四方之人咸鱗集焉。其在官者,國初以工役抵罪,編成班次,有五年、四年一班者,

有三年、二年、一年一班者……自後工少人多，漸加疏放，令其自為工作，至今隸於匠籍。若閭里之間，百工雜作奔走衣食者尤眾。」[1]北京近郊的宛平縣縣令沈榜也注意到：「即使國門之外，畫地而畦，圍堘而莊，疑於農業矣，而所植非珍果奇花，則藍蓼卉草。何者？彼一畦之入，貨之固抵阡陌也。山墅之民，巖居谷汲，批裘舔犢，疑於業農矣，而所治非薪廠煤窯，則公侯廝養。何者？彼絲毫之利，歲計故致倍蓰也。」[2]沙河縣則「人尚儉樸，士崇儒雅，市多逐末，農力糞田。」[3]傅衣凌先生研究明清河南武安商人，徵引的許多文獻中也反映了同樣的情況，如河南林縣人民「稼穡兼陶窯」，「稼穡兼商販」，河南武安「最多商賈，廂坊村墟，罔不居貨」等。[4]

北方下層社會庶民面向市場的經濟活動是在16、17世紀達到一個空前活躍的水平的。《泰安州志》記載說，元末明初的時候，該縣的人民「人情樸厚，俗有儒學」，「士尚詩書，民執常業」。到萬曆三十年（1602）的時候，當時的地方官任弘烈的感覺則是「風移俗易，浸淫於貿易之場，競爭於錐刀之末，民且不自知其習於浮而風斯下也。以余耳目所聞睹，學士大夫循循篤行古風者什之二三……」[5]任弘烈顯然是把這種變化看作傳統價值的沒落。清朝初年兗州和青州農業商業化的情況顯示出，普通農民在捲入商業活動的時候並沒有任何猶豫。兗州的滋陽縣，自從順治初年開始種植煙草。到雍正年間（1723–1735），煙草種植已經普及到全縣。商人頻頻來到這裏收購。煙草牙人因而迅速增多。[6]

從17世紀的文學作品中看，經商是社會下層人，包括沒有其他出

---

❶ 張瀚：《松窗夢語》卷4，《百工紀》，第76–77頁。

❷ 沈榜：《宛署雜記》卷1，《日字·宣諭》，北京：北京古籍出版社，1982年版，第8頁。

❸ 《古今圖書集成》第72冊，《方輿彙編·職方典》卷117，《順德府部匯考九》，第32頁。

❹ 參見傅衣凌：《明清時代河南武安商人考略》，載傅氏著：《明清社會經濟史論文集》，北京：人民出版社，1982年版，第198–205頁。引文可見於顧炎武：《天下郡國利病書》原編第13冊，《河南彰德府志》，《四部叢刊》三編本，上海：商務印書館，1936年版。

❺ 任弘烈：《泰安州志》卷1，《風俗》，台北：成文出版社，1968年版，《中國方志叢書》華北地方第10號，第23–24頁。

❻ 《古今圖書集成》第81冊，《方輿彙編·職方典》卷238，《兗州府部匯考三十》，第48頁。

路的生員謀生的重要手段。例如在《醒世姻緣傳》中，狄希陳因為被妻子辱罵而離開家鄉山東來到北京，「在兵部窪兒開個小當舖，賺的利錢以供日用」。[1]山東破落戶宋明吾利用打官司斷得的銀錢到南京開雜貨攤賺了錢，再回到山東「開了一座南京大店，賺得錢來，買房置地，好不有興」。[2]這吸引了鄰居富裕農民家的兒子張茂實，他「每日在那鎮中閒坐，百物的行情都被看在眼內，所以也要做這一行生理；收拾了幾百銀子，獨上南京，回來開張貿易」。[3]這些描述給人一個清晰的印象，即明朝後期的下層民眾可以很容易地介入商業行為，沒有任何觀念上的障礙。在儒家的觀念中，普通庶民的經商求利行為也要比儒生同樣的行為更自然合理。如清朝學者錢泳就說：「商賈宜於富，富則利息易生。僧道宜於貧，貧則淫惡少至。儒者宜不貧不富，不富則無以汩沒性靈，不貧則可以專心學問。」[4]

（三）庶民經商行為中的觀念問題

雖然商品化似乎是晚明歷史中的一個突出現象，但商業行為本身在中國歷史上卻是由來已久的。《史記·貨殖列傳》中就說到：「夫用貧求富，農不如工，工不如商，刺繡文不如倚市門，此言末業，貧者之資也。」[5]西漢時期的晁錯已經看到：「商賈大者積貯倍息，小者坐列販賣，操其奇贏，日遊都市，乘上之急，所賣必倍。」「今法律賤商人，商人已富貴矣；尊農夫，農夫已貧賤矣！故俗之所貴，主之所賤也……」[6]漢代已有洛陽一帶「俗尚商賈，機巧成俗」的說法，並將其淵源追溯到周代。[7]山東兗州地方人民不鄙視商業的觀念也可以追溯到漢代：「今去

❶ 西周生：《醒世姻緣傳》第 76 回，《狄希陳兩頭娶大　薛素姐獨股吞財》，第 1085 頁。
❷ 西周生：《醒世姻緣傳》第 63 回，《智姐假報冤仇　如卡託鷹懲悍潑》，第 900 頁。
❸ 西周生：《醒世姻緣傳》第 63 回，《智姐假報冤仇　如卡託鷹懲悍潑》，第 900 頁。
❹ 錢泳：《履園叢話》卷 7，《臆論·不貧不富》，第 183 頁。
❺ 司馬遷：《史記》卷 129，《貨殖列傳第六十九》，第 3274 頁。
❻ 班固：《漢書》卷 24 上，《食貨志第四上》，北京：中華書局，1962 年版，第 1132、1133 頁。
❼ 《古今圖書集成》第 96 冊，《方輿彙編·職方典》卷 432，《河南府部匯考》，第 37 頁。

聖久遠，周公遺化銷微，孔氏庠序衰壞。地陋民眾，頗有桑麻之業，亡林澤之饒。俗儉嗇愛財，趨商賈……」[1] 據此，則儒家的衰落和民風趨於利是相伴隨着的。其實，一定數量的財富是生存的必要保障，私有制發生以後，對財富的追求就成為普遍的價值傾向，引起道德問題的是追求財富的程度和手段，即這種行為與他人和社會的關係問題。儒家倫理不以財富為出發點，但也不是要遏止它，而是推崇通過內心修養和服務於國家而光榮地獲得財富和社會地位。所以，16、17 世紀中國下層社會普遍的牟利傾向絲毫不是新奇的現象，而只是一個古老的傳統在社會條件許可情況下的活躍。

韋伯認為「新教倫理」促進了歐洲資本主義發展，此學說中的一個重要因素，是「新教倫理」包含一種為了響應上帝賦予的天職（calling）而努力實踐現世生活中的勤儉以求商業成功的精神。儒家本是入世的，整個中國文化傳統由於缺乏主張超越性拯救的統一宗教，都是強烈關注現世的。所以在入世取向這一點上，新教倫理和整個中國價值體系並非衝突，儒家思想與民間文化在這裏也無根本的差別。差別在於，儒家的取向是通過個人道德完善和建功立業貢獻於人世的道德完善；民間的取向則表現在更樸素的實用主義中。勤儉本身是中國文明開始時期就表現出來的特色，它的基礎是民眾普遍的低生活水準、頻繁的災害和政治動亂。這是一個簡單的生活邏輯而無須宗教精神的推動。《管子》即稱：「一農不耕，民有為之飢者。一女不織，民有為之寒者。」[2] 清代學者錢泳說到古人有云：「日出而作，日入而息」，[3] 這正是中國農民的日常工作時間表。世代習慣於節儉勤勞的農民無需任何其他的道德或者宗教激勵來從事苦行式的積攢錢財的事情，問題是社會條件如何。

17 世紀的小說《照世盃》描述了一個勤儉致富的故事：「有個姓穆

---

❶ 班固：《漢書》卷 28 下，《地理志第八下》，第 1663 頁。
❷ 戴望：《管子校正》卷 23，《揆度第七十八》，北京：中華書局，2006 年，《諸子集成》第 5 冊，第 388 頁。
❸ 錢泳：《履園叢話》卷 7，《臆論·早起》，第 185 頁。

的太公……原來義鄉村在山凹底下，那些種田的，全靠人糞去栽培，又因離城窵遠，沒有水路通得糞船，只好在遠近鄉村田埂路上拾些殘糞，這些糞到比金子還值錢。穆太公想出一個計較來道：『我在城中走，見道旁都有糞坑，我們村中就沒得，可知道把這些寶貝汁都狼藉了。我卻如今想個制度出來，到強似做別樣生意！』隨即去叫瓦匠，把門前三間屋掘成三個大坑，每一個坑都砌起小牆隔斷，牆上又粉起來。忙到城中親戚人家，討了無數詩畫斗方盡貼在這糞屋壁上……一時種田的莊戶，都在他家來躉買。每擔是價銀一錢。更有挑柴、運米、擔油來兌換的。太公從買糞坑之後，倒成個富足的人家。他又省吃儉用，有一分積一分，自然日盛一日。」[1] 穆太公的勤與儉對中國下層民眾來說，是很自然的事情。這個故事的背景被放在湖州烏程，但這是全國普遍的情形。以山東為背景的小說《醒世姻緣傳》中就講到這種生意的利弊。[2] 明末寧波府推官李清也處理過一個經營此道的生員董應邁的案子。[3]

按照韋伯的理論，明智的計算和理性化的簿記管理也是近代商業倫理的特徵。但這些在中國歷史上也是由來已久的。戰國時期孟嘗君曾問門下食客：「誰習計會，能為文收責於薛者乎？」[4] 現在固然沒有依據具體地判斷當時的「計會」和複式會計是怎樣的關係，但這裏考察的是價值觀念和經營觀念問題而不是技術問題。事實上，會計管理在明代已經達到很發達的程度。現存明朝政府的《萬曆會計錄》和程大位的《算法統宗》等反映了當時的水平。明中葉李夢陽為杞縣人張廷恩所寫的墓誌銘中記述的情況頗類複式記賬管理。銘云：「土俗租地畝錢百，張公則八十。已而曰：『吾地畝租五十。』於是人爭來租地，無間者。計其入，反倍於他，由是富盛。」「其糴倉穀日入錢繒竟無弗明者。或問之，曰：『凡倉穀入記之簿，予第令一僕主其出，如簿數則已；又令一僕主入繒，

---

❶ 酌園亭主人：《照世盃》《掘新坑慳鬼成財主》，第 70–72 頁。
❷ 西周生：《醒世姻緣傳》第 33 回，《劣書生廁上修椿　程學究裩中遺便》，第 479–480 頁。
❸ 李清：《折獄新語》卷 4，《詐偽‧黑抄事》，第 220–221 頁。
❹ 劉向集錄：《戰國策》卷 11，《齊四》，上海：上海古籍出版社，1985 年版，第 396 頁。

緝頭封識其姓名，有弗明，責之渠也。」¹

晚明北方下層民眾的商業觀念，固然與近代商業社會的商業觀念，或者說與韋伯在其理論中安排與新教倫理相對應的商業倫理有不同的色彩，但是我們看不出它們是不相容的觀念體系。

（四）儒家對商業行為的態度

儒家也鼓勵人們忍耐貧苦的物質生活條件，甚至認為這可以砥礪一個人的道德情操。孔子最欣賞的學生顏淵，就因為能夠平靜對待貧苦的物質生活而得到孔子的讚賞。但儒家的節儉觀受到儒家禮的觀念的制約。當有人問到祭祀的羊可否省略的時候，孔子說：「爾愛其羊，吾愛其禮。」這裏的價值中心是廟堂的尊嚴、地位顯示、等級秩序等。這種節儉觀念並沒有能限制王室、貴族和官僚階層的奢侈消費。在帝制中國的後期，奢侈是縉紳階層普遍的生活方式，並且成為官僚腐敗的一個基礎。與此同時，儒家一般地對商業行為和商業持蔑視的看法。雖然一些士大夫捲入了商業活動，但這個時代承認商業行為合理性的儒家思想家主要只是承認這種行為對社會來說是必要的成分，但總是在不得已而求其次的情況下才會親身去從事，而不將之作為理想的人生目標。

雖然儒家倫理和大眾倫理有重疊的地方，明清時期的儒家對經營商業行為的態度還是和普通民眾的不同。這首先是由於他們作為政治人對財富本身的戒備心理。晚明大學士沈鯉曾教導他的兒子說：「家下凡百儉素恬淡，不要做出富貴底氣象，不惟俗樣，且不可長久。大抵盛極則衰，月滿則虧，日中則昃，一定之理。惟有自處退步，不張氣焰，不過享用，不作威福，雖處盛時，可以保守。近者江陵張老先生，一敗塗地，只為其榮寵至極，而不能自抑，反張氣焰，以致有此。可為明鑒。我今雖作熱官，自處常在冷處。必不肯多積財貨，廣置田宅，使身終之

---

❶ 李夢陽：《空同集》卷 43，《明故例授宣武衛指揮張公墓碑》，《景印文淵閣四庫全書》第 1262 冊，第 391、392 頁。

日，留下爭端，自取辱名。」[1]出身於紡織業家庭中的官僚張瀚認為經商是一種小聰明：「財利之於人，甚矣哉！人情徇其利而蹈其害，而猶不忘夫利也。故雖敝精勞形，日夜馳騖，猶自以為不足也。夫利者，人情所同欲也。同欲而共趨之，如眾流赴壑，來往相續，日夜不休，不至於橫溢氾濫，寧有止息。故曰：『天下熙熙，皆為利來；天下攘攘，皆為利往。』窮日夜之力，以逐錙銖之利，而遂忘日夜之疲瘁也。此何異大毫末而小丘山，非毫末果大，而丘山果小也。見毫末而不見丘山，若前驅而後迫耳。然而商賈之子甘其食，美其服，飾騎連轡，織陸鱗川，飛塵降天，赭汗如雨。懷巧捷給之夫，借資託力，以獻諛而效奔走。燕姬趙女品絲竹，摯箏琴，長袂利屣，爭妍而取容。彼且矜誇智能，足以自便，意籠宇宙之化工，計窮人物之變態，與時俯仰，舉材貨低昂，在吾掌握中，持籌而算，百不失一，而不知其智能之小也。語云：『大知閑閑，小智閒閒。』蓋謂是耶？」[2]許多學者注意到《戒庵老人漫筆》中講到的談參（譚曉）善於經營，節儉致富的事例，但很少人注意到，李詡所據的邵北虞講這個故事的用意是要說明談參的精明算計不過是小聰明，其富有及身而止，身後淒涼。[3]另一位晚明學者何良俊乾脆認為財富是有害的，因為富裕人家的子弟比比棄學而從事商業。[4]晚明官僚馮從吾「勤儉說」則舉例說明：勤儉持家和認真簿記卻不從事學術，不僅不足以積累財富，而且是有害的。[5]

　　的確，許多儒生、官僚甚至皇室成員在 16、17 世紀間捲入了商業活動。但這類現象並不表明是為儒家倫理所推動的，而更像是下層社會

---

[1] 王士禛：《池北偶談》卷 7，《沈文端公家書》，北京：中華書局，1982 年版，第 152 頁。

[2] 張瀚：《松窗夢語》卷 4，《商賈紀》，第 80 頁。

[3] 李詡：《戒庵老人漫筆》卷 4，《談參傳》，第 153–154 頁。

[4] 何良俊：《四友齋叢說》卷 34，《正俗一》，第 313 頁。另清人錢泳說過：「富者持籌握算，心結身勞，是富而仍貧；貴者皆夜乞憐，奴顏婢膝，是貴而仍賤。如此而為富貴者，吾不願也。」「銀錢怪物，令人發白。」見錢泳：《履園叢話》卷 7，《臆論‧富貴貧賤》，第 179 頁；《臆論‧不多不少》，第 183 頁。

[5] 馮從吾：《少墟集》卷 14，《勤儉說》，《景印文淵閣四庫全書》第 1293 冊，第 240 頁。

價值取向對士紳階層的影響的表現。經典儒家思想是在「工商食官」的時代形成的，它接受商人活動的存在但不鼓勵之，認為以「利」作為人生目標是「小人」的事情。所謂「新儒家」的倫理體系和經典儒家的倫理體系的區別，本身是一個被誇大的問題。在「新儒家」的時代，一些知識分子調整了對牟利的個人行為的態度，但多數人還是堅持了傳統的觀念，儒家的主流繼續對商業行為中的牟利行為持蔑視態度。而下層知識分子因為生計問題和與庶民階層接觸密切，多能認同商業活動。

中國歷史上的一個簡單的事實是，通過經濟手段而不是政治手段來積累財富的行為主要地是由一些沒有社會特權的普通人——商人進行的。儒家則一向支持「重農抑商」的國家政策。「抑」並不是「禁」，儒家思想家和所有中國歷史上的國家管理者都懂得商業是社會流通所必經的渠道，因而不能禁止。但是商業活動帶來人口在地域間和職業間的流動，以及人心的浮動，會增加國家管理和社會控制的困難，不符合儒家從穩定着眼的社會管理理念，故必須給予控制。「抑商」政策顯示出儒家在根本觀念上與商品經濟的矛盾。五代、宋以來國家對商業的抑制相對減弱，儒家中也出現了一些重新估價商業活動的言論。但是從主流上說，儒家從來也沒有放棄重農抑商的觀念。中國商品經濟的活躍發展是在國家抑制減弱的前提下，而不是在國家支持提倡的推動下實現的。明朝初年，太祖下發了一個詔令，命令所有成年男子必須固守本業。任何人要離開家鄉到外地必須告知鄰里，以防止出外經商。任何人要經商，包括那些已經得到官方執照的人在內，必須要擁有最少 10 貫銅錢或者鈔票。本錢少於此數而經商者，要被發配到邊遠地方。10 貫銅錢約值銀 10 兩，是個不小的數目。[1] 這樣，小本經濟的經營在 14、15 世紀就受到了很大的限制。在 16 到 18 世紀期間，情況才發生了重大的變化，鄉村的商業活動以及鄉村人民與地方、區域，乃至全國市場的聯繫發展到超

---

❶ 銅錢、鈔票、白銀三種貨幣的市場價值保持變動的狀態。在明朝初年，價值相對穩定的白銀的價值大致是一兩買 250 公斤大米。

過宋代和元代的程度。導致明朝中後期商業化發展的主要社會變化，如戶口控制制度放鬆，白銀取代政府發行的紙幣成為主要流通貨幣等等，都不是在政府、士大夫，或者儒家思想家們的自覺倡導下發生的。它們首先是作為令政府頭痛的社會問題發生，在政府保持舊時狀況的努力失敗之後才得到政府的認可。[1] 對於主流的儒家思想者說來，社會的商業化本身是儒家價值觀念和社會穩定性式微的表徵。而庶民們則沒有許多顧忌，他們只是以各種可能的方式謀求生存、富足，商業化一般而不是過度激烈的發展會帶給他們更多的自由和機會。所以，比起儒家的價值系統，庶民的價值、倫理、信念和商業化發展的關聯要更為實際而緊密。

（五）多樣化與風氣變動問題

韋伯關於中國宗教和商業倫理的分析，以及追隨他的方法進行的關於中國的討論，幾乎都是把歷史上的中國作為一個不變的，或者從地域上說文化同質的對象。對時間定位的模糊和對歷史變動的缺乏敏感實際上是用社會學和人類學來分析歷史問題時的缺點。社會學具有從地域具體性角度考察社會的方法工具，但是具體的研究實踐在多大程度上對地域差別給予關注，卻取決於研究者對研究對象內部區域差異的了解程度。韋伯眼中的中國是個遠距離且間接得知的輪廓，被他當作一個文化、宗教和社會單元，中國的內部區域差異是他的研究的盲點。我們前面的討論雖然以16、17世紀中國北方為時間和地域上的範圍，但也還是由於論題角度含有針對性，所以沒有突出歷史變動和地域差異問題。現在來簡單看一下這個方向會涉及到程度如何的問題。

顧炎武《天下郡國利病書》云：「以今山東列郡觀之，乃不盡然。大較濟南省會之地，民物繁聚。兗、東二郡，瀕河招商，舟車輳集，民習奢華，其俗也文若勝乎質。青、登、萊三郡，馮負山海，民殖魚

---

❶ 參見本書《試論明代貨幣制度的演變及其歷史影響》。

鹽以自利，道里僻阻，商旅不通，其俗也質若勝乎文。孔子所謂齊變至魯，魯變至道者，又不可執一以例。今之俗也，乃若六郡所同者，士大夫率多懷義質直，侃侃明達，如班固所謂好經術而矜功名，杜牧所謂多才力、重許可、能辛苦者，其風至今不衰。其小民力於耕桑，不賤商賈，喪葬有序，不泥風水。鄉黨歲時舉社會，貧富相資，有藍田鄉約之遺風。此則山東風俗之近古者。」[1] 山東一個布政司中，3 個府文勝質，3 個府質勝文，六郡又皆保留共同的前代遺風，各地有差別也有共性。歷史上，至孔子的時代其風氣就曾數次變化，不可「執一以例」。

以「文若勝質」的兗州一府而言，其於明代中期以後轄四州二十三縣。其中府治嶧陽「俗溫厚馴雅，華而不窕，有先賢聖之風，民好稼穡而不工生殖」。其東南的沂、費、嶧、郯、滕、泗六縣「民性樸質，無所紛華，以田畜自饒，頗有山澤之利」。沂州則「地多礦冶，揭竿鼓鑄之奸時時嘯聚」。府治西南的濟寧、鄆城、鉅野、嘉祥、金鄉、魚台等地「俗稍華侈，士好文采，民逐末利」。由濟寧而西南之曹州、單縣、城武、定陶「其俗闓緩和平，得剛柔之中，與豫境相類」。兗州西北方向的東平、東阿、平陰、陽穀、壽張，「其俗淳雅和易，文質得宜，土壤瘠薄，民務稼穡，不通商賈」。[2] 其差別的基礎在於地理條件、政治歷史上的衝突治亂和經濟交流之演進等。此為明代中期大致情況。復查其變遷，漢代地理志稱其地之士多好經術，但因「去聖久遠」，則至於「儉嗇愛財，趨商賈」。隋地理志云其人尚多好學，性質直懷義。[3] 至於明代情形則如上述，有「不工生殖」「不通商賈」者，有好鼓鑄而強悍的，有「民逐末利」的，差別極大。

如果以同樣的方式來分別考察山東、河南、河北其他各府，看到的是類似的情況。其變動之不拘，甚至有更頻繁者。如乾隆時期修成的

---

❶ 顧炎武：《天下郡國利病書》《山東上·備錄》，《風俗》，上海：商務印書館，1936 年版，《四部叢刊三編》第 149 冊（《天下郡國利病書》第 18 冊，原編第 15 冊），第 6 頁。

❷ 于慎行：《兗州府志》卷 4，《風土志》，濟南：齊魯書社，1984 年版，第 5-6 頁。

❸ 于慎行：《兗州府志》卷 4，《風俗志》，第 2-4 頁。

《河南通志》所記河南各府、州、縣人民對於商業的觀念態度，在各個時期各不相同，並考其由來云：「班固謂剛柔緩急，音聲不同，係水土之風氣，故謂之風。好惡取捨，動靜無常，隨君上之情慾，故謂之俗。然則風俗者固山川地氣使然，亦主治者之好尚實有以轉移之歟？」[1] 這裏我們不能忘記，明代的中國北方比較東南沿海地區，在商業觀念上是要保守得多，比較邊緣地區卻又要靈動一些。所以，全國範圍的差異又更是複雜得多的了。此外，關於明代後期中國北方民風趨於奢侈浪費的記載和關於勤儉節省的記載同樣十分引人注目，兩者的並存關係的基礎更有待仔細的揣摩。那麼，我們在前面幾節的分析中所看到的一個結論，即明代中後期中國北方下層民眾的宗教及商業倫理與近代商業化社會具有相容性，顯然不能進一步推論出傳統中國的價值體系為近代商業準備好了條件。這裏的要點是，用韋伯主義的方式來尋求傳統中國的宗教及商業倫理與近代商業的關係，是一個有意義但又很粗糙的方法。社會學和人類學之興盛給予歷史學極大的促進，但其畢竟有不能取代歷史學注重時間、地點和具體情狀的獨特取向之價值處。

（六）餘議

中國社會的地域差異、下層社會的宗教多元化和倫理價值的多樣化決定了中國的庶民們並不按照任何一個絕對的哲學或者宗教體系的規則行事。他們所遵循的是他們的生活經歷給予他們的經驗教訓以及與時代條件和歷史傳統相關的相互影響，後者即所謂風俗。這使中國庶民們的行為缺乏一個宗教或哲學體系指導下的人群的觀念和行為的那種一致性，但是這並不意味着中國庶民之社會行為沒有紋理可循。中國商業倫理的基礎既然是複雜的，它的變動也是複雜的。雖然儒家的思想觀念和 16 世紀以來社會商品化發展的關聯是不能否定的，但

---

❶ 孫灝、顧棟高等：《河南通志》卷 28，《風俗》，《景印文淵閣四庫全書》第 536 冊，第 85 頁。

是，從儒家思想入手來解釋這次商品化發展運動，卻會忽視更根本性的社會文化因素。

在中國歷史上，商人和中國文明本身一樣有古老的傳統。但是過去的商人主要是一個特定的社會等級和專門的職業。所謂「古有四民」，士農工商。明後期以來社會的商業化特徵，不在於商人這個特殊的社會階層如何壯大，而在於商業活動成為四民大舉捲入的活動，其中尤其是社會下層的工、農都在很大程度上捲入到商品經濟中去。士大夫經商的情況雖然也發生，但是比起下層民眾，其實是微不足道的。這個過程伴隨着人口從強控制下的戶籍類目向多種多樣的、以市場交換為方向的社會職業領域的流動。從社會身份控制的角度說，這個變化是一場人的解放運動。明中葉以後中國商業社會的發展走的是一種獨特的道路，考察下層社會的狀況對理解這個過程有重要意義。

原刊《東北師範大學學報》2003 年第 1 期

十三、17 世紀前後中國北方宗教多元現象初論

中國早期的宗教信仰以自然和祖先為崇拜對象，已經具有宗教多元化的基礎特徵。漢代以後，形成儒、釋、道三大規範制度化的信仰系統與多種民間宗教信仰並存的複雜體系，多元性遂成為中國文化歷史的一個基本的持續性特徵。17 世紀中國北方的宗教多元化有進一步的發展，本文從考察其具體表現入手，探討這種現象對於中國社會歷史文化的意義。

（一）民間祭祀的多樣性

17 世紀中國宗教崇拜的多元性明顯表現在民間祭祀對象的多樣性。

以山東文登縣為例，據該縣 1897 年縣志記載，全縣共有 51 個重要的宗教祭祀場所。其中可歸於佛教的為 26 個，道教 9 個，其他雜神祭祀場所 16 個。[1] 這裏可以得出的一個簡單判斷是，在民間祭祀中，大量宗教崇拜的對象並存而且相互間並無衝突。另外，注意到這是 1897 年的縣志記載的情況，從「始建時間」來看，除 12 個記載不詳者不能定論外，其餘 39 個祭祀場所都是在 18 世紀初年以前始建的，這表示 17 世紀是一個民間宗教祭祀活動特別活躍的時期。

明朝末年，在北京附近的宛平縣當縣令的沈榜提供給我們進一步分析這一類情況的細節。根據他的記述，明朝末年的宛平縣除了官方祭祀的建置以外，有 604 處宗教祭祀的場所。[2] 這些場所可以被分為以下 7 類：

宛平縣民間宗教祭祀場所名稱分類表

名稱類別	總數	在城市數	在城比例	在鄉村數	在鄉比例
寺	211	72	34%	139	66%
庵	140	77	55%	63	45%
堂	13	4	31%	9	69%
宮	6	3	50%	3	50%
觀	21	7	33%	14	67%
廟	206	77	37%	129	63%
祠	7	2	29%	5	71%
合計	604	242	40%	362	60%

---

❶ 李祖年：《文登縣志》卷 4 中，《寺觀》，台北：成文出版社有限公司，1976 年版，《中國地方志叢書》華北地方第 368 號，第 287-320 頁。這裏需注意的是，在民間祭祀中佛、道、雜神祭祀的分野並非嚴格，佛寺、道觀中普遍祭祀雜神。

❷ 沈榜統計的合計數字是 575。但根據所有開列出來的名稱合計所得結果為 604。參見沈榜：《宛署雜記》卷 19，《言字‧僧道》，第 223-235 頁。

按照沈榜的說明，被列在這個表中的前三類是佛教建置。第 4 類和第 5 類是道教建置。最後兩類是雜神崇拜的場所。設道教總數 27 為 1，則佛、道、雜三類宗教祭祀場所總數之比為 13.48：1：7.9，顯然其中佛教勢力最大，雜神崇拜次之，道教居其末。我們根據他對宗教的分類，再區分其地點，做出下表。

宛平縣宗教祭祀場所之宗教類別統計

宗教	總數	在城市	在鄉村	在城市者的比例	在鄉村者的比例
佛教	364	153	211	42.03%	57.97%
道教	27	10	17	37.04%	62.96%
雜神崇拜	213	79	134	37.09%	62.91%
	604	242	362	40.07%	59.93%

比較這 3 類宗教所在的地點，我們得到以下印象：雜神崇拜和道教在鄉村比在城市更普遍。但是即使在鄉村，佛教的勢力仍然超過道教和雜神崇拜之和。

這樣眾多而且多樣化的宗教崇拜建置還只是 17 世紀前後中國北方宗教崇拜的一部分。其他一些宗教信仰從來沒有在民間以規範制度化的方式存在，但卻處於十分普遍的實踐中。如遍佈鄉村的土地廟因其渺小，不列在以上祭祀場所中；在家庭中祭祀的財神、門神、灶神等種種雜神無法羅列；屬於薩滿教的「巫」在華北沒有制度化的祭祀場所和組織，但是被普遍信奉。比如在真定，民間信奉鬼神，「有病多不服藥，召巫降神禳之」；[1] 在順德府邢台縣，民間「信巫尚鬼，喜崇異教」；[2] 在滋陽，巫術盛行，其中之一稱「端工戲」，男人扮女；[3] 在郯城，「大約尚鬼

---

❶《古今圖書集成》第 71 冊，《方輿彙編‧職方典》卷 103，《真定府部彙考十一》，第 30 頁。
❷《古今圖書集成》第 72 冊，《方輿彙編‧職方典》卷 117，《順德府部彙考九》，32 頁。
❸《古今圖書集成》第 81 冊，《方輿彙編‧職方典》卷 230，《兗州府部彙考二十二》，第 11 頁。

信巫者強半。凡人有病，不求藥餌，輒請師巫」，女巫稱為「姑娘」。[1]
除了上邊提到的之外，風水、命相等等也十分普遍。一些中國人類學家
於 1980 年代對山東民間宗教進行了實地調查，其結果表示：現代山東地
區的民間宗教信仰仍然保持着多樣化的特徵。[2]

從上面簡單例舉的情況中，可以了解 17 世紀中國北方宗教信仰和
祭祀多樣化的一般情況，其中十分重要的是，如此眾多的宗教成分共
存、相互吸收而無經常性的衝突。對於這一點，留待後文分析。

（二）官方意識形態與民間宗教的關係

沈榜在記述明末宛平縣宗教多樣化情形後，曾經深有感觸地評論
道：有數萬人生活在這些宗教的場所，但是縣學生員卻不過數十人而
已。[3] 看來他察覺到民間宗教的發展構成了對官方曾經努力追求的文化和
精神統一性的矛盾。但是他並沒有提出解決這種矛盾的建議，顯然當時
的國家制度及官方文化精神與民間宗教狀況之間具有一種並容的基礎。
這種矛盾又並容的情況本身和民間宗教信仰的多樣化現象一樣，反映出
當時中國宗教生活的多元特徵。

民間宗教和明代官方的矛盾，很大程度上是民間宗教與作為官方意
識形態主體的儒教之間的矛盾。公元前 5 世紀前後形成的儒家學說以入
世為特徵，其基本命題是關於現實世界人們的倫理行為。它承認抽象的
自然神的權威，但是並不特別地崇拜任何人格化的超現實存在。這樣一
種體系，沒有在超越層次上提出取代多種多樣的雜神崇拜信仰的統一對
象，也就不可能像伊斯蘭教和基督教那樣排斥和統一多元的原始宗教。
又因其從政治倫理的層面推出，遂避免了與其他宗教在超越人生的道路
上的直接衝突，並藉助於政治力而凌駕於傳統宗教之上，以一種超越的

---

❶《古今圖書集成》第 81 冊，《方輿彙編・職方典》卷 230，《兗州府部匯考二十二》，第 17 頁。
❷ 參見山曼等：《山東民俗》，濟南：山東友誼出版社，1988 年版，第 347 頁。
❸ 沈榜：《宛署雜記》卷 19，《言字・僧道》，第 237 頁。

姿態與原始宗教並存。既然不能在信仰層面上取代原始宗教，而又在社會層面上凌駕於原始宗教之上，儒家就對所有現存的宗教信仰採取了一種實用主義的控制與寬容結合的對策，爭取在適當控制的前提下使原始宗教成為維持社會穩定的工具。《論語》中說的「子不語怪力亂神」[1] 就反映了儒家和原始宗教矛盾的地方。同時，儒家又認為對神祇的祭祀是必要的，要「祭如在，祭神如神在」。[2] 這表示了儒家對於宗教的實用主義立場。這樣一種對於宗教的態度，富有彈性而秉持實用主義，使儒家思想體系很容易與多樣化的文化社會條件下形成的世俗政治權力結合。這是為社會的管理者們即政治「精英」設計的體系。對於被經典儒家稱為「君子」的「精英」說來，儒家思想雖然並不給出有神論的超越人生的出路，但卻給出了無神論的超越人生的道路，這就是以德的修養和實踐來達到不朽。儒家思想被以灌輸的方式系統地貫徹到社會的各個層面並成為傳統，就成為儒教。對於下層人民來說，儒教的根本缺陷是它並不能為並不以天下為己任，經歷着人生痛苦和空虛，感受着死亡恐懼的人們提供終極意義上的解救。它關於終極存在和終極價值的概念是過於哲學化和精英主義的。下層人民素樸的心靈易於接受更為簡潔可行的、超越自我侷限的道路，即為狹義宗教留有空間。於是在普遍保留了原始宗教信仰的基礎上，體系化和制度化的宗教──即佛教和道教──在中國得到廣泛的傳播。這樣，在中國就逐漸形成了 3 個體系化的普遍信仰體系：儒、釋、道。這 3 個體系相互滲透，並與具有地方性和多元性的民間宗教都保持了某種共存的關係，而且成為民間宗教演變的思想、概念淵源。這裏，上層社會和下層社會的區別是很明顯的。作為社會精英的士大夫基本上定位在儒家傳統的總體立場上。作為補充，他們也到其他宗教信仰體系中尋求滿足自己靈魂需求的內容，或者求助於其他宗教以服務於自己的政治社會目的。下層民眾則對保持國家範圍的文化宗教一

---

❶ 劉寶楠：《論語正義》卷 8，《述而第七》，《諸子集成》第 1 冊，第 146 頁。

❷ 劉寶楠：《論語正義》卷 3，《八佾第三》，《諸子集成》第 1 冊，第 53 頁。

體性漠不關心。他們中文盲居多，無法透徹領會儒家的學說，也無法去完整地實現儒家的人生，而俯拾皆在的種種民間宗教則至少給他們某種希望。於是，種種雜神對於一個下層的普通人來說要比孔夫子親近。

這樣，官方的宗教祭祀活動與民間的祭祀活動之着眼點就有深刻的不同。遵循儒家原則的官方宗教祭祀活動的着眼點在於治民，而民間祭祀的着眼點則在於悅神。《東阿縣志》的編纂者就曾指出：「古者神人雜處而民用惑，故聖王之制，先成民而後致力於神。敬神即所以敬民也。國家治定禮制，懷柔百神，壇壝祠廟之設，載在《會典》，達於天下。首重先師，次壇壝，而有功烈於民，能禦大災、捍大患者以次及之。崇德報功，凡以為民耳。」[1] 這表明，官方宗教祭祀行為歸根結底是處理國家與人民的關係的行為。祭祀一個對象並不等於祭祀者信仰被祭祀的對象。政府是高於那些被祭祀的神祇的權威。這是為什麼不必擔心這麼多的神祇會相互衝突的原因，也是「懷柔」這個詞彙使用的基礎。神祇們的等級地位是根據他們的貢獻來確定的，其原則與任命官僚的原則是基本一樣的。這種類型的崇拜行為對被崇拜的對象表達的是一種尊重，而不是皈依。出於同樣的意識，政府會對祭祀責任和權利做出等級化的規定。《東阿縣志》中就記載了明朝的這樣一種規則：「普天之下，后土之上，無不有人，無不有鬼。人鬼之道，幽明雖殊，其理則一。故天下之大，兆民之眾，必立君以主之。君總其大。又設官分職，為府州縣，以各長之。又於每一百戶設一里長，以統領之。上下之職，綱紀不紊。此治人之法。如此，天子祭天地神祇及天下山川，王國各府州縣祭境內山川及祀典神祇，庶民祭其祖先及里灶土穀之神。上下之禮，各有等第。此治神之道。」[2]

茬平縣官方祭祀的情況明確落實了上述的規則。這個縣官府祭祀的

---

❶ 李賢書裁定，吳怡纂：《東阿縣志》卷 8，《祀祠志》，台北：成文出版社，1976 年版，《中國方志叢書》華北地方第 362 號，第 297 頁。

❷ 李賢書裁定，吳怡纂：《東阿縣志》卷 8，《祀祠志》，《中國方志叢書》華北地方第 362 號，第 304 頁。清初思想家顏元對這個問題頗有討論，參見後文。

有：大成至聖先師殿、啟聖祠（祀孔子之父）、文昌閣（祀文昌）、名
宦祠（祀著名地方官員）、鄉賢祠（祀地方賢達）、社稷壇（祀土神、
穀神）、風雲雷雨山川城隍壇（祀風、雲、雷、雨、山川、城隍）、邑
厲壇（祀野鬼）、八蜡廟（祀雜神靈怪）、關帝廟（祀關羽）、馬神廟（祀
馬神）、魯仲連祠（祀魯仲連）。所有這些祭祀的對象都和儒家的思想
體系是一致的。縣志的編纂者解釋了祭祀對象選擇的原則：「國之大事
曰祀。夫有人民必有社稷。上之合樂禮、先師，次則境內名神，邦國
學士德業垂世，凡祀典所應載者……」[1] 顯然，官方的祭祀是為了有助
於國家治理，其對象是和政治相關的。民間宗教祭祀的主旨則是為了
人生。

　　孔子和他的追隨者在中央的國子監和地方政府主持的府州縣學中得
到宗教式的祭祀。農村的祭祀活動中則全然沒有他們的影子。顏元曾慨
歎說：「今日淫祠遍天下村莊，曾不聞村莊有一夫子廟，惟國典令各邑
有文廟一設而已。」[2] 針對這種情況，他認為每個村莊都應該建立一個孔
廟。他這是想用治「君子」的辦法來治「小人」，在當時自然流於空想。

　　雖然佛教和道教能夠充當儒家國家治理的工具，它們還是在許多方
面與儒家的價值體系和哲學觀念相矛盾。據稱清前期，孔子的家鄉曲阜
「近來科第蟬聯，仕籍甚多，克稱聖賢之里也。而邑境無寺觀，民間喪
祭不作齋醮，四方僧道無敢入境，以闕里在故也」。[3] 清人評論此事說：
「今之琳宮梵宇，金碧輝煌，遍海內矣，阜境內獨無寺觀。曷以故？毋
亦異端之流聖人所惡，故不欲使鴟鴞近鸞鳳乎？」[4] 在當時的中國北方，

❶ 王世臣等：《荏平縣志》卷 1，《祠祀》，台北：成文出版社有限公司，1976 年版，《中國方志叢
　書》華北地方第 371 號，第 153 頁。八臘廟的祭祀對象包括河流、山、虎、貓，甚至昆蟲等。
❷ 錢錂：《顏習齋先生闢異錄》卷上，《闢異總論》，《叢書集成初編》本，第 1 頁。
❸ 《古今圖書集成》《方輿彙編·職方典》卷 230，《兗州府部匯考二十二·兗州風俗考》，第 81
　冊，第 11 頁。
❹ 《古今圖書集成》《方輿彙編·職方典》卷 232，《兗州府部匯考二十四·兗州祠廟考二》，第 81
　冊，第 25 頁。這裏應提到，《兗州府志·祠廟考》中提到在曲阜縣城北 50 里有一個石門寺，
　那顯然是佛教寺院。看來曲阜並非絕無寺院，但較其他地方獨少。

其他的縣大多要有 20 到 50 所甚至更多的佛道寺觀。曲阜是一個特殊的地方，因這裏維護了儒教大一統。乾隆《冀州志》的編纂者根據更早的舊志提到，冀州在明中葉以後，民間有 5 種不良習俗，其中之一是「邪教」，指的是佛教，其表現是「唸佛聚眾，男女混雜，煽惑愚民」。[1] 晚明被官方文獻稱為「邪教」的還有白蓮教、無為教（羅教）、聞香教、黃天教、圓頓教等。[2]

這些宗教組織有一個共同的特點，就是他們都從多種來源——主要是佛教、道教、儒教——和民間宗教中吸收基本概念，並將之融合到一起。朱國禎曾說：「神仙家必引儒釋為重。」[3] 錢謙益也說：「師巫邪說，施符咒棗，亦皆藉口參禪，誑惑愚昧。」[4] 這是實際情況。顯然，中國的下層民眾傾向於兼容並蓄地對待多種宗教而不理會其分歧。他們的這種綜合傾向，其實是中國民間文化的一個持續的特徵。和儒家吸收佛教和道教概念來進行自我改進不同，17 世紀前後中國北方的那些民間宗教組織並沒有自己特殊的一貫體系，而是多教雜和的，其中包含有一些儒家倫理成分，但總體上說是非儒家的信仰佔主導地位。非儒家的表現之一是它們大多數都鼓勵婦女參加公眾宗教集會活動，這是儒家始終堅持反對的。和官方承認的佛道等宗教不同，這些民間宗教組織都有些祕密社會的色彩。因而，它們在發展到引人注目的階段時，都會被國家看作社會穩定的威脅而加以限制甚至鏟除。這是明代國家與民間宗教並容的邊界限度。

---

❶ 範清曠等：(乾隆)《冀州志》卷 7，《風物》，哈佛大學漢和圖書館藏本，第 4 頁。

❷ 西方學者關於這個問題的研究主要有大衛·約翰遜（David Johnson）等編《帝制後期的中國民間文化》(*Popular Culture in Late Imperial China*)；丹尼爾·歐沃姆耶（Daniel L. Overmyer）《民間佛教：傳統時代後期的宗教異端》(*Folk Buddhist Religion: Dissenting Sects in Late Traditional China*, Cambridge and London: Harvard University Press, 1976)；及石洪春（音譯，Richard Hong_chun Shek）《明朝末年的宗教與社會：16-17 世紀中國的幫會主義與民間思潮》(*Religion and Society in Late Ming: Sectarianism and Popular Thought in Sixteenth-Seventeenth Century China*, Doctor Dissertation, Califonia University, 1980)。

❸ 朱國禎：《湧幢小品》卷 29，《引儒釋》，第 695 頁。

❹ 錢謙益：《牧齋初學集》卷 81，《疏·天台山天封寺修造募緣疏》，第 1724 頁。

雖然有深刻的差異，但是民間宗教與國家治理還是有並容的一面。宛平縣令沈榜不相信佛教、道教，也不信奉傳統的雜神。但是他樂於利用那些宗教來佐助他的政府管理行為。在沈榜看來，「愚夫愚婦」不能用理性教化，也不能靠法律約束。可以很容易就把這些人納於控制之下的是那些因果報應、輪迴轉世的教訓。這就如同一個頑皮的孩子不能靠說理或者打罵來使他聽話，卻可以很容易地用好吃的食物使他老實下來。更重要的是，對民間宗教保持寬容可以弱化社會振盪：「王者以爵祿鼓舞一世，而世隨［遂］群然趨之，苟惟其所趨而莫之約，人心流水，何厭之有？矧十五奔之而百一收之，彼棄置之夫不有志意鴻鵠者乎？智慧神鬼者乎？技巧鷹猱者乎？恥為人下者乎？不能自食者乎？而其勢又必不能寄公以養，究竟將令何之？史所記塚王湖長可鑒也。惟此二氏賢愚同畜，上焉，可使談空滯有，老死不給；其次，足令竊似博名，以自遊於方之外，公卿不名，王侯為齒，方之沮溺，可柱狂瀾；又其下，亦能寄食逃生……二氏之藏垢納污若此，而謂不足助吾法制之不及耶？」[1]

佛道寺院的另一個功能是包容和救濟遊民。晚明學者陳繼儒說：「我明設養濟院以養無告也。然州縣不過一二百疲癃殘疾止矣。其外少壯而貧，終身不能溫飽婚娶者，不知幾千萬人。幸佛教一門收拾此輩耳……」[2] 陳繼儒並不是官方的發言人，但是他的說法很明確地解釋了官方對民間宗教活動有所寬容的一個着眼點。

（三）士大夫關於宗教與信仰問題的爭論

17世紀中國中央和地方政府對待民間宗教基本上採取了實用主義的對策。這裏，信還是不信並不重要，對於國家治理有用還是沒有用，或者有利還是有害才是關鍵。相比之下，當時的知識分子對這個問題要嚴肅得多。其對立的兩極是「三教歸一」說和排斥非儒教宗教思想說。居

---

[1] 沈榜：《宛署雜記》卷19，《言字·寺觀》，第236頁。
[2] 陳繼儒：《狂夫之言》卷4，《叢書集成初編》本，第36–37頁。

於其間的則是以佛、道補儒的立場，徐光啟等對於天主教的態度雖有借鑒西方科學的着眼點，但從宗教的角度說，與此類似，可以說是「以天補儒」。

何良俊引用北齊儒學衰微時代的一些說法，把儒學擺到低於佛教和道教的地位。他把佛教比作太陽，把道教比作月亮，而儒學則被比作星星。[1] 在介紹了佛教關於善惡的說教之後，何良俊說：「其言何等圓妙！雖吾宣尼老師而在，猶當北面。世欲輕議之者何耶？」[2] 李贄、羅汝芳、王畿、屠隆等皆有此類「三教歸一」的言論，亦已經學術界較充分分析，其言不舉。

在實踐的層面，值得注意的是這時在民間祭祀活動中出現了大量把孔子、釋迦牟尼、老子「合祭」的現象，其地多稱為「三教堂」。例如在濟南郊外，有一個「三教堂」和三個「三教寺」。鄒平縣也有一個「三教堂」和一個「三教寺」。其他如掖縣、霑化縣、良鄉縣等地都有這類寺院。[3] 其中河北南和縣的情形值得注意。這裏有一個由一個生員在1661年牽頭集資修建的「斯受堂」，孔子、釋迦牟尼和老子在這裏同享祭祀，當時一位儒學教官為之作碑記。到1744年即乾隆九年時，知縣周章煥以「釐正三教之名」，將釋迦牟尼和老子都從斯受堂中遷了出去，獨留孔子，並且把這個地方改成了一所義學。[4] 這個事件提示，在17世紀，孔教和其他信仰體系的混合很普遍。但是這種做法在18世紀受到了清朝政府的限制。

研究明代寺院與地方士紳社會關係的加拿大明清史學家卜正民（T. Brook）曾指出，當這三個「教主」被捏和在一起的時候，其中的任何一

---

❶ 何良俊：《四友齋叢説》卷21，《釋道一》，第187頁。

❷ 何良俊：《四友齋叢説》卷21，《釋道一》，第190-191頁。

❸ 參見張思勉《掖縣志》、張會一等《霑化縣志》。兩志皆可見於《中國方志叢書》。袁宏道著，錢伯城箋校：《袁宏道集箋校》卷17，《良鄉二教寺記》，上海：上海古籍出版社，1981年版，第693-694頁。

❹ 周章煥：《南和縣志》卷3，《地理下·壇廟》，台北：成文出版有限公司，1969年版，《中國方志叢書》華北地方第190號，第108頁。

個都失去了純粹的原本屬性。這種信仰傾向是實用主義的：「支持合祭的男女樂於參加由多樣的，甚至相互矛盾的成分組成的不同宗教合為一體的崇拜，其中任何一個宗教都沒有主導地位。對他們來說，信仰的關鍵不在於對還是錯、孔教還是非孔教，而在於有效還是無效。合祭的用意是增強效力，提高人對付宇宙的勝算。」[1]

17 世紀前後的下層知識分子中更流行兼容一切宗教信仰的傾向。如小說家酌園亭主人就語佛，語道，語神鬼，語種種怪異，而根本不在乎這些東西攙在一起有沒有矛盾。他心無掛礙地寫道：「我也談禪，我也說法，不掛僧衣，飄飄儒夾；我也談神，我也說鬼，縱涉離奇，井井頭尾；罪我者人，知我者天，掩卷狂嘯，醉後燈前。」[2]這種兼收「三教」甚至更多宗教傾向的現象，一定意義上反映出當時社會性宗教意識整合的趨向。但在社會下層，宗教多元化的傾向遠比整合的趨向來得實際和根本。這樣一種信仰的複雜局面，在東林學派的主將薛應旗看來是儒家社會的沒落。他說：「治世之教也，上主之，故德一而俗同。季世之教也，下主之，故德二三而俗異。」[3]

以佛、道補儒的言論基本上着眼於把佛教和道教看作個人修養的法門，其中在儒家的基本立場上向佛道讓步的程度又有不同。《樂陵縣志》的作者就說：「按仙釋之流，儒者弗道。然其教雖不足以治天下，而足以善一身，是亦具有超劫拔塵之[用]。其病民者，彼弟子之不肖者耳，與佛老何損？」[4]這是認為佛道可資修身而不足治天下的言論。曾官至禮部尚書的于慎行則認為佛道之學可以修身也可以治世：「二氏之教與聖教殊，然其大歸一也。世之學者能以不二之心精研其旨，內亦可以治身，

---

❶ Timothy Brook, "Rethinking Syncretism: The Unity of the Three Teachings and Their Joint Worship in Late-Imperial China", *Journal of Chinese Religions*, 1993: 21, pp. 13–44.

❷ 酌園亭主人：《照世盃》，《掘新坑慳鬼成財主》，第 69 頁。

❸ 薛應旗：《薛方山紀述》，《叢書集成初編》本，第 7 頁。

❹ 莊肇奎、鄭成中等：《樂陵縣志》卷 6，《人物志·仙釋》，台北：成文出版社有限公司，1976年版，《中國方志叢書》華北地方第 392 號，第 801–802 頁。

外亦可以應世，豈遂與聖教遠哉？」「二氏之教與吾道源流本不相遠，特各立門戶，作用不同爾。唐宋以來，賢士大夫固亦多遊心內典，參悟玄宗，而不害其為儒。彼固儒者之所苞也。但不當竄入其說以默局於吾儒之闈，又不當捨吾儒之教而直往從之耳。」[1]

曾在天啟時出任首輔的朱國禎回顧了魏道武帝毀佛之事，認為「三教之並行久矣」不能除，也不能以口語闢，可取的態度是以儒者之心包容而用之。他說：「三教互相攻擊，此低秀才、潑和尚、癡道士識見。儒者能容之、用之，暗察末流，方見廣大。」「天下之變幻莫甚於釋，次則道術，而儒家獨稀。抑儒者之說平實，原不露奇為勝。而業為儒者，恥以奇自見。以此差足勝二氏乎。然二氏不可廢。以奇濟平，則平乃盡變，益見為奇。故儒猶青天白日也，二氏則日之珥、月之華，以及雲雨露雷。總之，皆天也。離而廢之，不成為天。合而混之，麗天者又幾無辨矣。」[2]

陝西學者王弘撰認為佛老之說可以養心，但畢竟不可為根本，不能盡廢，也不可沉溺其中，尤其於士大夫以佛道招搖極為痛惡。他說：「士大夫而學佛，吾實惡之。蓋非佛之徒，不服佛之服，不行佛之行，而獨言佛之言。假空諸所有之義，眇視一切，以騁其縱恣荒誕之說，是欺世之妖人也，如李贄、屠隆是已。」[3] 從維護儒教的純潔性出發對佛、道進行的批評常常是指向王陽明和他的追隨者的。如楊時喬曾經上疏說：「佛氏之學初不混於儒，乃〔羅〕汝芳假聖賢仁義心性之言，倡為見性成佛之教，謂吾學直捷，不假修為，於是以傳注為支離，以經書為糟粕，以躬行實踐為迂腐，以綱紀法度為桎梏，逾閒盪檢，反道亂德，莫此為甚。」[4]

顧炎武批評心學：「直謂即心是道，蓋陷於禪學而不自知，其去堯舜

---

❶ 于慎行：《穀山筆塵》卷 17，《釋道》，第 200、201 頁。
❷ 朱國禎：《湧幢小品》卷 28，《三教》，第 656、657 頁。
❸ 王弘撰：《山志》初集卷 4，《學佛》，北京：中華書局，1999 年版，第 96 頁。
❹ 張廷玉等：《明史》卷 224，《列傳第一百十二‧楊時喬》，第 5909 頁。

禹授受天下之本旨遠矣。」[1]明末禮部尚書馮琦曾經向皇帝建議說，士人對佛教的信奉已經對社會道德和儒教傳統產生破壞。為解決這個問題，以後任何廩膳生員如果在科舉考試中引用了一句佛經中語句，就應罰去廩給一個月。引用超過三句佛經中語句者則褫奪青衿。舉人如果在科舉考試中引用了一句佛經中語句，應禁考三年。引用佛經超過三句的舉人除名。這項建議引起了萬曆皇帝的注意，他馬上下令讓信仰道教或者佛教的官員一律辭職，並就此事要求百官上言。[2]

　　17 世紀對非儒家信仰最有力的批評是河北人顏元做出的。他從經典儒家的立場，而不是宋明理學的立場出發，對佛教、道教、民間宗教，也包括宋明理學中對其他信仰讓步太多言論進行了激烈的抨擊。他在批評時把要加以勸導的人分為普通僧人、僧侶和學者以加強針對性。他把佛叫作徹底地背叛了父母和祖國的「死番鬼」「禽獸」，批評和尚逃避納稅、贍養父母和延續家族香火的責任。[3]他認為，那些參禪悟道、登高座發偈律的僧人和談清淨、煉丹火希飛升的道士，是以各種古怪的辦法求長生，反對自然規律，是「深山中精怪」，天地兩間之一「蠱」「人中妖」。[4]佛道為兩大迷途，各種雜神崇拜則是其支流。所有這些宗教活動「不獨觸犯王法，大是得罪神明」。[5]在講到黃天道的時候，顏元批評說，日月並不是一般老百姓可以祭祀的，祭祀日月和天那是皇帝的事情。越分祭祀，只能引來懲罰。就像一個庶民每天拜訪他的縣令就要被縣令責打一樣。[6]顏元對唐宋以來諸多大儒對異端的讓步也進行了批評，他說，三代以後，「唐之［韓］昌黎，宋之程、朱，明之陽明，皆稱吾儒大君子，然皆有與賊通氣處。有被賊瞞過處，有夷跖結社處，有逗留玩寇

❶ 顧炎武撰，黃汝成集釋：《日知錄集釋》卷 18，《心學》，第 1395 頁。
❷ 顧炎武撰，黃汝成集釋：《日知錄集釋》卷 18，《科場禁約》，第 1409–1411 頁。
❸ 顏元：《存人編》卷 1，《喚迷途·第一喚》，《叢書集成初編》本，第 1–3 頁。
❹ 顏元：《存人編》卷 1，《喚迷途·第二喚》，《叢書集成初編》本，第 5–6 頁。
❺ 顏元：《存人編》卷 2，《喚迷途·第五喚》，《叢書集成初編》本，第 20–21 頁。
❻ 顏元：《存人編》卷 2，《喚迷途·第五喚》，《叢書集成初編》本，第 22–24 頁；錢錂：《顏習齋先生闢異錄》卷下，《闢妄祀異》，《叢書集成初編》本，第 9–10 頁。

處。」[1] 在顏元看來，二程、朱熹的問題在於，他們拋開儒家的入世學說而去講論性道 。[2] 他們不能領會儒家關於人性和知行關係的學說的真諦，誤以為佛家對於人性有更好的解釋。平庸的儒生則只把學習儒家學說當作升官的階梯。由於沒有領會儒家學說的真諦，他們行事乖張，心懷鬼胎，所以要投向佛教，以求逃避應有的懲罰。[3]

作為一個思想家，顏元試圖擺脫宋明理學的道路，排斥非儒家的宗教信仰，而重新建立經典儒家學說的權威。但是他的思想並沒有在 17 世紀的中國產生大的實際意義上的影響。原因之一是，當時儒家學者內部關於宗教問題五花八門的見解本身，就是宗教多樣化和綜合主義的一個根源。當時如顏元那樣比較徹底的無神論者極少，即使抨擊佛、道的士大夫也多相信神異鬼怪之事。如周亮工就說：「儒者言無鬼神，大要慮人諂瀆耳。慮諂瀆則可，謂無鬼神則不可……鬼神無，則祖先亦無；儒者不廢家祭，何以言無鬼神也……世儒之論，毋乃為無忌憚者地，而張之焰乎！」[4] 他是相信因果輪迴的，甚至用教訓的口吻說，羅貫中無大過惡，就因為作《水滸傳》，得了三代後人為啞巴的報應。那些寫作淫書的人當得更壞的報應。[5] 受到佛教和道教影響的張瀚也相信怪力亂神之屬。他說：「嘗聞生死鬼神之說，儒者以為子所不語，恐滋惑也。不曰原始之生，要終之死，故知死生之說；遊魂為神，歸魂為變，故知鬼神之情狀乎？太史公曰：『人之所生者神，所託者形，形神不離則生，形神相離則死。』蓋神附於氣而寄於形，故無時離氣而有時離形。氣有陰陽而鬼神判焉。孰謂虛無幻妄，不可窺測哉！乃知鬼神之說，亦自然之符。因紀所聞以辨惑。」[6]

---

❶ 顏元：《存人編》卷 2，《喚迷途‧第四喚》，《叢書集成初編》本，第 16 頁。
❷ 顏元：《存人編》卷 2，《喚迷途‧第四喚》，《叢書集成初編》本，第 13 頁。
❸ 顏元：《存人編》卷 2，《喚迷途‧第四喚》，《叢書集成初編》本，第 18 頁。
❹ 周亮工：《書影》卷 8，第 214–215 頁。
❺ 周亮工：《書影》卷 1，第 15 頁。
❻ 張瀚：《松窗夢語》卷 6，《異聞紀》，第 117 頁。

晚明士大夫中筆記盛行，其中多神異鬼怪之徵。其根源又在於儒學本身的神道設教、崇拜祖先和因俗而治的原則。這種傾向自然影響到士大夫對於民間雜神崇拜的態度。這種態度的要點是，民間雜神崇拜非治國之正道，但是民間信奉也有其道理，只要控制在不危及國家統治的範圍內就可。政府和士大夫對於民間宗教信仰的禁止或打擊行為都基於認為當時的情況危及了國家統治。

（四）17世紀中國宗教多元性的文化歷史涵義

明末民間宗教活動發展的促進因素是皇室和大貴族對佛、道的崇信。有明一代自當過和尚的太祖以降，對佛、道基本持庇護的立場。其間雖然實行過多次控制僧道人口和寺觀數量的措施，其要旨一是在於保障國家對社會人口、賦稅的控制，二是保持儒教的正統地位，三是清洗混雜於僧道中的光棍不法之徒。明代宗教政策並不以佛道為敵，這與北朝、唐的排斥異教不同。與此同時，歷代皇室及其依附者——宦官實為佛、道寺觀最大的施主，尤以太祖、成祖、孝宗、武宗、世宗、神宗等朝為最。他們的做法實際鼓勵了下層人民的一般宗教傾向。明朝發生的以強硬手段打擊宗教活動的情況並無持續性，而被打擊的主要是有煽動暴亂傾向者和一些以巫術詐騙的行為，其着眼點主要在於社會控制而不在於宗教信仰。

17世紀中國下層宗教多元化的另一基礎是儒學的嬗變。傅山（1607–1684）就認為漢唐以後仙佛不乏人，而儒者絕無聖人。後世的理學和心學在他看來，自然也都於儒學的光大所為不彰。他認為，士人對儒學的失望推動知識分子接近釋、道，乃至流於侈談「怪、力、亂、神」。與此相關的晚明士大夫價值系統的混亂也使他們在宗教問題上採取比較靈活的立場。大體上說，17世紀的儒家知識分子接受了多宗教信仰體系的現實，不想或不能改變這種現實。儒家思想和信仰體系並沒有對當時的其他信仰構成真正的束縛。

另一個重要的背景是明後期人口的增長。注意到這個問題的是陳繼

儒。他說：「三代以上，聖人多，百姓少，即王者懸法不用，而又何藉於佛法？三代以後，井田樹畜廢而民輕去其鄉，宗法廢而族無以相統，黨正族師之職廢而比伍閭族無所聯，吉凶緩急無所賴，則不得不投佛教以求生路，而其徒遂至於日盛一日。非其徒之日盛一日，以百姓日多一日也。聖人少，百姓多，雖天地且不能人為之區處，而家為之經畫，故以衣冠文物之子弟，使儒家任之。以鰥寡孤獨之子弟，使佛家任之。道家又以長生延年之說，歆動乎其間，以收佛氏之剩餘，而窮漢依託以就活者不少。佛家分儒家之勞，道家又分佛家之勞。蓋天地之苦心，而聖人之神道設教，無以加矣。是故窮土木飾金玉以佞佛非也，毀坊寺誅沙彌以滅佛亦非也。以儒闢禪非也，以禪誣儒亦非也。」[1]

從人口增長的意義上說，明末的中國社會是一個膨脹了的社會，而國家體制則尚沒有相應地改變。國家的規模與社會的規模不相稱，在這種情況下，國家不得不放鬆曾經控制的某些領域，民間宗教崇拜活動是其中之一。

從文化精神的角度來看，受儒家信仰影響程度很小的下層民眾中盛行宗教多元主義，是一個很自然的現象。對於下層的普通人，不存在任何一個信仰體系可以滿足他們靈魂和生活實踐的需要。他們習慣了不要一個通體完備的體系，而是採取支解的，拿來主義的辦法，從各種來源取得信仰資源。他們實際上追求這種兼收並蓄的心理意境，以對多種多樣的信仰成分的綜合為高明。這種思路其實也是中國人對待外來宗教的態度。17世紀是西方宗教在中國大發展的時期。在這個時期，中國的天主教徒從幾千人發展到大約30萬人。[2]

概括地說，17世紀前後中國北方下層社會的宗教信仰呈現出十分突出的多元特徵。這種特徵首先在於諸多宗教信仰同時同地並存，而其信

---

❶ 陳繼儒：《狂夫之言》卷4，《叢書集成初編》本，第37-38頁。

❷ 計文德：《從四庫全書探究明清間輸入之西學》，台北：泛美圖書有限公司，1991年版，第55-56頁。

仰的要旨之差異並不引起明顯的宗教衝突。其次，許多信仰體系認真考究的話是相互矛盾的，可信仰者們顯然已經習慣了兼容多種這樣的信仰體系，每個人的心中似乎都容納了許多不同信仰體系的片段，而並不導致內心和生活實際中的矛盾。官方倡導的儒教信仰體系，因為其精英主義和無神論的特徵，僅能在倫理的層面影響人們，其對社會下層的影響力遠遜於對精英階層的影響力，也遜於民間宗教的社會影響力。知識分子和下層社會的人們分享着某種綜合主義的思維取向，但是知識分子因其儒家正統意識的存在，而在兼容其他信仰體系時形成內部的分裂。下層社會則大體把儒家信仰看作他們諸多信仰構成的精神體系中的一個成分。以儒教為信仰核心的國家體系以神道設教的實用主義方式對待其他的信仰體系，從而形成上層與下層的協調關係。但是，兼容並包的宗教意識和思維取向實際上會不斷地產生出次生形態的宗教門派並輕而易舉地滲入民間。這意味着中國的下層社會具有一種結構趨向，即自動產生具有社會組織功能和行為能力的宗教群體。這類宗教群體在 17 世紀曾經引起或者參與了當時的社會震盪。在 17 世紀，對抗這種社會和觀念體系上的不穩定性的機制，一是來自儒家對異端的批判，二是來自國家的強力干預。這種對抗理論上會恢復原有的平衡狀態，但是根本的改變並沒有出現。主要原因是國家體制——包括其規模和操作功能——已經不能實現對擴大了的社會的全面控制，而且國家意識形態主體也正處在深刻的嬗變之中。體現在 17 世紀中國北方下層社會宗教信仰情況中的兼收並蓄、綜合出新的習俗，作為中國文化的一個特徵，也體現在中國人對待西方宗教的方式中。這樣的一種文化歷史傳統所提供的演變基礎是：外來的信仰成分可以相當容易地在中國取得立足之地，但以外來的宗教或者一個信仰體系齊一中國人的信仰世界是極其困難的。

原刊《東北師範大學學報》2002 年第 1 期

◎ 第四部分 ◎

貨幣制度與國家財政

十四、試論明代貨幣制度的演變及其歷史影響

　　明代中國的社會經濟、政治結構都在發生深刻的變化。以貨幣白銀化為核心的貨幣制度演變是這一時期社會結構變化的重要組成部分。本文力圖從明代貨幣制度的演變入手，對這一時期社會結構變化與貨幣關係緊密聯繫的側面進行一些初步的探討。

　　中國古代社會的貨幣發行和流通基本是在國家的控制下，作為一種國家經濟制度進行的。這種制度與其他國家制度一樣，雖然不時發生一些局部的變化，但卻保持了較強的、長期的穩定性。到了明代，這種穩定性明顯隱退，出現急劇變化的局面。貨幣的白銀化就是這一系列變化的歸宿。我們可以依據國家貨幣政策的轉變為線索，把明代貨幣制度的演變區別為四個時期。

　　一、洪武七年（1374）以前的銅錢時期。朱元璋在元至正二十一年（1361）即開始鑄行「大中通寶」錢。洪武元年（1368）又頒行「洪武通寶」錢。這一時期國家以銅錢為法幣，但同時對於民間交易中行用的各類通貨亦未施加積極干預。這是國家草創時期的一段過渡狀態。

　　二、洪武八年（1375）至宣德十年（1435）的紙鈔時期。洪武七年始設寶鈔提舉司。次年印行「大明通行寶鈔」。原則上規定鈔一貫准銅錢一千文，准白銀一兩。但發行「寶鈔」之始，即嚴禁以金銀和實物進行交易。至洪武二十七年（1394）並銅錢亦收繳禁用，「寶鈔」成為惟一合法流通的貨幣。這種紙鈔的發行，沒有實價貨幣為準備金，發行額也

沒有任何嚴格限定。民間可以按照規定的比價以金銀向國家兌換紙鈔，但卻不許用鈔兌銀。這種不限量發行的不兌現紙幣很快惡性膨脹。儘管國家採行了各種強制性的挽救措施，到這一時期結束的時候，紙鈔對白銀的市場比價降到一千貫抵銀一兩。[1]60 年間貶值千倍。與此同時，白銀卻在民間貿易中，不顧國家種種限制，默默地擴大流通。

　　三、正統元年（1436）至嘉靖初（16 世紀 20 年代中）為銀錢鈔三幣兼用時期。國家以紙鈔為惟一法幣的一切努力失敗，於是不得不修正貨幣政策。正統元年賦稅徵銀、開放銀禁。至天順間又正式開放了錢禁。這一時期，原則上銀、錢、鈔都是國家准行的貨幣。但實際上，鈔依銀、錢定值，且已貶值到無法使用的地步，只是因為國家仍然大量用來賞賜、支俸、和買，並且堅持在紙鈔時期規定的各種稅鈔政策，才得以保留貨幣地位。在貨幣流通中真正起作用的近於一種銀、錢平行的本位制。但此時私鑄銅錢日益增多，造成錢值的混亂波動。在天順四年（1460），錢一百三十文才能抵銀一錢。[2]只有白銀的使用呈現穩定發展的趨勢。農業賦稅徵銀日益普遍化，官吏俸鈔折銀也在增多，成化二十一年（1485）實行了班匠輸銀制度。依據傅衣凌先生的研究，在正統初至弘治間徽州祁門地區 113 份土地買賣契約中，用銀者為 79 份，佔 70%。[3]

　　四、16 世紀 20 年代以後，是貨幣白銀化完成的銀兩制時期。嘉靖四年（1525），「令宣課分司收稅，鈔一貫折銀三釐，錢七文折銀一分。是時鈔久不行，錢亦大壅，益專用銀矣」。[4]這時農商稅收都已基本徵銀。紙鈔不再作為貨幣流通，只是鈔關仍輪年徵收一些紙鈔用於賞賜。當時

❶ 顧炎武撰，黃汝成集釋：《日知錄集釋》卷 11，《鈔》，第 919 頁。
❷ 清高宗敕撰：《續文獻通考》卷 11，《錢幣五》，《萬有文庫》本，第 2868 頁。
❸ 傅衣凌：《明代前期徽州土地買賣契約中的通貨》，載傅氏著：《明清社會經濟史論文集》，第 243 頁。
　　按：傅衣凌先生原統計表格包括從洪武到弘治年間的數字，此處從中取正統到弘治年間數字。
❹ 張廷玉等：《明史》卷 81，《志第五十七·食貨五》，第 1965 頁。又，嘉靖八年（1529）二月令解京銀兩皆傾銷成錠，並鏨收解年月及官吏、銀匠姓名於其上。朱偰先生以之為中國正式銀本位制之始，見《財政評論》1939 年 2 卷 1 期《明代信用貨幣之研究》。千家駒、郭彥崗亦以該年為銀兩制度確立之始，見千家駒、郭彥崗：《中國貨幣發展簡史和表解》，北京：人民出版社，1982 年版，第 97 頁。

用鈔以「塊」計，每塊為 1,000 貫，實抵銅錢不到 20 文，不及鈔本。[1] 終於並賞賜亦不用，成為貨幣制度中純粹的贅疣。嘉靖初，國家立意整飭錢法，廣鑄銅錢，工料皆力求精美。但是規定新鑄嘉靖通寶錢每文抵中樣舊錢二文，比價過高，致使民間競相私鑄嘉靖通寶錢，真偽混淆，無法行使。於是又定錢三品制，上品嘉靖錢 7 文當銀一分；洪武等朝錢 10 文當銀一分；前代舊錢 30 文當銀一分。這樣，銅錢喪失了價值尺度職能，依於白銀。之後，官鑄嘉靖錢也簡濫起來，至嘉靖四十三年（1564）終於停止了大規模鼓鑄。自後凡國家賦稅收之於民者幾乎全部用銀，官給於民者銀錢兼用。稅課 3 兩以下小額收錢，餘則用銀。等於對銅錢實行有限法償。這樣，銅錢正式降為白銀的輔助貨幣。一條鞭法實行之後，舉凡國家農商賦稅、軍餉官俸、京庫歲需、民間貿易借貸等無不用白銀。白銀成為惟一具有充分貨幣職能的貨幣，貨幣制度的白銀化最後完成。

明代白銀貨幣的流通始終以銀兩為基本單位。宮廷中曾鑄造過一些用來賞賜的「金銀錢」和標有重量的「票兒銀」。萬曆中還鑄有「礦銀錢」，名「萬曆通寶」。但這些東西沒有真正在民間流通。所以明代的白銀貨幣制度還是一種「秤量貨幣制度」。直至清道光年間國家始發行白銀鑄幣。

商品交換關係的發展是貨幣白銀化的基礎。馬克思說：「起初是較賤的金屬而不是較貴的金屬（是銀不是金，是銅不是銀）充當價值尺度。」「隨着商品交換日益突破地方的限制，從而商品價值日益發展成為一般人類勞動的化身，貨幣形式也就日益轉到那些天然適於執行一般等價物這種社會職能的商品身上，即轉到貴金屬身上。」[2] 一般地說，中國商品交換關係達到開始「突破地方的限制」的程度是很早的，所以貴金屬貨幣的使用也很早。西漢以前，貴金屬貨幣主要是黃金，至東漢漸少。但這

---

❶ 郭正域：《改賞夷鈔疏》，見陳子龍等：《明經世文編》卷 454，第 4993-4994 頁。
❷ 馬克思：《資本論》第 1 卷，北京：人民出版社，1975 年版，第 145、107 頁。

時的黃金並不積極參加流通。唐代，白銀在個別地區如嶺南成為通用貨幣。唐王朝也曾在無蠶鄉徵收庸調銀。宋代雖然仍以用銅、鐵錢為主，兼用紙幣，但白銀已經成為一般通貨，可以和錢平行使用。只是對遼的巨額歲幣使白銀長期大量流向邊域，影響了白銀貨幣的發展。元朝本質上重視白銀貨幣，但是實行白銀收斂的政策。大量白銀用為對外貿易，在國內則屬行紙鈔，以銀當作鈔本，多次禁止金銀流通。經過了這樣漫長曲折的發展，到了明朝前期，白銀的貨幣職能畢竟日益完備起來，中國社會積聚起了貨幣白銀化的基本經濟條件和傳統因素。

明王朝在穩定社會秩序、恢復經濟生產的基礎上實行的貨幣政策，促進了貨幣制度白銀化的歷史轉變。洪武八年（1375）發行「大明通行寶鈔」之後，明朝下令禁止金銀流通，後來連銅錢也一併禁止，專行紙鈔。這是適應中央專制主義體制而進行的經濟一統化政策。當時白銀流通並無明顯的弊端，禁止流通不是從經濟發展着眼的必要措施。而實行統一的官鈔，卻可以把整個社會的貨幣流通控制在國家手中，進而掌握社會經濟命脈，這是明初貨幣政策的基本出發點。這種政策的結果是：不兌現、無限量發行的官鈔根本不能獨立擔當起社會商品流通和財政運轉的重擔，急劇貶值，於是，社會便失去了任何既符合國家立法，又符合經濟法則的流通貨幣。這種情況下，商品交換如要繼續進行，就必然選擇符合經濟法則的白銀為貨幣。這就出現了奇異的混亂狀態：在社會商品交換過程中白銀承擔主要貨幣職能，在稅收、贖刑、官俸等國家收支中則以紙鈔為主要貨幣手段。商品流通與國家財政制度嚴重脫節，不僅造成社會經濟生活的紊亂，也使國家利益遭到破壞。這就迫使國家最終不得不調整貨幣政策。正統初開徵金花銀，在長期禁銀之後，倏然規定年徵白銀賦稅高達 100 萬兩之多。此政策竟然不僅行得通，而且日漸擴大。這表明，此前的白銀非法流通確已達到勢不能不合法化的程度了。這時，有古老行用歷史的銅錢，本可對白銀貨幣發展形成一定程度的抵制作用，但國家為了便於行鈔而將之禁繳了。這種國家壟斷發行的貨幣一經禁止，就失去活力，於是恰好使白銀得以獨步流通領域。這

樣，明初禁銀行鈔政策反而推進了貨幣白銀化的進程。

明中葉以後，美洲和日本的白銀大量流入中國，為明代中國貨幣白銀化最後完成提供了豐厚的物質條件。中國的白銀蘊藏量本不十分豐富。經過宋元時期的大量開採和外流，至明前期，白銀的國內流通量已覺不足，這是當時白銀與糧、錢比價提高的原因之一。這時固然周邊各國有少量的白銀輸入，但遠不敷貨幣白銀化發展的需要。

15 世紀末「地理大發現」以後，西屬殖民地有巨額白銀流入西班牙，引起歐洲白銀充斥、貶值。這時，日本的銀產量也急劇增加。16 世紀中，隨着東西方航路的開闢，西班牙、葡萄牙等殖民主義者先後來到亞洲。葡萄牙首先佔領印度西岸的果亞，之後佔據了中國的澳門，然後便大規模展開果亞—澳門—長崎之間的三點貿易。葡人由澳門運走的商品基本是中國內地的手工業品，其中以生絲為最多，自果亞運往澳門的則以從歐洲轉來的美洲白銀為主。曾於 16 世紀末訪問印度的一位英國旅遊家說，每年有約 20 萬葡元（約相當於 20 萬兩）的白銀因此運往澳門，以購買廣州的中國貨物。[1] 澳門與日本的貿易亦以收買中國商品，換取日本白銀為主。據全漢昇先生的研究，在 16 世紀最後 25 年內，自長崎運往澳門的銀子，每年約為五六十萬兩。到了 17 世紀前期，每年約為 100 餘萬兩，更多時達到二三百萬兩。這些銀子大部分流入中國。[2] 西班牙人在 16 世紀下半葉佔領菲律賓，一方面距本國太遠，需用大量中國商品，同時轉貿物美價廉的中國商品到美洲又有巨利可圖，遂大力展開對華貿易。在 16 世紀末葉，每年由菲島輸入中國的美洲白銀已超過 100 萬西元（約相當於 72 萬兩）。至 17 世紀前期更增至 200 餘萬西元。[3]

---

❶ 全漢昇：《明代中葉後澳門的海外貿易》，載香港中文大學《中國文化研究所學報》，1972 年，5 卷 1 期。

❷ 全漢昇：《明代中葉後澳門的海外貿易》，載香港中文大學《中國文化研究所學報》，1972 年，5 卷 1 期。

❸ 全漢昇：《明清間美洲白銀的輸入中國》，載香港中文大學《中國文化研究所學報》，1969 年，2 卷 1 期。

萬曆間人周起元為《東西洋考》所作序言中也記載：「我穆廟時除販夷之律，於是五方之賈，熙熙水國，剞餘艎，分市東西兩路。其捆載珍奇，故異物不足述，而所貿金錢，歲無慮數十萬。公私並賴。其殆天子之南庫也。」[1] 這就使中國貨幣制度的轉變獲得了極有力的物質推動力。

貨幣的白銀化給傳統的社會經濟關係帶來強烈的震動。中國是一個自然經濟佔統治地位的農業國，與之相應的是一種不發達的貨幣關係。方孔銅錢就是這種貨幣關係的標誌。這種廉價、沉重的貨幣，可以是商品交換不很發達的社會發展的槓桿，但卻又是商品交換關係高度發展的束縛。凡是方孔銅錢還基本適應商品交換關係的地方和時代，彼時彼地就沒有商品貨幣關係的真正繁榮發展。唐的飛錢、宋的交子，直至元明的「寶鈔」，都一定程度地表示了對銅錢制度改造的要求。但是，彼時進入完善的紙幣制度的社會條件還遠遠沒有成熟，所以這種「突發變異」沒有帶來社會貨幣關係的穩步進化，反而造成混亂的局面。貨幣白銀化結束了這種混亂，造成後來中國貨幣制度在貴金屬貨幣水平上的長期穩定。實物地租和賦稅、大規模勞役徵發制度在貨幣白銀化進程中受到致命的衝擊，鬆解了土地和政治權力對直接生產者的束縛。官俸折銀把大批地主貴族拖入商品交換關係中來……白銀比起粗重的銅錢和毫無信譽的官鈔，對自然經濟有不可比擬的滲透力。貨幣的白銀化推進商品生產和交換關係發展的歷史作用，是不言而喻的。

貨幣白銀化還有力地打擊了高度專制主義的政治社會體制。唐宋以降，中央專制統治不斷加強，成為中國社會發展的桎梏。明初的「寶鈔」制度就是國家專制主義在經濟關係中的強烈體現。「寶鈔」這種紙鈔，不同於那種在貨幣關係發展的高級階段代表着商品價值的觀念形態的紙幣。「寶鈔」的發行沒有任何實價貨幣準備，也不考慮社會的商

---

❶ 張燮：《東西洋考》，周起元序，北京：中華書局，1981 年版，第 17 頁。

品總量和貨幣周轉頻率，所以它不成為真正的價值符號，也不是產生於金屬貨幣作為流通手段的職能。它們是出於國家以寶鈔統天下利權的需要。這種貨幣制度標示：國家是社會經濟過程的心臟，它把不兌現的紙鈔像血液一樣輸入社會肌體。社會一切階層，只要與商品交換有關係，與國家稅收有關係，甚至只要與戶籍制度發生關係，就要在一切有名目的剝削之外把一部分財富交納給國家。明人在《西園聞見錄》中，對專制國家權力的這種經濟效能有明確的描述：「錢者，特天子行權之物耳，上之威令果行者，雖沙礫可使趣於珠玉，桑楮可以肩於錦綺，片紙隻字飛馳於天下而無凝滯。」這種專制威權在貨幣白銀化的興起中斷送了：「夫金銀者產於地，人得而私之」，不像「鈔者制於官，惟上得而增損之」了。[1]

方孔銅錢雖然是自身含有價值的金屬鑄幣，但它也不能完全代表自身的價值。近代金屬鑄幣實行自由鑄造的原則，這保證鑄幣的面值與它的金屬價值加上鑄造費用之和基本相符，由是，它代表一般社會勞動價值。中國帝制時代的銅錢，在法律上歷來是由國家壟斷鑄造和定值的。國家把自己的權力鑄入銅錢，所以一般情況下，單位重量銅錢的面值遠高於它的金屬價值加上鑄造費用。這種差額在發行「當十」「當百」「當千」大錢的時候就更懸殊了。這項收入名曰「鑄息」，常常是國家對付財政困難的手段。明朝人稱本朝鑄造的錢為「制錢」，前代錢則名「舊錢」。「制」就是時王之制，就是現實的國家權力。所以法律規定同樣重量、同等成色的制錢的購買力和法償能力遠高於舊錢。甚至當朝皇帝的錢就要比「大行」皇帝的錢貴重。新「天子」登極往往意味着現行貨幣的貶值，以致「每一更易之際，列肆兌錢者資本一日消盡，往往吞聲自盡。而小市販輩皆虧折其母錢，傳相驚疑……民間一聞布錢之令，疾首相告」。[2]這種銅錢也難以作為儲藏手段，萬曆時的情況是：「積金而券

---

❶ 孫承澤：《春明夢餘錄》卷 38，《戶部四‧錢法》，《景印文淵閣四庫全書》第 868 冊，第 581 頁。
❷ 劉應秋：《與大司馬石東泉書》，見陳子龍等：《明經世文編》卷 431，第 4716 頁。

人，逾日而息增；蓄錢以實藏，閱歲而必賤。」[1] 隨着貨幣的白銀化，銅錢成為輔助貨幣，它的束縛作用相應減少，但偽惡銅錢仍為民害。嘉靖末年，盜鑄日滋，「帝患之，問大學士徐階。階陳五害，請停寶源局鑄錢，應支給錢者悉予銀。帝乃鞫治工匠侵料減工罪，而停鼓鑄。自後稅課徵銀而不徵錢。且民間止用制錢，不用古錢，而私鑄者多」。[2] 後來高拱主張國家不干涉錢價，「當從民便」。[3] 張居正也反對國家依賴鑄錢來改善財政，反對更鑄萬曆新錢。[4] 這體現了貨幣銀兩化之後國家放鬆對社會經濟過程的控制的傾向。總之，貨幣白銀化，使貨幣在自身的性質上，擺脫了幾千年來緊密依賴國家權力和國家財政的狀況。國家無法像印造紙鈔時那樣輕易地把大批社會財富聚於自己的控制之下，也不能左右貨幣的比價和取棄。貨幣白銀化代表的不是國家權力而是商品、貨幣自身的權力。這對於只知道神聖皇權的專制一體化社會而言，是一個異己的怪影，到處傳佈着社會變革的信息。

貨幣白銀化促進了國家財政由實物中心制轉向貨幣中心制。明朝初年嚴格貫徹保守的小農經濟原則，對商業貿易和手工業、礦業實行壓抑政策。國家財政收入以農業稅為主，輔以鹽業專營專賣收入和軍事屯田收入。這些收入無不以農產品糧食為主要形式。這是中國典型的自給自足經濟的財政表現。開徵金花銀之後，400 萬石實物賦稅轉為貨幣形式的財政收入，迅速改變了原有的實物中心財政體制。到 16 世紀中葉，農業稅收和其他各項雜稅雜役、鹽業課稅等都基本轉為白銀收入，使財政轉為貨幣中心體制。這樣大規模的貨幣財政活動是與貴金屬貨幣制度相應的，絕不可能以「寶鈔」或銅錢貨幣來承擔。這種轉變使國家與社會的經濟關係由原始性的、直接的實物和力役關係，轉變為較大程度上依賴商品生產和流通的新關係，把國家財政活動推到快速運轉的經濟旋

❶ 李之藻：《鑄錢議》，見陳子龍等：《明經世文編》卷 484，第 5330 頁。
❷ 張廷玉等：《明史》卷 81，《志第五十七·食貨五》，第 1966–1967 頁。
❸ 高拱：《議處商人錢法以蘇京邑民困疏》，見陳子龍等：《明經世文編》卷 301，第 3168 頁。
❹ 清高宗敕撰：《續通典》卷 13，《食貨·錢法下》，第 1168 頁。

漩流中去承受新的經濟矛盾的衝擊，並造成社會結構新的嚴重的內部衝突。從而，造成了自然經濟為基礎的凝重穩定的社會結構偏離傳統運行模式的危機。這是中國傳統社會進入晚期的突出標誌之一。

貨幣的白銀化還引起社會階級結構的變化。商人、市民階層在抵制鈔、錢制度的過程中有所發展。洪武時期，杭州等地商賈不顧嚴格的銀禁，不論貨物貴賤，一以銀定價。永樂時南京「豪民」沮壞鈔法，致使朱棣派專人前往處理。宣德時有些商人不用紙鈔，關閉店舖，潛自貿易。嘉（靖）隆（慶）時期，商賈便於用銀而不願用錢，每值政府推行錢法之令下達，城市即「愚而相煽。既閉匿觀望之不免，而奸豪右族依託城社者又從旁簧鼓之，以濟其不便之私。一日而下令，二日而閉匿，不三四日而中沮矣」。[1] 貨幣白銀化促使大貴族地主階級和官僚機構達於極端的腐化，又由於白銀貨幣流通後，不再像錢鈔制度下那樣，可以利用國家對分配、交換過程的高度壟斷實現隱蔽的掠奪，他們便掀起了大規模公開的白銀掠奪浪潮，終於空前激化了階級矛盾，引發了轟轟烈烈的市民反抗鬥爭。這是中國古代市民第一次顯示自己的階級力量。上層社會內部也發生分化，形成具有改良色彩的政治集團。

貨幣白銀化使中國貨幣適時脫去了民族的外衣，成為世界貨幣，從而為中國展開對外貿易，廣泛地加入世界經濟、政治和文化聯繫，改變數千年來封閉自足的狀態提供了可能性。當時殖民主義的東來影響到中國華僑勢力在南亞的地位，但並沒有立即形成中國殖民地化的危機。因為中國是政治統一強大而且經濟發達的國家，與東、南亞落後的弱小國家不同。在 16、17 世紀的中歐貿易中，中國是商品輸出國而不是原料產地，白銀大量入超。這種貿易在當時有利於中國的經濟發展。中國也具備綽綽有餘的軍事力量來捍衛主權、抵禦外侮。所以清初在大陸無以駐足的鄭成功軍能夠以餘勇驅逐台灣的殖民者，收復失地。這時諸如澳門

---

❶ 靳學顏：《講求財用疏》，見陳子龍等：《明經世文編》卷 299，第 3147 頁。

主權的喪失純係明朝錯誤對外政策所致。可悲的是，當時中國腐敗的統治者沒有抓住這一時機，沒有利用這種可能性來發展中國的對外聯繫，卻更緊地龜縮到蝸牛殼中。等到殖民主義者真的強大起來，就只好走向殖民化道路了。

貨幣白銀化帶來一系列具有積極意義的歷史影響，但也在與舊的社會結構的矛盾中形成種種嚴重的社會弊病。比如：白銀的價高和易儲促進了高利貸資本的生長；狂熱的白銀崇拜使大量白銀進入窖藏，退出流通；在白銀緊缺的地區和其他類似情況下，以白銀收繳賦稅加重了人民的實際負擔；「火耗」之弊的生成等等。這是原有的社會結構對新的經濟因素和經濟關係發生浸透融蝕作用的反映。所以，對於以「長期穩定」為特徵的中國帝制社會來說，一種新的社會因素、新的社會關係的生成與它們的健康正常發展還遠不是一碼事，還要受到多種複雜矛盾的影響。這是我們考察中國帝制社會晚期歷史時所不能忽視的。

原刊《東北師範大學學報》1985 年第 4 期

十五、論明末財政危機

明代的歷史，大體可以分作 3 個時期：自公元 1368 年開國至 1435 年（宣宗宣德十年）為第一期，或稱前期。這個時期近 70 年，共歷 5 位皇帝，其中竟有 4 位被後人列為「盛世」君主。史稱「洪永之治」「仁宣之治」。這是中國帝制社會後期的一次繁榮時期。自公元 1436 年（英宗正統元年）至 1595 年（神宗萬曆二十三年）前後是第二期或稱中期。這是一個充滿了各種複雜和變化的歷史時期。大約自 1596 年（神宗萬曆

二十四年）至 1644 年明朝滅亡是第三期，亦可稱為末期。這是各種社會矛盾匯集爆發的危機時期，是明朝歷史的總結。本文的任務是研究明朝歷史的第三期即末期的財政危機問題。

明末財政危機產生了極其強烈的歷史影響。對它懷着某種程度的驚懼的考察實際上早在這場危機剛剛開始的時候就開始了。明末的那些試圖挽救「國運」的經濟名臣，諸如趙世卿、畢自嚴、倪元璐等人，都曾分析過這場危機的根源，並試圖阻止它的發展。但是他們的考察和他們挽救危機的努力一起失敗了。因為他們雖然本能地感覺到了這場危機具有某種「史無前例」的味道，但拋開他們的階級和時代限制不說，這些人是「實幹家」而不是思想家，無法擺開對繁難瑣細的具體問題的辯難去進行宏觀的歷史探討。明朝末年出現了一大批經濟類書，諸如《皇明經世文編》《古今治平略》《皇明名臣經濟錄》等等。時人所謂的「經濟」與現在相去甚遠，其核心部分是關於財政的命題和範疇。這是無力揭示明末社會危機——其中重要的是財政危機——的本質的「志士」為深入反省所作的資料準備。顧炎武、黃宗羲、王夫之為代表的清初啟蒙思想家對明代財政提出了強烈的批評，這些批評達到了帝制時代對明末財政危機的認識的最高水平。他們雖然仍然以探討明朝滅亡的原因為直接出發點，卻已經能夠突破此前「實幹家」們糾纏具體問題的侷限，把明末的財政危機與當時社會結構方面的問題聯繫起來。他們觸及了明末財政危機的許多關鍵問題，但他們的思想武器，至多是帶着一定市民階級意識同時又根足於傳統觀念土地上的，閃爍光輝卻又自相矛盾的體系，既不能提出真正科學的概念和命題，也不能找到各種複雜問題之間的內在聯繫。清朝專制統治的重新穩定絞殺了對皇權專制社會的批判和反省。清末的革命中，人們較多地注意明末的政治和民族鬥爭，於財政危機殊少顧及。

「五四」以來，社會經濟史研究日漸展開，其間關於明末財政危機的研究大要如下。

一、作為歷史背景的研究。成就突出者如李文治先生《晚明民變》，

把明末財政危機的許多表現作為激化階級矛盾，引發農民戰爭的背景作了考核和描述。[1]

二、針對某一具體問題的研究，其中最多的是關於明末「三餉」問題的研究。成就最顯著者是朱慶永先生《明末遼餉問題》[2]以及吳緝華《明末遼餉與帶運糧》[3]等文章。全漢昇先生和李龍華先生對明中葉以後太倉歲出、歲入銀兩問題做了專深的研究，對明末財政的許多問題提出了中肯的見解，於大量繁難的財政史料，考訂爬梳，用力尤多。[4]此外關於萬曆礦稅問題的論述很多，關於崇禎末年的發行紙幣和裁驛問題也有論及者。

三、正面討論明末財政危機問題的研究。此類論著極少，僅有陳恭祿先生《從明末三餉說起兼及明清之際財政狀況》[5]和沈忱農《晚明的財政與國運》[6]兩篇文章。陳文是運用歷史惟物主義觀點正面研究明末財政問題的惟一論著，從「三餉」加派問題入手，分析了明清之際財政的一般狀況。惟全文略重於清初，因篇章所限制，於明末財政問題的許多方面未及論述。又因立意證明「發展經濟是解決財政問題的關鍵」這樣一個結論，所以探討明朝政策得失仍是基本的出發點。《晚明的財政與國運》是作者關於晚明社會問題的一系列文章之一，[7]姑不論其現實的政治出發點如何，就學術角度而言，該文亦僅是明朝亡國教訓的追尋一類。還應提及的是，華裔美籍歷史學家黃仁宇先生著有《16世紀中國明代的稅制和政府財政》一書，[8]雖然討論的是明中期的財政問題，但對明代財

❶ 李文治：《晚明民變》，上海：中華書局，1948 年版。
❷ 朱慶永：《明末遼餉問題》，《政治經濟學報》，1935 年 10 期、1936 年 1 期。
❸ 吳緝華：《明末遼餉與帶運糧》，《大陸雜志》，1960 年 12 期。
❹ 文章見《香港中文大學中國文化研究所學報》，1972 年 12 期刊《明中葉後太倉歲入銀兩的研究》，1973 年 12 期刊《明中葉後太倉歲出銀兩的研究》。
❺ 陳恭祿：《從明末三餉說起兼及明清之際財政狀況》，《南京大學學報》，1962 年第 2 期。
❻ 沈忱農：《晚明的財政與國運》，《民主潮》，1961 年第 3 期。
❼ 其他文章有如：《晚明的社會風氣》，載《民主評論》，1955 年第 9 期；《晚明武人之驕橫》，載《民主潮》1961 年 10 期等。
❽ Ray Huang, *Taxation and Governmental Finance in 16th Century Ming-China*, Cambridge: Cambridge University Press, 1974.

政管理體制和其他廣泛的財政問題作了論述，其於了解明末財政危機問題無疑是有助益的。

綜上所述，迄今為止，關於明末財政危機的研究仍是薄弱的。從總體的立場出發去探尋明末財政危機的時代特徵和意義的研究則尚無人問津，而離開了總體的研究，一個重大的歷史過程就會變成互不關聯的「片段」，這是今天應該努力解決的問題。[1]

明末財政危機爆發以後，不久即是朱明王朝的覆亡，這是顯而易見的歷史事實，迄今為止涉及明末財政危機的研究大都是以此為着眼點的。但是，人們忽略了另一個同樣顯而易見的事實，這就是，明末財政危機來勢之兇猛、它帶來的社會震動之強烈、統治者在危機面前的驚錯無為、其後關於這場危機的反省之深刻，都是以往任何一次國家財政危機所無法比擬的。所以，從這場危機的歷史的具體的特質出發，探討它背後帶有規律性的歷史矛盾和運動，是問題的關鍵所在。

明末財政危機爆發的 17 世紀上半期，正是中國傳統社會結構發生劇烈震盪的歷史關頭。關於這場歷史的變革，人們首先注重從生產關係角度的考察，提出了關於資本主義生產關係萌芽的大量但又充滿分歧的見解，這種研究的必要性毋庸質疑。但是，社會結構的變化是複雜矛盾交互作用的長期歷史過程，對這一過程進行動態的考察，就會發現，即使我們抓住了諸多矛盾因素中最主要的因素，還是難以完成對這一過程的本質、全面的了解。近年有許多關於明代國家上層建築對經濟結構變化起阻礙作用的意見，這種考察基本上是從政策角度出發對直接因果關係進行的研究，沒有深入到國家上層建築與經濟結構相互聯繫、相互起矛盾作用的內在過程中去。國家干預、組織社會經濟活動的方式經常主要不是體現在生產中，而是依據國家強制力量參與社會產品的分配和再分配，所以財政活動是聯結社會政治上層建築與經濟基礎的中間環節。

---

❶ 按：「迄今」指迄於此文寫作的 20 世紀 80 年代前期。

上層建築與經濟基礎的相互矛盾，以生動的——有時甚至是直觀的方式體現在財政過程中。明末空前複雜、深刻的財政危機正是這種矛盾過程的極端反映。抓住這一中介環節，探尋其內在的規律和特質，是對明末社會結構變化深入研究的關鍵。

曾經著作《唐代財政》一書的丹尼斯·特威切特（D. C. Twitchett）教授在為黃仁宇先生的《16 世紀中國明代的稅制和政府財政》一書所寫的《前言》中曾說到，他本人一度打算研究明代財政，但很快發現難以克服這項工作的複雜性。明末財政危機是明代 200 多年財政矛盾問題的聚結，其複雜性更是不待言述了。本文並沒有澄清這一危機的全部情節或者解決其中全部重要問題的奢望，只是力圖把握明中葉以後社會結構變化過程這一歷史運動的主導線索，置明末財政危機於這一運動過程之中，在下述幾個方面提出一些初步意見：

一、明末財政危機的一般表現與特點；

二、明末財政危機的起因和基本性質；

三、明末財政危機與 16、17 世紀中國帝制社會解體過程阻滯的關係。

（一）明末財政危機的一般表現與特點

財政是國家為實現其職能，在參與社會產品的分配和再分配過程中與各有關方面發生的經濟關係的總和。所謂財政危機就是指這種經濟關係嚴重失調，達到使國家無法正常行使其職能的危險局面。傳統帝制國家財政危機的一般表現，首先是嚴重的入不敷出。

明朝的第一期，財政狀況是基本平衡的。只是在其將結束的宣德時期一度出現「天下財賦多不理，而江南為甚」的情況，但經派遣幹臣周忱前往江南整頓便很快改觀，呈現「江南數大郡小民不知凶荒，兩稅未嘗逋負」的局面。[1] 總的來看，這一時期的財政狀況應該說是有問題而無

---

[1] 張廷玉等：《明史》卷 153，《列傳第四十一·周忱》，第 4212、4213 頁。

危機的。進入第二時期以後，財政問題日益嚴重了。英宗正統時期，太倉歲入額定為 200 萬兩白銀。且能每年節餘 30% 以備兵荒。但至嘉靖三十年（1551），僅「京邊歲用」一項的支出就達到 595 萬兩，等於平時太倉 1 年收入總額的 3 倍。[1] 以後，京邊歲用額每年都在 300 餘萬兩至 500 萬兩之間，「歲入不能充歲出之半」。[2] 益後「即歲額二百萬，且虧其三之一」，赤字巨大。解決的辦法是增加稅收，結果反造成收入萎縮。嘉靖三十七年（1558），「賦入太倉者僅七萬」。[3] 到了隆慶元年（1567），戶部報告該年度財政赤字為白銀 3,951,408 兩，等於以前正常年份太倉收入總額的 2 倍，財政陷於危機。[4] 這種情況在萬曆初年由於張居正主持的改革以及邊事的平息而得到緩和。據說當時國家儲積「足支九年，猶得以其贏餘數十百巨萬征伐四夷、治漕」。[5] 這種說法與《明實錄》中的具體記載相比，似乎有些誇大，但當時財政情況畢竟是良好的。太倉的收支大致平衡，各地的倉庫也有豐滿的積儲。所以，明朝中期的財政可以說是有危機而尚可調整解決的。

明末的狀況如何呢？

公元 1596 年即萬曆二十四年，皇帝朱翊鈞親自派出了一大批以徵榷礦稅為名的搜刮特使，所到「天下在在有之」，由是舉國大嘩，民怨如羹。[6] 僅僅 4 年以後，工科都給事中王德完上了一篇奏疏。其中陳述的財政局面已經是「帑竭藏空」「九邊之貔貅枵腹，四海之蒼赤倒懸」「人命懸絲，國儲若洗」了。[7] 其窘迫之狀比之嘉隆之際有過之而無不及。這是明末財政危機的開端。

❶ 嘉靖中期政府財政開支的上漲與當時的禦倭戰爭及俺答部的入擾有關。
❷ 張廷玉等：《明史》卷 78，《志第五十四·食貨二》，第 1901 頁。
❸ 張廷玉等：《明史》卷 78，《志第五十四·食貨二》，第 1902 頁。
❹ 馬森：《明會計以預遠圖疏》，見陳子龍等：《明經世文編》卷 298，第 3132-3133 頁。
❺ 張居正：《張文忠公全集》附錄一，《文忠公行實》，上海：商務印書館，1934 年版，第 789-790 頁。
❻ 張廷玉等：《明史》卷 305，《列傳第一百九十三·宦官二》，第 7805 頁。
❼ 王德完：《稽財用匱竭之源酌營造緩急之務以光聖德以濟時艱疏》，見陳子龍等：《明經世文編》卷 444，第 4885-4886 頁。

明代中央財政的支出有三大基幹，即軍事開支、皇室開支和政府行政開支。中央財政的管理主要由戶部負責，其次兵部和工部也有自己的專職。戶部下設的太倉相當於中央國庫，專司貨幣為形式的國家收支，它的活動可以表明國家財政平衡的基本狀況。

　　太倉設於英宗正統七年（1442），當時的額定收入為白銀 200 萬兩左右。[1] 嘉靖中，因東南和北邊都有戰事，財政困難，始議加派，名之曰「提編」，太倉收入額漸增。[2] 隆慶中，太倉額定年入銀 230 萬兩。萬曆六年（1578），增至 367 萬餘兩，此額大致維持到萬曆四十五年（1617）。萬曆四十六年（1618）開徵遼餉，並加入預算額，太倉額定收入就大大增加了。請看下表。

明末太倉年收入白銀額數表

單位：兩

年份	數額	資料來源
1442（正統七年）	2,000,000	《明史》卷 78，食貨志二
1549（嘉靖二十八年）	2,000,000	《明世宗實錄》卷 351，嘉靖二十八年八月己亥
1567（隆慶元年）	2,300,000	朱健《古今治平略》卷 3，《國朝國計》
1583（萬曆十一年）	3,676,100	《明神宗實錄》卷 144，萬曆十一年十二月甲子
1586（萬曆十四年）	3,700,000	《明神宗實錄》卷 184，萬曆十五年三月癸卯
1602（萬曆三十年）	4,000,000	《司農奏議》卷 5
1609（萬曆三十七年）	4,518,000	《司農奏議》卷 5

---

❶ 張廷玉等：《明史》卷 78，《志第五十四·食貨二》，第 1901 頁。

❷ 嘉靖三十年（1551）因俺答入侵議加派 120 萬，但此數作為非常加額，沒有計入一般官書的額徵統計數內。

續表

年份	數額	資料來源
1617（萬曆四十五年）	3,890,000	《明神宗實錄》卷 571，萬曆四十六年六月戊寅
1620（萬曆四十八年）（泰昌元年）	9,200,000	《續文獻通考》卷 2，卷 16[1]
1628（崇禎元年）	9,660,000	朱慶永《明末遼餉問題》（崇禎二年預算遼餉加舊餉）
1630（崇禎三年）	12,880,000	朱慶永《明末遼餉問題》（崇禎二年預算遼餉加舊餉）
1634（崇禎七年）	12,812,000	《續文獻通考》卷 30[2]
1642（崇禎十五年）	21,451,736	《春明夢餘錄》卷 35

　　嘉靖時期的太倉收支，實行「以七分經費，而存積三分備兵歉」的原則，入額低於支出額。[3] 以後開支漸增，只能力求收支平衡，最後不得已「量出以制入」，隨支出需要而制定收入預算。因此，上表所列明末太倉收入額數恰好反映了當時國家財政支出需求的基本趨勢。這種趨勢就是：明末起始年的支出需求為明中葉常額的 2 倍，以後約 20 年翻 1 番。

　　太倉的實際收入和支出情況與預算數額相差十分懸殊，再看下表：

---

❶ 萬曆四十六年（1618）九月開始加派遼餉，至萬曆四十八年，「增賦五百二十萬，遂為歲額」（見清高宗敕撰《續文獻通考》卷 2，《田賦二》，《萬有文庫》本，第 2794 頁；卷 16，《職役二》，《萬有文庫本》，第 2919 頁。前此每年太倉收入額數略增，約 400 萬兩，至此合遼餉 520 萬，計為 920 萬兩。
❷ 清高宗敕撰：《續文獻通考》卷 30，《國用一》，《萬有文庫》本，第 3088 頁。
❸ 張廷玉等：《明史》卷 78，《志第五十四·食貨二》，第 1901 頁。

明末太倉實際收支情況表

單位：兩

年份	收入	支出	盈虧	資料來源
1566（嘉靖四十五年）	2,014,164	3,710,000	−1,695,836	《明經世文編》卷298
1577（萬曆五年）	4,359,400	3,494,200	+865,200	《春明夢餘錄》卷35
1578（萬曆六年）	4,518,533	4,192,620	+315,933	《萬曆會計錄》卷1
1583（萬曆十一年）	3,720,000	5,650,000	−1,930,000	《明神宗實錄》卷148，萬曆十二年四月
1584（萬曆十二年）			−1,180,000	《明神宗實錄》卷159，萬曆十三年三月己卯條
1589（萬曆十七年）	3,270,000	3,460,000	−1,900,000	《明神宗實錄》卷218，萬曆十七年十二月
1600－1602（萬曆二十八至萬曆三十年）	3,000,000			《司農奏議》卷3，《進國計書冊疏》；此為3年額數減去改損逋欠後的平均數
1609（萬曆三十七年）	2,630,000			《司農奏議》卷5，《太倉歲額益虛請借內帑馬價疏》；此為該年截至十一月十一日收報數
1620（泰昌元年、萬曆四十八年）	5,830,246	6,086,692	−256,446	《明熹宗實錄》卷4，泰昌元年十二月[1]
1621（天啟元年）	6,304,069	8,568,969	−2,265,900	《明熹宗實錄》卷17，天啟元年十二月
1622（天啟二年）	4,916,322	5,927,721	−1,011,399	《明熹宗實錄》卷29，天啟二年十二月

---

❶ 自遼餉加派後，有「新餉庫」由戶部統一管理，實際納入戶部收支管理，此表萬曆四十八年以後太倉收支數字中含加派，成為定額後數字。

由於明末財政陷於極度混亂的狀態，對當時太倉的實際收支情況很難作出系統準確的統計。尤其是到了崇禎時期，財政已陷入極度的危機和混亂，就更乏可靠的數據了。[1] 僅就上表所反映的情況來看，明末起始時期的太倉實際收入額較前並沒有增加。萬曆三十七年（1609）甚至較明中期減收四分之一。但到大約 20 年後的天啟初年，猛增至超過原來常額的 200%，之後又大幅度跌落下來。明末太倉的實際支出趨勢與實收趨勢近同。只是實支額又遠超出實收額，形成一色的赤字。

　　依據以上數字，萬曆十四年（1586）以前的財政實際收入基本完成預算，有時甚至能夠溢額。但這時實際支出已經露出超額上漲的苗頭。進入危機時期以後的前 20 年間，實際支出持續上升，預算額大體不變，實際收入則連年下降，實支超於預算，預算又超於實收。這表明當時的財政已陷於日益加劇的危機，但國家卻仍然有能力在不增加預算和實際收入下落的情況下實現支出的上漲。此後一度出現 3 種指數同向上漲的情況，這並非財政危機的緩解，而是表明國家不得不放棄正常的財政收入原則，以猛烈增加財政收入的危險方式應對日益惡化的財政危機。這種措施引起實際收入的急劇上漲，但卻遠遠不能達到預算額數。實際支出落於預算額之後，表明國家財政貯積的枯竭。所以，3 項指數的同時上漲很快結束，預算額扶搖直上，實支、實收額則雙雙跌落下來。這時國家為應付支出的浩大需求，不擇手段地擴大財政收入，但社會已經血竭髓幹，便斷然把這副重擔拋到深谷裏去了。至此，財政運行已進入不可解脫的惡性循環。實際支出對於實際收入的持續超差表明明末存在嚴重財政赤字。中國傳統社會國家財政以均衡為原則，極少搞預算赤字，所以實際赤字的嚴重，表明財政局勢的惡化。一般的赤字還不能說明這場危機的深度，更重要的是，實際的財政收入額與預算額呈反向運動，它說明明末財政與社會經濟基礎陷於空前嚴重的矛盾衝突中。

---

❶ 關於這一問題的文獻記載和今人統計中一些易於造成混淆的情況，請參看後文《明後期太倉收支數字考》。

明末財政危機的前 20 年，國家之所以能夠在不增加預算的基礎上實現大量超額的財政支出，除了依靠各種方式的實物改折和搜刮以外，主要依靠動支國家累年儲積。

自設立太倉始，實行徵三貯一原則。所以在明代中葉，太倉的蓄積頗豐，分為老庫窖房與外庫兩項。老庫是太倉的中廚，貯歷年的結餘銀，居常絕不動用。外庫司常年的收支。老庫的儲積在萬曆十四年（1586）的時候還有 6,008,769 兩之多。[1] 自萬曆十六（1588）、十七年（1589）始，以內供需索不敷而動支老庫窖房。[2] 以後動用成習。萬曆十七年發老庫銀 106 萬兩。[3] 萬曆二十五年（1597）發 153,680 餘兩。[4] 萬曆二十八年（1600）又「挪借老庫銀」90 萬兩。[5] 至萬曆三十年（1602），老庫所存僅餘 65 萬兩，而外庫並無蓄積，而且拖欠各邊年例銀 180 萬餘兩。[6] 南京戶部在萬曆十三年（1585）的時候有 150 萬兩的積貯，到萬曆二十三年（1595）也還存銀 105 餘兩。[7] 到了萬曆二十八年（1600），戶部報告「南京戶部銀庫二十七年分有實在銀三十七萬」，擬於中再支用 10 萬兩，已近罄盡了。[8] 明後期因大量實物折銀，京糧庫也有一定的白銀儲積。萬曆末年曹于汴盤查京糧庫後報告說：「除罄掃些微給商外，見在銀兩並無毫釐，尚欠諸商草頭價值二萬五千有零……竊惟京庫錢糧每歲額入三十萬，額出二十萬，額存十萬。歷考昔年至百有餘萬以備非常之需，今乃一空若洗，亦堪凜凜矣。」[9] 這 100 餘萬兩的積蓄都被戶部開付支出了。

---

❶ 《明神宗實錄》卷 178，萬曆十四年九月庚戌，第 3318 頁。
❷ 《明神宗實錄》卷 218，萬曆十七年十二月庚寅，第 4084 頁。
❸ 《明神宗實錄》卷 218，萬曆十七年十二月庚寅，第 4084 頁。
❹ 《明神宗實錄》卷 313，萬曆二十五年八月辛酉，第 5854 頁。
❺ 《明神宗實錄》卷 355，萬曆二十九年正月己未，第 6640 頁。
❻ 趙世卿：《司農奏議》卷 6，《請帑濟邊疏》，《續修四庫全書》第 480 冊，第 237 頁。
❼ 《明神宗實錄》卷 286，萬曆二十三年六月戊辰，第 5313 頁。
❽ 《明神宗實錄》卷 345，萬曆二十八年三月庚午，第 6442 頁。
❾ 曹于汴：《遵例盤庫敬報空虛之狀仰乞聖鑒亟圖長策以濟國用疏》，見陳子龍等：《明經世文編》卷 412，第 4468 頁。

搜蕩倉積之外，另一出路是挪借兵部太僕寺的馬價銀。明初實行民養官馬制度，至宣德、正統間漸折收馬價銀。[1] 成化中設太僕寺常盈庫，每年專門收貯馬價銀以備戰時購買戰馬。後來折取益多。萬曆三十年（1602）九月，太僕寺少卿連標的一份奏疏中說：嘉靖、隆慶之際，太僕寺馬價有 1,000 萬兩白銀的積儲。[2] 可是到萬曆三十一年（1603），所存就僅有 120 萬兩。[3] 至天啟三年（1623），則只剩下 25,000 兩了。[4] 這 1,000 萬兩白銀大部分被戶部挪去支付超額的財政支出。天啟七年（1627）二月，太僕寺卿洪瞻說：「萬曆十八年至今，戶部三十二借，共銀一千二百九十九萬九千八百六十一兩；工部十借，共銀十八萬七千五百四十兩；光祿寺、順天府各一借，共銀四萬兩；近奉藩封，另札萬八千兩，而囧庫四朝之積皆盡矣。」[5]

數百年的庫積在明末財政危機的前期已蕩然無存，這使國家財政如同木乃伊一樣失去了任何彈性，哪裏還有一絲活力和轉機！所以，在萬曆四十六年（1618）努爾哈赤舉兵反明，遼東戰爭爆發以後，明朝統治者就只剩下大規模增加財政收取，到人民身上去剝「第二張牛皮」這一條出路。萬曆四十六年九月，明朝為措辦遼東戰費，下令全國加派，以後一加再加，到崇禎十二年（1639）凡遼餉、剿餉、練餉的加派達到 1,500 萬兩。再計原來舊額，白銀的支出預算額達於 2,000 餘萬兩。與萬曆四十五年（1617）以前相比，20 餘年間暴漲 5 倍。這在明末財政運行圖上，就表示為預算收入與實際收支的分道揚鑣。這時明朝財政的實際景況真是殘燈如豆、風雨飄搖。天啟七年（1627），在金鑾殿前佇立以示「天朝威儀」的大漢將軍竟然大部分穿敝服白襪。[6] 崇禎十七年（1644）

---

❶ 談遷：《國榷》卷 88，熹宗天啟七年，第 5357 頁。
❷ 《明神宗實錄》卷 376，萬曆三十年九月己卯，第 7074 頁。
❸ 《明神宗實錄》卷 383，萬曆三十一年四月己酉，第 7217 頁。
❹ 談遷：《國榷》卷 85，熹宗天啟三年，第 5235 頁。
❺ 談遷：《國榷》卷 88，熹宗天啟七年，第 5358 頁。
❻ 談遷：《國榷》卷 88，熹宗天啟七年，第 5352 頁。

初，兵部「無一緡」之資派遣偵騎，以致皇帝親自推轂送行、望之殷殷的督師大學士李建泰覆軍授首這樣的大事，兵部竟然久而無聞。[1] 到了這步田地，財政預算仍然是 2,100 萬兩的年額，真是橫絕千古的「魄力」。

根據前面的考察，我們可以看出，明末財政危機呈現為日益深化、持續不解直至全面崩潰的發展趨勢，這是明末財政危機的第一個特點。這場危機還表現為財務行政體制的空前混亂，這是明末財政危機的另一個突出特點。

第一，財務管理關係陷於混亂。明代財政管理機關主要是戶部，但也有一些機關不同於一般的財政支出單位，它們有部分財政管理權，與戶部結成複雜的關係。首先是內府。皇帝家族的供養開支具有國家財務與皇帝私人財務的雙重性質。光祿寺就是專門負責供給皇室日常食用物品的國家機關，每年在戶部支取約 20 餘萬兩白銀買辦物料，並且收授地方貢進以供皇室食用的方物。皇帝私人的庫藏合謂之內府。正統以後，國家每年撥 100 萬兩的財政收入即金花銀，入內府供皇室開支。兵部除由戶部供給大部分軍事費用之外，每年有約 40 萬餘兩馬價銀的獨立財政收入，原則上專備戰時購買戰馬，戶部無權干預其收支。工部每年收入料銀 50 萬兩，由工部派員監督地方辦解。[2] 各地竹木抽分場亦由工部管理。工部收入不經太倉，但匯入戶部年度核算，開支包幹。我們不去評論這一管理體制本身有什麼矛盾和缺陷，明中葉以來就是這樣一個系統管理着國家財政的運行。在明末財政危機中，這個系統的內部分工關係完全被破壞了。

危機首先打擊戶部。戶部在無可奈何的情況下，挪借兵部的馬價銀，總數達 1,000 餘萬兩，實際是剝奪了兵部原來的獨立財政。崇禎時期，太僕寺銀每年額收不過 429,000 兩，卻要「給發京邊年例共銀

---

❶ 談遷：《國榷》卷 100，思宗崇禎十七年，第 6033 頁。
❷ 此為嘉靖三十五年（1556）所規定的數額，見申時行等：《明會典》（萬曆）卷 207，《工部二十七 四司經費》，第 1029 頁。

四十五萬二百一十兩」餘。[1] 兵部當然不甘，屢屢爭吵。此猶不足，另有
「搜刮」，把各省，直隸的地方儲積刮取到中央，把存留部分儘量縮減。[2]
於是在萬曆二十八年（1600），「各省倉庾竟無卒歲之儲」。[3] 後來達到無
可搜刮的地步，中央與地方的財政平衡破壞了。各地兵餉不濟，中央辦
解無方，乾脆把各地財政分割給所在駐軍管理。[4] 中央財政調度就更無實
效了。內府也不能置身事外。萬曆時期皇帝大量把國家和民間財物搜入
內府，供自己揮霍享用。但在萬曆末年以後，內帑卻成為戶部支付軍餉
的主要來源。崇禎皇帝朱由檢對請帑十分反感，他曾責備戶部說：「太倉
銀兩原非邊用，如何急了便要請帑？」[5] 總之，原有的財政管理規制陷於
混亂，一遇大的財政開支便舉朝爭執不休。崇禎中乾脆以太監理財，任
命司禮太監張彝憲「鈎校戶、工二部出入……名曰戶工總理……按行兩
部，踞尚書上」。[6] 戶、工二部官不甘其下，紛紛去職。這種變動絲毫沒
有改善財政管理狀況。崇禎六年（1633）正月，張彝憲的一份題本中說
到，「戶、工兩部一切出入錢糧事務，其各省直撫按司道府州縣各官任內
經徵一應錢糧及升遷署管年月日期與起解銀兩，並無片紙呈報」。[7] 後來
只得罷去這個總理。崇禎十六年（1643），又議戶兵二部事權合一。倪
元璐疏稱：「夫往制，餉臣司餉，兵臣司兵，故兩部必相爭，兩部必不得
互謀其事。今自戶兵合一之論斷自睿謨，其長如此，其屬可知……本部
不足即取之兵部，總為合一，即亦可以兵曹兼戶屬之銜。」[8] 這種調整即

❶ 孫承澤：《春明夢餘錄》卷 53，《太僕寺》，《景印文淵閣四庫全書》第 869 冊，第 76 頁。
❷ 參看王錫爵：《與顧沖庵巡撫》，見陳子龍等：《明經世文編》卷 395，第 4271-4272 頁；及《明
　神宗實錄》卷 356、357、374。
❸ 王德完：《救荒無奇及時講求以延民命疏》，見陳子龍等：《明經世文編》卷 444，第 4874 頁。
❹ 談遷：《國榷》卷 99，思宗崇禎十六年，第 5969-5970 頁。
❺ 文秉：《烈皇小識》卷 1，《台灣文獻史料叢刊》第 5 輯，第 24 頁。
❻ 張廷玉：《明史》卷 305，《列傳第一百九十三·宦官二》，第 7827-7828 頁。
❼ 國立北京大學研究院文史部編：《崇禎存實疏抄》卷 8 下，《總理戶工兩部事務太監臣張彝憲謹
　題為仰遵明旨查和錢糧釐奸剔弊以重國儲事》，上海：商務印書館，1934 年版，《國立北京大
　學研究院文史叢刊》第 1 種，第 114 頁。
❽ 倪元璐：《倪文貞奏疏》卷 7，《司餉兼銜疏》，《景印文淵閣四庫全書》第 1297 冊，第 275-
　276 頁。

使有些微的局部效益，也無奈頻繁的變更使財政管理體制空前混亂，無論合理的，不合理的財政政策都無法貫徹了。

第二，預算外開支惡性膨脹。萬曆中期有 3 次較大規模的戰爭，即二十年（1592）的平定寧夏哱拜之亂、二十年至二十七年（1599）的援朝抗倭戰爭和二十一年（1593）至二十八年（1600）的平定播州楊應龍之役，史稱「三大征」。根據萬曆二十八年王德完的一份奏疏所說，截止當時，僅這「三大征」即用邊餉銀 11,703,000 兩。此外由於皇長子大婚備辦各項，用銀 11,843,000 兩；河工用銀 24 萬兩；修葺乾清宮一項用銀「二百數十萬兩」，其中尚不計入動用的大量積年貯材和內帑。[1] 這些開支都屬於「非時」之用，不屬於常平之日的國家額支。僅合此數項，約計 2,600 萬兩白銀。如果把這筆開支平均於萬曆二十年至二十八年的年額，則每年就有 320 餘萬兩的預算外支出。當時常平之年的收支大約是「歲入僅四百萬，而歲出輒至四百五十萬有奇。居常無事已稱出浮於入」。[2] 預算外的支出已接近正額支出的數目。天啟時，大興宮室，並且在全國各地為魏忠賢大造生祠，都是額外開支。（天）啟、（崇）禎之際，毛文龍軍據皮島，聲稱有軍 20 萬，不時索餉，並且捉捕遼東百姓冒充戰俘請賞。實查軍僅 10 萬。[3] 當時首功每級賞 50 兩，斬 120 級為大捷。於是殺良冒功、發死人塚取頭請功成風，「邸抄報功必百二十級，若有定限然者」。[4] 這樣的濫賞使軍事開支大大增加，預算無法實行。

第三，依靠非常措施取得的財政收入增加。在大規模加派以前主要有如挪移支應、搜刮省直、借改漕折、開納事例、借京糧、借老庫、借岡寺等等辦法。但這些措施到萬曆三十年（1602）就已經行不通了。戶

---

❶ 王德完：《稽財用匱竭之源酌營造緩急之務以光聖德以濟時艱疏》，見陳子龍等：《明經世文編》卷 444，第 4884-4885 頁。

❷ 王德完：《稽財用匱竭之源酌營造緩急之務以光聖德以濟時艱疏》，見陳子龍等：《明經世文編》卷 444，第 4884 頁。

❸ 談遷：《國榷》卷 90，思宗崇禎二年，第 5485-5487 頁。

❹ 談遷：《國榷》卷 89，思宗崇禎元年，第 5440 頁。

部尚書趙世卿說：「當日猶可搜可改可開可借，至臣之身則無可搜無可改無可開無可借者曾不得接踵而行焉。」[1] 天啟、崇禎時期，非常性的財政收取更成為佔主要地位的財政收入途徑。戶部尚書畢自嚴在崇禎前期力圖整頓財政，先後提出 24 項措施：增鹽引、議鼓鑄、括雜稅、核隱田、稅寺產、核牙行、停修倉廒，止葺公署、南馬協濟、崇文鋪稅、京運撥兌、板木折價、增關稅、捐公費、鬻生祠、酌市稅、汰冗役、核虛冒、加抵贖、班軍折銀、胥吏納班、河濱灘蕩、京東水田、殿工冠帶等等。並且編造了崇禎《賦役全書》。[2] 這些辦法還是以「綜核撙節」為基本精神的，不同於單純的搜刮民財，但其中已經包含了大量非常性財政收取。事實上當時的非常聚斂比這還要嚴苛得多，具體有下述手段。

1. 開事例。這是賣官鬻爵的「雅稱」。崇禎五年（1632）十二月的一份禁止捐納的詔書中說：「乃十餘年來，軍務煩興，群議足餉，計臣條奏，輸資並與選授，雖少助國家師徒之費，然一時偶屬權宜，事久必滋弊蠹，吏途紛雜，名器混淆，有資即可博官，才品俱在勿論。」[3] 實際上直至明亡，捐納事例並未停止。[4]

2. 贓贖。天啟間贓贖最濫，凡坐事下獄者不論是否貪污都要論贓。熊廷弼全部家產被收錄抵贓。東林黨人周順昌等皆論贓。遵化道副使耿如杞因不拜魏忠賢生祠論贓。[5] 崇禎十五年（1642）「許罪人贖戍備賑」。[6] 崇禎十七年（1644）派太監往浙江「改折贓贖」。[7]

3. 捐助。崇禎初有人提出朝臣捐俸助餉的建議。朱由檢嚴辭拒絕，他說：國家自有經制，自有正供，只要大家實心任事、興利除弊，「太倉

---

❶ 趙世卿：《司農奏議》卷 3，《進國計書冊疏》，《續修四庫全書》第 480 冊，第 186 頁。
❷ 張廷玉等：《明史》卷 256，《列傳第一百四十四·畢自嚴》，第 6610 頁。
❸ 談遷：《國榷》卷 92，思宗崇禎五年，第 5599 頁。
❹ 崇禎八年（1635）五月下詔戶部開事例以濟亟需。事見《國榷》卷 94，思宗崇禎八年，第 5703 頁。後來援納、開事例之行見《國榷》卷 97、100 等。
❺ 談遷：《國榷》卷 88，熹宗天啟七年，第 5355 頁。
❻ 談遷：《國榷》卷 98，思宗崇禎十五年，第 5919 頁。
❼ 談遷：《國榷》卷 100，思宗崇禎十七年，第 6029 頁。

自盈、司空何紞」，捐俸易至侵瀆，是「病國之最」，定不可行。[1] 可是崇禎三年（1630）就下令：凡諸臣捐助必須有實在銀子，「驗無實銀不得封入」。[2] 崇禎五年（1632）又命令「百官進馬」送往御馬監，同時規定必須買御馬監的馬進送，實際是立此名目向朝臣要銀子。[3] 以後臣僚、藩王捐助成為常例。崇禎九年（1636）七月，崇禎皇帝召見重臣討論「時艱」。大家提出許多辦法，崇禎最後裁決道：「如此莫若捐助為便」。[4] 此後不久即令「兵部司官借武清侯李誠銘四十萬金，發關寧治備；借駙馬都尉王昺、萬煒、冉興讓各十萬金發大同西寧；令工部借太監田詔金十萬，治甲冑；借魏學顏金五萬，治營鋪。」[5] 崇禎末年捐借更成為經常性，強制性的財政手段，專門制定有「文武納銀弛封事例」。[6] 皇親國戚亦不能倖免。

4. 催徵考成。逋負催徵是歷朝都有的事，但有所限制。朱元璋時代督催過嚴者要受到處罰。明末則不僅派遣大批內外官員催逋，而且把催徵列為官員考成的主要標準。「凡入考成，俱加免等科算，舊任俸則降俸，舊降俸則降一級，舊降二級則降三級，甚則削籍。雖升任、革任、丁憂等項俱究論」。[7] 崇禎四年（1631），「時考選科道後，更核在任錢糧。於是戶部尚書畢自嚴下獄，熊開元、鄭友玄俱謫。自後考選將及，先核錢糧。不問撫字，專於催科，此法制一變也」。[8] 由於督催不效削俸、奪官、削籍尚屬幸事，崇禎十三年（1640）八月昌黎知縣張自槐「以糧累自經」。[9] 崇禎十五年（1642）二月，徐州知州紀天祐逋賦「懼罪自刎」。[10] 這時任事者為身家性命計，不擇手段地督責敲撲，此外再無其他宗旨。

❶ 談遷：《國榷》卷 90，思宗崇禎二年，第 5478 頁；卷 91，思宗崇禎三年，第 5516 頁。
❷ 談遷：《國榷》卷 91，思宗崇禎三年，第 5524 頁。
❸ 談遷：《國榷》卷 92，思宗崇禎五年，第 5601 頁。
❹ 談遷：《國榷》卷 95，思宗崇禎九年，第 5748 頁。
❺ 談遷：《國榷》卷 95，思宗崇禎九年，第 5758 頁。
❻ 談遷：《國榷》卷 100，思宗崇禎十七年，第 6027 頁。
❼ 談遷：《國榷》卷 85，熹宗天啟三年，第 5221 頁。
❽ 談遷：《國榷》卷 91，思宗崇禎四年，第 5578 頁。
❾ 談遷：《國榷》卷 97，思宗崇禎十三年，第 5873 頁。
❿ 談遷：《國榷》卷 98，思宗崇禎十五年，第 5917 頁。

5. 濫發貨幣。明代中期以後白銀是主要貨幣，銅錢只為輔幣。但明末因上下白銀匱竭，又轉而求助於大量發行銅錢，希圖以「錢息」，即鑄錢工本費與所鑄錢的面值差額來緩和國家財政的窘急。鑄錢例由工部寶源局經辦，天啟間設戶部寶泉局（錢法堂）專鑄銅錢，並且「令各省開鑄，每年坐定鑄息共八十二萬兩」。[1] 崇禎初，京師錢局鑄錢一次息率約 10%，陝西巡撫練國事在陝西督鑄年息率為 100%，於是規定秦楚蜀滇 4 局鼓鑄年息率必須達到 50% 以上。[2] 後來，「各鎮有兵馬處皆開爐鼓鑄，以資軍餉」，結果錢皆爛惡不堪。[3] 天啟鑄有當千大錢，實重僅相當於小平錢的 10 倍。[4] 其餘小錢「大都銅止二三，鉛砂七八，其脆薄則擲地可碎也，其輕小則百文不盈寸也」。[5] 崇禎惡錢也有「煞兒、大眼賊、短命官諸號」。[6] 這種濫發狂鑄實質與加派賦稅無異，是對於人民財產的公然盜奪。但即使如此亦無法搪塞龐大的開支，於是更議鈔法，不久即廢棄不能流通。崇禎十六年（1643），戶部尚書倪元璐保舉桐城生員蔣臣為戶部司務，建言重行紙鈔，說是「鈔法可行。歲造三千萬貫，一貫值一金，歲可得金三千萬兩」。戶部侍郎王鳘永亦云：「初年造三千萬貫，可代加派二千餘萬，以蘇窮民。此後歲造五千萬貫，可得五千萬金。所入即多，將金與土同價。除免加派外，每省發百萬貫，以佐各官養廉之需。」[7] 擬議：「民間不用，以違法論。不出五年，天下之金錢盡歸內帑矣。」[8] 談遷評論此舉說：「今日廟議，大概畫餅」，[9] 今天看來尤其荒唐。

❶ 清高宗敕撰：《續文獻通考》卷 11，《錢幣五》，《萬有文庫》本，第 2878 頁。
❷ 清高宗敕撰：《續文獻通考》卷 11，《錢幣五》，《萬有文庫》本，第 2879 頁。
❸ 傅維鱗：《明書》卷 81，《志二十‧食貨志一》，第 1642 頁。
❹ 清高宗敕撰：《續文獻通考》卷 11，《錢幣五》，《萬有文庫》本，第 2876 頁。
❺ 清高宗敕撰：《續文獻通考》卷 11，《錢幣五》，《萬有文庫》本，第 2878 頁。
❻ 傅維鱗：《明書》卷 81，《志二十‧食貨志一》，第 1642 頁。
❼ 徐鼒：《小腆紀年附考》卷 2，《自丙申日至己未日》，北京：中華書局，1957 年版，第 35 頁。
❽ 談遷：《國榷》卷 99，思宗崇禎十六年，北京：中華書局，1958 年版，第 5980 頁。
❾ 談遷：《國榷》卷 99，思宗崇禎十六年，第 5991 頁。談遷云：「倪司農曉人也，議復鈔法……雖甚愚不為也……今日廟議。大概畫餅。」按：黃道周《明戶部尚書兼翰林院學士贈特進光祿大夫太保吏部尚書謚文正鴻寶倪公墓志銘》獨云倪氏當時曾反對行鈔，語見《倪文貞集》卷首。可參看黃道周：《黃石齋先生文集》卷 12，《倪文正墓志》，《續修四庫全書》第 1384 冊，第 279 頁。

所以如此，正是荒不擇路，無可奈何。

財務行政體制的混亂是明末財政危機深化的表現。這種混亂又反過來瓦解了國家控制財政運行、擺脫危機的能力，並且加劇了國家財政與社會經濟基礎、與人民群眾乃至社會各個階層的矛盾。各種矛盾交相作用。惡性循環，一步緊似一步地把明末財政引向崩潰。

這是明末財政危機的基本情況。

（二）明末財政危機的起因和基本性質

明末財政危機是怎樣形成的？表面看來，是由於皇室開支的漫無節制，由於戰爭的耗費，加以嚴重的自然災害、吏治的敗壞等等。這大約是明末留心世事的人士就已看得很明白的了。在這些正確但又表面化的結論後面，明末財政危機還有沒有更深刻的社會歷史根源呢？或者說，引發了明末財政危機的那些嚴重的財政問題為什麼會產生，為什麼會造成那樣嚴重的影響呢？我們還是首先簡要回顧一下明朝初年的財政體制。

明朝初年國家財政活動基於一個基本原則，即是與分散的小土地私有制經濟基礎相適應，這種財政原則要求實現國家對土地和人民的嚴格控制，從而保證財政行為的持續性。它在實行過程中的基本特徵是以實物和勞役作為財政運轉的基本標的。

明初即實行嚴格的人口普查，以籍為斷，建置「戶帖」。在洪武十四年（1381）以後又相繼確立了黃冊和魚鱗圖冊制度。兩冊的相輔相成，恰好表明了人口和土地作為國家財政基礎的時代特徵。直接的力役徵取有多種名目，《明史・食貨志》舉出的「里甲、均徭、雜泛」3項，僅僅是其中的一部分，即一般民戶所承擔的部分。其他如屯軍的屯田勞作、軍戶的兵役徵發、灶戶的大量強制性廉價勞動等等，都是以勞役制度為基礎的。力役的徵取雖然對某些單項來說有一定的標準，但其總額卻沒有統一的預算和會計。可以肯定的是明初的力役是極其沉重的。

實物的徵收在財政收入中佔絕對的主導地位。財政收入的主要來源是兩稅。據萬曆《明會典》，洪武二十六年（1393），各布政使司並直隸

府州實徵夏稅秋糧總數合計為米麥 29,442,350；[1] 錢鈔 45,530 錠，明錢鈔皆 5 貫為 1 錠，[2] 折合 227,650 貫；絹 288,487 匹，絹匹與米石的比價為 1：1.2，[3] 共折合米 346,184 石。洪武三十年（1397），紙鈔的市價約為 5 貫抵米 1 石，國家折收稅糧時為 2 貫 500 文抵米 1 石。取其後者，則前列中「錢鈔」一項皆以鈔計，合米 91,060 石，該項收入僅佔兩稅收入總額（29,879,594 石）的 0.3%。設若「錢鈔」一項皆為錢，錢 1 貫折米 2 石，則該項折米 455,300 石，佔兩稅總數（30,243,834 石）的 1.5%。兩稅的徵收中，貨幣所佔比例大約在 0.3% 至 1.5% 之間。其他的重要財政收入有鹽課，明初的鹽課以引、斤計量。由於實行納米開中制度，實際基本轉為糧食的徵收。至於金、銀、鉛、水銀等礦課以及各項雜稅，在明初都極不發達。商業稅收「三十稅一」，因為整個社會的貿易額較少，收入不多，而且常常不是以貨幣而是以糧食來徵收。[4] 洪武時期規定凡「蔬果、飲食、畜牧諸物」，「軍民嫁娶喪祭之物，舟車絲布之類」，皆不徵稅，並「罷天下抽分竹木場」。[5] 明初的國家庫藏也基本是實物的貯備，設在漕河沿線的水次倉和京、通倉皆為糧貯。中央主要倉庫 12 所，通謂內庫，其中只有廣惠庫貯錢鈔，天財庫（司鑰庫）貯各衙門管鑰及錢鈔，餘皆貯各色實物。中央倉貯的這種構成形式，反映了中央財政的實物中心體制，中央與地方的財政關係基本是實物形式的關係。

這樣，依據財政收支的形式，我們可以把明初確立的這種財政體制稱為實物財政體制。這種財政體制是與商品貨幣關係的不發達相應的。在這種實物為中心的財政活動中，為了實現財政流轉，必然地伴隨着大量的勞役徵發。大量的官產收入是這種實物財政體制的補充。這種較為初級的財政體制具有簡單和穩定的特點。

---

❶ 夏稅為米麥，秋糧為米。此處統以米麥記之。
❷ 吳晗：《讀史札記》，《記大明通行寶鈔》，第 316 頁。
❸ 張廷玉等：《明史》卷 78，《志第五十四·食貨二》，第 1895 頁。
❹ 張廷玉等：《明史》卷 81，《志第五十七·食貨五》，第 1975 頁。
❺ 張廷玉等：《明史》卷 81，《志第五十七·食貨五》，第 1975 頁。

由明初的這種實物財政體制到明末山崩地坼般的財政危機，經歷了兩次關鍵性的轉折。第一個轉折點是正統元年（1436）開始的金花銀之徵。金花銀之徵是以南方 6 個布政使司和南直隸的兩稅米麥 400 石，按每石白銀 2 錢 5 分的比率折收白銀 100 萬兩入內承運庫。這意味着把當時 2,670 餘萬石米麥徵收總額的 15% 轉為貨幣賦稅。而且，改折之門一開，「其後概行於天下。自起運兌軍外，糧四石收銀一兩解京，以為永例。諸方賦入折銀，而倉廩之積漸少矣」。[1] 如按《明史稿·食貨志》的說法，「諸方賦入折銀者幾半」，那麼就有 50% 左右的兩稅麥米轉變為貨幣稅收。由於大量實物形式的財政收入轉為貨幣收入，在正統七年（1442）設立了太倉，「各直省派剩麥米，十庫中棉、絲、絹、布及馬草、鹽課、關稅，凡折銀者皆入太倉庫。籍沒家財、變賣田產、追收店錢、援例上納者，亦皆入焉。專以貯銀，故又謂之銀庫」。[2] 可見太倉設立之後，財政收入各項中折銀的比例有相當的擴大。由於同樣的需要，弘治八年（1495）在南京也設立了銀庫。[3] 明初的中央庫藏——所謂內府 10 庫，既是政府官庫也是皇帝的私藏，混同支收。太倉設立之後，專以收貯白銀、支放軍餉和中央政府開支為宗旨，「公」的性質明顯，內承運庫則作為專門收貯金花銀供皇室開支的私庫。[4] 這兩庫是中央庫貯的核心，由是國家中央庫貯的結構就根本上改變了。皇室收支與政府收支基本被分為各自獨立的兩個系統，政府的收支因而可以實行比較明確的預算和會計，貨幣收支和貯積成為主要的財政活動內容。這個變化是社會的自然經濟基礎發生變革的反映，同時表明國家財政體制正在順應這種變化做出相應的調整。這種調整又推進了全社會商品貨幣關係的發展和自然經濟的解體。其後的財政體制就沿着這條軌道，與社會經濟的發展相輔相成地演進下去。

---

❶ 張廷玉等：《明史》卷 78，《志第五十四·食貨二》，第 1896 頁。
❷ 張廷玉等：《明史》卷 79，《志第五十五·食貨三》，第 1972 頁。
❸ 李洵：《明史食貨志校注》，北京：中華書局，1982 年版，第 137 頁。
❹ 其中包括武臣俸祿十萬兩和首功賞賜開支。

第二次轉折是 16 世紀末張居正主持的財政改革。張居正改革的核心是在全國範圍內施行一條鞭法，一條鞭法的核心則是賦稅徵收的全面貨幣化。各種名目的勞役併入賦稅，各種名目的賦稅基本轉為白銀。萬曆三十年（1602）前後，戶部尚書趙世卿開列的國家財政收入項目是這樣的：「蓋國家錢糧徵收有額，曰稅糧、曰馬草、曰農桑、曰鹽鈔者為正課，各運司者為鹽課，各鈔關者為關課，稅契、贖鍰、香、商、魚、茶、屯折、富戶等項為雜課。內除徑解邊鎮外，大約三百七十餘萬兩。此外則開納、撙省、軍興搜刮等銀為非時額外之課，大約五六十萬不等。合此數項，方足四百餘萬之數，以當一歲之出。」[1] 這裏可以看出，「徑解邊鎮」部分以外，顯然都是貨幣的收支。而「徑解邊鎮」的部分，據《萬曆會計錄》的記載，在萬曆初年就早已用貨幣來收支、會計了。據《萬曆會計錄》，萬曆六年（1578）「各邊鎮，山東、河南並北直隸捌府赴部轉文送納麥米豆草鹽鈔等項折銀除收解太倉轉發外實該銀共八十四萬二千三百七十九兩」。[2] 除兩稅外，國家財政收入中以實物為形式的項目主要有漕糧和徑解工部、光祿寺、內府各監局的物料。到了明朝末年，工部、光祿寺及各監局物料已大部分實行派商招買的制度，直接徵收的實物量大大減少。作為實物收支最穩定的大項漕糧，每年定制 400 萬石，在明末不僅每年有定例 30 餘萬石的白銀改折，而且凡逢災傷即議改折，在財政收支總額中所佔的比重已大大減輕了。

　　明末財政體制中勞役徵發的成分大大減少。內中除因推行一條鞭法以後均徭、里甲、雜泛皆併入條鞭徵銀以外，還因 3 個大的項目的變化。第一是屯田制度瓦解。明初屯田本質上是勞役徵發，萬曆末年葉向高說：「及嘉隆以來，累清屯田，雖時盈時耗，而較其見存之數，大約

---

❶ 趙世卿：《題國用匱乏有由疏》，見陳子龍等：《明經世文編》卷 411，第 4462 頁。
❷ 張學顏等：《萬曆會計錄》卷 1，《天下各項錢糧原額見額歲入歲出總數》，《北京圖書館古籍珍本叢刊》第 52-53 合冊，第 19 頁。

損故額十之六七矣。」[1] 按永樂年間每年可平均收入糧食 1,030 萬石[2] 估算，至此失約 670 萬石，大大降低了國家財政收入中的勞役、實物比例。所存屯田的生產關係也在漸次變為地主制的租佃關係。第二是官工業瓦解。明初沿用元代的官工匠制度，入匠籍者要負擔極重的勞役。但中葉以後，納銀代役，大批官營工場也停辦了。尤其是明初的鹽業生產是官工業性質，鹽田、草蕩及各種生產工具都歸國家所有，灶戶把產品鹽全數直接交給國家，產銷皆為國家所把持，這在財政上意味着大量的官產收入和專賣收益。中葉以後，生產工具漸歸私人所有，灶戶自行銷出產品，然後以銀交納鹽課，多產的餘鹽銷出後收益自得。這就把其中依靠官工匠勞役的官產收入變成了貨幣形式的手工業稅收。萬曆六年（1578）輸入太倉的各鹽運司並各提舉司餘鹽鹽課、鹽稅等銀共 1,003,876 兩。[3] 第三是原來分派民戶為國家豢養軍馬的勞役制度改為交納馬價銀。每年額收 40 餘萬兩，在明中葉累積 1,000 餘萬兩。地租和賦稅的實物和勞役形態被貨幣取代的程度，反映出帝制社會典型性狀的純粹和穩定程度，這是一個漫長的歷史過程，明中期則是這個過程的一個重要轉變時期。經過前述的一系列變化之後，貨幣成為國家財政中，尤其是中央財政的基幹，實物退居其次，勞役成為二者的附庸。我們把這種以貨幣關係為紐帶的財政體制稱為貨幣財政體制。[4]

我們曾說到實物財政體制有簡單和凝重的特色，而貨幣財政體制卻有嚴整和靈活的特點。勞役進入財政過程以後，它的收取與支用在時間和空間上是一致的。收入即支出，財政過程單一明瞭。例如明初屯種

---

❶ 葉向高：《屯政考》，見陳子龍等：《明經世文編》卷 461，第 5060 頁。
❷ 據梁方仲：《中國歷代戶口、田地、田賦統計》乙表 46、57，上海：上海人民出版社，1980 年版，第 360、376 頁。
❸ 張學顏等：《萬曆會計錄》卷 1，《天下各項錢糧原額見額歲入歲出總數》，《北京圖書館古籍珍本叢刊》52–53 合冊，第 18 頁。
❹ 這種性質是就財政收支中起主導作用的成分判定的，與現代高度發達的貨幣財政體制當然有顯著的不同。

旗軍約 100 萬。[1] 他們的勞動生產過程，既表示國家強制取得每日 100 萬工日的勞役收入，也表示國家同時支出了這一部分收入，因為軍事屯田的目的就是養活這一龐大的軍隊本身。實物在財政過程中的流轉也是簡單的，專收專支，收入之後不需要統籌支用的繁難工作。供給皇室的貢品以及宗祿，在收入的時候對國家來說也就完成了支出過程。實物財政的流轉是繁難浩大的實物運輸過程，400 萬石本色糧米的收運，支放，比起 100 萬兩金花銀的收支運送不知要繁難多少倍。所以，實物財政體制的運轉是緩慢的。這種古老的財政體制形成了自己的穩定機制，那就是保存大量貯積，一旦遭受戰爭或災害，馬上可以支出，調整財政運轉回到原來的平衡狀態，從而表現出該體制凝重的特性。貨幣財政的收支過程嚴重分離，收入時取得的不是使用價值而是價值，因其共同的形態和本質便聚會到統一的管理和收貯中心。原來由實物本身的使用價值規定的支用途徑被打亂了，中央與地方的財政聯繫加強，原來專收專用的自然平衡讓位給需要由統一的財政管理中心精密統籌的人為平衡。貨幣財政大大加快了財務運轉的速度，有靈活之便，也有變化猝然之虞。所以比較嚴格的會計和財會監督制度成為必需。貨幣財政體制下的財政支出，需要經過商品市場中的交換才能實現社會效用，所以財政對於商品市場、流通過程的依賴空前緊要，國家不得不經常面臨貨幣貯積與社會上的物資在總量、構成、時間、地區上的平衡問題，不得不更多地按照經濟規律行事。這就減弱了實物財政體制的那種凝重特性，為國家財政管理提出許多嚴峻的新課題。

中國傳統社會經濟結構的變化，是國家由實物財政體制向貨幣財政體制演變的基礎。而財政體制的變化一旦開始，就表明國家與社會的經濟關係已經發生了順應經濟結構變化的反應，從而對經濟結構產生巨大的反作用，構成一種反饋迴路，形成向新的社會結構發展的加速運動。

---

❶ 王毓銓：《明代的軍屯》，北京：中華書局，1965 年版，第 33 頁。

這種運動愈是發展，改變原來社會關係的衝動就愈強烈，與舊的社會經濟結構、政治結構乃至意識形態結構及其中相互關係的矛盾也就愈尖銳。

明代財政體制的變化發展中，有 4 種日益激化的重大矛盾。

首先，基於自然經濟基礎上的實物財政體制轉變為與商品經濟較高發展相適應的貨幣財政體制以後，原有的高度專制主義的國家政治經濟體制並沒有改變。

中國傳統社會的政治上層建築是以皇權專制主義為基本精神的，皇帝是整個政治結構中不容置疑的決策核心。由於皇帝在經濟結構中歸根結底體現着一個個更相迭代的封閉式大貴族集團的利益，所以高度的政治的皇權專制必然同時對應着皇室經濟在國家經濟生活中的特權地位。在中國帝制時代後，這種特權地位並非主要地體現在土地所有關係上，而是在社會財富的分配與再分配關係中強烈體現出來。萬曆間魏允貞曾對這種狀況有一段描述，他說：「皇上尊為天子，富有四海之內。玉食萬方，筐篚萬國。天下帑藏皆皇上之帑藏，天下財賦皆皇上之財賦⋯⋯太倉為庫，太僕為廄，光祿為廚。何求不得，何欲不遂？」[1] 這種分配關係與實物財政體制可以長期保持穩定的協調，因為與實物財政關係相應的分散的農業自然經濟，既需要比較集中的政治集約力來維繫全社會的經濟結合，也自然地給皇帝在分配關係中的掠奪提出了一定的限制。勞役是不能積貯的，而且徵用過多，生產馬上就會崩潰，實物不具備自身使用價值以外的效用，大多不便積累；貨幣關係不發達，皇室的消費即使盡其所欲卻仍然不能不是有節制的。但是，隨着貨幣財政體制的發展，這種自然的限制消失了。貴金屬貨幣作為一般等價物，是取得各種使用價值的理想的交換手段，也是理想的貯藏手段。加以商品市場和海外貿易日益強烈地激起對於白銀的崇拜，握有幾無限制的政治經濟特權的皇

---

❶ 魏允貞：《奏止開礦疏》，載《古今圖書集成》第 703 冊，《經濟彙編・食貨典》卷 339，《銀部・藝文一》，第 13 頁。該說亦見清高宗敕撰：《續文獻通考》卷 23，《徵榷六》，《萬有文庫》本，第 3002 頁。二者文字略有不同。

帝，勢必要在分配領域極度擴大自己的直接利益，大規模分割和掠奪社會財富。這時國家財政必然首當其衝。所以，明末財政危機的第一條導火索就是皇室開支的惡性膨脹。

明末皇室開支的膨脹有三重含義。首先是皇室直接的揮霍消費擴大。明神宗本人在萬曆六年（1578）結婚，不過向戶部取用銀 7 萬兩，到萬曆三十五年（1607）七公主「下嫁」，僅為買辦「金兩珠石等項」，就向戶部索取價銀 19 萬兩。[1] 福王婚禮用費更多。萬曆二十一年（1593）冊立太子，僅「所用珍寶之類約費三十餘萬兩」。[2] 為措辦太子婚事，到萬曆二十七年（1599）戶部即已「前後辦進珠玉等項約銀七十餘萬兩，視皇上大婚之費已逾八倍」。[3] 萬曆二十九年（1601），宮內修乾德殿，僅其基台即計劃高 8 丈 1 尺，廣 17 丈，每日「役伕匠二千餘人，班軍二千餘人，內外管工諸臣朝暮督率，不遑起居」，歷時 1 年，僅僅得高 1 丈 3 尺。[4] 為了滿足皇室的奢侈消費，萬曆六年（1578），皇帝下令由太倉每年向內府進送 20 萬兩白銀供「買辦」之用，後成慣例。僅此一項到萬曆三十一年（1603），二十五年間分割國家財政收入 500 萬兩。[5] 此類事件，在明朝末年不勝枚舉。

皇室開支膨脹的第二種含義是貪求無厭地擴大內府的私藏。自萬曆中期開始，皇室對於白銀的需求遠遠不以滿足現實的揮霍為限，把大量白銀作為私財貯積起來，已成為對他們而言頭等重要的事情。在萬曆二十四年（1596）至四十八年（1620）間，皇帝親自派往全國各地的大批礦監稅使，越過正常的財政管理機關進行狂暴的白銀搜刮，以供皇室的奢侈消費和貯積。這 24 年間，他們究竟搜斂了多少民財，已難以確

❶ 趙世卿：《司農奏議》卷 1，《辦減七公主婚禮錢糧疏》，《續修四庫全書》史部第 480 冊，第 109 頁。

❷ 《明神宗實錄》卷 268，萬曆二十一年十二月己未，第 4986 頁。

❸ 《明神宗實錄》卷 341，萬曆二十七年十一月丙午，第 6321 頁。

❹ 《明神宗實錄》卷 360，萬曆二十九年六月乙未，第 6731 頁。

❺ 趙世卿：《停買辦疏》，見陳子龍等：《明經世文編》卷 411，第 4456 頁。

切地說明。根據王德完在萬曆二十八年（1600）的報告，僅僅此前的 4 年間，「各監進過礦銀四十八萬五千餘兩，礦金二千三百餘兩，各項稅課並加罰等銀共二百五十六萬二千六百餘兩」。[1] 如按這個比例，20 餘年間會有 6,000 餘萬兩白銀和 4 萬餘兩黃金的額外徵收。這些徵求對於社會來說是國家的超額財政收取，對於國家來說卻全然是一種單純的皇室開支。這些資財直接獻入內府供皇室揮霍，戶部既不司其事，亦不知其詳，出入不列於國家預算。而且，礦稅監的搜求是真正的橫徵暴斂，不定額、無限制，涸澤而漁，結果很快使國家正常的商、關、鹽、雜稅遭受排擠破壞。當時的許多士大夫對此痛心疾首，應朝卿上疏指出：「夫天下財貨百物止有此數，東盈西涸，理無兼得。今國家邊需所仰給者惟此常賦，自近日包礦包稅，貧富並窘，官民兩困。今內使源源進之內庫者即往日度支水衡之財也。催科不前，邊餉大缺，大司農屢屢告匱矣。」[2] 大學士朱賡也說：「自礦稅設立以來，各處正供多被侵削，鹽課壅滯，關征減少，曾未十年，其所虧損已四百六十萬。」[3] 其害上殃及國家，下禍及平民，但雖然有「民變」抵抗於下，有朝臣抗疏於上，卻絲毫不能制止這種公然的掠奪。我們知道萬曆中後期國家財政已經十分空虛窘急，但就在這時，「內帑之充韌」卻達到「亘古所無」的程度。[4] 遼東戰爭爆發，「是時內帑山積，廷臣請發率不應」，[5] 卻要向人民進行正賦以外成倍的加派。萬曆四十六年（1618），經朝臣苦苦懇請，發出內帑 10 萬兩餉軍，戶科查報，其中有 59,000 兩「或黑如漆，或脆如土……蓋為不用朽蠹之象」。[6] 這些積藏在天啟間遭到大量揮霍，崇禎初年還有餘剩大量發

---

❶ 王德完：《稽財用匱竭之源酌營造緩急之務以光聖德以濟時艱疏》，見陳子龍等：《明經世文編》卷 444，第 4886 頁。

❷ 應朝卿：《請罷採榷礦稅疏》，載《古今圖書集成》第 703 冊，《經濟彙編‧食貨典》卷 339，《銀部‧藝文一》，第 13 頁。

❸ 朱賡：《備陳邊餉揭》，見陳子龍等：《明經世文編》卷 436，第 4778 頁。

❹ 孫承澤：《春明夢餘錄》卷 35，《戶部一‧內供》，《景印文淵閣四庫全書》第 868 冊，第 490 頁。

❺ 張廷玉等：《明史》卷 220，《列傳第一百八‧李汝華》，第 5807 頁。

❻ 《明神宗實錄》卷 569，萬曆四十六年閏四月戊寅，第 10720 頁。

出餉軍，其數額之宏巨可想而知。

　　皇室開支膨脹的又一表現是宗祿的大量增加。明朝宗藩是純粹的寄生階級，單純依靠與皇帝的宗族關係參與國民經濟分配。明朝末年徐光啟指出：「洪武中，親郡王以下男女五十八位耳」，以後大約 30 年翻一番。至萬曆二十二年（1594），「麗屬籍者十萬三千，而見存者六萬二千」；到萬曆三十二年（1604），「麗屬籍者十三萬，而見存者不下八萬」。[1] 這樣大量的高級寄生消費人口毀滅性地分割了國家財政。早在嘉靖四十一年（1562），御史林潤即指出：「天下之事極弊而大可慮者，莫甚於宗藩祿廩。天下歲供京師糧四百萬石，而諸府祿米凡八百五十三萬石。」[2] 當時宗藩人口不及 2.8 萬，耗已如此。[3] 萬曆三十二年（1604），在「玉牒」上有名封的宗藩人口達 8 萬，按嘉靖末的標準，祿米就該有 2,437 萬餘石，相當於國家每年漕糧的 6 倍有餘！這還是按規定額數標準的祿米。明末皇親貴族大量侵佔民田，福王莊田 2 萬頃，如按明朝規定的畝徵 3 分的租額，2 萬頃徵銀 6 萬兩，折糧可 24 萬石。當時親王祿米定額 1 萬石，實得數額超出定額 23 倍。當時佔田萬頃以上的親王、公主很多，潞王甚至佔田 4 萬頃。[4] 他們實際徵收租銀都遠高於每畝 3 分的標準。莊田仍不足以滿足親貴的貪佔，他們更徑直割佔國家正額賦稅。趙世卿指出：「周府宗儀數多，正項祿糧往往不足。自皇祖朝每緣撫按題奏，有發太倉銀兩者，有扣留正額銀兩者，有議留原納銀兩者，有挪借充軍銀兩至三十餘萬者，各項補支難以悉數。」[5] 蜀王「其富厚甲於諸王，以一省稅銀皆供蜀府，不輸天儲也」。[6] 明末，當稅糧及宗祿皆嚴重逋欠

❶　徐光啟：《處置宗祿查核邊餉議》，見陳子龍等：《明經世文編》卷 491，第 5422 頁。
❷　張廷玉等：《明史》卷 82，《志第五十八・食貨六》，第 2001 頁。
❸　徐光啟：《處置宗祿查核邊餉議》，見陳子龍等：《明經世文編》卷 491，第 5422 頁。
❹　張廷玉等：《明史》卷 119，《列傳第七・潞王翊鏐》，第 3648 頁。
❺　趙世卿：《參河南稅監疏》，《續修四庫全書》第 480 冊，第 308 頁。
❻　張瀚：《松窗夢語》卷 2，《西遊紀》，第 40 頁。

時，皇帝竟調撥軍餉以充宗祿。[1] 至於乞請商稅、鹽課等國稅者更不可勝舉。[2] 明朝後期也曾制定一些限制宗室開支的規定，但事實上宗室開支卻在惡性膨脹。

滿足皇室巨大開支和積蓄的手段是掠奪性的。一是把國庫收入取歸內府。比如，萬曆六年（1578）皇帝下令由太倉每年向內府送進 20 萬兩白銀供「買辦」之用，群臣諫止無效，成為慣例。僅此一項到萬曆三十一年（1603），「二十五年間耗去正項五百萬兩」。[3] 第二是把原來由太倉負擔的內供各項的金額增大。萬曆三十六年（1608）七公主出嫁，「宣索至數萬」，趙世卿說：「陛下大婚止七萬，長公主下嫁止十二萬」，引祖制懇請不要增額過多，最後取至 12 萬。福王婚禮費用更多。[4] 第三是派出特使，越過政府財務系統直接向社會搜刮。他們的搜刮不僅針對民間，而且殃及地方政府的財政存積。萬曆二十七年（1599），李戴痛陳礦稅監橫肆搜刮，僅五日間，「搜取天下公私銀兩已二百萬」。[5] 王錫爵也曾指出，「方今東南大害在盡籠各州縣羨餘銀輸之內庫……內地括盡，只今已肉盡髓枯」。[6]

這樣瘋狂增長的皇室開支，這樣不擇手段的巧取豪奪，把由實物財政轉向貨幣財政帶來的進化前景打得粉碎。對於國家財政來說，礦稅的搜求無異於釜底抽薪，不停的宣索迫使財務行政陷於混亂，皇室開支的猛增不僅超出國家財政所能承擔的水平，而且超出社會維持正常經濟生活所規定的限度，於是財政陷於惡性循環，國庫貯藏枯竭，社會的貨幣蘊含也漸趨乾涸，國家財政的運轉失去了任何彈性……這樣，在財政體

---

❶ 孫傳庭：《孫傳庭疏牘》卷 3，《辭剿餉借充鹽本疏》，杭州：浙江人民出版社，1983 年版，第 101 頁。

❷ 趙翼著，王樹民校證：《廿二史札記校證》卷 32，《明分封宗藩之制》，北京：中華書局，1984 年版，第 748-749 頁。

❸ 趙世卿：《停買辦疏》，見陳子龍等：《明經世文編》卷 411，第 4456 頁。

❹ 張廷玉等：《明史》卷 220，《列傳第一百八·趙世卿》，第 5805-5806 頁。

❺ 《明神宗實錄》卷 340，萬曆二十七年十月壬寅，第 6318 頁。

❻ 王錫爵：《與顧沖庵巡撫》，見陳子龍等：《明經世文編》卷 395，第 4271-4272 頁。

制變化，要求強化合理的統籌計劃和管理的時候，國家財政卻面臨無法抗拒的強制干涉、毫無規律和節制的破壞，於是陷入危機之中，而且危機一旦爆發，必然導致粉碎性的結局。

財政體制轉變之後，中國的經濟和政治地理佈局並沒有改變，這是第二個重大的矛盾。

自南宋以來，中國的基本經濟區在東南，北方相對落後，經濟發展的地理佈局是不平衡的。明朝由於政治方面的需要，以北京為政治中心，使北方的消費需求遠高於它的生產水平。經濟佈局的南重北輕與政治佈局的南輕北重相矛盾，提出了在全國財政平衡中必須首先解決的重大課題。明初解決這個問題靠兩個辦法：一個是漕運，每年把 400 萬石南糧北調；再一個是屯田——大批的軍隊屯墾和通過開邊報中維持的商屯。這兩項措施使北方的糧食需求得到滿足。在實物財政體制下，糧食的充裕和均佈就是穩定。到了明朝末年，屯田和漕運都發生了變化。軍屯由於商品貨幣關係的發展，人身依附和勞役制度的鬆弛、以及「官豪勢要」的佔匿而瓦解。商屯由於成、弘間把納米中鹽改為納銀買引而致諸商撤業徙家，「邊地為墟」，一蹶而不振。[1] 漕糧 400 萬石的嚴格定額在明末也變化了，每年有 30 萬石固定的折銀，此外又有各種名目的改折。如由於災傷，嘉靖八年（1529）折兌 170.8 萬石，十年折兌 210 萬石，十二年折兌 100 萬石，十四年折兌 150 萬石。「無歲不有災傷，則無歲不有折兌。」[2] 由於「國用不足」，萬曆十三年（1585）三月「詔改折各省直萬曆十三年分起運漕糧一百五十萬石」；[3] 所折銀兩隨即挪用。由於邊地乏糧，萬曆十八年（1590）八月「戶部以河南應納臨德二倉米改折一年，以濟邊用」。[4] 由於這些原因，明末北方的糧食儲積大大空耗，糧食生產大大萎縮。這時雖然國家財政收入的價值額不減，甚至由於折

---

❶ 張廷玉等：《明史》卷 77，《志第五十三．食貨一》，第 1885 頁。

❷ 唐順之：《與李龍岡論改折疏》，見陳子龍等：《明經世文編》卷 261，第 2761 頁。

❸ 《明神宗實錄》卷 159，萬曆十三年三月己卯，第 2921 頁。

❹ 《明神宗實錄》卷 226，萬曆十八年八月甲午，第 4205 頁。

銀的差價而增加了收入，但這些貨幣收入在支出時必須仰賴北方有充裕的商品糧市場和安定的社會環境。否則糧價在北方上漲，白銀在北方貶值，遇到大的災傷和戰爭時，國家無法有效地利用白銀來解決社會急劇增加的物資需求，財政平衡就必然被破壞了。萬曆四十八年（1620）九月，遼東經略熊廷弼上疏報告該地的情況說：「米糧踴貴異常。蜀米每斗值二錢二分，粟米、黃豆每斗值二錢五分，稻米每斗值七錢，青草碗口大一束值一分，每五六束不得馬一飽，且無買處。」當時「月餉每日軍五分，馬三分」。但軍人以白銀 1 錢 2 分在飯鋪食面，或用銀 5 分買蜀飯，皆不得一飽。[1] 崇禎元年（1628），發帑金 100 萬兩餉遼東將士，左光斗當即指出：「今日遼東之患，又不在無銀，而在無用銀之處。何也？遼自用兵以來，米粟踴貴，加以荒旱之餘，石米四兩，石粟二兩，其一石尚不及山東之四斗。通計一百萬之賞，分十五萬之軍，每名約為六兩，於銀不為不多，而此六兩者糴米才一石五斗耳。縱是富人，未免抱金餓死。且各丁月糧，河東一兩五錢，尚有三斗本色，可以救死，河西一兩二錢，盡以市米，僅得三斗，而況無市處。日騰日貴，已不能支撐眼下，如何捱過冬春？不及數月，遼必無民，安能有兵？」[2] 據全漢昇先生研究，「明帝國北方邊境的米價，在十五世紀中葉以後將近二百年的期間內，約上漲九倍多點」。[3] 實物財政體制凝重的特性消失了，自然的財政平衡成為過去，人為的平衡也難以實現，導致政府嚴重的財政危機。

轉入貨幣財政體制以後，兵農合一的軍事制度變為僱傭兵制。新的職業軍人制度並不適合於原始性的軍事技術水平，使軍費開支猛烈增加，這是又一個重要的矛盾。

在生產力水平和國家政治環境基本不變的前提下，軍事技術水平愈高，軍隊的機動性愈強，則國家擔負的軍職人員費用就愈少，軍職人

---

❶ 熊廷弼：《經遼疏牘》卷 4，《欽賞犒軍戶部抵餉疏》，清光緒年間刻本，第 21–22 頁。
❷ 左光斗：《題為急救遼東饑寒事疏》，見陳子龍等：《明經世文編》卷 495，第 5477 頁。
❸ 全漢昇：《明代北邊米糧價格的變動》，《新亞學報》，1970 年，9 卷 2 期。

員費用在軍事費用中所佔的比例也愈少。反之，如果軍事技術原始，缺少機動性和戰鬥力，就必須靠增加軍職人員數額來達到維持國家安全所必須的戰爭能力。進入貨幣財政體制以後，實行常備僱傭兵制，這就需要軍事技術水平比以前有明顯的提高，以便通過縮減兵額，保持軍費開支不致惡性上漲。但是，明朝末年的軍事技術水平與明初相比，雖有些小的進步，如運用了較多一點的火器，但就總的性質來說，仍不出原始性的水平。長槍大馬、堅甲利兵是精良的軍事裝備；手執戈矛刀牌的步兵佔軍隊人數的大多數，防務必須依託邊牆和城堡。在這種水平的條件下，戰爭勝負的要素是人數的對比。要保持東起遼東、西至寧夏綿亙萬里的邊界安全，必須要數十百萬的常備軍，要靠人牆來屏障。可是在貨幣財政體制下，以當時的生產力水平是養活不了這樣龐大的軍隊的。明初的軍人是世籍，世代為軍不得改易。這是一種農奴兵制度，國家有軍隊等於有農奴，居常使之自耕取足，有事發之無償征戍。給養基本就地解決，一般的軍事活動易於控制在地區性範圍內，不牽動全國的財政佈局。所以，明初「養兵百萬，不費朝廷一錢」。[1] 幾次大規模的軍事戰爭，加之鄭和 7 次下西洋，雖然費用浩繁，「國庫還能應付」。[2] 明末的情景就大變了，軍人由明初的物質生產者和徭役貢獻者變為物質消費者和僱傭軍人，國家不得不拿出巨額白銀支付軍餉。萬曆大學士陳于陛說：「考之國初，各邊軍糧但取之撥屯自贍，聖祖所云養兵百萬不費百姓粒米者是也，其後邊屯漸荒，屯軍挈回城守，而後待給於民運，借資於權鹽，初未有請討內帑名色。自正統己巳後，邊廷多事，召軍買馬，警備日亟，遂止以民運給主兵，而客兵饋餉暫請帑銀以為權宜接濟之計，亦未有戶部每年解送邊銀例也，有之自成化二年始。然在弘正間，各邊餉銀通共止四十餘萬，至嘉靖初猶止五十九萬。十八年後，奏討加添，亦尚不滿百萬。至二十八年，忽加至二百二十萬。三十八年，加至二百四十

---

❶ 張廷玉等：《明史》卷 257，《列傳第一百四十五·王洽》，第 6624 頁。
❷ 吳晗：《讀史札記》，《明代的軍兵》，第 133 頁。

餘萬。四十三年，加至二百五十萬。隆慶初年，加至二百八十餘萬，極矣。」[1] 到萬曆三十年（1602）前後，各邊鎮年例「通計一歲所出，共三百九十四萬一千八百四十兩有奇，而民屯鹽茶引目不與焉」。[2] 萬曆四十六年（1618）以後，增設遼餉，繼後又有練、助、剿餉，軍費開支幾無底止。邊餉的增加無疑與軍事衝突的加劇相關，但戰爭是歷代皆有的事，軍餉如此狂暴增漲卻是空前的。萬曆大學士朱賡曾經提出疑問：「不知隆慶以前虜未款貢，塞下多事，餉何以少？今日安寧，餉何以多？有餉有兵，及至有事何以又不足用？」[3] 王德完對此解釋得比較確切，他說：「我祖宗朝土田賦稅非有加於今也，乃事不煩而自足。今甲兵戰馬大不逮於昔矣，乃例歲加而難支。其故何也？蓋祖宗朝寓兵以屯，且耕且守，有備無患，此趙充國金城之遺跡也。自屯田之法湮則經界隱沒而難明，屯丁蕭索而賠苦，人皆逋逃，地為陷井，戎馬財賦遂分兩途。祖宗朝輸鹽於邊，納粟於倉，有飛挽之利而無轉輸之勞，此晁錯實塞之遺意也。折銀之說出則金錢盡出於太倉，枵腹咸仰於內帑，脂膏益竭，芻粟愈難，米珠草桂，可為扼腕」，[4] 這基本道出了軍餉增加的原因。

　　僱傭兵制度下的單兵費用，比起兵農合一制度下的情形是極其高昂的。崇禎十年（1637）調派甘肅兵 2,079 名並馬騾 1,382 匹歸陝撫孫傳庭指揮，孫傳庭對這支軍隊的開支作了詳細的計算。按他的計算，這支軍隊官兵平均的單兵年餉額為白銀 22 兩 7 錢 2 分。如果加入馬騾草料開支，則這樣一個馬步混雜的普通裝備部隊平均單兵餉用為年白銀 41 兩 8 錢 5 分。[5] 萬曆中，各邊年例約 400 萬兩，按上述標準，不過養馬步混合的軍隊 95,580 人。這裏還沒有計入布花、胖襖、武器、功賞等大

❶ 陳于陛：《披陳時政之要乞採納以光治理疏》，見陳子龍等：《明經世文編》卷 426，第 4649-4650 頁。
❷ 趙世卿：《覆兵科中飭邊防事宜疏》，見陳子龍等：《明經世文編》卷 411，第 4459 頁。
❸ 朱賡：《備陳邊餉揭》，見陳子龍等：《明經世文編》卷 436，第 4777-4778 頁。
❹ 孫承澤：《春明夢餘錄》卷 35，《戶部一·經費》，《景印文淵閣四庫全書》第 868 冊，第 485-486 頁。
❺ 孫傳庭：《孫傳庭疏牘》卷 1，《報甘兵抵鳳並請責成疏》，第 5-6 頁。

量其他開支。所以，在明朝末年，徵募一兵一卒對國家財政都是沉重的負擔。萬曆時期兵餉比明初有巨額的增漲，可是萬曆初年的邊鎮軍額是1,120,058 人，馬 282,918 匹，比較永樂時期軍士減額百分之 29.43%，馬匹減額 17.57%。[1] 這裏虛冒之數尚不知凡幾。增餉減兵，這是明末軍制和財政制度變化的產物。一旦軍事政治局面發展到非增兵不可的時候，軍事開支的爆發式增長就決然不可避免。從軍事的角度觀察，嘉靖以來明朝遭遇的戰爭都是小規模的、局部的，但軍費開支卻一觸即漲。張居正時代，蒙古各部綏服，倭患平息，全國沒有什麼戰事，但萬曆六年（1578）的邊鎮年例仍有 3,162,145 兩之多，佔當年太倉實收銀兩的百分之 88% 強。[2] 萬曆中期 3 次稍大規模的局部戰爭一發生，明朝就徹底捲入了軍事財政體制。萬曆四十六年（1618）的薩爾滸之戰，在軍事角度上看也是局部的邊疆戰爭，明朝為此也不過投入 10 萬左右的兵力，[3] 但為此而進行的財政集結動員，卻幾乎傾動全國之力。明末之人看到了軍事制度與財政制度變化帶來的矛盾，紛紛主張「復兵農之制」，[4] 畢自嚴試於天津，孫傳庭力主於陝西，但實際都無成效。原因是大規模勞役制度已成為歷史的陳跡，貨幣化的財政體制已經建立，單純的復舊是沒有出路的。所以葉向高說：「守法易，復法難，法在而復之易，法亡而復之難」。[5] 這也算是達時之論了。

明中葉以來中國貨幣關係的急劇變化與財政體制的變化形成了複雜的交互作用和衝突，這是當時第 4 個重大社會矛盾。

中國在先秦就有用金銀交換的事情，但在以後很長的時期並沒有發展起貴金屬貨幣。宋代，使用白銀的交易已有相當的發展，但是直到明

---

❶ 據梁方仲：《中國歷代戶口、田地、田賦統計》乙表 57，頁 376。
❷ 張學顏等：《萬曆會計錄》卷 1，《天下各項錢糧原額見額歲入歲出總數》，《北京圖書館古籍珍本叢刊》第 52-53 合冊，第 21 頁。
❸ 參見李廣廉：《薩爾滸戰役雙方兵力考實》，《北京大學學報》，1980 年第 4 期。
❹ 《明神宗實錄》卷 4，隆慶六年八月丁卯，第 158 頁。
❺ 葉向高：《屯政考》，見陳子龍等：《明經世文編》卷 461，第 5060 頁。

朝初年，真正據於統治地位的還是帝制國家鑄造的方孔銅錢和官鈔。明初大量發行「大明通行寶鈔」，沒有相應的儲備金，很快膨脹貶值。方孔銅錢是中國古老的鑄幣，價值低廉、沉重，不適應商品貨幣關係的高度發展。偽錢盜鑄是這種銅錢制度形影不離的孿生兄弟。明朝初年禁止金銀流通，只以錢鈔為流通貨幣。自正統初徵收金花銀的時候開始，國家開放銀禁，准許白銀作為貨幣合法流通。之後隨着國內銀產量的提高和海外白銀的大量輸入，白銀貨幣迅速在流通中排斥錢鈔。正德、嘉靖以後，白銀已穩固地成為佔主導地位的貨幣，[1] 官鈔僅僅用於有名無實的賞賜和極少部分的稅收，銅錢則降為輔助貨幣。所以，明末的貨幣財政體制確切地說應該是一種白銀貨幣體制。白銀取代銅成為主要貨幣，無疑是貨幣關係由低級走向高級階段的重要進步，但是白銀成為新財政體制運行的價值承擔者也帶來了前所未有的新矛盾。

首先，白銀是以銀塊而不是以鑄幣的形式進入財政過程的。我們且不去討論造成這種情況的原因如何，[2] 這大大削弱了國家對財政和經濟過程進行有效控制的能力。大量發行通貨或者實行通貨緊縮，這是貨幣財政體制下國家緩解財政危機的經常性手段，但是銀塊並沒有穿着任何「國家制服」，所以國家無法掌握社會貨幣儲藏和流通的總額，更無法了解貨幣流通量與商品流通總額的平衡關係。而這些關係在貨幣財政體制下，對於國家財政的綜合平衡是至關重要的。[3] 明末財政危機期間亦採用了大量發行通貨的對策，但發行的只是鑄造銅錢和印刷紙幣。紙幣毫無本金當然不能流通，鑄造銅錢也沒有什麼實效。原因是銅錢已被擠到輔

---

❶ 關於海外白銀的輸入可參見全漢昇：《明清間美洲白銀的輸入中國》，載香港中文大學《中國文化研究所學報》1969 年，2 卷 1 期；梁方仲《明代國際貿易與銀的輸出入》，載《中國社會經濟史集刊》6 卷 2 期，1939 年。

❷ 中國有長期使用白銀為貨幣的歷史，卻直至清末才因外國的影響而大量發行白銀鑄幣。這一點使貨幣史家感到費解，迄今尚無令人滿意的解釋。參見彭信威：《中國貨幣史》，上海：群聯出版社，1954 年版。

❸ 恰好生活在 17 世紀中葉的英國古典政治經濟學創始人威廉・配第（William Petty）（1623-1687）已充分注意到貨幣形態、貨幣流通量等各種因素對國家財政的影響。參見威廉・配第著，陳冬野等譯：《賦稅論 獻給英明人士 貨幣略論》，北京：商務印書館，1978 年版。

幣的地位，大量發行輔幣是根本不可能扭轉財政危機的。當時佔主導地位的貨幣是銀，而銀是無法靠國家權力呼喚出來的。

　　白銀在經濟生活中充分顯示了自己價高、易儲、價值穩定等優越特性，同時以它難以駕御的品格體現了經濟規律的權威。這就激發了對於白銀的追求和儲積浪潮。在這種浪潮中，國家財政收取和支出也貫徹白銀聚斂的原則。萬曆十八年（1590）六月陝西道御史馮應鳳指出，當時「如官給之民則銀錢參用，如民輸之官則盡去其錢」。[1] 以致錢法大壅，白銀日益短缺。到萬曆二十六年（1598）給事中郝敬建議適當變通：「有司徵稅除起運照舊收銀外，其餘存留支放者銀錢中半，不許一概收銀。」結果沒有被採納。[2] 這種盲目追求白銀貨幣的財政政策，即使在不加稅額的前提下，還是極大地加重了人民的實際負擔。顧炎武說：「往在山東，見登、萊並海之人多言穀賤，處山僻不得銀以輸官。今來關中，自鄠以西至於岐下，則歲甚登，穀甚多。而民且相率賣其妻子。至徵糧之日，則村民畢出，謂之人市。問其長吏，則曰，一縣之鬻於軍營而請印者，歲近千人。其逃亡或自盡者，又不知凡幾也。何以故？則有穀而無銀也。」[3] 黃宗羲也說：「今鈔既不行，錢僅為小市之用；不入貢賦，使百務並於一途，則銀力竭。」[4] 國家一味徵銀，白銀短缺，造成許多地區人民賦稅負擔的極度沉重，造成明末財政制度與社會的嚴重矛盾。

　　發生在帝制時代社會晚期的國家財政由實物中心體制向貨幣中心體制的轉變是一個長期的過程。社會生產品的商品化水平是這種轉變的經濟基礎，它規定着賦稅貨幣化發展程度的合理限度。超過社會生產品商品化水平而進行盲目的貨幣財政收取，會破壞社會經濟發展，導致財政動盪和危機。明代財政活動中白銀的流轉水平超過了社會經濟的商品化水平。中國經濟發展呈現嚴重的區域不平衡狀態，在經濟和交通發達

❶《明神宗實錄》卷 224，萬曆十八年六月丁酉，第 4172 頁。
❷ 清高宗敕撰：《續文獻通考》卷 11，《錢幣五》，《萬有文庫》本，第 2874 頁。
❸ 顧炎武：《顧亭林詩文集》，《亭林文集》卷 1，《錢糧論上》，第 17 頁。
❹ 黃宗羲：《明夷待訪錄》，《財計一》，第 37 頁。

的地區，貨幣關係、白銀流通都較發達，比如浙江地區，「錢鈔素不行使」，一概用銀，所以歡迎以銀為賦。[1] 又如崇禎八年（1635）倪元璐疏稱：「東南本色雜解，擾累無紀，今際上供軍需，萬難更議，姑仍舊貫，其諸一切，苟非至急，如絹布絲綿顏料漆油之類悉可改從折色。官代輸將。此二者於下誠益。於上則亦未之損也。」[2] 但在經濟落後，商品貨幣關係並不發達的地區就恰恰相反，「惟錢少而銀不給，故物產所出之鄉留滯而極乎賤，非所出之鄉阻缺而成乎貴。民之飢寒流離，國之賦稅逋欠，皆職此由。上下交患貧而國非其國矣」。[3] 顧炎武對於不顧經濟發達程度的地區差異，盲目實行白銀收聚的財政政策提出批評，他說：「今若於通都大邑行商群集之地，雖盡徵之以銀，而民不告病。至於遐陬僻壤，舟車不至之處，即以什之三徵之而猶不可得。以此必不可得者病民，而卒至於病國。」[4] 貨幣白銀化和財政體制的貨幣化都是具有積極社會進化意義的重大轉變，但這種轉變要求國家財政政策具有較強的計劃性和靈活性，仍然以實物財政時期粗放盲目的方式來對待變化了的社會情況，就會造成新財政體制與社會經濟的嚴重脫節，轉而發生一系列破壞社會經濟基礎，破壞財政平衡的惡劣後果。

以上談到的明代財政體制轉變過程中發生的種種矛盾是相互聯繫的。其中任何一種矛盾的尖銳發展都會引起連鎖反應，結果就是一種綜合的財政混亂、危機狀態。明朝末年，這 4 種矛盾交相迸發，終於導致了空前的財政危機。

綜上所述，明末財政危機是在明中葉以來古老的實物財政體制向貨幣財政體制轉變的基礎上形成的。財政體制的這種轉變是中國帝制社會經濟結構和社會接替過程的一個重要環節。明末財政危機正是中國傳統

---

❶ 張學顏等：《萬曆會計錄》卷 43，《雜課》，《北京圖書館古籍珍本叢刊》第 52-53 合冊，第 1342 頁。

❷ 談遷：《國榷》卷 94，思宗崇禎八年，第 5694 頁。

❸ 王夫之：《噩夢》，北京：古籍出版社，1956 年版，第 35 頁。

❹ 顧炎武：《顧亭林詩文集》，《亭林文集》卷 1，《錢糧論上》，第 18 頁。

社會典型經濟形態的瓦解過程在分配關係中引起深刻變化的反映，是新的社會因素與舊的社會結構相互矛盾衝突的產物。由於這場危機帶着新的時代特徵和前所未有的新的經濟矛盾，遵照傳統財政理論指導的帝制國家在危機中只能採取被動的反應性應急措施，根本不可能緩解危機的發展。這場危機的爆發確切地表明：中國傳統社會的舊式財政體系和經濟形態已經歷史地走向末路。

（三）明末財政危機與 16、17 世紀中國傳統社會轉型過程的阻滯

中國傳統社會組織方式發展到明代，明顯地開始了自身的轉型運動。資本主義生產關係的萌芽是這一運動的突出表現，這已經受到史學界的充分注意。但是人們似乎很少注意到，16、17 世紀中國傳統社會解體過程的深度和廣度，遠遠不是「個別地區的個別行業中發生了一些資本主義生產關係的萌芽」這種斷語所能概括的。對於明末財政危機的考察使我們知道，即使從靜態角度觀察，不僅生產關係發生了變化，而且國家上層建築結構也處於振盪和局部改組中。從社會再生產的運轉過程來考察，不僅生產環節產生了變化，流通與分配環節也發生了重大的變化，從而使整個再生產過程都具有了新的性徵。我們所以把明中葉以後中國傳統社會的解體稱為一種「過程」而不是「現象」，就是因為它是中國傳統文明典型社會結構的整體性振盪。

中國傳統社會以高度中央專制主義為特徵，國家權力對經濟過程實行強有力的干涉和控制。這種干涉和控制一般是通過財政手段實現的。財政活動成為聯繫國家上層建築與社會經濟關係的一條重要出路。所以在傳統社會轉型的過程中，無論進步還是阻滯都與國家財政活動有密切的關係。充分注意這種關係之後，我們再去觀察中國明代社會結構變化的過程，就會看到一場逐步發展的系列運動。

明朝前期（1368–1435 年）自耕農經濟為主的自然經濟體制是社會基礎，在這種「真正的自然經濟中，農產品根本不進入或只有極小部分

進入流通過程」[1]，體現在國家財政中的分配關係也相應地貫徹實物和勞役的原則。正是在這種經濟結構之上，端端正正供着「洪永熙宣」的「盛世」，傳統國家專制政治臻於鼎盛。社會生產力和商品貨幣關係長期發展對舊的社會關係的侵蝕，在正統初年因為金花銀之徵取得了突破口，從此明朝歷史進入充滿矛盾和變動的第二期，即傳統社會結構日益明顯轉型的時期。地租剝削是原來主要的剝削形態，國家徵收的賦稅本質上是對地租的分割，而大量實物租稅轉為賦稅，意味着自然經濟體制的破壞。馬克思說：「貨幣地租在其進一步的發展中——撇開一切中間形式，例如撇開小農租佃者的形式不說——必然或者使土地變為自由的農民財產，或者導致資本主義生產方式的形式，導致資本主義租地農場主所支付的地租。」[2] 開徵金花銀之後，貨幣地租形式迅速發展，農產品的商品化加強，並且由農業波及手工業。大量各種名目的勞役徵發被納銀制度取代，結果造成農業和手工業勞動者人身束縛的鬆弛。他們在完成貨幣賦稅的經濟活動中，空前規模地拓展了商品交換的市場，加強了城鎮與鄉村的經濟聯繫。這就為農民大量脫離土地創造了社會經濟條件。加以地租剝削的苛重、土地兼併的發展，以及自然災害，便激起了 15 世紀中葉大規模的流民運動。流民運動雖然終於被撲殺了，但它卻以迅速、徹底的方式摧毀了維繫傳統人身依附關係的黃冊和魚鱗圖冊制度，相當程度地使自由勞動成為合法的事實。中國古代社會歷來不乏商業資本和一般貨幣財富的集中，而 16 世紀初又具備了自由勞動和比較發達的商品貨幣流通等條件，與市場相關的僱傭勞動關係便有明顯的增長。這種僱傭勞動關係既沒有廣泛的地理分佈，也沒有發達的規模，它是一種標示，表明解體中的舊的社會結構可能的發展方向。在整個明代中後期，它的直接社會經濟意義與其說在於它高標獨步的新的性質，毋寧說在於它推進了早已在進行中的社會商品化過程。一條鞭法再次以財政政策調整的

----

[1] 馬克思：《資本論》第 3 卷，第 886 頁。
[2] 馬克思：《資本論》第 3 卷，第 899 頁。

方式達到了這一過程的新的飛躍。貨幣稅收成為國家財政的主幹，而且勞役和地租合併在一起，具有了土地財產稅的形式和性質。在法律上，勞役徵用已基本取消，對於社會經濟肌體而言，白銀貨幣成為如同血液般性命攸關的要素。貨幣的權威震懾着整個社會。社會經濟過程日益強烈地要求擺脫國家的強制干預，按自身的規律運轉。這一系列的變化構成16世紀以來傳統社會解體過程的主流。力圖在這一過程中追尋資本主義社會制度的社會前景，只會使人們忽略這些變化的深刻歷史進化意義，並且會最終導致「停滯」論。這場變化已經完成的，是把社會由自由經濟為基礎的高度集權化社會結構推到一個社會結構轉型的臨界點——需要改變高度集權的中央專制主義政治體制，從而為商品貨幣經濟的高度發展開闢道路；否則，原有的一切積極的社會變化都因為受到阻礙而變為社會政治和經濟均衡的破壞力，從而導致社會劇烈振盪。這是發展了的社會經濟與舊的社會上層建築的矛盾，是16、17世紀中國傳統社會轉型運動必然遭遇的歷史選擇。在這種情況下，連結國家上層建築與社會經濟基礎的國家財政，就成為這種矛盾交聚的關鍵。從這個意義上說，明末財政危機並非僅僅由於財政問題嚴重導致的危機，它是中國傳統社會轉型過程遇到嚴重阻礙後的綜合症。

恩格斯說：「人離開狹義的動物愈遠，就愈是有意識地自己來創造他們的歷史，那種不能預見的作用，不能控制的力量對這一歷史的影響也就愈小，而歷史的結果和預定的目標就愈加符合。」[1] 這給予我們的啟發是：人類自覺把握歷史進程的能力是和人類社會的進化水平一致的。當明末中國社會面臨艱鉅的歷史選擇的時候，長期受到壓抑的市民階層十分孱弱，其他的社會階層更與傳統社會組織方式及文化觀念糾纏不清，沒有誰能夠自覺地挺身為推進社會積極進化鬥爭。所以當時的一系列重大的歷史事變，還是主要受制於「不能預見的作用，不能控制的力

---

❶ 恩格斯著，曹葆華等譯：《自然辯證法》，北京：人民出版社，1955年版，第16頁。

量」。但是變革的時代要求還是體現在相當廣大的社會階層集團的社會活動中，所以明朝末年出現了許多具有鮮明改革色彩的要求和主張——即使這些要求和主張的提出者本身主觀上還是以舊秩序的衞道者自詡。

這些要求和主張大部分是從財政問題着眼的，包括以下幾個方面。

第一、強調工商業對於國民經濟的重要意義，主張保護工商業。萬曆中期以後派出大批礦監稅使進行搜刮，有一個堂而皇之的藉口，就是「皇上不忍加派於小民而欲取足於商稅」。[1] 這種傳統的重農抑商政策與明中葉以來的經濟結構發展形成尖銳的衝突，從而遭到激烈的反對。趙世卿指出：「年來權宜開採之命一下，各處撫按司道有司仰體皇上不忍加派小民之意，遂將一切雜課如每年山東之香、商等稅……改歸內使，而臣部之雜課失矣。其間雜課不敷，誅求無藝，百姓不得不以應徵之糧暫免棰楚，有司不得不以見完之正稅量為挪移……以致三年之間，省直拖欠一百九十九萬有奇，而臣部之正課虧矣。山東運司每年分割去銀一萬五千餘兩，兩淮運司別立超單八萬引，而臣部之鹽課壅矣。原額關課三十三萬五千餘兩，二十五年新增銀八萬二千兩，今則行旅蕭條，商賈裹足，止解完二十六萬二千餘兩，而臣部之關課奪矣……」他指出這種政策「譬如縛手而求持，繫足而求走，抑已難矣」。[2] 許多人更指出了商業與「民生」的息息相關。蕭彥提出：「商困則物騰貴而民困矣，獨奈何不一蘇之為商民計也？」[3] 倪元璐指出：「商困必中於居農，百貨湧貴，民食兼兩，雖稔不飽」。[4] 梅國禎說：大同地方「軍餘人等不下數萬，率皆荷戈防胡，不習耕桑之業。諸日用蔬菜布匹器具，悉仰給內地。而內地經商攘攘為利，亦皆肩擔負囊，登山涉水，不憚險遠而來，與邊氓競刀錐，稍求什一之息。故窮邊軍士藉此存活，以捍衞邊圉。今抽稅之令一下，商賈聞風驚遁，不敢赴邊，而貧軍衣食何從置辦？無乃斷絕其生

❶《明神宗實錄》卷 330，萬曆二十七年正月戊戌，第 6098 頁。
❷ 趙世卿：《司農奏議》卷 3，《經用匱乏有由疏》，《續修四庫全書》第 480 冊，第 187、188 頁。
❸ 孫承澤：《春明夢餘錄》卷 35，《戶部一·鈔關》，《景印文淵閣四庫全書》第 868 冊，第 500 頁。
❹ 倪元璐：《倪文貞集》卷 5，《江西丁卯鄉試策問》，《景印文淵閣四庫全書》第 1297 冊，第 56 頁。

理，驅而之逃，以空行伍，棄邊疆以資敵手？」[1]他認為：「夫商人者非他，即皇上中原供賦稅徭役之赤子也……獨奈何其欲重困之也？」[2]堵胤錫更明確指出：「病商即病農。」[3]就連主張「惠商便民」的東林黨人不屑與之為伍的大學士沈一貫也在一份題本中說出「商旅不行，農民重困」[4]這樣的話來。可見變抑商為重商，提高商人的社會地位已經被提到社會變革的議程上來。

第二、明確皇室財政與國家財政的界限，限制皇室對國庫的侵奪。在中國皇權專制主義的國家制度下，國家財政與皇室財政總是不能截然劃開的。明中葉以來國家財政向貨幣中心體制的轉變，國家庫藏——太倉設立，相應地提出強化國家財務行政制度、加強預決算和會計制度的要求。於是來自皇帝的非時索取變得筆筆有宗，從而遭到日益強烈的注意和反對。要求把皇室開支制度化、額定化，給戶部以完整的財政管理權的呼聲在明末財政危機期間達於高漲。萬曆六年（1578），皇帝下令每年於金花銀 100 萬兩之外再由太倉每季進送內府白銀 5 萬兩，供買辦之用。張學顏抗議說：「買辦應用各庫俱有額設正項銀兩，若買辦取於太倉，則額銀作何支用？」[5]整個明末時期關於此事的爭執不曾稍減。萬曆三十一年（1603）趙世卿還說：「每季恭進俱係太倉湊補，夫買辦不敷則挪借於金花，金花不足又取盈於邊餉，是金花不減於額中而湊補實賠於額外，二十五年之間耗去正餉五百萬兩，太倉非不涸之淵，何以堪此無藝之供乎？」[6]他強調賦稅徵斂要遵「正額」，即國家既定規則。皇室亦不應破壞規定的皇室經費撥款限額。他指出買辦銀兩「皆分外之加添，

❶ 梅國楨：《再請罷榷稅疏》，見陳子龍等：《明經世文編》卷 452，第 4973 頁。
❷ 梅國楨：《請罷榷稅疏》，見陳子龍等：《明經世文編》卷 452，第 4969 頁。
❸ 楊時喬：《兩浙南關榷事書》，《建書》，北京：書目文獻出版社，1988 年版，《北京圖書館古籍珍本叢刊》第 47 冊，第 767 頁。
❹《明神宗實錄》卷 330，萬曆二十七年正月戊戌，第 6098 頁。
❺ 張學顏：《題停止加派買辦銀兩疏》，見陳子龍等：《明經世文編》卷 363，第 3914 頁。
❻ 趙世卿：《停買辦疏》，見陳子龍等：《明經世文編》卷 411，第 4456 頁。

非有額設之正派，不過太倉為暗賠耳」，[1] 礦稅監的濫取是於「定額之外，忽起事端，群小猖狂，鼓煽稅使，既於正額之內，陰肆侵漁，又於正稅之外，明開騙局，計其所得，毫於正課無干」。[2] 潞安結婚，皇帝令戶部買辦金珠，戶部引《大明會典》的規定抗言，需索數額不合制度，並指出：「且內府各府庫俱有額設買辦錢糧，承運庫自六年始增前銀。未增之先該庫原未告匱，既增之後，何以反稱不足？若細查節年花銷細數必有不係買辦正支者。」[3] 這些意見均不被採納，進而引起朝臣更強烈的反對，要求明確財政權力的呼聲益起。趙世卿指出：稅使之出實質上是對戶部權力的侵犯，他說：「魯保分本部鹽課之權，高淮、李敏分本部開納之權……既分其權而更督其出也，其將能乎？」他明確點出皇帝是這種狀況的肇事者：「榷採之使虎視鴟張，單詞熒惑，天怒遄加，罪者、逮者、逐且死者累累踵接。上有所偏重斯下爭趨之，臣部之權於是乎分而臣之法窮矣，安得不匱？」[4] 葉向高亦主張申明權限，「祖宗設立六部，各有職司。戶部所掌，責在軍儲，一切營造不相干涉。即如朝廷歲供，亦俱有常數，各部所掌，自行祗辦，一切錢糧不相假借。」[5] 萬曆四十年（1612），戶科給事中官應震要求：「皇上煥發明倫，分別內外庫之界，毋令中官混索，動及餉額。其他水衡（工部）之料價、閑寺（太僕寺）之馬價，光祿之上供亦各還各項，不相侵假。倘有混索，職等得以原旨封還，計臣依阿解進，職等得以白簡從事。如是則太倉還其太倉，而餉何不足之與有？伏惟敕下戶部，同九列大臣從長會議，永貽經久。」[6] 官應震甚至認為：金花銀原本常用於濟邊，「不知何年乃從太倉而斂之內也」，所以應該以三宮子粒銀充內供，「金花銀則請照舊以太倉故物還之

❶ 趙世卿：《司農奏議》卷 1，《懇寬金花請裁買辦疏》，《續修四庫全書》第 480 冊，第 127 頁。
❷ 趙世卿：《止山西關稅疏》，見陳子龍等：《明經世文編》卷 411，第 4464 頁。
❸ 《明神宗實錄》卷 130，萬曆十年十一月丁卯，第 2422 頁。
❹ 趙世卿：《司農奏議》卷 9，《匱乏請罷礦稅疏》，《續修四庫全書》史部第 480 冊，第 323 頁。
❺ 葉向高：《請止欽取錢糧疏》，見陳子龍等：《明經世文編》卷 462，第 5071 頁。
❻ 《明神宗實錄》卷 502，萬曆四十年閏十一月丁亥，第 5932 頁。

太倉，逐年同享分糧俱隸外府」。[1] 這種主張的直接目的是通過財政立法的手段限制皇權對國庫的任意盜奪，體現着限制皇權，增加國家職能機關權力的進步要求，反映了適應新的貨幣財政體制，調整國家行政制度的時代傾向。

第三，這些要求被高高在上的皇帝置若罔聞，終於使皇權專制制度及以皇帝為核心的大貴族集團與整個社會的矛盾激化為尖銳的政治衝突，從而演變為削弱皇權專制主義政治體制的政治運動。士大夫對於皇帝掠奪的譴責日益強烈了。萬曆二十八年（1600）田大益指出：「皇上自以礦稅裕國愛民，名至懿也。然軍餉無給，兵荒莫備，曾不聞以所進收者給民佐國，而且日夜採榷增加不止。人皆謂皇上意慾難盈，莫不反脣作色，嗔心詈口，而冀以智計甘言竊天下之譽可得乎？⋯⋯夫積而不滯［流］，鬼將作祟。不有脫巾揭竿籍為鼓譟之資，即恐英雄睥睨，席為用武之地⋯⋯夫眾心不可傷也，今天下自周親豪右、簪纓、韋布，以至耕夫販婦、健兒、走卒，莫不茹苦茶茶，扼腕側耳。唏噓而無所訴。已非一日，恐土崩釁成，決而莫制，家為仇，人為敵，眾心齊逼而海內因以大潰⋯⋯皇上矜奮自賢，沉迷不出，以豪璫奸弁為心膂，以礦砂稅銀為命脈，雖有苦心藥石之言，聽之猶如蒙耳。」[2] 趙世卿對於來自下層的反抗不僅有所預感，而且充滿同情，他說：「今人人思脫湯火，誰為首惡？在在圖解倒懸，誰為脅從？所謂雖或殺之，必且繼之者也。皇上將盡人而法之乎？則勢必有所不能；抑盡人而寬之乎？則法又有所不可。蓋至於力窮於施而法窮於馭，則皇上約束整齊之具亦太顛倒錯亂，不可收拾矣。數年以來，皇上以礦稅之故，赫怒諸臣，曾逮及方面矣，逮及守令矣，逮及士民矣。幽囚圄圄，三木囊頭，泣夜雨而號西風，困縲紲而斃箠楚。即雷霆之摧折不慘於此也，泰山之覆壓不烈於此也。固宜鞠躬屏氣，俯首貼耳，任吾糜爛魚肉而莫敢誰何可也。乃今日圍燒某官，明日

❶《明神宗實錄》卷 516，萬曆四十二年正月丁卯，第 9729–9730 頁。
❷《明神宗實錄》卷 354，萬曆二十八年十二月庚辰，第 6620–6622 頁。

戕殺某役，清源之燼猶然，而湖湘之流已赤……閭閻如此，則皇上之法令與四海之奉行大較，居然可睹也。豈其民之敢於無上若此乎？勢窮理極，為有所以迫之為耳！語曰鹿死不擇音。民之於上，德則其人也，不德則其鹿也。今之礦稅，無乃鹿視其民，而使之不暇擇乎？」[1] 李三才對皇帝的指責直截了當：「且一人之心，千萬人之心也。皇上愛珠玉，人亦愛溫飽；皇上愛萬世，人亦戀妻孥。奈何皇上欲黃金高於北斗，而不使百姓有糠秕升斗之儲？皇上欲為子孫千萬年，而不使百姓有一朝一夕？」[2] 這種抗爭引發了民本主義政治觀念的復萌：「夫天祐下民作之君，君固民之主也，得乎丘民而為天子，則民又君之主也。」[3] 由於缺乏成熟的階級條件，這種朦朧的民本主義觀念只能訴之於官僚士大夫的反對派運動。萬曆二十年（1592），大學士王錫爵對顧憲成說：「當今所最怪者，廟堂之是非，天下必欲反之。」顧憲成回答：「吾見天下之是非，廟堂必欲反之耳！」[4] 繼之而起的東林黨運動就是以公「天下之是非」為宗旨，「與政府每相持」。[5] 他們在抨擊諫止之餘，努力爭取政治權力，企圖通過控制現存的政治權力來削弱大貴族地主的專政，失於廟堂之上便求興於松間林下。他們受到下層人民群眾，尤其是商人市民階層的同情和支持。至於崇禎時期席捲大江南北的黨社運動則具有更廣闊的社會基礎和影響。力圖證明東林黨人主觀上與資本主義萌芽有什麼直接的關係，或者尋求他們對於改善明末的政治統治有什麼可以稱道的政治建樹，都無法揭示這場運動的真實價值。它是傳統社會轉型引發的社會危機在政治結構的中上層的反映，它的時代意義是加劇振盪，進一步在政治領域破壞皇權專制主義體制的內部均衡。社會進化達到必須採取政治途徑的

---

❶ 趙世卿：《司農奏議》卷 9，《請停蘇松河南礦稅疏》，《續修四庫全書》第 480 冊，第 300 頁。
❷ 谷應泰：《明史記事本末》卷 65，《礦稅之弊》，第 1014–1015 頁。
❸ 《明神宗實錄》卷 349，萬曆二十八年七月癸丑，第 6536 頁。
❹ 蔣平階：《東林始末》，上海：上海書店，1982 年，《中國歷史研究資料叢書》複印神州國光社 1951 年版，第 27–28 頁。
❺ 蔣平階：《東林始末》，《中國歷史研究資料叢書》複印神州國光社 1951 年版，第 28 頁。

每一個當口都必須準備一場危機，均衡的內部結構會窒息真正的政治變革。對於中國歷史悠久且堅固的專制體制來說，國家權力與皇權的一定剝離是擺脫極端專制政體的關鍵，一般地主階級甚至其他中間等級更多地參與國家管理是這種變革的具有現實性的第一步。這是明末黨社運動新的時代意義之所在。如果沒有外部的干預，由前資本主義社會到資本主義社會形成，都需經過一個政治中介狀態，這種中介狀態下，國家的歷史任務是給舊體制轉變過程以更強有力的推動。歐洲 15 世紀以後的「專制王權」時代就處於這種中介狀態。對於皇權神聖的懷疑和批判、具有新時代特徵的財政思想和社會政治要求，以及晚明政治衝突的實踐，引發了後來由黃宗羲等人完成的對中國傳統專制主義制度的批判，表達出中國傳統社會最富有深刻理性色彩的民主政治思想。但是，在明末尖銳錯綜的社會矛盾中，無論市民的反抗還是東林黨人的鬥爭，歸根到底都是軟弱的。沒有任何政治力量有能力代表進步的方向，把社會從百轉千旋的危機湍流中引向有效的社會改革。於是他們的鬥爭客觀上加劇了社會的「綜合病」。到了崇禎時期，遼事一起，加派橫行，這一幕歷史劇就變成只能由農民戰爭來收場了。與前代農民戰爭不同，這場空前的農民戰爭不帶宗教色彩，因為農民不需神明的啟示就知道「蒼天已死」了。他們把刀矛毫不遲疑地指向皇帝為首的最高統治者，挖了家族祖墳，喝了「福祿酒」，不留什麼「招安」的餘地，也不標榜什麼「為天子誅此賊」。[1] 這場戰爭中最鼓舞民眾的口號是「不當差」「不納糧」，這是反抗國家的嚴酷財政搜刮。就最根本的方面來說，市民鬥爭、東林黨人的鬥爭和農民的鬥爭，都是在反抗高度集權的皇權專制主義對社會的束縛和掠奪。明末財政危機以其廣泛深刻的社會影響，把這些鬥爭聯繫在一個迴路裏，標示出那個時代的矛盾和特徵。

明末財政危機的結局是一場歷史的倒退。萬曆末年以後，財政危機

---

[1] 張廷玉等：《明史》卷 306，《列傳第一百九十四·閹黨》，第 7837 頁。

進入惡性循環狀態：遼東衝突和農民戰爭逼迫國家日益擴大軍事開支，擴支必須增稅，增稅則破壞經濟生產，加劇階級矛盾，從而激化農民起義。崇禎時期力求整飭，可是求治癒急，事態愈壞。到了崇禎十七年（1644）二月，兵部連派出一名「偵騎」的款子也沒有了，到這個地步，農民軍的長驅直入真是「順理成章」！平心而論，明末農民戰爭中並沒有哪一位領袖稱得上傑出的軍事戰略家，也沒有像樣的政治家。各路農民軍時常火拼，始終沒有聯合成一支統一的力量。他們的勝利靠的是頑強不屈的精神，靠的是時勢，是敵人的軟弱。農民軍在北京沒有實行任何有政治遠見的政策，也沒有進行有軍事遠見的部署，所以他們也收拾不了當時的一片殘局。清軍一來，100多萬農民軍竟然一觸即潰。清軍的長驅直入也實在不是由於他們更「進步」，他們憑藉的主要是敵人的軟弱。

無論如何，清王朝的建立的確結束了中國大地上數十年的危機和混亂，重新帶來了秩序。其代價是，15世紀以來傳統社會的解體運動到了17世紀，已集中地歸結為改造傳統專制主義制度的焦點，清朝卻從「斜刺」裏衝出來，強制這個精疲力竭的社會接受一種更為原始，同時又更加登峰造極的專制集權統治。這是15世紀以後200年歷史的低沉的主旋律。

（四）餘論

中國傳統社會的每一個王朝都曾發生過程度不同的財政危機。但是在實物財政體制時代，這種危機的最初起因一般出於比較淺表的原因。比如影響較大的中唐財政危機，主要是由於歷時八年的「安史之亂」對社會經濟的破壞，以及戰後形成的軍閥割據的政治局面。北宋中期的財政危機則主要由於北部邊防線喪失以後對北邊少數民族政權的高昂歲貢，和官僚機構的臃腫龐大、軍隊的成倍增加等等問題。這些問題在明末財政危機爆發的時候都不甚嚴重。遼東戰爭爆發以前明朝遭遇的戰爭都是邊疆、局部戰爭，遠遠比不上「安史之亂」的規模和破壞性，而及

至遼東戰爭爆發的時候，明末財政危機已達到病入膏肓的地步。明王朝始終保持統一的局面，只是在最後幾年才出現了農民軍政權。宋初兵30餘萬，慶曆以後增至100餘萬。明末的軍隊人數則遠低於明初。宋代「冗官」是政府財政的沉重負擔。明末的國家行政人員卻並不很多，許多重要的國家機關甚至缺員現象十分嚴重，行政開支從沒有成為財政中的重要問題。唐、宋時期的財政危機基本得到緩解。明末雖然也有挽救危機的各種努力，結果卻都無濟於事。這些特點表明，明末財政危機與以往的王朝財政危機有本質的不同，它起源於傳統社會結構解體時代的新的社會矛盾，是與整個傳統社會體制的轉型密切相關的。這種類型的財政危機對於仍執實物財政管理理論的明末「計臣」們來說，是無法應對的，所以只能持續惡化，直至全面崩潰。

　　實物財政體制向貨幣財政體制的轉變是長期歷史發展的結果，它並沒有因為明朝的滅亡而消失。清朝的財政體制仍然以貨幣為中心，某種程度上比明朝甚至有所發展。那麼為什麼清朝前期會出現財政狀況的穩定呢？人類社會歷史的進化過程是一個社會整體運動過程。在這個過程中會發生生產關係或者分配關係、交換關係，乃至思想意識比較社會結構中的其他成分居先發展的現象。這種居先發展的成分帶來了新社會的信息，但是否會導致整個社會結構擺脫原有的運轉慣性而進入新的轉運軌跡，則要視整個社會結構原來的內部嚴整性程度和許多其他複雜因素，包括一些偶然性因素起作用的情況而定。明代貨幣財政體制發展中遭遇到4種重大的社會矛盾而終於導致財政危機，這是舊的社會整體結構已經發生局部變化，但仍保持強大的內部穩定修復機制的反映。清朝的局面是修復後的社會結構。這個新結構的穩定是以政治上層建築高度集權的強化為重心的，它使經濟、財政領域中的矛盾難以輕易發展為政治反抗行為，從而增強了社會整體的穩定性，這是一種對進化過程的對抗性調節。清朝實行「滋生人丁永不加賦」「攤丁入畝」政策，這是與貨幣財政體制發展密切相關的變化，促進了賦稅收入的額定化，推動了沒落中的人丁稅併入財產稅的過程，並且便於簡化財政手續和減輕人民額

外負擔，從而增加了財政的穩定性。這是對進行過程的順應性調節。這兩種性質不同的調節都加強了社會的整體穩定性，所以便有清初的一般「盛世」。但貨幣財政體制本質上與皇權專制主義的政治統治是矛盾的，與自然經濟關係也是矛盾的。所以「盛世」並不能持久，而且必然衰落到空前黑暗腐敗的地步。這個社會早已不再是帝制體系融融泄泄的平安樂土，頑強的異己因素在難以壓制地生長、躁動使它一刻也不得安寧。這裏邊，有許多意味深長的問題有待我們去研究。

　　按：本文為作者 1984 年東北師範大學碩士學位論文，其核心部分曾以「試論明末財政危機的歷史根源及其時代特徵」為題發表於《中國史研究》1986 年第 4 期。

十六、明後期太倉收支數字考

　　明代貨幣財政體制的形成必然地要求財務、會計制度的精確化。但明朝在這方面的改革很少，包括明後期在這方面的改革也很少。明後期大體上仍然按實物財政體制時代的粗放方式進行財政統計，所以各種文獻記載頭緒紛繁而且很不準確。明末財政處於危機狀態，財政行政制度混亂不堪，財政統計中的混誤就更多了。全漢昇、李龍華二位先生所作《明中葉後太倉歲入銀兩的研究》和《明中葉後太倉歲出銀兩的研究》（《香港中文大學中國文化研究所學報》1972 年 12 期，1973 年 12 期）二文中有《明代中葉後太倉銀庫歲入銀數》和《明代中葉後太倉銀庫歲出銀數》兩表（以下簡稱「出表」「入表」），提供了今人研究明後期太倉收支情況的最系統數字，於明代財政問題研究裨益良多。但二表中的數字可議者仍多，擇例言之，可見明末財政統計中有代表性的幾種易於混誤的情況。

其一，萬曆二十八年（1600）：「入表」作 2,125,355 兩，「出表」作 4,122,727 兩，皆據《世宗實錄》卷 356。但 2,125,355 兩當是當時太倉「每歲額入」數，4,122,727 兩是實際支出數。據《明經世文編》卷 198 潘潢《會議第一疏》中的數字核計，則該年實際收入 3,952,744 兩，超出額數的 180 餘萬兩是由南京倉、臨、德諸倉改調中央和收到節年欠徵數組成。「入表」取額數，「出表」取實數，然後同匯入出入比較表中，所見赤字比實際高出許多。沒有區分額收支與實收支數字，這是「入表」「出表」中大量出現的主要缺點，以致據此所作的財政趨勢分析與實際情況相去甚遠。

其二，隆慶元年（1567）：「入表」作 2,014,200 兩，「出表」作 5,530,000 兩。2,014,200 兩是《穆宗實錄》卷 12 所載當年額數。據《明經世文編》卷 298 馬森《明會計以預遠圖疏》，該年額數為 2,014,164 兩，與《穆宗實錄》數近同。但該年因改元蠲免及鈔關本着折輪年共扣除 434,797 兩，實收數約應為 1,579,367 兩。5,530,000 兩是《穆宗實錄》卷 12「在京俸祿糧草一百三十五萬有奇，邊餉二百三十六萬有奇」加上《穆宗實錄》卷 15「補發例一百八十二萬有奇」的合計數。但卷 12 所載是該年九月報告的額支項目數，不是年底核算的實支數。卷 15 所載的「補發年例」數雖報於 12 月，但原文為：「太倉見存銀一百三十五萬四千五百六十二兩。歲支官軍銀一百三十五萬有奇、邊餉二百三十六萬有奇。通計所出須得銀五百五三萬有奇。以今歲抵算僅足三月。」這筆銀子可能是各地徑解邊鎮稅糧本折約銀 3,641,550 兩因改元蠲免十分之五的蠲免數，民運既蠲，只能由京運補發。但是從《穆宗實錄》所記的情況看，時已年底而太倉見存銀數即使全部抵補亦不能足額，顯然該年難以支足。所以實際支出額當少於 5,530,000 兩。這是第二種情況。

其三，萬曆三十四年（1606）：「入表」作 3,890,000 兩，據《神宗實錄》卷 188。但《神宗實錄》卷 184，萬曆三十五年三月戶部題有「去年賑蠲停抵各項總計不下二百萬兩」。內中當有部分是存留中數，亦當有起運數。3,890,000 兩近當時年額，實收應少於此數。這是第三種情況。

其四，萬曆二十一年（1593）：「入表」作 4,723,000 兩，「出表」作 3,999,700 兩。盈餘 823,300 兩。據《明經世文編》卷 389 楊俊民《邊餉漸增供億難繼酌長策以圖治安疏》，該年僅發年例即至 3,430,000 兩，其餘不過 569,700 兩，言之鑿鑿。但該年為援朝戰爭的第二年，此役每年平均支出 1,300,000 兩，並未加派。如太倉外庫收不敷出，解決的辦法可能有各地方直接轉運、借馬價銀、支老庫銀等數項。可能該年所入超出所出 823,300 兩，必不致全部存餘此數額另借。楊氏疏所報為當時原有常額收支的執行情況。未及額外項目，故與實支當有很大出入。又，萬曆二十八年（1600）「出表」作 4,500,000 兩，該年僅征播之役即用銀 200 餘萬兩，情況與萬曆二十一年（1593）相類似。這是第四種情況。

　　其五，萬曆二十二年（1594）、二十三年（1595）：三十二年「入表」作 4,582,000 兩，「出表」作 4,582,000 兩；三十三年「入表」作 3,549,000 兩，「出表」亦作 3,549,000 兩。皆據《神宗實錄》卷 416。原文說：「萬曆三十二年管庫主事余自強差滿考覆，收過太倉銀四百二十二萬三千，京糧銀三十五萬九千；其放過總數如之。」「管庫主事張聯奎差滿候考，據收過太倉銀三百二十五萬七千，京糧銀二十九萬二千；其放過總數亦如之。」萬曆三十二年（1604）、三十三年（1605）間是財政極困難時期，趙世卿《司農奏議》卷 1《請寬停買辦銀兩疏》中說：「照得萬曆三十二年各邊餉銀銀共該三百七十二萬六千餘兩，例宜按時予給。今已入閏月於茲矣，所經題發發僅得一百八十四萬八千兩而已。題未發可夫應發未題者尚共欠銀一百八十七萬八千餘兩……前此左支右吾，只為割肌以充腹。迨今時窮勢蹙，業衣露肘於捉衿」，並極言當時支吾不能、災荒遍地、緩不能全賦之狀。如此則難以徵足 400 餘萬額數，亦不能出入恰好平衡。三十三年（1605）收入大減 100 萬，支出亦正好相符，言皆云「如之」，輕鬆而含混。這實際是管庫官員交差時的含混之語，《實錄》不加甄選即用之，造成今天統計中的混亂。另外，京糧庫與太倉不是一個單位，因皆歸戶部管理故戶部管庫官吏得而計之，其數不應列入太倉。這是第五種情況。

其六，萬曆四十六年（1618）：「入表」作 6,000,031 兩，據《神宗實錄》卷 584 及《明史稿》，乃《明史》李長庚所云「入太倉者，除本色外，折色四百萬餘」，加上該年議定加派的 200 萬零 31 兩的合計數。李長庚所言數是查《萬曆會計錄》所得，是額入的概數，不是該年實入數。加派的 200 餘萬兩是該年九月議准，之後僅有 10、11、12 月，所以年內肯定不能收足。朱慶永《明末遼餉問題》說此數自萬曆四十七年（1619）開徵，可供參考。這是第六種情況。

其七，啟、禎年間：天啟五年（1625），「入表」作 3,030,725 兩，「出表」作 2,854,370 兩，盈 176,335 兩。據《熹宗實錄》卷 66。這在當時的財政狀況下是不可能的。據朱慶永《明末遼餉問題》，遼餉 1 項的實收總數即有 4,993,600 兩。《熹宗實錄》卷 66 所列數字當不是該年太倉歲出入數的最終合計數。崇禎年間，「入表」「出表」大抵都是取新舊餉之和數。此時加派極重，逋欠極多，而且災害頻仍，義軍蜂起，清兵數度大規模入關，財政管理體制已極度混亂，開支大量仰給予內帑、捐助等等，戶部已不能掌握全面的財政數字，所以絕少可靠的全面統計資料。如果按「出表」和「入表」，崇禎七年（1634）入 12,812,000 兩，出 12,153,000 兩，盈 659,000 兩；崇禎十五年（1642）入 23,000,000 兩，出 23,000,000 兩，收支平衡。財政局面反比萬曆初年還要好。忽視文獻數字與當時具體歷史狀況的結合比較，這是易於發生的第七種情況。

總之，明後期財政資料的統計是十分複雜的工作，易於混誤者除上列 7 種外還有許多，有待大家共同努力解決。

按：本文作於 1984 年，為作者碩士學位論文附錄。

◎ 第五部分 ◎

明清時期的歷史趨勢

十七、「大分流」還是「大合流」

——明清時期歷史趨勢的文明史觀

（一）問題的背景

美國學者彭慕蘭（Kenneth Pomeranz）在其《大分流：歐洲、中國及現代世界經濟的發展》中提出：「歐洲的核心區和世界其他一些地方（顯然主要是東亞，但或許還有其他地方）的核心區之間經濟命運的大分流在 18 世紀相當晚的時候才出現。」[1] 這項結論以及與之相關的一系列分析，內容極其豐富，又富有啟發力的，自發表以來就引起了廣泛的關注。中國和美國學術界都參照這一成果重新思考中國 16 世紀以來的歷史過程與比較視野下的歐洲歷史過程的相互關係問題。這種思考無疑為解釋中國 16 世紀以來的歷史宏觀運動提供了新的思路，同時也提出了新的方法論方面的問題。本文意在從方法論的角度對「大分流」說進行一些粗略的探討，其核心觀點是，這種解釋模式和過去半個世紀以來產生了巨大影響的許多解釋模式一樣，既深化了關於一些重要問題的認識，同時也製造出了一些新的問題。為了使討論稍為具體，這裏先提出一個看去似乎是與「大分流」概念針鋒相對的說法，即：在由西歐率先發動起

---

[1] 彭慕蘭著，史建雲譯：《大分流：歐洲、中國及現代世界經濟的發展》，中文版序言，第 1 頁。

來的工業化發展起來以前，中國與西歐的歷史，或者社會體系，或者文明運動從來也沒有「合流」，因而其後的「分流」是並不存在的；反倒是包括但不限於工業化在內的西歐世界性擴張，導致了 19 世紀以來歐洲與中國社會體制趨同的傾向；這種趨向使中國的社會歷史運動、社會組織體系乃至文明形態與西歐具有了巨大的相似性和可融和性，但並沒有使之同一化。說這「似乎」是一個反命題，是因為這裏的討論和許多看上去針鋒相對的辯論一樣，只是部分上在討論同一個問題，「大分流」說是以經濟命運為核心尺度展開的，本文則採用了文明史的概念和視角。這種概念方面的局部差異並不抹殺兩個命題的相關性，因為雙方都不限於幾個核心概念的定義，都構成對更宏觀的，也更具有同一性的歷史現象的解釋。而且，正是文明史的視角方便了我們對「大分流」說某些侷限的分析。

在直接討論「大分流」說之前，有必要就稍早出現的幾個相關的框架做簡要的回顧。這些理論各自基於不同的前提假設，但都包含了對 16 世紀以來中國歷史的大趨勢與西歐歷史的關係做出說明的傾向。

上一世紀 50 年代開始，中國史學界圍繞中國的「資本主義萌芽」進行了長期的討論。這次討論大體上是一個「求證」的過程。問題本身的前提假設誇大了人類歷史普遍規律的嚴格統一性，更具體地說，是誇大了五種社會形態依次遞進的普遍性和嚴格性。[1] 因為要論證一種沒有歷史地發生的現象之發生的必然性，會陷於實證和邏輯的雙重困境。在具體的方面，經常可以看到把商品經濟、市場經濟與作為普遍趨勢的資本主義過於緊密地聯繫到一起的情況。但是在這場長期的討論中，明清時代甚至更早時期中國商品經濟、社會制度和經濟觀念的許多具體特徵卻得到了相當充分的研究，從而為後來其他理論的提出提供了必要的基礎。

---

❶ 五種社會形態依次遞進的理論是斯大林提出的。有關其提出的源流及其與馬克思本人思想的關係，參看趙軼峰、杜文君：《斯大林社會發展五階段圖式探源》，《時代論評》，1989：1；趙軼峰等著：《歷史理論基本問題》，長春：東北師範大學出版社，1994 年版，第 35-54 頁。

在「資本主義萌芽」問題的大爭鳴時期，不承認中國受到近代西方衝擊以前產生了資本主義萌芽意味着認為中國歷史是「停滯」的，或者是某種「古代東方」式的，同時意味着在哲學上採取了一種「外因論」；承認在西方人衝擊中國之前已經產生了資本主義萌芽，就要在中國的經濟現象中找出符合西方資本主義概念的要素來，同時要解釋這種萌芽為什麼沒有成長起來。這一方面從一開始就落入了西方中心論，另一方面始終沒有達到經驗證據充分的程度。這種困境使許多歷史研究者在立足於資本主義萌芽說來描繪和解釋明清時代中國歷史的大趨勢時，左右無法擺脫中國歷史「非正常」發展的陰影。

如果說資本主義萌芽說沒有擺脫西方中心論的陰影，戰後美國研究中國歷史的開山者費正清（John King Fairbank）教授在上一世紀 50 年代提出的「衝擊—反應」模式則包含着更強烈的西方中心論色彩。[1] 根據這一模式，在西方直接對中國社會形成猛烈衝擊之前，中國社會內部基本沒有什麼東西是可以歸結為「發展」的；而近代以來中國歷史的發展變化，是參照西方的「衝擊」，在反應中被動地形成的。在這一框架下，中國的「現代化過程」在與日本的比較中顯示為極其遲緩和被動的狀況，而這種被動性的原因主要被歸結為中國文化的特質。美國學者柯文（Paul A. Cohen）在 1980 年代對這個模式以西方中心論為核心的問題進行了批評，主張從中國自身的角度而不是西方人自我為中心的角度來看待中國，「在中國發現歷史」。[2] 在柯文提出批評之後，「衝擊—反應」模式的影響力大不如前。從一定意義上說，「大分流」說是柯文提倡的「在中國發現歷史」的一項有成效的嘗試。不過，「衝擊—反應」模式並不是一個完全「錯誤」的框架，更不是毫無認識能力的方法。無論如何，1840 年以後半個世紀的中國感受到了來自西方的強有力的衝擊，中國在此後

---

❶ 費正清闡述和運用這一模式的主要著作是他與鄧嗣禹合作編寫的 *China's Response to the West: A Documentary Survey, 1839–1923*; *East Asia: Tradition and Transformation* 等。

❷ 柯文的主要著作是在 1984 年由哥倫比亞大學出版社出版的 *Discovering History in China: American Historical Writing on the Recent Chinese Past*。

發生的許多大的變化的確是在這種衝擊的震撼下，參照西歐的全球擴張展開的，因而那個時期的中國歷史運動大大加快了節奏。剔除了歐洲中心主義以後的「衝擊－反應」模式在社會、文明歷史考察中仍然具有一定的解釋能力。

　　華裔美國歷史學家黃宗智先生提出的「內捲」化理論，在提出的順序角度可以被看作是個承前啟後的體系。[1] 它已經在盡力擺脫歐洲中心的假設，而在中國歷史本身中找尋其宏觀運動的線索。根據這一理論，17世紀前後中國的人口迅速增長和農業土地資源的缺乏導致了勞動密集型的經濟模式。在這種模式下，通過過密的勞動投入造成的經濟增長並不帶來人均生產價值的增加，因而是沒有發展的增長。這種經濟模式的形成導致了中國經濟長期的困境和不發展，並直接成為 19 世紀中國與西方關係格局的背景。這一理論雖然在許多概念上與屬於中國馬克思主義史學範疇的「資本主義萌芽」說不同，但在某種意義上還是構成了對「中國為什麼沒有發生資本主義」這樣一個共同問題的解釋。[2]「資本主義萌芽」的討論主要圍繞生產關係，尤其是僱傭勞動關係來考察中國的資本主義問題。內捲化理論則以增長能力為要素的經濟體制類型為核心，來考察中國的資本主義問題，對資源與人口的關係給予了比以往更充分的關注。

　　1998 年，德裔加拿大學者，貢德·弗蘭克（Andre Gunder Frank）出版了他的《白銀資本：重視經濟全球化中的東方》。[3] 作為依附論的主要代表人物，弗蘭克提出了更為徹底的非西方中心論主張。他認為從 1400 到 1800 年間，中國「不僅是東亞納貢貿易體系的中心，而且在整

---

[1] 黃宗智的有關著述，參看他的 *The Peasant Economy and Social Change in North China* (Stanford: Stanford University Press, 1985), 以及 *The Peasant Family and Rural Development in the Yangzi Delta, 1350–1988* (Stanford: Stanford University Press, 1990)。兩部著作都由北京中華書局於 2000 年出版了中譯本。

[2] 馬克·埃爾文（Mark Elvin）的 *The Pattern of the Chinese Past* (Stanford University Press, 1973) 中有 100 多頁的內容討論「沒有技術變化的經濟發展」（第 203–319 頁）。雖然使用的概念不同，但在問題結構和基本觀點上與黃宗智的理論有相似處。

[3] 參看中央編譯出版社 2000 年出版的劉北成中譯本。

個世界經濟中即使不是中心，也佔據支配地位」。而且中國在 19 世紀 40 年代的衰落也是暫時的，「中國正再次準備佔據它直到 1800 年以後一段時間為止『歷來』在世界經濟中佔據的支配地位，即使不是『中心』地位」。[1] 這裏無法對這部相當富有啟發意義的著作做充分的評論，只是需要指出 3 點：第一，弗蘭克已經把對於歐洲中心論的批判推到了「反其意而用之」的程度，這直接影響了彭慕蘭的方法論；第二，弗蘭克的論述包含強烈的「中國」「東方」「歐洲」「西方」等區域單位競爭的觀念，這種衝突概念的使用覆蓋了從 15 世紀直到今天的歷史，從而使 19、20 世紀世界格局變動中的融和與全球化趨勢問題實際被取消了；第三，弗蘭克對最近的世界經濟趨勢的觀察強烈地影響着他對過去幾個世紀世界歷史的分析。

彭慕蘭的「大分流」說是在弗蘭克等人研究方法的基礎上，很大程度上針對黃宗智的「內捲化」理論提出來的。這個理論的提出使美國加州大學爾灣分校（University of California, Irvine）學者為主流的「加州學派」（California School）儼然成為當今主流學派之一。

（二）「大分流」說的意義與盲點

意義和盲點需要結合在一起來討論，原因是在許多情況下，同一認識既是有意義的，同時也會造成一些盲點。

「大分流」說肯定地將對以歐洲中心論為基點的歷史觀的批評推到了更徹底的程度。它在研究的方法上主張進行交互的比較，從而把問題顛倒了過來：「問的是為什麼歐洲不是中國，而不只是為什麼中國不是歐洲。」[2] 根據這一理論，在現代歐洲取得突破性的成就之前，世界上有許多地方，包括中國的東南沿海地區，是繁榮的；「內捲」說所指出的那種

---

❶ 貢德·弗蘭克著，劉北成譯：《白銀資本：重視經濟全球化中的東方》，中文版前言，北京：中央編譯出版社，2000 年版，第 19–21 頁。

❷ 彭慕蘭著，史建雲譯：《大分流：歐洲、中國及現代世界經濟的發展》，中文版導言，第 2 頁。

與人口密集相關的中國的生態學災難在 19 世紀以前並沒有發生；而歐洲的突發的現代性就如同突然出現在房間裏的一隻大象，是偶然的結果，其關鍵性的促成因素是獲得海外的資源和在利用地下能源方面取得了成就，而後者部分依賴歐洲地理上的好運氣；英國沒有發生後來長江三角洲一樣的勞動密集情況，是因為其「原有的道路發生了重要的斷裂」，斷裂的基礎是發生了對礦物燃料的利用和出現了新大陸的資源；1500 到 1800 年間東亞人口的增長是一個可以與工業化媲美的奇跡，而不是「發展」的病態。這些以前也曾經有人分別提出的看法，以及「大分流」理論中其他一些有關的看法，在經這個理論整合以後對作為整體歷史觀的歐洲中心論的缺點構成了顛覆性的批判。到了這個時候，就可以就「中心」問題再做進一步的思考了。從弗蘭克到彭慕蘭，雖然都小心地迴避了「中國中心論」，但都採取了一種把問題「顛倒」過來的提問方式。他們都大量依賴先前經濟史家的成果，但卻認為以前關於世界經濟的總認識出現了顛倒性的錯誤。對這樣的理論，無論如何需要持謹慎的態度。

「大分流」說提出了比較研究中的區域研究與可比性問題。它認為江南而不是整個中國是英格蘭（或者英格蘭加上尼德蘭）的合理的比較對象，也就是說，它主張以經濟發展的「核心區」為單位進行比較，而不是比較兩個大洲，或者將中國與歐洲相比較。正是在這樣的比較視野下，「大分流」說得出 19 世紀以前中國的經濟核心區與歐洲的經濟核心區在發展水平上並沒有大的差別的結論。自此說出，學術界對這種對比方式持相當一致的肯定意見，但是這個方法其實大有問題。中國史學界此前的確出現過大量將中國與歐洲或者西歐作為比較兩極的研究，其中大多缺乏對比較對稱性的謹慎考究。歐洲或者西歐，如彭慕蘭教授指出的那樣，有極大的內部差異，而中國雖然是一個國家單位，也有極大的區域性差異。況且，歐洲包含許多國家，用之與中國一個國家比較，等於假定歐洲會像一個國家一樣發生整體的運動，這是簡率的。但是用經濟最發達的兩個核心區來比較，只是弱化了比較不對稱性問題，卻沒有解決這個問題。因為英國是歐洲一個大洲的核心區，而江南是中國一個

國家的核心區；英國無論如何具有國家的整體行為能力，江南卻是個自然形成的經濟區，連與地方行政區也沒有嚴格重合，更何況地方行政區也沒有獨立的經濟行為權利，如不能制定賦稅和海外移民政策等，而且其大量資源要服從中央政府的調配。如果從靜態的發展水平狀態的角度對這兩個單位進行比較，是可行的，兩者的動態發展趨勢卻根本沒有可比性。況且，對核心區的比較只能說明核心區之間的關係，而「大分流」說實際上畢竟還是以中國與西歐的歷史道路問題為基本參照系的。這又造成了以局部解釋整體的問題。

與「內捲」說一樣，「大分流」說是以經濟學為基礎來分析歷史現象的研究。這與現代將歷史學與社會學、人類學、心理學等社會科學結合的許多研究一樣，為歷史研究提供了諸多十分有用的分析概念，卻也同時強化了使歷史服從於理論的傾向。這些社會科學比歷史學更傾向於演繹的邏輯，更普遍地從核心概念的定義開始展開分析，對於歷史現象中的歷時性的注重程度遠不如歷史學本身。韋伯的「理想化」方法，即將研究的問題經過邏輯的處理，達到一種比較理想的、類似自然科學研究中的實驗室狀態的方法，就是這樣的一個例子。偏重純經濟學的考察方法可能需要假定國家體制、文化觀念等對經濟的影響是微不足道的，使對問題的討論保持集中而不必關照太多複雜的相關因素。但是其結果可能與歷史的實際差距極大。「大分流」說的一個核心概念是 GDP，以「持續的人均增長」為中心來判斷經濟體系的性質，進而來概括歷史的趨勢。GDP 相當於一種「經濟後果」。[1] 不同的經濟體制可能導致相似的GDP 或者「繁榮」程度「後果」，尤其是將考察的區域限制在較小範圍時更是這樣。而基於不同經濟條件形成的類似的「經濟後果」的經濟前景會有很大的差異。17 到 19 世紀中國江南地區的繁榮與同一時期英國的繁榮就是在不同的經濟條件，包括體制條件和資源條件下出現的，其

---

❶ 彭慕蘭著，史建雲譯：《大分流：歐洲、中國及現代世界經濟的發展》，中文本序言，第 3 頁。

前景也大不相同。如果用南宋江南地區的繁榮程度、GDP 與 15 到 18 世紀的英國比較，前者的「發展水平」也不會低到哪裏去，但其前景卻顯然和工業資本主義或者「現代性」沒有關係。從歷史學的角度來看，經濟不是單獨運行的，工業資本主義也不單單是一個純經濟體系。加州學派學者大多傾向於不把工業資本主義看作是由西歐的內生因素造成的。這仍然是出發於避免歐洲中心論的良好願望。但是他們普遍忽視歐洲歷史的連續性和經濟以外因素在歐洲近代以來發展中的角色。在同類的研究中，我們看到對於區域化的經濟類型的詳細比較，但是無論這些類型如何相似或者不同，都不足以解釋 16 到 19 世紀西歐和中國歷史命運的差異，因為財富的積累並不會自動導致「工業化—資本主義」之類的「現代性」，歷史趨勢並不是從某一時期的經濟狀況中自然生長起來的。

「大分流」說主張注重海外資源對西歐經濟現代性的突發形成的意義，反對過分地把這種轉變的原因內在化。這不僅具有啟發意義，而且對於承認西方模式以外其他發展模式的可能性與合理性而言更是重要的。但是，西歐海外資源的獲得是海外殖民運動的結果，而這場運動顯然是自 15 世紀就開始的一個自覺的過程而不是突然爆發的。那麼，19世紀以前 300 多年的殖民地經營帶來的至關重要的海外資源，與作為其結果的西方工業化的「突發」性說法之間存在明顯的矛盾。其實，愈是強調海外資源的意義，就愈是使西歐資本主義化或者工業化的發生學問題成為一個歷時性的問題。與這個歷時性問題相關的，是依附論學者早就提出的工業化的歐洲對殖民地的剝削作為其發展條件的問題。如果海外殖民是當時瀕臨了困境的歐洲突發性地形成經濟現代性的條件之一，[1]那麼邏輯上我們就不能迴避這樣一個老問題：同一時期，早就具備了技術條件的中國為什麼缺乏海外殖民的動機和動力？或者用「大分流」說使用的方式把問題倒過來：為什麼偏偏是西歐要進行海外殖民？從兩面

---

❶ 參看彭慕蘭著，史建雲譯：《大分流：歐洲、中國及現代世界經濟的發展》，第 10 頁。

提出的問題都要求更長時段的歷史關照。我們討論的是長時段的大歷史現象，而雖然偶然性常常發生作用，但迄今為止已經發生的大歷史現象的成因都不是微妙的。

「大分流」說的認識價值和侷限都不限於此，但是就明清時期的歷史趨勢而言，經濟學或者其他單一的學科都會遇到解釋中的困難。我們不妨從另一端思量，就是把問題放到很大，嘗試用文明史的觀念來進行解釋，看一看可能會提出一些怎樣的命題。

（三）文明史觀下的明清時期歷史趨勢問題

從資本主義萌芽問題的討論到「大分流」說，把這種種各自有特殊的關注要點的理論聯繫到一起的核心問題，還是如何理解和描述明清時期中國歷史的大趨勢。對於這樣一個歷時長久的大歷史現象，可以提出許多種解釋，從文明史研究的立場提出的看法可以是其中之一。

文明作為一個概念已經有太多的定義，為了不糾纏於語言上的分歧，這裏先簡單地做出一個大致的約定：一個文明是指一個具有獨特文化精神，並完成了複雜的精神和物質文化創造的，在相當長的歷史時間中持續存在的，具有較大規模的人類社會共同體。基於這種定義，每一個文明都是獨特的。在世界文明史的層面，在特定的時期和範圍之內，某些文明擁有主導性的地位。比如中國文明長期影響了周邊的國家、民族和地區；西歐文明在殖民化時代以後的很長時期內產生了全球性的影響；但是在歷史上並沒有哪一種文明佔據着永恆的實力中心或者價值中心。因而，無論是歐洲中心論還是中國中心論，都是不符合文明歷史實際的。從這個立場出發，西歐文明與中國文明在形成持續性的直接接觸和相互影響之前，具體地說在 19 世紀之前，包括在它們某些區域的 GDP 水平接近的時候，相當完整地保持着各自的價值、信仰、國家和社會組織體系，以及差異極大的文化特色，它們不曾「合流」。進而，雖然它們在 19 世紀出現了不同的經濟處境和趨勢，但是它們卻真正開始了直接的接觸和相互作用，接下來無可否認地出現了中國參照西方來改

造自己——從精神世界到物質世界——的自覺運動，兩者的差異在直接接觸的情況下，成了一定程度的趨同過程的推動力。中國在這個長期過程的大部分時間中處於被動的地位，這是一個無須迴避的事實。承認這樣的事實，並不需要抹殺中國歷史自身的內在活力和發展，只是中國的活力和整體狀況曾經並不適應當時的國際競爭而已。從這個意義上說，1840 年並非如「大分流」說所斷定的那樣「極為不重要」，[1] 而是極為重要。因為它先是「突發」性地改變了中國與世界的關係，接下來使中國發生急速的貧困化，同時激發起了中國基於內部條件並參照外部條件進行自我改造的能力，終於走向形成一種非西方的現代文明模式的過程。

在 1840 年以後的中國具有了日益增多的「現代性」的意義上說，中國與西歐可以說在那以後是在逐漸走向「合流」。當然，從中國最發達的「核心區」的 GDP 與英國的 GDP 比較的角度說，這場「合流」的發生要晚得多，其先有很長一段差距擴大的時期。其實被翻譯成「分流」的英文原文 "Divergence" 語義是「分歧」，強調狀態的差異，沒有中文「流」字可能暗示的動態趨勢連續性的意思。所以這個理論說明趨勢的意向可能在中文表達中被擴大了。GDP 這種可量化的指標之間可以達到同一水平，但那並不意味着經濟狀況是同一性的，更不意味着社會組織、文化精神是同一的。因而在中國歷史上，無論與歐洲的「分流」還是「合流」，都至多是局部的。

一個文明的變化總是帶有整體的性質，兩個文明的關係更是整體性的。因此，從文明史的角度看，與「大分流」說的主張相反，對經濟最發達的「核心區」之間的比較，意義不大。這就涉及了比較研究中的單位問題。從文明史的角度看，就 16 至 19 世紀這個特定的時期而言，把西歐文明與中國文明比較是適宜的。西歐雖然包含諸多民族國家，但是卻在地理環境、宗教信仰、價值體系、國家和社會的組織方式、文化

---

❶ 彭慕蘭著，史建雲譯：《大分流：歐洲、中國及現代世界經濟的發展》，中文版序言，第 6 頁。

特徵，以及自我認同方面構成了和西歐外其他地區共同的區別，在國際關係中也具有行為方式上的同一性。中國是一個單一的國家，但是在以上的幾個要素方面自成體系，也與其他地區構成明顯和持續性的差別。兩者都具有內部的差異性，因而內部的差異性並不構成比較根本不成立的基礎。經濟以及其他領域的大範圍的和持續性的發展，在文明史上一定是某種長期運動的結果。比如中國江南 18 世紀的繁榮既繼承了唐、宋、元、明時期的基礎，也與清朝前期的國家制度以及清朝統治造成的全國整體穩定局面有密切的關係。把宗教和一般思想意識等比較微妙的因素放到一邊，人們的經濟思想、消費觀念肯定都是經濟現象的條件之一。只要承認經濟狀況要受經濟結構的外部環境的制約，那麼，關於經濟運動的解釋就必須是以該經濟體系的大生態環境為參照的，這個大環境在我們討論的話題中，應該是文明而不僅是資源。中國的任何區域，尤其是其「核心」區域的經濟命運，是和中國的國家命運密不可分而且一致的。

文明也有其大環境，這就是它的外部限制。像在對一個經濟體系的考察中不能不考慮到其地理和資源的極限一樣，文明活動的外部極限，也是一個關鍵性的因素。在「地理大發現」突然擴大了西方人的視野和活動空間之後，人類文明活動迅速達到了其空間極限，因為在有限空間內活動，各個文明之間的相互關係就成為比以往任何時候都更具有決定性的因素。在擁有「現代性」的西歐文明在擴張中顯示出相對於其他文明和地區的巨大競爭優勢的情況下，其他文明失去了按照自己的方式發展的外部條件，生存競爭的壓力使處於被動的非西方文明不得不採用諸多西方的方式，這就進一步同時是永久性地改變了它們自己。正是這種現象使現代人產生了「現代性」等於「西方的」的觀念。於是，原生的「現代」西方文明是在放大了的空間和增長了的資源的條件下發展的；而次生的「現代」非西方文明則大都在縮小了的空間和減少了的資源的條件下掙扎；僅有的例外可能是半西方半東方的俄國和在西方衝擊下突如其來地崛起的島國日本。這就是為什麼歷史上非西方國家的現代化過程

都要伴隨着民族國家的重新定義的原因，在這一點上俄國和日本也不例外。這種外部空間關係變化因為已經觸及了空間的極限，所以具有不可重複性。也就是說，最先取得了優勢地位的文明的主導地位是很難被取代的。所以次生性的「現代」文明會長期缺乏原發性的「現代」文明的那種主動地位。現代文明歷史上的中國屬於這種次生的形態。它在全球文明關係格局中的被動地位正是在被看作「大分流」前夕的 16 至 18 世紀形成的。19 世紀中國與西方直接接觸時的被動局面已經是帶有強烈必然性的結果了。

「大分流」說認為：1800 年以前是一個多元的世界，沒有一個經濟中心，西方並沒有任何明顯的、完全為西方自己所獨有的內生優勢；只是在 19 世紀歐洲工業化重新發展以後，一個佔支配地位的西歐中心才具有了實際意義。無論這個說法會怎樣使反對西歐中心論的讀者在心理上覺得安慰，從文明史觀的角度看，這是含糊不清和割斷歷史的。這個世界至今是多元的，還沒有哪個文明的主導地位達到了把所有其他文明的獨立性都淘汰的程度；但是就一個文明的內在成分所造成的全球影響程度和範圍而言，西歐和稍後的美國組成的西方文明還是在迄今為止的全部人類歷史上首屈一指的。當然如弗蘭克所說，歐洲在某個時期的主導地位應該被看作是暫時的。1800 年以前的西歐已經佔據了南美洲、北美洲、印度次大陸、太平洋上的大批島嶼，擴大了非洲人口的奴隸化，壓制住了阿拉伯地區，促使俄國進行改革，除了鞭長莫及的東亞以外，已經沒有什麼人口密集的地區沒有按照西歐的方式重新改組自己的經濟和社會體系了。那時的西歐的確不是全世界的經濟中心，因為東亞還沒有被納入它的經濟體系，也因為西歐在非洲、拉丁美洲和太平洋島嶼上推行不同於在本國的政策，還因為西歐國家之間存在強烈的競爭。但是西歐主導世界上大部分地區經濟和社會命運的局面已經形成，西歐以外的大部分地區都在按照西歐的面貌重新塑造這個世界。按照「繁榮」程度來衡量，西方不是世界上惟一繁榮的地方，但是它的「內生」優勢和來自海外的優勢還是一起構成了總體的優勢。而這一切都是 16 世紀以來長期積累起來的。在這個

過程中，找到與西歐 GDP 水平相同的一個或者幾個地區能說明什麼呢？在這個意義上，18 世紀的中國江南地區和當時的英國相比，「分歧」是巨大和顯而易見的。從後來的歷史去反省，中國人在 17、18 世紀沒有對西歐的動向給予充分的關注是一個巨大的失誤。但當時中國對其他的如阿拉伯文明、印度文明、拉丁美洲的情況，乃至俄國和日本的情況也沒有給予充分的關注，卻並不構成巨大的失誤，現代歷史學家也不覺得需要追問其原因。這是因為，西歐以外的其他那幾個文明和中國沒有根本的「分歧」，而西歐則憑藉着和中國的「分歧」，正在向中國走來。

因為西歐長期地主導了這個世界，所以現代史學家都把中國與西歐的比較看作最有意義和最自然不過的工作。但是在世界文明史的研究中，中國與其他非西方文明的比較同樣重要。比如在大致同一時期，阿拉伯世界為什麼會失去在國際貿易中的主導地位？印度為什麼會迅速地成為西歐國家的殖民地？18 世紀日本的繁榮與中國、英國的繁榮的經濟內涵各有什麼區別？彼得大帝時期俄國的強大與西歐的強大有什麼區別？還有其他許多可以關照這一時期中國的情況來思考的問題。這些問題都有助於理解 16 到 19 世紀西歐經濟發展現象和其他地區的經濟「繁榮」相比所具有的獨特性質。本質上說，18 世紀，世界上沒有哪個其他的經濟體系和西歐的是同一性質的。

14 世紀中葉建立起來的明朝面臨的是一個多元的世界，當時較大規模的國際性聯繫都還是區域性的。中國與歐洲的聯繫主要經過阿拉伯世界的民間貿易活動間接地來進行，美洲廣大地區與歐亞大陸及非洲的文明沒有接觸。中國 15 世紀進行的從東亞到非洲東海岸的多次探險——對於當時來說是極為遙遠的探險，沒有給中國人留下這個世界上存在任何嚴重的，即使是潛在性的挑戰的印象。這使在當時的技術條件下已經在管理着巨大地理空間的中國政府更加傾向於保持傳統的內向的、關注生存的方針。接下來便有 16 世紀的帶有區域不平衡性的繁榮。在這種繁榮中，明朝國家正在遵循以往的周期性規律而失去行政有效性。在稍後西方傳教士來到中國的時候，中國的精英群體總體上忽略了西方文明崛起

的國際競爭含義。17世紀的自然災害、戰爭、改朝換代吸引了中國人的主要注意力。18世紀的中國則完成了中華文明地理空間與行政版圖的重合,這個成就和15世紀的遠洋探險一樣,帶來的是新的安全感和對更大外部世界的忽略。經濟的恢復和進一步繁榮增強了這種心理傾向。與西方局部接觸的中斷正是在這個背景下發生的。19世紀的中國又開始了國家行政效率嚴重降低的危機,而國際貿易帶來收益的局面和周邊地區的相對安寧使正在失去活力的中國精英階層對國際上發生的事情更為麻痺。正在這個時候,爆發了鴉片戰爭和接踵而來的民族危機以及在民族危機刺激下更尖銳起來的國內矛盾。這時候,中國人除了學習西方,別無選擇。在學習西方、改造自己的過程中,中國人傳統生存方式中的民族、國家意識發揮了突出的作用,大體上是在重新組織國家體系方面傾注了最大的力量。清朝的結束也是中國文明「現代性」的一次嬗變。中國雖然失去了按照自己的傳統邏輯存在和發展的可能,使那種前景的具體情狀成為了永遠的謎,但是還是保持了較多的往日遺產和民族特色。當中國的經濟再次出現持續性的繁榮的時候,人們才開始嚴肅地思考,西方的模式是不是發展的惟一道路。在整個這個過程中,江南從來沒有獨自的危機和獨自的前途。因而,把這個「核心區」的發展與英國進行比較,只有純經濟學的理論意義,沒有歷史理解方面的意義。

從「內捲」說到「大分流」說,都是以「發展」為核心概念的。這種發展都是從經濟技術角度着眼的,因而可以用增長指數來衡量,其中包含了經濟發展帶動社會發展的假設,又因為經濟發展是具有規律性的,所以可能作為參照的前景仍然是歐洲式的經濟—社會體系。從這個意義上說,這些理論忽略了對與「現代化」理論相聯繫的發展觀的檢討,雖然採取了「顛倒」提問的方式,歸根結底還是沒有走出歐洲中心論。文明史視野下關於發展的觀念更多地涉及價值,它與經濟學的決定論的發展觀念有所不同。這個在更根本的層面與「大分流」等理論有關的問題,有待將來進一步探討。

原刊《東北師範大學學報》2005年第2期

十八、關於中國「封建社會」的一些看法

　　近來學術界就「封建社會」問題頗有一些討論，其中最醒目的一個問題是：中國究竟有沒有「封建社會」？這個問題對於許多學者說來關係重大，因為一旦取消了這個概念，整個中國歷史的體系就變得難以分析、理解和敍述了。那麼對這個問題進行討論肯定是有意義的了。不過我們應該注意到，這個問題並不是國際學術界的熱門話題。因為對於多數國外的歷史學者來說，中國近代化過程開始以前很長一段歷史時期，也就是我們通常稱為「封建社會」的那個歷史時期，其社會組織、生產和生活方式與西方的 "Feudalism" 根本不同。所以，中國近代化以前是否存在一個「封建社會」的問題是中國史學界自己的問題。

　　如果稍微清理一下，我們可以看到，在中國史學界使用的概念體系中有 3 個內涵不同的「封建」概念。如果把這 3 個概念的差別搞清楚了，關於封建社會的問題所在也就大致清楚了。

　　第一個是中國歷史文獻中自先秦時代就有了的「封建」概念，也就是後來柳宗元、黃宗羲討論的「封建」制度。他們所指的都是封邦建國的制度，其最典型的實踐方式就是西周初年的分封諸侯。在他們看來，這種「封建」和他們自己所在時代的社會制度已經大有不同，是上古時代的制度。這種「封建」制度在春秋戰國時期逐漸衰微，讓位給中央集權的郡縣制度。在秦朝大一統之後，「封建」再也沒有成為主導性的國家制度，但是作為過去歷史的經驗，還曾經多次部分地復活，其中在漢、晉、明各朝都有比較突出的表現。它大致會出現在一個王朝建立之初，是安置貴族的不成功的制度，但不久就會出問題，無法保持下去。這種「封建」表面上看是一種國家政治制度，但是重大的國家政治制度常常是具有社會制度性質的。在國家比較充分地實行這種封建制度的時候，整個社會就依據它而被等級化和區域化地分割了，人的隸屬和支配關係以

及財產關係都相應地形成了層級的體系，社會生產關係也形成了其自己的特徵。因此，把這種「封建」制度看作當時社會的主要特徵，也就是將之看作一種社會形態，並沒有根本性的問題。不過漢以後的「封建」基本上都是西周封建的局部復活，不成為主導性的社會關係，所以也就不宜將之看作社會形態，而應當看作是在另外一種體系中的某種社會制度成分。這種社會體制與歐洲的封建制度雖然有相當程度的差別，但是就社會層級體系意義而言，兩者的共性是相當突出的。如果要在中國歷史上確認一種與歐洲封建社會大致情況相似的形態，那麼就應該是這種封建形態。在這個意義上說，把 "Feudalism" 翻譯成「封建社會」並沒有根本性的錯誤。需要注意的是，從時間框架的角度說，中國的封建社會在歐洲的封建制度開始以前幾百年就結束了。這種時間框架方面的差別在我看來並不構成對兩者基本同一性的否定，因為我們並沒有任何可靠的理由認為同一性的社會體系必須是在時間上同步的。比如原始社會形態就在某些地方一直存在到其他地方高度工業化以後的時代。隨着西方殖民主義擴張而形成的奴隸佔有制度也與上古時代的奴隸制度遙相呼應。

第二個「封建」概念專指歐洲歷史上的 "Feudalism"，是這個英文詞彙轉譯為中文的用語。歐洲的封建制曾經在一段相當長的時期佔據主導性地位，其內涵是由采邑分封引起的等級性的政治和社會體制、地方分權體系以及以對土地的財產佔有關係為基礎的領主與農奴的依附性社會關係。用 "Feudalism" 來指歐洲的具有前述特徵的歷史時期，應該是沒有大的爭議的。其實，中國學者對於歐洲中古歷史的了解，迄今還基本是間接地從歐洲學者那裏接受過來的，所以這個英文概念就是有問題，也很難由中國的學者來澄清。如前所說，將 "Feudalism" 翻譯成「封建主義」其實沒有根本性的問題。因為不同語言中概念的意譯，主要應該根據該概念的內涵來做，而不是依據時間對應性來做。中國歷史上的確存在過與歐洲的 "Feudalism" 基本特徵相似的制度，兩者對譯有何不可呢？其實，任何這類對譯都並不排除兩者之間可能會有一定的差別。比如我們把英語中的 "family" 翻譯成「家庭」的時候，不等於說英語

世界的家庭與中國的家庭是沒有差別的。反過來說，如果需要把西周時期的「封建制」翻譯成英文的話，也還是翻譯成"Feudalism"，沒有更好的譯法。人們之所以會覺得這種翻譯有問題，可能還是因為有潛在的歐洲中心觀念，以及過分強調「同一」社會形態在時間上同步的可能性。

第三個「封建」概念指的是中國歷史上「理論上」相當於資本主義時期以前的那個社會形態或者歷史階段。但是，中國歷史上並沒有一個資本主義社會階段。所以這個概念是純粹理論性的，既不像第一個概念古而有之，也不像第二個概念出於對譯，可以說是「人造的」（artificial），是對於中國近代化以前的歷史階段的一種性質概括。因為惟有這第三個「封建」是一種理論性的概括，而前兩個「封建」概念相互間並不矛盾，所以，理清「封建社會」相關概念的可能性其實就只能着落在這第三個「封建」了。關於它可以多說幾句。

西周時期開始的那種「封建」制在資本主義出現之前很久就沒落了，它與資本主義當然沒有關係。這對於堅持原始社會—奴隸社會—封建社會—資本主義社會—社會主義社會五形態遞進模式的學者來說可能會造成問題：它或者不是真正的封建社會，或者不是「那個」封建社會。否則，它後邊的資本主義社會哪裏去了？如果這個推測接近事實，那麼就可以進一步判斷說，人們對於「封建社會」發生困惑的主要原因，並不在於在中國歷史上確認一個「封建」制度本身，而在於主觀上認定了一定要把「封建社會」放到前資本主義的最後一個社會形態的位置上，也就是說要在五形態序列中來確認，這樣才遇了事實上和邏輯上的困難。

大家都知道，資本主義從來沒有在中國歷史上成為主導的社會形態，既然資本主義在中國的命運如此，那麼前資本主義社會各階段的基本特徵和時間框架，為什麼一定要是確切地符合上述五種社會形態序列的呢？其實，除了原始社會以外，中國歷史上的所有社會形態都難以無爭議地納入前述五種形態構成的系列體系中去，又豈止「封建社會」而已。在世界歷史上，亞洲、非洲、拉丁美洲絕大多數民族的歷史都不符合那種五形態序列。我們除非對世界歷史的大部分內容視而不見，否則

就不能認定那五種形態構成的序列是放之四海而皆準的。

在過去幾十年間，中國「封建社會」何時開始、有何特徵、如何解體等等是長期爭論而又從來沒有徹底澄清的問題。所謂「古史分期」問題討論的是中國「封建社會」的開端問題，「資本主義萌芽」問題討論的是中國「封建社會」的瓦解道路和過程問題，關於中國地主制經濟、中國「封建專制」主義等問題的討論則很大程度上是旨在回答中國「封建社會」的特點問題。這些問題的提出本身，表明了使用「封建社會」這個概念來概括中國歷史上前資本主義社會形態的最後歷史階段，在邏輯上和歷史事實方面都十分牽強，而實際上又是難以交代清楚的。中國從秦到清的社會形態與歐洲「封建社會」典型時期相比，差異極大。在這種情況下，如果堅持要將中國的這個時期說成為「封建社會」，邏輯上說有三個做法：第一，說中國的「封建社會」是「封建社會」，而歐洲的 "Feudalism" 不是「封建」，這顯然會造成更大的混亂；第二，認為中國「封建社會」和歐洲「封建社會」內涵不同，但都是「封建社會」，這等於把「封建社會」變成多義詞，理論上會引起更多的問題；第三，認定中國近代化過程開始以前的「封建社會」與歐洲的「封建社會」本質上還是同一性的，但是這樣做了之後，又會發現它前邊的「奴隸社會」若有若無，它後邊的「資本主義社會」沒有出現，它本身還要「長期延續」，充滿了內在的矛盾。稍微分析一下就知道，這三條道路實際上都行不通。所以，如果堅持把從秦到清為主體的時期說成「封建社會」，關於中國歷史大線索的理論困境和思想混亂恐怕就只能迴避而永遠也說不清楚了。

簡單的結論是：中國有封建社會，其典型時期是在周代前期；把 "Feudalism" 翻譯成「封建社會」並沒有大的問題；中國的封建社會與資本主義不搭界，在時間上與歐洲的「封建社會」也不對應；在過去幾十年間被我們稱為「封建社會」的那個在近代化過程開始以前的很長的歷史時期——史學界關於其起點的說法從西周到魏晉有 1,000 多年的差異——不宜被稱為「封建社會」。我們可以在將來對這個簡單表述的結

論做詳細的論述。

　　這裏我想重申一下我在 1980 年代對於馬克思主義社會形態學說史進行研究提出的兩項心得。第一，原始社會—奴隸社會—封建社會—資本主義社會—社會主義社會五形態遞進的模式並不是馬克思的看法，也不是恩格斯的看法，也不是列寧的看法，是由斯大林提出的，我將之稱為「斯大林社會發展五階段圖式」。第二，馬克思關於社會形態體系的理論包含五形態說和三形態說，其五形態說與斯大林圖式不同，而且其中各形態之間的相互關係是「邏輯的」而不是「歷史」的，即是依據其與「資本」的邏輯關係遠近而說的，其三形態說則是邏輯的，同時也是歷史的。[1]根據這些研究，社會發展五形態遞進說並不構成馬克思主義的基本觀點，馬克思主義的社會形態理論是一個開放的活的體系，依據這個思想體系來說明中國歷史上社會形態的基本特徵，並進而構成對世界歷史上社會形態演變的更為充分的理解，正是中國歷史學家們自己應該去做的事情。把蘇俄時代的一些說法簡單地當作馬克思主義基本原理的做法，曾經在中國的社會實踐與理論思想中造成了許多問題，現代中國的史學界對此其實已經做出了一些反省，但似乎還有深入的餘地。

　　還有幾個直接相關的問題應該說明一下。

　　第一，如何看待中國封建社會（指西周時期為典型的封建社會）結束以後到近代半殖民地社會以前這個漫長時期的社會形態？這個問題不應該草率地去說，因為確認一個社會形態或者歷史階段，實際涉及到建立或者確認一套關於社會形態的理論概念體系，從而才能將要說明的那個歷史階段放到更長的歷史過程中去，而不是簡單地為之安上一個名詞。如果就目前還遠不成熟的看法來講，我傾向於認為：西周

---

❶ 這些心得以與杜文君先生合撰兩篇論文的形式同時提交給 1988 年烟台史學理論研討會，當時會上曾經有所討論。其中之一以「斯大林社會發展五階段圖式探源」為題發表於《時代論評》1989 年第 1 期；另一篇未能及時發表，到 1994 年方將其主要內容與第一篇論文的看法融合在一起，放在趙軼峰等著《歷史理論基本問題》（東北師範大學出版社）中的《社會形態》一節中刊出。該兩篇文字現皆收於趙軼峰《學史叢錄》中。

所建立起來的封建制度經過春秋戰國時期的大變革而走向沒落，到秦的統一，完成了一種「郡縣—官僚社會」的轉變。這個「郡縣—官僚社會」自秦以後也經歷了許多內部成分、結構關係的變化，在魏晉南北朝時期變化尤大，但就總體趨勢來說還是長期保持了其基本特徵的持續性。其發生形態轉變的傾向在 16 世紀以後顯露出來，但 17 世紀中葉發生了一次演變過程的變局，到 19 世紀中葉又因為歐洲的衝擊而扭轉了軌道。

第二，在中國古代歷史分期的問題框架下，范文瀾先生等學者早就提出了「西周封建說」。此說確認西周時期所確立的國家—社會制度為封建制，這是符合基本的歷史實際情況，也不會帶來概念混淆的。但是「西周封建說」中的「封建社會」被延用下來，一直到 19 世紀中葉的半殖民地半封建社會。這就把將近 3,000 年的中國歷史放到了一個社會形態—歷史階段中去了。於是，在這一長長的歷史時期中重大的社會性質、特徵變化就難以說明了。尤其是春秋戰國時期的大變動的歷史意義就被淡化了。而且，在這種框架下，很容易把中國的「封建社會」理解成「停滯」的、「循環」的，或者基本停滯的。中國的封建社會形態大致在西周時期建立起來，到秦統一天下後的公元前三世紀中葉基本完結了。

第三，說西周開始了封建社會不等於說西周以前的夏、商時代就是奴隸社會。對於周以前「文獻不足徵」時代的社會基本性質，需要持更為謹慎的態度。我們期待考古學和人類學的研究將來會提供更充實的分析依據，同時也有待社會形態理論本身會有所深化。

第四，社會形態本身是一種對複雜事物的理論性概括和判定，在人文和社會科學中，這類概括和判定常常意味着一種為了認識和討論方便而進行的簡化。所以最可取的判定也不是絕對的。一個社會形態中可能包含多種社會形態成分，其界限和程度可能是清楚的，也可能是模糊的。當代世界可能正在形成所有現成的概念都難以明確概括和表述的「史無前例」的社會形態。所以關於社會形態的理論觀念應該是開放的。

原刊《東北師範大學學報》2005 年第 3 期

◎ 結　論 ◎
明代歷史的自律

以上所論無論側重實證性問題還是理論性問題，都有一個基本的關注點，這就是明清時代中國歷史的基本趨勢。研究的結果，則都指向明代歷史具有自律性的判斷。任何一個社會體系都具有自己的組織方式、運作機制和體系功能。邏輯上說，一個社會體系如果有獨特的文化基礎，它就會包含特殊的潛在可能性，在具備某些條件的情況下，某些潛力可能充分展開，形成自己特殊的變動趨勢。明代中國不僅是一個國家體系，而且是一個文化、文明體系，所以，它的演變具有自己的邏輯。換句話說，由於中國在文化與文明傳統意義上是自成體系的，它的歷史演變趨勢中也就含有與其他社會體系不同的可能性。以這個判斷為基礎，可以進一步對明代中國走過的歷程做出新的解釋。

（一）方法論

問題是憑藉一定的觀念提出來的。所以，以往長期討論的明清時期歷史趨勢問題，在觀念反思的角度看不是一個單一的問題，而是一個「問題簇」──一系列相關的命題共享着一系列理論預設，並在一定意義上相互支撐。這些理論預設其實被用於關於中國乃至世界歷史研究的許多領域。它們其實都不能單獨地得到徹底的說明，需要與同一問題簇中的其他問題一起來說明。在這種意義上，本書所提出的基本看法，也有些許超過理解明代歷史本身的更普遍的意義。

1950 年代以來國內關於明清歷史趨勢的研究，都是在將明清時代作為中國「封建社會」的晚期或者後期這樣的基本假設的基礎上展開的。如前所論，中國本土的「封建」在秦統一以後就不再成為中國歷史

的主導潮流，也不再是政治、經濟、社會組織的基本框架。歐洲中世紀的"Feudalism"是一種層級分權體制，與中國秦以來的國家權力體系、經濟結構基礎、社會關係原則、基本文化精神，乃至宗教與世俗社會的關係，以及基本階級與階層的特點與構成，都有巨大的差別。其淵源與結局也都與中國秦至清的經歷有巨大差別。用同一個概念來概括兩個體系，無處不需複雜的說明，以至於用"Feudalism"來解釋秦至清中國歷史的有效性極為微弱。而且，秦至清的中國，泱泱總總，歷2,000餘年，其地理範圍、經歷的時間、涉及的人口，都遠超過"Feudalist"時代的歐洲。這樣一段宏大、持久的人類經歷必然有自己的特性與規律，為什麼一定要參照"Feudalism"來解釋中國歷史的這段經歷呢？與"Feudalism"相似因而可以類比的是周代的「封建」，而該「封建」不是秦以後中國歷史的主要內容。使得20世紀中國歷史學界將明清時代看作「封建社會」後期的基本原因，是當時誤把斯大林的原始社會、奴隸社會、封建社會、資本主義社會、共產主義社會依次遞進的模式當作馬克思主義的基本原理。但是，無論馬克思還是恩格斯都沒有表述過如此機械的模式。除了歐洲部分地區以外，世界上沒有其他任何文明、民族、國家、地區實際沿着那樣的道路走過來。斯大林的社會發展五形態圖式既沒有馬克思、恩格斯理論的基礎，也沒有事實的基礎。所以，將明清時代作為「封建社會」後期或者晚期來研究，是接用了一個缺乏歷史事實和理論基礎的假設。[1] 在這樣的觀念框架下，把明清看作「封建社會」後期或者晚期，接下來必然提出的就是其如何向資本主義演進的問題。因為，按照五形態模式，「封建社會」達到高度發展以後，必然發展到資本主義，而史學界普遍認為唐以後或者宋以後的中國「封建社會」已經發展到高級的水平。又因為在整個明清時代，中國畢竟沒有形成資本主義，問題就轉變成為資本主義在中國的發生學障礙問題，即「資本主義萌芽」問題。

---

[1] 中國古史分期各說中，關於「封建社會」的起始說法不同，但在本題討論的角度看，這些不同並不導致結論的差別，因行文方便，且以秦至清言之。

從中國「封建社會」到資本主義發生學障礙解釋的研究取向還基於另一個相關的觀念，即中國歷史應該符合人類歷史的普遍規律。如果五形態是普遍規律，則中國的歷史也應納入此規律體系中來說明。在這種情況下，明清資本主義萌芽說，可以使中國歷史至少在「趨勢上」符合「普遍規律」。但是這種邏輯關係包含誤解。人類是獨一無二的一個生物類屬，它的類本質使得無論曾經有過多少不同文明、文化、社會組織類型，各類社會體系的組織方式、運作和精神現象都具有共同性。但是人類社會又是有限的，其內部共同性不應該用演繹的邏輯推導出來，而應該從歸納的途徑總結出來。如果任何被提出的歷史「規律」與歸納的事實相矛盾，我們不能推翻事實，只能修改理論。這就是說，無論中國在19世紀中葉以前是否顯示出向資本主義社會發展的趨勢，其道路都是世界歷史普遍規律的一種展現方式。拋開中國歷史的世界歷史並不是世界歷史，拋開中國歷史道路而總結出來的世界歷史普遍規律也不是真正的普遍規律。任何關於世界歷史普遍規律的表述，如果不符合中國歷史大趨勢的實際，那個表述就沒有能夠經受得住歷史實踐的檢驗，應該重新總結和表述。換言之，從來不應該提出一個類似「中國歷史是否符合人類歷史普遍規律」這樣的問題。中國是否自發地產生資本主義萌芽，與中國歷史是否符合世界歷史普遍規律無關。如此，則中國在19世紀中葉以前是否出現資本主義萌芽這個問題，就不再是肯定中國歷史發展道路符合人類歷史發展普遍規律的支點，也不再是一個十分困難的理論問題，而成為一個事實澄清性質的問題以及對該事實如何解釋的問題。從這種意義上來看，更有意義的問題是：明清時期中國社會變遷的大趨勢如何，這種趨勢與世界其他部分的變遷是怎樣的關係？如果在這種變遷及其外部關係中，的確包含了與後來的資本主義同質的因素或者趨勢，則自然應該加以探討其程度與方式如何。但如果其程度不足，則無需刻意以這類因素或者趨勢為中心來解釋實際的變遷。

　　中國史學界圍繞「資本主義萌芽」問題所進行的長期研究和討論，雖然缺乏對問題基礎的審慎追究，但畢竟同時為了解明清時期歷史變遷

的實際內容奠定了基礎。把「資本主義萌芽」與五形態普遍性假設及明清「封建社會」後期自我否定假設剝離開以後，其含義主要是指體現資本運作關係的社會因素。這樣的因素在明代社會肯定存在，並且有很大的發展，其發展的程度也引起了社會總體結構的某些變動。但是，它基本沒有造成國家組織方式的改變，沒有造成持續的顛覆性社會思想、觀念潮流，沒有造就出新的強大而獨立的社會階層來引導社會組織變更。換言之，這種因素被容納在現存的社會體系中，某種程度上使現存的社會體系更為繁榮。

「封建社會」自我否定和「資本主義」發生學障礙模式，與西方中心主義有內在的關聯。中國史學界一直注意防止西方中心論，但卻一直沒有擺脫西方中心論。最重要的原因是，中國新史學的概念基礎是在西方史學的影響下，密切關照着中國近代以來落後於西方這個基本事實而建立起來的。在這種情況下，西方歷史過程成為「典型」，歷史運動的模式理論都是主要參照這個典型構建起來。當注意到中國歷史與西方歷史的一些差別的時候，試圖突破西方中心主義的努力就表現為去論證凡西方有的，中國也有，或者，去論證中國歷史與西方歷史「本質」上是一致的。這種思路，仍舊把西方的歷史看作典型，對於中國歷史上特殊的東西，常不能理直氣壯地充分論證，是一種變態的西方中心主義。「典型」應指同「型」事物共同具有的基本特徵最完備的個體。邏輯上說，凡獨一無二的事物，都因缺乏同類的對比而不是典型的。西歐的歷史經歷，固然不是所有環節和內容都是獨一無二的，但作為一個總體過程，卻沒有與之相同者，甚至沒有與之近似者，是獨一無二的。所以，在歷史演進總體道路的角度看，它不構成標準，不是典型。不過，前資本主義時代的世界歷史較多地表現出差異性，到資本主義在西歐發生以後，它本質上是擴張的，並且實際上一直在擴張，從而使世界各地的歷史都感受到西方資本主義的脈搏，連帶出更多的共同性。資本主義在 16 世紀以後逐步波及全世界，各地不同程度地出現資本主義，使之不再是獨一無二的，從而才有了資本主義發展模式的比較。在這種情況下，西歐的

確可以被看作一個典型。這就是說，如果截取一個特定時期的歷史，則歐洲歷史可能是具有典型性的。在資本主義發生學意義上，西歐無比較的對象，所以它不是典型的；在資本主義發展模式意義上，西歐有比較的對象，它一度可以被看作是典型的。但是，這種典型性地位隨着後來歷史的發展又有變化。

歐洲資本主義發展所形成的經濟模式甚至社會組織模式在 16 到 20 世紀逐漸滲透到世界所有國家，在許多國家形成了移植或者複製性的資本主義體系，其他國家和地區也被捲入資本主義主導的世界市場經濟體系。這導致了資本主義必然性的觀念。歐洲長期在資本主義世界體系中處於主導地位，這又強化了西方歷史中心主義。但是，人們普遍忽略的是，資本主義從西歐擴張到全球的事實並不支持資本主義會普遍發生的假設，二者甚至是矛盾的。對於西歐以外的地方，資本主義既然是外來的，就不是原發的。西歐在 16 世紀以來逐漸取得的「中心」地位，是勢力對比中的優勢地位，卻不是模式典型地位。因為，歐洲以外的國家和地區，正是因為歐洲的擴張而失去了與歐洲資本主義發展同樣的外部條件。歐洲既然走上了資本主義道路，其他國家和地區在同一時期走同一條道路的可能性就變窄了，而不是拓寬了，即使主動地去模仿歐洲模式，其條件也不如歐洲了，因而其道路也就不同於歐洲的道路。最明顯的差別正在於非西方世界都面臨一個強大的歐洲，而歐洲現代發展的初期卻沒有同樣強大的對手。

西方中心論的更深厚的根源是關於西方「現代性」的觀念。西方 16 世紀以來的發展，在全球範圍內展開了一種與以往任何時代的任何文明、文化、社會體系都有巨大差別的、經濟、政治、文化綜合的組織方式和精神狀態，而且顯示出不斷地進行自我調適與更新的屬性和巨大的物質文化成就，人類社會獲得的這種新的屬性被稱為現代性（modernity）。因為現代性最初是伴隨西方的發展而展開的，從發生的意義上說，它與西方文明有密切的關係，於是人們在談到「現代的」的時候，心目中的具體例證往往是西方的情狀。「現代的」與「西方的」成為

對應的概念，就使西方的成為普世的。這強化了以西方歷史道路為「正常」的觀念。但是，現代性並不是在西方開始資本主義擴張的時代就定型的屬性，而是不斷展開、增益的屬性，其後來的發展以及今天的狀態，都包含了非西方世界的創造，並且以非西方世界的存在為條件。現代性已經不專屬於西方。現代性與現代化相關聯，但不相等。現代性是一種結果、屬性；現代化則是一種過程。現代性作為屬性是普遍的，現代化作為過程則是具體的。現代性的特徵都是世界普遍聯繫的時代形成的，具有很強的共同性；現代化的道路多種多樣，體現出歷史發展的多樣性。在這裏，對這兩者加以區別的意義是，現代性的普遍價值並不意味着現代化有一條標準的道路，沒有發生西方式的現代化過程並不構成一種「反常」現象。

對於明清時期資本主義萌芽的關注往往表現出一種歷史進化同步性假設的作用。當西方出現資本主義的時候，中國似乎也「應該」發生同樣的進化步驟。但是，在缺乏直接聯繫的兩個社會體系間，同時發生同樣的社會體系變更的必然性並無任何嚴格的基礎。而且，同類的社會變革現象在相差很遠的時期發生是可能的。資本主義的發生是同類社會形態發生現象同步性最差的事例之一，原始社會的終結則是同類社會形態結束現象同步性最差的事例之一。前文說到，中國歷史上的「封建」與西歐中世紀的封建（Feudalism）有諸多基本相似的特徵，但其各自佔主導地位的時間卻先後相距久遠。古希臘就有民主制，而君主制到現在還在一些國家存在。同步性是可能的，但並不是人類歷史統一性的必要表現形式。

啟蒙時代以來的歷史學主流，多以不同的方式假定，歷史運動是一個進步的過程。在這種視野下，邏輯上說，任何一個歷史研究的對象，無論是國家、民族、社會、文化，還是文明，如果在某個被界定的時期沒有發生可以被定義為「進步」的過程，則這個對象在該時期就沒有歷史，只有「存在」或者「狀態」。中國鴉片戰爭以前的時代，就曾經被認為是一個「長期停滯」的時期，對於開始進入「停滯」狀態的時間則

有不同的說法。19世紀前後的西方歷史哲學家，大多認為中國文化本身總體上就是停滯的，即在文化早期發達之後就進入無發展狀態了。20世紀的史學界傾向於認為，中國在唐宋時期仍然在世界各文明中處於領先發展的地位，後來才逐步「落後」。這樣，明清時代，就恰好落入中國由「先進」轉向「落後」的時期，被認為直接導致了19世紀中葉到20世紀中葉中國相對於世界列強的被動局面。中國開始落後的時間，一般認為是在16、17世紀間。於是明代的中國便被看作充滿了荒唐。然而，進步是歷史上的一種突出的現象，但並不是惟一的歷史現象。衰落是相當普遍的歷史現象。強勁的進步趨勢，是在近代以來才突出地表現出來的。這種趨勢是否是歷史的本質，還有待將來人類歷史的證明。如果人類不能妥善地處理內部關係以及人類與自然界的關係，或者創造出人類難以駕馭的東西，人類社會遇到根本性危機是可能的。雖然樂觀主義永遠有意義，但我們其實並沒有嚴格的實證根據和邏輯的理由來認為只有發展才是應該追求的。這就是說，如果事實上明代的中國並沒有發生高歌猛進的進步，那也不應該被歸結為一種「錯誤」。我們憑什麼假定明代的中國「應該」像同時的西方那樣發展呢？

　　無論在國內還是在國際學術界，關於中國明清時期歷史發展遲滯的說法，都是關照着中國在鴉片戰爭爆發以後的歷史命運而展開的。19世紀中國的苦難似乎證明了，其先時代走在了一條不可取的道路上。甚至，15世紀向西洋的探險沒有繼續下去，也被看作令人惋惜的事情。從國際政治關係的角度來看，這是一個事實。但是在什麼基礎上，明末清初的中國人可能預見到後來西方殖民主義的大擴張，從而做出積極的準備呢？根本就沒有這種可能性。這是一種從結果來判斷原因的倒掛的思維。日本明治時期的思想家福澤諭吉曾經在《文明論概略》中表示，鴉片戰爭以後中國的命運表明中國文明已經在滅亡中，因而，日本必須拋棄學習中國的傳統，轉向學習西方。這是一種典型的用短時段觀點看待長時段過程的方式。中國文明沒有滅亡，它只是需要較長的時間調整，然後才能重新振作起來。它之所以終於能夠振作起來，畢竟還是基於它

原來的底氣。它一旦真的振作起來，人類就會徹底地超越西方中心主義和現代化思想模式。

資本主義發生學範式從一開始就是一種關於「社會形態」的研究方式。社會形態這個概念本身就包含了將社會變遷看作一種整體性變遷的方法論。但是實際上，從上一世紀 50 年代開始直到最近，從經濟方面着眼的探討比較充分，其他角度的探討則很不充分。這裏可能包含着一種經濟「決定」社會其他領域，進而「決定」社會總體性質的因果關係論。如果不是這樣，個別地區出現了「資本主義生產關係的萌芽」這樣的陳述，就不會被看作是有重要社會形態轉變意義的。從性質上說，經濟比政治、文化有更根本的意義，但從過程考察的角度即從歷史學的角度說，則它們的變遷永遠是在相互作用中演變的，它們互為基礎，互為條件，互為限制。也就是說，從歷史過程的意義上看，社會形態的轉變必然是整體性轉變的過程。單純從經濟角度出發來考察社會形態轉變，與單純從政治角度或者思想角度出發來考察社會形態轉變一樣，都是過分理想化的和反歷史的。政治、社會組織方式、文化精神不會在沒有經濟條件的情況下先於經濟變化而發生巨大轉變，但經濟方面的變化在達到一定程度的時候，必須要有其他方面相應的變化來配合，才有可能持續地發展下去，由現象轉變為過程。在這種關係中，經濟變化直接帶來的政治、社會、文化變化未必總是足夠的，未必總是促進經濟發展的，還需要來自直接經濟條件以外的變化因素來配合。本書中關於「大分流」說的文章，其要點就是指出，在這個問題上，純經濟學的解剖方式作為歷史學意義上的解釋，並非有效。研究社會形態轉變而採用純經濟觀點，是自相矛盾的。與「大分流」說相互爭論的還有黃宗智先生提出的「內捲」說。這兩種表面上相互論戰的理論，都是以西方「現代化」過程為基本參照系來考察中國歷史的，都是在解釋明清時期的中國歷史為什麼和怎樣表現出與歐洲歷史的差異，都是單純從經濟觀點來看歷史趨勢的。

「社會形態」是對人類社會組織方式的類型學劃分，這種劃分對於深入分析各種社會組織方式的內部運作，機理意義極大。但是類型學和

過程論不是一個東西。類型學區分性質、特點和邏輯上可能如何，過程論討論變化機理、規律和實際如何。社會形態變遷問題應該是一個類型學與過程論結合性質的問題。從過程論的角度，我們必須思考：不同類型社會形態之間究竟在多大程度上可以成為單體孕育的母子關係？如果將各種已知的社會形態都排列為孕育、生產與被孕育和被生產的關係，那麼，不僅人類歷史的總體，而且各個相當於社會、國家、民族等的群體單位的歷史，就都可以連成各自社會形態的家族譜系，而且，因為最初的始祖都是原始社會，這種譜系應該是一樣的。但是，如果我們認真地把全球歷史上的社會形態類型做這樣的排比，就會發現，除了從原始社會到早期國家階段有較多的同類過程模式以外，兩個相互分離的社會之間不大可能排列出完全同樣的譜系來。社會形態之間的母子關係，是一種可能性關係，不是必然關係。而且，人們只能在近似的意義上對社會形態進行歸類，被歸為同類的社會形態之間也有差別，且可能有重大的差別。被看作「非典型」狀態的社會，可能反而是普遍的，可能是另外意義上的「典型」形態。具體一點說，從原始社會內部產生出奴隸社會是稍為普遍的，從奴隸社會誕生出封建社會的情況則沒有一個典型的例證。被看作最典型的奴隸社會的古典地中海社會並沒有「誕生」出歐洲封建社會，後者是在羅馬帝國滅亡以後幾百年間逐漸形成的，而且其文化精神與民族主體都缺乏對古典社會的繼承性。印第安社會的演變歷程中，很難看出母子孕育關係。中國傳統社會，一直以「延續性」被中外學者矚目，如果承認這一現象，就等於認為該社會是長期「不孕不育」的。古埃及社會，沒有同血緣的繼承者。太平洋諸島原生社會，都邊緣化或者滅絕了。社會形態之間的母子關係，似乎只在歐洲從封建社會到資本主義社會的轉變是成立的。不過，那場轉變仍然需要外部的特殊條件和某些偶然機遇的風雲際會，即需要「父親」。近代的幾百年間，世界上大多數民族、國家都發生了社會形態轉變，其原因都是歐洲資本主義的世界擴張。因而，近代的普遍社會形態變遷不是單體孕育，而是內外結合造成的嬗變。由於外部原因其實是一個，所以近代社會之間比以

前的社會之間更為相像。這大體上構成了一個畫面，即除了原始社會以外的各社會形態大多不會自己孕育新社會形態。邏輯上可能的社會形態單體生育關係，在關於過程的考察中，呈現為普遍絕育的現象。因而，社會形態的單體母子誕育關係是特例，社會形態的不生育性則是普遍的。最少，中古社會形態的不生育性是普遍的。近代以來的社會形態，已經變為或多或少同構性的和普遍聯繫的了，它們將來如何，要由未來的人們根據事實來做切實的分析。這樣，中國傳統社會基本特徵之長期延續，其實並不是一種反規律的情況。

　　為什麼會有這種社會形態的誕育障礙呢？因為，「社會形態」是概念性的，其存在要落實到具體的社會、文化體系上去，而每一個社會、文化體系的內部機制都傾向於肯定自己，傾向於不否定自己，否則它們就難以形成，難以存在。此間一般的變化，並不構成社會形態即社會本質的變化。這就是說，社會形態的變遷，不僅是一個進化發展問題，也是一個文化變異問題。文化的自我變異是非常艱難的事情，相對封閉的社會更難發生文化變異與技術性的進化發展相輔相成的過程；外部的挑戰、機遇和信息衝擊是文化變異與進化發展可能同步進行的必要條件。歐洲封建社會向資本主義社會的變遷，就具備這種外部條件。許多研究者認為，17 世紀前後中國與西方通過傳教士東來而進行的一些接觸，是中國社會形態發生變化的一個機遇，但由於種種原因而沒有連續性地發展下來。這種看法本身就意味着，承認外部影響與交流是社會大轉變的必要條件。明代的中國，有文化變異的傾向，但是這種傾向並不很強，也並沒有走向與西方的文化匯流。這就是為什麼在其他觀察方式以外，還需要採取文明史的方式來考察中國社會的變遷模式。

　　從文明史的角度來考察歷史變遷並不是惟一可取的方法，所以，要注意這種方法，是由於它強調從整體的視角而不是「因素」的視角來看問題。從整體的角度而不是從某個因素出發來考察歷史演變過程，可以避免誇大還原論、單向因果關係論的分析方法的解釋效能。兩者結合起來，才可能接近實際的情況。談到文明或者文化的方法，人們立即會想

到施本格勒（Oswald Spengler）、湯因比（Arnold J. Toynbee）、雷海宗、亨廷頓（Samuel P. Huntington）等人。他們的研究各自都構成一種理論性很強的模式論。這類模式論的一個共同缺陷是，把一個考察的單位，無論是文明、文化還是社會，與其外部條件相當程度地割裂開來，對於其內部嬗變的可能性也還是估計偏低。採用文明史研究的方法，並不意味着對這類模式整體的認可——只要我們具有初步的歷史研究意識，即從實際發生了什麼的意義上來分析歷史過程的意識，就不會整體地接受任何現成的模式論。我們只是要把明代的變遷看作一個社會、一個文化整體的變遷過程，並不先期假定它應該如何就是了。

（二）變遷

明代中國發生的哪些變遷是「歷史性」的？要回答這個問題，首先要界定兩個概念。一個是「新異性」，即在中國歷史長時段的視野下顯示為新質的事物，新質事物可能帶來社會的變革。一個是「不可逆轉性過程」，即同樣在中國歷史長時段視野下，除非遇上極大的非常規情況，否則就顯示為不會自然回覆到原來狀況的趨勢。社會本質性變遷過程，須由具有新異性的不可逆轉的過程來帶動。明清之際歷史運動的趨勢，就是指參照歷史持續性因素與過程之下，各種具有新異性的、不可逆轉的過程一起構成的綜合態勢所造成的可能性。

1. 新的國際環境

明代中國歷史與以前時代的一個前所未有的差異，是外部國際環境急劇地改變了。變化了的國際環境使中國歷史變動愈來愈直接地與一場空前的全球性歷史過程聯繫到一起。這個變化以 15 世紀末環球航行路線的開通和歐洲人「發現」美洲為明確的起點。其歷史的含義，是各個文明區域之間微弱的關聯由於歐洲文明的向外擴張而演變為經常化的普遍聯繫。其基礎是工業和航海技術的發展和歐洲與世界其他地區的發展不平衡，其形式是殖民主義。主導這個過程的邏輯是世界各民族間的弱肉

強食、適者生存的競爭，暴力和資本是競爭的主要手段，配合以歐洲宗教文化對其他地區民族的傳染。這個過程中，由於歐洲的絕對主動性和競爭優勢，形成了其他地區和民族的殖民化危機。中國是西方殖民主義最後衝擊的地方之一，也是西方現代擴張中遇到的最強大的文明之一。中國的核心區域和中央政權以前多次面臨過在軍事上可以擊潰自己的外部力量。不同的是，以往的外部力量雖然可能在軍事上打敗中國核心區域政權，但在社會組織、經濟技術和制度水平、文化水平方面落後於中國核心區域。因而，征服者會逐漸接受內地的經濟、文化和組織方式，或者被逐出內地，中國文明的傳統會繼續下去。歐洲則與以往的核心區域周邊民族不同，它是一個在科技水平和軍事技術實力方面更有優勢的不同的文明，而且對中國文化很少有學習的慾望，它不會融化在中國的文明中，而要徹底將其征服和改變，使之服從於自己的邏輯和自己的需要。前者是中華文明圈由來已久的內聚現象，後者是兩個文明的撞擊。這不僅對於中國是曠古未有的潛在威脅，對於歐洲以外的大部分地區都是如此。從 15 世紀開始，歐洲的殖民主義向全球伸出觸角，歐洲主導的新的世界貿易體系在隨後逐步形成，世界各國、各地區的歷史被納入了西方主導的、「現代化」早期發展為特徵的普遍過程。這意味着，中國歷史的邏輯被納入到了直接互動的新的世界歷史體系中。這個過程發生在明代中葉，到明朝滅亡的 17 世紀中葉，它的全部可能性以及對於中國的全部含義還沒有完全展示出來，但是，世界貿易和基督教世界性傳播的浪潮已經波及中國，西方殖民者已經直接進入中國東南沿海的某些地區。這樣，明代的中國歷史，就與先前的時代有了根本性的不同。它不再有相對獨立地存在和演變的外部條件，它獲得了一些來自外部的新鮮因素，獲得了發展的新契機，與此同時文明、文化根基和獨立國家地位被顛覆的可能性也逐漸逼近。明代的中國人並非沒有感受到世界聯繫的增強，但是他們沒有意識到這是一個新的世界歷史過程，更沒有意識到這個過程最終將成為一場史無前例的挑戰。

15 世紀前期，在歐洲人的大航海開始以前，明朝的鄭和率領龐大

的船隊遠航到非洲東海岸，實際控制着西印度洋的海上貿易通道。當時的印度洋貿易網絡中，有大量進行歐洲與亞洲轉手貿易的商人，尤其是阿拉伯商人。阿拉伯人與歐洲人長期密切接觸，互有侵入，相互了解很深。鄭和時代的一部分中國人，對於歐洲應該有相當的了解。只是當時的歐洲人既然還不具備大規模遠航的能力，在中國人看來，也就不過是遠方的另一群「夷人」罷了。如果遠航繼續下去，明朝人稍後當與開始向印度洋貿易體系和亞洲地區推進的歐洲人直接相遇，必然增強對歐洲人東來趨勢的認識，但遠航既然停止，則信息不足。至於明末，明朝統治危機迫在眉睫，中國人已經無暇思想歐洲人東來的挑戰意味。

鄭和遠航開啟的官方海外政治貿易活動停止，被許多史學家看作可惜的事情。但是，該遠航不能長久繼續，並非偶然，即使能夠繼續，其結果也不會與歐洲海外殖民活動相同。主要原因在於，在現代交通、通訊手段發展起來之前，一個統一國家能夠有效控制的地理空間有限，超過了極限便不會持久。15世紀，明朝為保持對本土的有效控制，已經頗費精神，對周邊的控制就更加力不從心。與本土相連的「交趾」，明朝在永樂後期已失去；對東北地區的控制在永樂以後趨於鬆散；長城以北的蒙古瓦剌部在15世紀中葉敢於入擾京師地帶，而且擄走了明朝的英宗皇帝；倭寇問題也在這個時候就露出苗頭。這並非僅僅由於明朝軟弱腐敗——當時的明朝還在全盛時期，而是因為農業立國的國家對範圍廣大、人口稀少的非農業地區實行控制是非常難於持久的。內地的統治秩序對於非農業定居區域並非有效，控制這類區域必須靠大規模軍事駐紮和外交、軍事威懾、利益安撫結合的「羈縻」手段，或者非常精明地運用「以夷制夷」的手段。在這種情況下，如何能夠同時長期有效地控制「西洋」的龐大區域？明朝政府並無增加海外領土的慾望。朱元璋早就宣佈對周邊國家實施「不征」政策，那是從實際出發的。如果明朝是商業立國，則通過有彈性的商業網絡來保持在印度洋的商業霸權是可能的，這當然還需要明朝與私人商業集團形成良好的互利關係。明朝是農業立國，鄭和遠航雖伴隨貿易，卻非常規貿易，整個遠航活動無法在財

政上自負盈虧，如何能夠長期繼續下去？歐洲海外殖民活動能夠長期進行，除了其他原因以外，重要的條件是，這種活動在相當長時期內主要並非國家行為，因而與國家直接控制能力關係不大。歐洲海外殖民的財力雖然部分來自君主、貴族，但以私人來源為主，政府並不全面主持海外殖民活動，其失敗對政府打擊不大，其成功卻使政府受惠。海外殖民者需要藉助本國政府來確認其對於殖民地的統治權；其本國政府也樂於通過承認私人對其佔領的海外地區的領有權來擴大該國家的統治空間。但是，在很長時期內，宗主國的政府卻並不需要直接策劃和實施對海外的擴張。宗主國對殖民地的控制與統一國家對本土的控制完全不同，並不需要非常有效的行政系統。在歐洲殖民主義擴張的早期階段，海外殖民者如果受挫，並不會對宗主國政府產生直接的打擊。鄭和的海外活動卻完全是政府的事情，所以明朝政府必須為之承擔巨大的財政壓力，並保持強大的軍隊來支撐這種海外活動。兩者相比，就可以看出它們有不同的性質。歐洲發生的是政府支持的、源源不斷的民間海外殖民，明朝發生的是中央王朝實力偶爾的伸展運動。中國當時的確具備大規模航海的能力，但不具備民間自主的海外殖民活動能力，政府向海外的直接伸展則不是海外殖民的有效方式。所以，鄭和航海的停止，並不是偶然的決策失誤造成的，是明代中國的國家和社會體制以及政治、經濟、文化傳統決定的。大規模航海活動不能由政府組織長期進行，但私人的海外殖民和貿易並非沒有發生。南太平洋和印度洋沿岸都有中國移民的足跡。但是中國政府與這些商業移民的關係又過於疏遠。而且，中國物產豐富，中國商人在海外貿易中有利可圖，於是多儘量融合到土著人民中間，而不是征服和控制他們。這與歐洲人在對亞洲貿易中的處境完全不同。歐洲人在與亞洲進行貿易的體系中發現，那裏有無數可以帶到歐洲出賣的產品，自己卻沒有什麼東西可以與之交換，因而歐洲人認為用武力控制亞洲海上貿易體系是必要的。總之，明代的中國人不搞歐洲人那種海外殖民活動，有內在的原因，正如歐洲人推行海外殖民，也有內在的原因。雖然後來的歷史表明歐洲人的海外殖民為歐洲的發展帶來利

好，但是那並不表明明代的中國人也應該和可以那樣做。中國的文化不傾向於海外擴展，和歐洲文化屬於兩類，這不是當時人的選擇而是傳統框架。

永樂時期就出現了海盜及倭寇侵擾的苗頭，到明中葉，在整個東南沿海形成邊防和民生安全危機。1950年代，中國學者一致把「倭寇」看作入侵的外敵，倭寇問題也就是一個邊疆安全和中日關係問題。1970年代後期開始，人們注意到倭寇中有大量中國人，其中一些是亦商亦盜的人，開始強調從經濟貿易背景和社會分化背景來看倭寇和海盜興起的原因及性質。倭寇的發生應該有四方面的背景：一是日本興起了一種向中國沿海發展的武裝勢力；二是明朝前期的朝貢貿易體系嚴重脫離貿易規律，片面從國家政治着眼，多行則虧損嚴重，少行則成為怨府；三是東南沿海商人和地方豪強勢力在增強；四是沿海武備和行政管理效能不足。無論倭寇中有多少中國人，倭寇擾亂使得東南沿海秩序混亂，人民遭受荼毒，威脅國家穩定。到了這種地步，抗擊倭寇是恢復秩序的惟一出路。嘉靖後期，倭患平息以後，方逐步形成開海禁，通貿易的繁榮局面。儘管明朝中葉政府實行海禁，海外貿易受到限制，而且沿海秩序受到威脅，但是通過民間的海外貿易輸入中國的外國產品仍極為豐富，其中固然包含大量對國內經濟生活意義不大的奢侈品，但是也有一些非常重要的東西輸入到中國。其一是大量的白銀，其二是玉米、甘薯等農作物品種。這兩種東西相當程度上改變了中國的歷史。

玉米和甘薯在16世紀傳入中國。玉米原產美洲，歐洲人到16世紀方到達美洲，17世紀前期，玉米已經在中國北方普遍種植。甘薯大致在同一時期被引進中國。這兩種作物高產，需要投入的勞動少於水稻等中國傳統作物，對土地要求不高，耐乾旱，因而為中國土地充足的北方的農業開發提供了品種方面的條件。這種變化與明後期人口的迅速增加有關，而17、18世紀的人口增加是整個中國歷史上的一個轉折性變化。有關這個問題，珀金斯（D. H. Perkins）、何炳棣、黃宗智、王國賓、彭穆蘭等學者都有深入的研究。這裏只是要指出，在明中葉，中國外部的世

界已經對中國歷史進程產生了非常根本性的影響。直接的文化交流是稍後的事情，政治撞擊是更晚的事情，而農作物品種確在明中葉開始就已經推動了中國農業經濟和人口趨勢的改變。

15 世紀末「地理大發現」以後，西屬殖民地有巨額白銀流入西班牙，引起歐洲白銀充斥，並因而貶值。這時，日本的銀產量也急劇增加。16 世紀中，隨着東西方航路的開闢，西班牙、葡萄牙等殖民主義者先後來到亞洲。葡萄牙首先佔領印度西岸的果亞，之後佔據了中國的澳門，然後便大規模展開果亞—澳門—日本長崎之間的三點貿易。葡人由澳門運走的商品基本是中國內地的手工業品，其中以生絲為最多，自果亞運往澳門的則以從歐洲轉來的美洲白銀為主。曾於 16 世紀末訪問印度的一位英國旅行家說，每年有約 20 萬葡元（約相當 20 萬兩）的白銀因此運往澳門，以購買廣州的中國貨物。[1] 澳門與日本的貿易亦以收買中國商品換取日本白銀為主。據全漢昇先生研究，在 16 世紀最後 25 年內，自長崎運往澳門的銀子，每年約為 50 至 60 萬兩。到了 17 世紀前期，每年約為 100 餘萬兩，更多時達到 200 到 300 萬兩。這些銀子大部分流入中國。[2] 西班牙人在 16 世紀下半葉佔領菲律賓，一方面距本國太遠，需要使用大量中國商品，一方面轉貿物美價廉的中國商品到美洲又有巨利可圖，遂大力展開對華貿易。在 16 世紀末葉，每年由菲島輸入中國的美洲白銀已超過 100 萬西元（約相當 72 萬兩）。至 17 世紀前期更增至 200 餘萬西元。[3] 萬曆間人周起元為《東西洋考》所作序言中記載：「我穆廟時除販夷之律，於是五方之賈，熙熙水國，剔刳艅艎，分市東西兩路。其捆載珍奇，故異物不足述，而所貿金錢，歲無慮數十萬。公私並賴。其殆

---

❶ 全漢昇：《明代中葉後澳門的海外貿易》，載香港中文大學《中國文化研究所學報》，1972 年，5 卷 1 期。

❷ 全漢昇：《明代中葉後澳門的海外貿易》，載香港中文大學《中國文化研究所學報》，1972 年，5 卷 1 期。

❸ 全漢昇：《明清間美洲白銀的輸入中國》，載香港中文大學《中國文化研究所學報》，1969 年，2 卷 1 期。

天子之南庫也。」**1** 這就使中國貨幣制度的轉變獲得了極有力的物質推動力。伴隨着明朝主要貨幣改為白銀，國家由實物財政體制轉變為貨幣財政體制。這個轉變是歷史性的，其說見本書中有關明代財政危機部分。

天主教隨着歐洲海外殖民活動的推進，在 16 世紀來到東亞地區，傳教士力圖在中國人中傳教的努力最初受挫，但終於在 17 世紀初進入中國內地，展開了宗教傳播和文化交流活動。明朝滅亡之前的半個世紀之中，雖然發生過個別的教案，但是中國政府和民眾並沒有強烈排斥這個外來的宗教，利瑪竇等歐洲傳教士也採取了避免與中國傳統信仰發生衝突的迂迴的方式來傳教。天主教士本身並不是侵略者，但是傳教一直是歐洲殖民主義擴張總過程中的一個重要組成部分。所以，如果認為傳教士帶來的只是「福音」就過於天真了，認為天主教士們是來平等地探討文化和科學問題也同樣天真。他們到中國來，畢竟是為了按照自己的面貌改變中國人，進而使中國成為西方世界的延伸部分，如果不是西方政治統治的邊緣，也是西方文明的邊緣。中國人如果接受西方人為他們設計的精神世界，將來的中國也必定附屬於西方。與這個歷史邏輯相比，晚明時代來華天主教士介紹進來的那些科技知識，固然有開拓新知、改進民生的價值，但畢竟還是歐洲人入主中國的敲門磚。中國人如果認真地接受了天主教，就無法不接受歐洲人的支配。這在康熙時代中國與羅馬教廷的衝突中顯示得很明顯。20 世紀 50 到 70 年代，中國人對帝國主義侵略十分敏感，在那種情況下來看待明清之際的歐洲傳教士，就多看到其與殖民主義的聯繫。20 世紀 80 年代前後，中國思想界追求開放，氣象清新，但也產生了過分理想化地看待西方文明和現代化價值的傾向。帶着這種心情來看明清之際的歐洲教士來華，看到的多是其文化建設和開放的意義，將當時的中國人沒有更多地吸納西方的事物看作令人惋惜的事情。其實，當時更多地介紹一些西方的文化、科技自然是更

---

❶ 張燮：《東西洋考》，周起元序，第 17 頁。

好，但那些東西不可能單獨地來，要和西方的宗教一起來，宗教又和利益追求和教廷權力一起來。所以，晚明的徐光啟等一大批士大夫認真地研究西方，已經是很開放的和積極的文化交流態度。清初的康熙皇帝等吸納歐洲人在朝廷服務，也是很開放積極的文化交流態度。即使在中國政府和羅馬教廷決裂以後，與教會的決裂也並不等於與歐洲各國政府的敵對，更不等於與西方知識、文化人士的決裂。所以，後來還有西式的圓明園的修建，有歐洲繪畫在中國的流行等。明清之際中國人的問題，是沒有意識到西方人最終會打上門來。沒有及早進入與西方進行國際競爭的狀態。但是，那需要太大的遠見，怎麼會有人肯定地預見到這種結局呢？總之，16 世紀以後，中國已經在與西方就文化、思想發生直接接觸，形成了文化變遷的一些新的可能，但是並沒有形成純粹的中西文化交流、建設格局。畢竟是歐洲人改變他人、控制他人的慾望斷送了擴大平等交流的前景。

其實，晚明的中國人了解歐洲人還有其他的渠道，這就是澳門和香港兩個屬於中國而居住着歐洲人的門戶港島。台灣則是另一個能夠傳播西方信息的地方。隆慶開放海禁以後，這些地方有大量西方的物產湧入，也有關於西方的信息傳播進來。所以，晚明時期的中國人對於西方的一般了解，其實不會很少。問題還是不能預見到西方殖民主義發展時期的擴張性質。中國人以往所知的侵略，主要是以佔據領土、取代政權為目的的，其次是以擄掠人口財富為目的的。這類侵略都發生在相鄰的政權之間。對遙遠地方的侵略對於中國人來說是難以想像的事情。至於澳門、香港，原本只是邊疆的小村，允許西人居住，以為與大局無關。西方人在這些地方的經營，卻從一開始就是要再伸展的。

16 世紀以後，中國實際已經捲入了殖民和貿易推動的全球歷史變遷過程。但是，中國的上層並沒有意識到中國已經發生的一些變化與外部世界的緊密聯繫，即使是徐光啟這樣積極面對西方的文化、科技甚至宗教觀念的人，對自己所處時代的特殊性也沒有認識，他們只是比較具有文化開放心態而已。而一般的文化開放心態，遠不足以促成對社會實

行根本改造的動機。明代的中國，外力造成的漸變正在進行，而這種變化，與當時中國人的自覺意識基本無關。同時，中國自己的文化生命力仍在，中國的社會組織體系也還大致適合中國本土的管理需要，只要保持社會安定，中國的經濟仍會繁榮和發展。在這種情況下，中國人怎麼可能因為看到已經發生的變化，就去為 200 來年之後會來臨的東西衝突做準備呢？這是一種西方歷史突變造成的歷史時間差現象，不是某些人的失誤，此後中國的一度落後，其實是不可避免的。

當我們把明代中國放到當時的國際環境和全球性大趨勢中來看的時候，無論如何，我們無法否認，這已經是一個與以往任何時候都不同了的新時代。

2. 市場經濟的空前繁榮

明代中國歷史性變遷的第二個重要方面是市場經濟的空前繁榮。中國很早就形成了發達的商品經濟。戰國時期就有規模巨大的城市，有資本雄厚的商人，而且有商人有意識地影響諸侯國間的關係，甚至直接參與國家政治的現象。那個時代固然以農業為經濟的主流，但是商品生產和交換，乃至城市生活，也到了可觀的發達程度。正是這種商品經濟和城市生活，構成了那個時代多姿多彩的文化、思想爭鳴的基礎。秦漢時代，商人雖被列為四民之末，但從實際財富甚至社會支配力的意義上說，卻無論如何在農、工之上，僅在公共權力掌握的意義上遜於士而已。那時的社會是城鄉兩元的。農業是基礎，權力卻在城市中。自給自足的鄉村養活着社會大多數人口，社會的財富和活力卻相當程度上集中到城市中。從經濟結構和經濟生活方式的角度看，那既不是奴隸社會，也不是封建社會，說是一種中央集權帝制下的「四民社會」其實應該合適。後來，雖然國家行政的分合常有變化，但大致相同的經濟格局延續了下來。到唐宋之際，經濟格局發生了轉折性的變化，這就是政府放棄了對城市商品交換活動的直接管理，從而使城市經濟擺脫了來自行政權力的過於緊密的控制。於是，商人和商業都獲得了更大的生存空間。商

業從來以生產業為基礎，商業活躍，必然強化城鄉之間的商業性物流，從而使鄉村供應城市的關係得到發展，處於城鄉之間的地區也就會有更多的商品集散活動。宋代，海外貿易也相當發達，使國內商品經濟有了更大的發展動力。元代的大都，吸引了世界各地的商人，舉世無匹。明朝初年過分追求農本社會的穩定，商業一度萎縮，但到 15 世紀以後，就恢復了先前商業發達的局面，並且有了再發展的條件。明中葉以後的新變化主要在於：大量商業性城鎮湧現出來，專業化的手工業城鎮規模更大，也更多；手工業者對於政府的人身依附關係基本廢弛，使手工業者和民間手工業生產獲得了自由空間；農村被更大規模地捲入城市經濟生活；在較好的陸地和運河交通條件下，國內市場構成了聯繫更為內在和體系化的格局；商品生產中出現了更多的僱傭自由勞動者的關係；貨幣成為市場經濟活動和國家財政行為共同的主要手段；海外貿易雖然未能完全自由化，但卻實際上在 16 世紀以後由民間商人推向前所未有的規模；中國市場上出現了大量來自亞洲、歐洲各地的商品。這些情況綜合到一起，已經是一個流動性很強、商品化程度很高的社會。學術界自然早就看到了所有這些變化，但是，大多數學者過分地強調從「僱傭勞動關係」和「突變」可能性的角度去解析其總體含義，從而將之納入到了歐洲資本主義發生經歷的模式中。結果，從分析的意義上，判定了「資本主義萌芽」的因素，從綜合的意義上卻無論如何演算不出資本主義的前景來。

我們其實可以轉換一下思考的角度，從綜合的和漸進的角度來分析。首先，僱傭勞動關係真的是那麼具有新異性嗎？有什麼東西真正使得戰國、秦漢時代的商品經濟中不會發生僱傭勞動關係呢？當時供應市場的手工業產品、農產品都沒有經過僱傭勞動環節就進入流通嗎？商業經營中一定沒有僱傭勞動嗎？在純粹的自由僱傭關係與主奴支配關係之間，有沒有中間性質或者過渡性質的勞動關係？邏輯上說，在商品經濟發展到一定規模以後，生產和交換領域都會有僱傭勞動關係發生，它絕不可能是到了明中葉才出現的現象。學術界在唐宋時期的文獻中已經看

到手工業生產中的僱傭勞動關係，這種關係的基本條件自然不待明中葉才形成。今人能在文獻中看到明中葉僱傭勞動關係的增多，與商品生產、交換發展有關，與當時手工業者和農民流動性的增強有關，與明以來文獻傳世多於前代也有關係。前面所說明代的各種與商品經濟相關的現象，與先前時代比較，都有意義深遠的變化，同時又都是在先前狀況基礎上生長起來的。變化構成了這個領域在這個時代的新異性表現，這種新異性表現是先前趨勢的結果。明代的商品經濟繁榮，就經濟意義上說，還沒有走到盡頭，還有沿着同一方向進一步繁榮的餘地。它和歐洲資本主義有一些相似處，即從「內部」說，都具有商品生產和商品交換關係滲透於，乃至逐漸趨於主導所有經濟生活的性質；同時又有重要的不同，即從「外部」說，中國商品經濟仍舊要在「人的依賴關係」體系中生存。[1]

3. 社會分層體系的簡單化

明代中國歷史性變遷的第三個重要方面是社會分層體系的簡單化。迄今為止，人類經歷的所有社會類型都含有分層體系，社會地位和權力、權利分配都不是完全平等的，而且這種不平等有各種制度規範來加以保障。從總體的大致趨勢來看，社會分層體系從僵硬的、超經濟強制性的演變為彈性的和非超經濟強制性的。中國上古時代的貴族制度、世卿世祿制度、工商食官制度，稍後的門閥制度、九品中正制度等等，都是比較僵硬的和超經濟強制性的社會分層保障體系。這種體系所保障的不僅是社會既得利益擁有者的權利和利益，而且是公共權力握有者與社會下層民眾的分離。這種分離又是政治傳統連續性的保障和社會經濟利益通過公共權力體系再分配的基礎。秦漢官僚制度是社會分層體系保障

---

[1] 「人的依賴關係」是馬克思在《政治經濟學批判》草稿（即「倫敦手稿」）中提出的概念，見《馬克思恩格斯全集》第 46 卷上，北京：人民出版社，1979 年版，第 104 頁。有關的研究，參看劉佑成：《社會發展三形態》，杭州：浙江人民出版社，1987 年版；趙軼峰：《學史叢錄》，第 68–88 頁。

制度中略有彈性的制度，它在隋唐以後嬗變為科舉制度。科舉制度並沒有改變以國家權力保障社會分層的精神，但改變了分層的方法和分層保障的尺度，使通過公開考試來確認的個人管理公共權力的知識、品質和能力成為不斷流動的個人社會地位的基礎，這使社會分層體系有了更多的彈性。科舉制度通過公共權力管理者地位的選擇，將一部分社會分層落實下來，同時使社會分層體系的流動性和開放性大為增強。四民中的農、工、商都可以通過個人、家族的努力——其中財富和社會關係可能是重要的基礎——取得「士」的地位。明代全面恢復了在元代基本中斷的科舉制度，並使這種制度發展到了巔峰狀態。其後的清代，科舉制度在確定社會地位和權利分配方面的意義反而低於明代。從科舉帶動社會地位變動的意義上說，明代社會的上下階層流動性超過了以往的時代。

明代社會分層體系的彈性化還有其他方面的表現。其中，最突出的是手工業者實際不再成為一個由公共權力強行規定的社會階層，而成為一種職業。這是一次大解放。農民的空間流動和社會活動自由在明朝初期受到嚴格限制，但在 15 世紀以後，對農民的社會限制就大為放鬆。到了在全國推行「一條鞭」，將農民負擔的賦稅幾乎全部歸併到土地稅的時候，農民身上就不再有來自普遍社會權力的絕對化限制，他們的社會地位其實與 20 世紀前期的農民幾乎沒有多大差別。商人被傳統國家列到四民之末，原因之一是他們無恆產，流動性強，國家對他們的掌握難於對士、農、工的掌握，無法成為社會控制的主要基礎。但傳統社會從來也不否定商在社會體系中的必要性，四民之末的地位，其實仍舊高於許多其他類目的社會成員。商人在明朝前期受到了較多的限制，正如那個時期國家對農民、手工業者都強化了控制。但商人很快就活躍起來，從「開中法」「商屯」「茶馬」貿易、物料買辦來看，明朝政府和商人其實結成了多種契約性的關係，商人的實力也在與政府的合作中增強。所以，明代中葉以後的商人，其實不僅不受歧視，而且普遍為人羨慕。成功的商人要成為傳統「四民」概念中的其他任何一民，都無根本性障礙，只是如要做官，畢竟主要需通過科舉，捐納所能直接獲得的，只是

低級的位置。到了明朝後期的時候,「四民」這個詞已經過時了,人們說它的時候,或者用為概指各類人等,或者在說以前的時代。這個時代的社會分層體系已經界限模糊,主要只能分辨其兩極,即縉紳和庶民,這時的社會可以稱為紳民社會。縉紳與縉紳,沒有社會等級界限;庶民與庶民,也沒有等級界限。這兩大主流人口之外,還有少量的貴族和少量的賤民。從主流看,明代中國成了一個「紳、民兩元」社會。縉紳與庶民之間,有科舉制度這樣一條大通道和捐納制度這樣一條小通道,使庶民可以上升為縉紳。縉紳下落為庶民主要通過退休,其次是因罪解除身份。穩定縉紳身份的則有恩蔭制度,使部分官僚的子弟可以不通過科舉進入縉紳,但需減殺,且並不世襲。總體上說,紳、民關係主要不是對立的,而是層級的。

社會分層體系的簡單化,本質上是社會從不平等向比較平等的轉變。現代民主社會是迄今為止社會分層體系最簡單的社會,簡單到分層必需在暫時的意義上和財富佔有量的意義上來理解,簡單到地位、職業和生存空間變動中強制性的和非個人化的條件成為公認的不合理因素,並且趨於被削弱。明代中國與現代中國社會相比,社會分層的程度要強得多,但比起先前的四民社會則要弱得多,比起歐洲中世紀要弱得更多。在人類歷史上,與明代中國社會分層體系狀況最接近的,不是等級秩序死板的「封建社會」,不是貴族和平民判若水火的奴隸制社會,也不是血緣關係決定社會地位的形形色色的氏族或者宗法社會,而是現代公民社會。從社會地位權利分配的角度看,不同的是,明代社會是由一個龐大的、高居於社會之上的中央集權體系主導着,但這一點並不能抹煞明代社會分層關係比較模糊的事實。

4. 市民文化的活躍

明代中國歷史性變遷的第四個重要方面是市民文化的空前繁榮。中國城市較早發展,即使城市多與行政設治有關,但這種城市仍然具有商品經濟中心的意義和市民社區的意義。大量人口聚居形成與鄉村完全不

同的群體生活方式、社會組織關係和公眾秩序原理。在這裏，宗法關係薄弱，血緣紐帶不起什麼作用，人們往來便利，信息傳播迅速，擁有經常化的公共娛樂場所和市場消費活動，有大量從事服務業的人口，有更有效的公共秩序維持系統，有趨於發達的公共生活設施，有大量流動人口。從地理空間的角度看，城市不過是農村汪洋大海中的一個個孤島，但是，城市不僅不是農村社會體系的對立物，而且是在農村社會穩定發展的基礎上形成的，同時作為農村社區體系的紐帶和中心而存在的。所以，城市的繁榮意味着整個城鄉二元體系的發展，意味着鄉村與城市聯繫的加強，也就意味着鄉村本身的發展。城市與農村相比，公共生活更為複雜，更多地依賴商品經濟，變數更多。中國的社會組織方式如發生變化，較多地會從城市開始。所以，城市繁榮到一定程度，會牽動整個社會發生變化。中國的城市，正如中國的農村，雖然經歷了政權的分分合合，但一直沒有衰落，那種生活方式沒有中斷，而是不斷地累積、穩定、發展着。中國農村的生產和生活方式在幾千年間變化不大，其原因之一是，變化的要素更多地匯集到了與農村連接着的城市中。唐宋之際，坊廂制度打破，中國城市生活獲得了更大的自由，商業性活動的時間不再受到限制。同時，經濟重心轉移到東南部內外交通便利的地區，城鄉交接處的集鎮、市鎮普遍興起。宋代國家政治進一步集權化，使得行政中心人口規模擴大，市政管理也更為系統化。東南地區的對外貿易也成為國家財政和國民經濟生活中引人矚目的內容。普世性宗教基本上在信仰多元化的本土實現了適應，形成了城市生活中又一類吸引公眾的中心設施。元代較為開放，世界各地的商人、旅遊者、投附元朝的各類人等大量湧入中國，使城市生活更為複雜、繁榮。

　　明代的城市沒有扭轉發展方向，沒有向歐洲中世紀後期的那種自治性城市發展，而是在先前的基礎上，實現了更普遍的和更大規模的城市生活繁榮和普及。其中，從新異性意義上看特別值得注意的是，全國市場體系已經在區域性市場的基礎上基本形成；貴金屬更徹底地成為從國家財政到庶民交易使用的、擺脫了國家控制的貨幣；國家賦役體系全面

貨幣化，從而進一步削除了各類人身依附關係對商品交換關係的制約；在明朝政府直接控制區沿線，形成了與邊疆地區少數民族共同體之間貿易的諸多區域性中心市場；大批與行政設治無關的商業、手工業性質的市鎮迅速發展；專業化色彩很強的手工業市鎮規模擴大；鄉村經濟更大程度上與商品交換和國內、國際商品交易聯繫到一起；城市流動人口大為增多；僱傭勞動關係更為普遍化。以這種綜合的經濟、社會狀況為條件，明代的市民文化達到了前所未有的繁榮。這種繁榮的另一重要條件是，明代社會文化教育的水平和普及性提高了，形成了大批相對於「入仕」的傳統途徑過剩的文化人，這些人直接加入到文化產業領域，使文化內涵全面地深入到市民日常生活中來。這意味着，中國城市生活在精神層面完全展開了生動活潑的局面。明代這種市民文化不再僅僅屬於「勞心者」，不再僅僅是少數人攀登社會等級的階梯，而成為大眾性的生活內容本身，精英文化與庶民文化在這個層面上融和到了一處。其最突出的表現，一是白話小說創作和流行達到空前的水平；二是各類戲曲的普及；三是民間書籍印刷業的繁榮。此外，繪畫、書法也比前代更為商品化，成為市鎮居民中的一種時尚。這個時代市民文化產品所表現的主流觀念、價值意識是世俗性的，是當時現存的各種文化資源經過世俗生活需要的尺度衡量後混合而成的。這實際上實現了精英文化、宗教文化與大眾生活的一次意義深刻的融通與整合。它成了新的文化認同心理的基礎，對庶民的生活方式、思想傾向都起到引導的作用。從文化的意義上看，如同從經濟的意義上看一樣，明中葉以後的中國，已經擁有一個生動活潑的庶民社會。這樣的社會，其實與現代公民社會有很多相似之處。歐洲文藝復興的重要意義之一，就是促成了世俗社會和世俗文化的興起。歐洲的世俗文化是以否定先前的教權社會文化、復興上古人文主義傳統的方式興起的。中國的世俗文化則是在先前精英、宗教、民俗多元文化傳統的基礎上，通過商業化、城鎮生活繁榮、知識分子融入下層社會生活而興起的。後者在先前的傳統中生長出來，是溫和的變革；前者則更多地藉助上古的文化資源來挑戰最近的傳統，故其「革命」姿態可掬。

5. 人口爆炸

明代中國歷史性變遷的第五個重要方面是人口的爆發式增長。中國官方統計的人口，從漢到明，始終不超過 60,000 萬上下的極限。實際的人口雖然超過官方統計數字，但是官方的統計仍舊是估計人口總數的基礎，而官方的統計在長時段觀察視角下顯示出出奇的穩定性。明朝後期則發生了不可逆轉的人口大爆炸。雖然無法得到官方統計數字的直接支持，但根據清朝前期的統計和人口增加的規則，明朝末年的人口總數，已在 1 億以上。人口增長的最起碼條件是有足夠的農產品滿足食品需求，即最低生存需求。農產品的增加依靠技術改進、耕地增加和品種增加或改良。這個時期的農業生產工具雖有改進，但並未達到足以引起生產水平大增的程度，耕地則有所增加，而新品種的引進則特別引人注目。尤其是玉米、甘薯的推廣，擴大了農業可耕地的範圍，使北方廣大地區的粗放農業可以養活大批人口。明中葉以後，人身依附性減輕，到「一條鞭」法將絕大多數賦稅併入土地稅以後，按照人頭來收取賦稅的規則已經淡化，官方人口統計與國家財政收入的關係也就弱化了。比較消極的人口控制政策降低了人口增加所受的外部制約，這也是晚明人口增長的背景之一。這次人口劇增的原因還有待更具體深入的解釋，但無論如何，這是中國歷史上一次明顯的新異性轉變，而且是一個不可逆轉的趨勢。此後中國歷史的變遷，也就要在新的條件基礎上展開了。

6. 貨幣財政體制形成

明代中國歷史性變遷的第六個重要方面是貨幣財政體制的形成。此傾向雖然在宋代就已露出苗頭，但在明中葉終於成為結構性的現實。更早時期，國家財政中亦有貨幣運作，但卻是補充性的。明中葉以後，國家財政中亦有實物的成分，但已成為補充性的。本書中，將作者 1980 年代所作關於晚明財政危機的詳、略兩文並列刊出，就是要強調這一問題極為重要的歷史變遷意義。財政體系貨幣化意味着國家財政並不直接建立在自然狀態的農業經濟基礎上，而是通過市場經濟，建立在包括農

業在內的經濟生產、交換活動的基礎上。貨幣財政體系反過來又推動了貨幣關係向整個社會經濟領域的滲透。財政體制只是整個國家體制中的一部份,明朝國家制度中,財政體制率先變化,與財政運作相關的其他制度以及管理觀念未及與貨幣財政體制協調,加劇了晚明公權力管理多方面的混亂,使明朝遇到稍大的外部挑戰後,政府行為能力迅速崩潰。雖然明朝貨幣財政體系運作時間不長,其綜合性影響尚未全面展開,但是,它已經充分表明,中國傳統的國家管理方式已經開始發生變化,國家管理可以與市場和貨幣經濟形成更內在的關係,超經濟強制可以在賦稅徵收和人力支配等多個重要領域被財產佔有和支配關係取代。這種制度充分發展起來之後,國家管理就無法完全歸結為對人的控制,而需要更多、更具體的經濟性運作,經濟規律也會更直接地影響國家事務,這又會進一步造成對新的國家治理觀念和人才類型、知識類型的需求。財政是政府行為,故貨幣財政體制帶來的社會體系變遷的可能性,要在政府功能比較穩定健全的情況下才能顯示出來。明清易代的幾十年間,國家處於戰時財政狀態,經濟、社會狀態受軍事行為影響巨大。康熙中期以後,國家實力增強,社會繁榮,則都與財政體制變化有關。晚明財政危機具有歷史的新異性,不可僅僅看作是朝代更迭循環中又一場王朝統治危機的財政表現。這一點對理解明代歷史至關重要。

7. 儒學的社會化

明代中國歷史性變遷的第五個重要方面是儒學向社會的滲透。明初承元代,定程朱理學為科舉科目,於是官方和民間皆以朱熹代表的理學為主流。當時的主要人物宋濂、劉基、曹端、薛瑄、吳與弼皆主朱子學說。但明初理學大致是宋元理學的餘緒,思想發明不及宋儒。宋代儒學已經受佛道二教的影響,明初亦復如此,如宋濂等人的思想,已頗近禪。這在形而上的層面,使儒學更重心性。經陳獻章、湛若水、王守仁的發明,在明代社會基本穩定繁榮的時期形成心學,在明中後期成為主流學派。心學由心求理,以心包容萬有,對釋道皆有包容傾向。釋、道

的普世傾向都超過精英化傾向。儒學與釋、道多一分通路，就多一分普世性。復因以作為人類本質的「良知」為依據，來追求與天理萬物的同一和更徹底的自由，心學便突出了儒學自身直接普世化的道路。故心學拓寬了人完善的道路，雖凡人，能「使此心純乎天理，則亦可為聖人」，無須掌握複雜的學識和能力，但能去「人慾」，便「可以無愧」，「故曰人皆可以為堯舜」。「吾輩用功只求日減，不求日增。減得一分人慾，便是復得一分天理。何等輕快脫灑，何等簡易！」[1] 探索使聖人之道從高不可及處降落下來的途徑，是使儒學普世化的努力。這種使聖學下移的思潮，正因應着全社會世俗化的變遷。這與宋儒宣傳禮教不同，宋儒的功夫主要用在灌輸，明儒則用在開拓普通人修養的路徑。如前所論，這時將人區分為不可逾越的類目的界限正在日益模糊，普遍的人正突顯出來，所以才有為普通人設計完善道路的哲學。王門後學，在聖學普世化方面，下了許多功夫。王陽明以後，儒家其實再無在形而上的層面做出大創見的大思想家。清初被看作大思想家的顧炎武、黃宗羲、王夫之等人在儒學思想史中的地位，其實都另外得益於他們的形而下之學，即關於具體時代、得失、局勢、問題的探討，得益於他們的批判精神，而非沿着儒學邏輯的行進。心學當然不能「救世」，原因是心學是因應着世道的變化而生的，當時世道變化的趨勢，就文化思想的意義上說，正是世俗化。無論心學還是理學，其對短時段事務起作用的用途都不明顯，它們影響社會的方式在風氣，在人的精神取向，在長時段的大過程。所以，明朝的倉促滅亡，和它們的關係既是內在的，也是間接的。晚明的東林學派看上去有強烈的「救世」責任感，但他們想要把儒學重新端正，重新精英化、高深化，卻也做不到。從思想內容說，心學比理學更能與明中葉以後的世事契合。

晚明社會危機加深，士大夫之風氣敗壞，要匡世救時的士大夫歸

---

❶ 王守仁：《王文成公全書》卷 1，《語錄一‧傳習錄上》，《景印文淵閣四庫全書》第 1265 冊，第 28 頁。

罪於心學流弊，力圖通過端正人心對理學重做發明，而心學對士大夫的影響也已經深入腠理。晚明思想家多折衷程朱陸王而力求超越之，但是為時局所擾，思想不能精純。明末清初思想界受社會變遷震動，沉痛反省，對由宋到明的思想傳統都具批判的傾向。但他們既然不能不依靠宋明理學、心學的概念系統，就並不能真正超越或者擺脫理學和心學，只能在社會歷史方面提出比較具體一些的見解。清朝穩定之後，思想家一方面受國家強制的束縛，另一方面不甘於重入理學牢籠，而西學又沒有紮根，便向漢學回歸。這既是對現實的逃避，也是一種迂迴的反叛和繼續反省的探索。漢學的主要成就，一是整理了古代典籍，使學術傳統落實到更可靠的古典文獻基礎上；二是在疑古考據的研究中把思想從傳世經典和宋學中解放了出來；三是形成了文獻考據的精密的方法。清朝政府組織的大規模類書編修實際上和漢學的學術思想整理相輔相成。但是，漢學是專家書齋裏的學問，成為主流以後，就使儒學成為書齋裏的學問，留在社會上的儒學，只是場屋文字之類，較於明代尤甚。清初的文化成就背後，其實是儒學活力的壽終正寢。理學和心學雖然過分偏重思辨和道德化，但在明代，卻於士大夫有養志的意義。至於清代，學術與行為更為分殊，禮教就更成為主張束縛、愚昧的騙局。所以漢學在書齋裏的嚴謹和知識分子在社會上的沉淪是並行的。到晚清社會危機深重的時候，學者要參與救世，就還是要借用宋儒重義理的方法。

如此，則我們看到，明代儒學雖然沒有引領社會的積極變遷，卻也有所響應，其最大的新異性變化，乃在於其普世化的傾向。在這樣的回溯中來看明代的中國，就無法不承認當時的中國正走在一種緩慢變化的路途中，無法不承認中國的道路肯定地不是歐洲的道路。

（三）帝制農商社會

除了以上指出的變遷以外，明代中國歷史經歷的大多數方面是以繼承為基本性徵的。其中，中央集權的世襲君主制、科舉—官僚制、貴族制殘餘、宗法性社會關係、專業科技探索支持與保障體系的缺乏、農民

的普遍貧困等，都是使社會變遷傾向緩和下來的慣性因素。這些傳統在明代並未顯示出明顯的變異跡象。王朝周期性興衰也是一個因素。社會變遷的諸因素、傾向，都是在明朝的國家控制趨於鬆弛的情況下發展起來的。發展到可觀狀態的時候，明朝瓦解，使先前社會、經濟、文化演變的政治框架斷裂。繼起的清朝，與每一個新立的帝制王朝一樣，有一段強化控制的時期。這種控制的強化對社會自由變遷所起的限制作用大於促進作用。清朝還將邊疆民族的氏族政治精神帶入內地，使皇帝—官僚權力體系變為皇帝—貴族—官僚體系。貴族權力一度使官僚體系腐敗造成的國家控制能力丟失得到補償，社會層面的變遷則因權力上層秩序意志的強化而一度放慢了腳步。清之統一，使中華文明內聚過程完成，文明區外緣與國家行政版圖邊疆大致重合。這使得帝制中國持續近 2,000 年的邊疆與內地分合、衝突局面，在多民族國家統一局面下安頓下來。過去歷代王朝與邊疆民族共同體之間的對峙和戰爭，不再成為此後中國歷史變遷的大問題了。這一局面，是帝制時代中國歷史的一個總結。清朝國家秩序穩定以後，先前積累的社會變遷傾向在新秩序框架下又開始發展。康熙中葉到乾隆時期，又成為一個繁榮而充滿變數的時期了。

這時的中國是一個農商為本的帝制社會。它在國家體系方面的基本特徵是，在多民族國家統一的新的框架內，保持着皇帝—官僚制度和殘餘形態的貴族制度。直到 19 世紀末，還沒有任何其他公共權力類型取代這種傳統類型的跡象。所以，無論經濟領域發生了什麼，其可能的前景都要在存在一個中央集權的帝制體系這個背景下來分析。中央集權的帝制體系與各類地方分權體系相比的最大優勢，是有可能提供龐大領土內統一的行政管理秩序、法律、交通系統，從而為龐大的經濟社會網絡形成提供條件，其代價則是對社會普遍的強控制。從經濟體系角度看，這個社會的基本經濟成分，按照重要性程度來排列，主要是農業、商業、手工業、牧業。其中農業有一個自給自足的鄉村社會基礎，同時又相當程度上而且日益增多地捲入市場經濟關係中去。商業是連通鄉村與城

鎮、邊疆與內地、國內與國際市場的紐帶。手工業部分被控制在政權體系之下，部分以私有制方式經營，部分作為鄉村人口的副業存在，能夠滿足國內城鄉市場的需求，並且可以有大量產品供應國外市場。牧業是邊疆地區的主要產業，是邊疆人民生活和與內地進行經濟交流的基礎。這是多元經濟基礎的社會，正因其經濟多元性，商品交換必須不停地在不同產業、區域之間進行。所以，這個社會有商業發展的巨大空間。在這個背景下來看經濟領域的進一步自由化和商品化，就可以形成帝制體系與商品經濟繁榮可以並行，商人、市民以及更多地捲入商品交換關係的農民可以接受帝制政治形態的結論。明清時期的所有社會變化都還有在帝制框架下長期存在並有所發展的餘地。從社會組織方面看，中國工商帝制社會中，除了少數貴族延續其世襲特權以外，最居優勢地位的是士、商兩個階級。理論上士因參與政治管理而地位最高，實際上商因掌握財富而最殷實穩定，士與商的融合在日益發展中，這遲早會造就出某種「紳商」治國的局面。在 16 世紀土地買賣基本放開，17 世紀人口爆炸以後，中國基層農民社會的貧困化和流動性就成了中國的一個根本性問題。農民佔人口絕大多數，但在社會體系中處於整體弱勢地位。在缺乏社會流動性的鄉村，宗族組織仍舊掌握巨大的社會權力，但無論是商業化還是農民的流亡，都構成宗族組織的式微。中國農商帝制社會是文化多元的。各民族間、各宗教信仰之間、各區域文化習俗之間、「精英」與大眾文化旨趣之間、城鄉生活方式之間，都有很大的差異，然而又在一個大文明共同體中共存。這種文化多元性使得這個社會在文化精神方面十分具有彈性，其突發變異的可能性小，保持傳統的可能性大。

所以，中國的傳統社會是在不停地變化着，其中與現代社會性質類似甚至相同的因素總體上在增多，直到清朝中期，還在這樣漸變的途中。如果沒有後來西方殖民主義的入侵，中國會在農商為本的帝制社會道路上繼續緩慢演變，它前面有資本權力膨脹、市場經濟高度發展、市民階層壯大、社會自由擴大、鄉村被城市吸附和支配這些很直接的前景，但沒有代議民主制的前景。發生工業化的可能性如果存在，也非常

遙遠，它需要巨大的市場需求和科學技術的革命性發展。那麼，說明清時代的中國歷史是停滯的，不符合事實；說明清時代的中國在走向西方式的資本主義社會，不符合邏輯。明清時代的中國，在帝制框架的前提下，向農商為基礎的商業化社會漸漸演變着。為什麼不向資本主義社會走呢？其實，所謂「資本主義」如果僅僅表示一種經濟發展的狀態或者水平，則中國早就有它的基礎了。但如果把「資本主義」看作一種社會形態，即一種綜合性的社會關係體系，則它必然是一種高度複雜的文化，高度複雜的文化不可能獨立地發生兩次或兩次以上。

不發生資本主義社會為什麼被認為是一種遺憾呢？第一，由於人們假定全世界的人類共同體「會」走同樣的道路，像火車一樣，其終點或者方向是一個，差別只在遲速。這是一種誤解。如前所述，在全世界範圍內原發性的資本主義只出現在西歐。第二，人們把鴉片戰爭以後百年的痛苦歸罪於先前的作為，彷彿中國本來可以在明清之際就為迎接鴉片戰爭的挑戰做出準備。這是一種顛倒的邏輯。傳統時代的中國人缺乏歷史進化意識，對於國際競爭缺乏主動參與意識。這是個古老的文化傳統問題，而不是嚴重的現實選擇問題。到了危機爆發的時代，即鴉片戰爭時代，中國的反應遠不如日本迅速有效。但中日兩國條件不同，中國在半世紀餘的時間裏結束了幾千年的君主政治而建立共和國，從來沒有認可殖民化，這是很可觀的歷史成績。後來的中國始終追求獨特的現代化道路，沒有徹底地西化，因而使人類可以不至於過早地喪失發展模式的選擇餘地。當西方發生資本主義性質的突變，並藉助海外殖民向全世界擴張的時候，中國仍舊緩慢地變化着，而沒有發生同樣深刻的突發變異。最後的中西相遇，一定是中國處於劣勢。而且中國必須學習西方，這是不可避免的。從長時段的角度看，明清以來中國歷史道路的大走向是完全合乎邏輯的。正因為如此，中國一旦走向和諧與繁榮，就有可能展示出現代社會的又一種模式，從而溥惠於整個人類的和平生存。

按：本「結論」主體部分曾以「明代歷史趨勢：帝制農商社會」為題刊於《東北師範大學學報》2007年第1期。

初版後記

在過去的許多年間，除了我的老師——東北師範大學李洵先生和埃爾伯塔大學歷史系 Brain Evans 先生以外，曾經有許多前輩和朋友啟發和幫助了我的明史學習與研究。薛虹、陳作榮、趙矢元、趙德貴、姜守鵬先生，都是我早年求學時隨時給我指導的師長。南炳文先生是李洵先生的摯友，一向關注和支持東北師大明清史研究所幾代學人的工作。近年以來，藉工作往來之緣，得南先生啟發尤多。此次蒙他審讀書稿，並慨然作序，使我再次受到鼓勵和鞭策。趙毅教授作為我的師門長兄和學界先進，一向在求學的道路給我關照。學生孫強、趙現海、陳超、王雪萍、李媛、李佳、閻璐等都曾幫助我查閱或者校對文獻，其中李媛和李佳在本集的校對中用力尤多。感謝這些師長、朋友和學生。我在明史研究領域浸潤多年而成果不豐，希望以後能做得豐厚一點。

我自上世紀八十年代中葉起關注明清歷史趨勢問題，2001 年，我的研究開始得到教育部重點研究基地支持，與東北師大世界文明史研究中心王晉新教授關於大致同一時期歐洲社會轉型的研究結合，共同組成「15 至 18 世紀亞歐諸國社會結構變遷比較研究」的分支，遂能加速進行。中國帝制時代後期的廣義社會結構——即包括國家權力體系、社會組織方式、經濟結構體系在內的社會結構——之演變趨勢，是一個重要而且複雜的問題，本書進行的具體研究，只觸及了其中很有限的方面，因而最後的結論，即認為明代中國在向發達的帝制農商社會演變的結論，是嘗試性的。我本人將在此基礎上，對帝制時代中國的歷史演變，尤其是明清時代的歷史演變，繼續做深入研究。將來也可能修改此書中

所表達的某些看法。不過，我同時樂於說明，我確信中國明清時代的歷史經歷中包含了一些人類經歷中最有價值的經驗，而且這種經驗必須在感受到明清歷史獨特的內涵和魅力的基礎上才能把握。

趙軼峰

2007 年 12 月

明代的變遷

趙軼峰 著

責任編輯　陶黄英
裝幀設計　譚一清
排　　版　黎　浪
印　　務　劉漢舉

出版　　開明書店
　　　　香港北角英皇道 499 號北角工業大廈一樓 B
　　　　電話：(852) 2137 2338　傳真：(852) 2713 8202
　　　　電子郵件：info@chunghwabook.com.hk
　　　　網址：http://www.chunghwabook.com.hk

發行　　香港聯合書刊物流有限公司
　　　　香港新界荃灣德士古道 220-248 號
　　　　荃灣工業中心 16 樓
　　　　電話：(852) 2150 2100　傳真：(852) 2407 3062
　　　　電子郵件：info@suplogistics.com.hk

印刷　　美雅印刷製本有限公司
　　　　香港觀塘榮業街 6 號 海濱工業大廈 4 樓 A 室

版次　　2022 年 7 月初版
　　　　© 2022 開明書店

規格　　16 開（230mm×160mm）

ISBN　　978-962-459-263-4